Chinese History and Culture

中国历史文化

张效民◎主编

高予远 武怀军 卢巧琴◎副主编

商务印书馆
创于1897
The Commercial Press

目　录

导 言

中华民族历史悠久，源远流长。在漫漫的历史长河中，中华各族人民筚路蓝缕，历经千难万苦，创造了举世闻名、辉煌灿烂、世界上唯一未曾中断的文化，给我们留下了极其丰富的精神文化遗产。作为中华民族的子孙，我们有理由为此而骄傲、自豪。

历史是一个民族的根，文化是一个民族的魂。学习和了解本民族的历史文化，认识中华文化形成和发展的历程，认识民族文化的特点，清醒、理性地认识中华历史文化的内涵与特点等一些基本问题，认识中华历史文化的发生、发展，从何处来、向何处去；对于我们今天明确从中继承什么、坚持什么、扬弃什么；对于提升个人的视野、境界和综合素养，守护民族的精神家园，增强民族自豪感，坚定文化自信；对于凝聚中华民族大家庭成员为中华民族的伟大复兴而努力奋斗，实现伟大的“中国梦”，都具有十分重要的意义。

《中国历史文化》是适应当前我国各高等院校加强历史文化优良传统教育需要而开设的中华历史文化类课程的学习而编写的。有必要就其编写中所涉及的相关基本概念和对于中华历史文化的基本认识做一些概括和说明。

本书旨在对五千年中华民族历史文化进行一次较为全面、系统的梳理和简洁的叙述，以期能够使读者对于中华历史文化有一个较为全面、系统、清晰的了解，并从中华民族历史文化的起源和发展中得到启迪和教益。

讲中华历史文化的起源和发展，不可避免地会涉及与之相关的一系列问题和基本概念，如中国人的起源、中华民族的起源、中华与中国、文明与文化、历史与文化、文化与人文、中华历史文化的内涵与特点等等基本概念和基本问题。有必要就这些问题做出适当的界定和说明。

一、关于中国人种的起源和民族形成、发展问题

关于中国人种起源需要从人的起源问题说起。这是一个十分复杂、聚讼纷纭的

问题。达尔文在他的《物种起源》中，论证了人是由猿长期进化而来的，这在今天早已成为学界共识。但是，对于人类起源于何地，以现今的研究水平，则还存在着诸多不同的认识。西方学者多主张起源于非洲，认为人类祖先自非洲发源后，经过极其漫长的时间向世界各地迁徙繁衍，形成今天的人类。还有一些学者（包括我国学者）则主张人类起源的多元性，认为亚洲尤其是亚洲南部地区也是人类起源地。[①]也就是说，我国南部地区也是人类的起源地。

关于我国人种的起源及其发展，截至目前，苏秉琦先生主编的《中国远古时代》[②]是最为权威的著作，足资参考。概括地说，经过百余年艰辛的发掘和考证发现，在当今我国广袤的国土之内，在800万年以前，就有了与早期人类关系极为密切的禄丰古猿在活动。300万~100万年前，就有了人类活动的遗迹。距今180万年前的陕西南部芮城县西侯度遗址中和距今170万年左右的元谋人都已经懂得用多种方法制造石英石石器并使用火。距今100万年左右又有了河北小长梁石器文化和蓝田文化、匼河文化。距今70万~23万年，有北京西南郊周口店北京人，以及分布于黄河、长江流域广大地区的和县人、沂源人、南召人、郧县人、郧西人，等等。2015年10月我国考古学家宣布，在属于华南地区的湖南道县福岩洞发现距今12万~8万年前的47枚东亚现代人牙齿，填补了东亚现代人起源和演化研究的空白，证明“我国华南地区甚至有可能是现代人类出现和演化的中心区域”，给“现代中国人类源于非洲”的西方观念予以重击。[③]以上这些文化均属于旧石器早期的人类活动分布情况。由此看来，我们大致可以说，我国极可能是人类的重要起源地；而且，我国人种起源地可能也是多元的。

考古学家把距今300万~1万年这个漫长的人类发展时代称为旧石器时代。这个时间段落又分为早、中、晚三个时期。人类在这个时期中的经济生活，主要是为了维持自身的生存，以采集、渔猎等方式来采集食物。使用的工具就是人类制造的较为简单的石制工具。此期的文化成就主要是两个方面：一是能够制造石器；二是能够使用火和管理火、人工取火。这说明人类在这个阶段对于器物和火的作用与制作方式已经有了一定的认识，是人类智力进化的成果。石器是早期人类与自然斗争的工具，使用火对于人类安全的保障具有重要意义，而熟食生活对于促进体质健康、智力发展更具有关键作用。人类从“洞居穴处”、“茹毛饮血”进化到搭建简易的棚

① 柳诒徵:《中国文化史·中国人种之起源》，东方出版社，2008年版，第2-3页。

② 苏秉琦主编:《中国远古时代》，上海人民出版社，2010年版，第6-15页。本节中所涉及人类起源问题的，注释未标明的，均出于本书。

③ 詹媛:“我国首次发现世界上最古老现代人牙齿”，《光明日报》第6版，2015年10月15日。

屋、懂得用火、人工取火、熟食，与我国远古传说中的“燧人氏”、“有巢氏”是相对应的。此时的社会管理构架是普遍的母系社会，即“只知有母，不知有父”，在一个家族中，母亲是具有绝对权威的家长。

考古学界一般把距今1万~4000年的历史时期称为人类的新石器时代。新石器时代一般具有三个基本特征：一是开始制造和使用磨制石器，二是发明了陶器，三是出现了原始农业、养畜业和手工业。

一般认为，我国大约在1万多年前就已进入新石器时代。我国地域辽阔，地跨不同的气候带，自然地理和气候环境存在巨大差异，我国人类进入新石器文化的面貌也有很大区别，大致可分为三大经济文化区：

一是旱地农业经济文化区，包括黄河中下游、辽河和海河流域等地，这里是粟、黍等旱作农业起源地，很早就饲养猪、狗，以后又养牛、羊等。有大地湾遗址、上山遗址、半坡遗址和大汶口遗址等。

二是水田农业经济文化区，主要为长江流域中下游地区。该区域很早就种植水稻，是稻作农业的重要起源地。早期饲养猪、狗，以后陆续养水牛和羊。20世纪90年代，湖南道县玉蟾岩遗址出土了4粒最原始的水稻谷壳以及最原始的陶器。2004年11月在道县进行水稻起源考古研究的中美联合考古队，在玉蟾岩遗址又发现了5粒已经炭化的古稻谷。这些发现将人类栽培水稻的历史推进到了1.2万年前，改变了将先前在距今7000年前的河姆渡遗址出土物中发现水稻遗存确定为我国人工培育水稻起始时间、长江中下游地区是世界水稻栽培起源地的认识，也证明作为长江重要干流的湖南湘江流域一带也是世界水稻起源地。①

三是狩猎采集经济文化区，包括长城以北的东北大部、内蒙古及新疆和青藏高原等地，面积大约占全国的三分之二。这个区域除个别地方外基本上没有农业，细石器特别发达而很少磨制石器，陶器也不甚发达。

农业发展促进粮食的大规模生产，使人类生活得以改善，体质得以健全，生命得以延长，可以有更多的时间从事除维持生命必需的劳作之外的其他活动。同时，大规模的农业生产使人们不得不重视自然环境对于农业的影响，由此开始对于自然规律逐渐深入的认识，宗教观念也开始形成，为人类进入新石器时代创造了条件。

新石器时期也分早中晚三个时期。大约新石器时期晚期，也就是考古学上所称的“仰韶文化”、“龙山文化”时期，文化遗存分布极为广泛，遍及我国从东到西、由南

① “1995全国考古新发现”，《光明日报》1996年3月26日；“道县玉蟾岩遗址出土距今1.2万年古稻谷”，《湖南日报》第7版，2015年4月25日。

及北的各类地域，其年代大致相当于我国传说中的炎黄时代。大约由于数百万年经验的积累，到那时人类进化呈现日新月异的姿态。我国已开始进入阶级社会，社会的统治构架从母系氏族转变为父系氏族，由部落社会转变为早期邦国或称早期国家。人类诸多观念形态的东西已经形成，审美观念强化；饲养业的发展为人类提供了丰富的肉类食品，提高了生活质量。生活发生质的变化，已经能够构建大型城市，人们聚族而居，私有制已经产生；社会分工愈加细致；原初的文字已经开始出现；各部落之间从小国寡民、老死不相往来进入到交往频繁、交流密度大增的时代；为争夺领导权和人口的战争频繁不断，形成了炎帝、黄帝、蚩尤等部落。

以上部落集团的形成，标志着各部落集团内部已经形成初步的民族形态。各部落集团各自拥有较为固定的生活区域和信仰、生活习俗相同的人口；民族融合、同化的趋势一旦形成，就成为中华古老大地上威武雄壮的历史潮流。经过炎帝部落与黄帝部落联盟联合击败蚩尤部落集团以及炎黄部落之间的长期战争，如传说黄帝“五十二战而天下咸服”，这些数不清的争夺土地、抢掠人口财物、保障自身发展壮大和安全的战争加速了各部落的融合与同化，形成以固定地域为共同生活、发展基础的早期国家形态，也形成了华夏民族。在这个过程中，科学技术得到了快速发展，除了农业的快速发展，制陶技术、城市建筑技术也有大的发展。近日在浙江杭州郊区发现良渚水坝遗址[①]，经北京大学年代实验室碳-14技术测定，距今已有4700~5100年，比传说中的大禹治水尚早1000余年，无疑属于世界最早的水坝。这证明了水利工程技术的巨大进步，战胜自然能力的巨大提升。这一切都表明，中华民族在这个时期已经迎来了文明的曙光，开始步入文明社会。

再经过夏、商、周、秦、汉历代王朝的长期经营，华夏民族在继续同化东夷、楚、苗蛮、百越、戎狄等部落集团和民族之后，完成了从华夏民族到汉民族为主体的多民族的转化。再经三国、晋、南北朝、隋、唐、宋、元、明、清，南、北、东、西各民族融合趋势进一步深化，最终形成了我们今天占全国总人口90%以上的汉族和其他55个少数民族组成的中华民族大家庭。[②]

二、关于中华历史文化几组基本概念的说明

一是中华与中国。本书所指称的“中国”和“中华”，是一个历史的概念，与我们今天所说的“中国”或者“中华”既具有不可分割的联系，也有较为明显的区

① 江南：“浙江良渚古城发现迄今已知世界最早水利系统”，《人民日报》2016年3月21日。

② 关于民族发展融合的内容可参考徐杰舜《汉民族发展史》，武汉大学出版社，2012年版。

别。历史上，“中国”一词产生较早，范文澜先生曾指出：“中国这一名称，早在西周初年，已经用以称呼华夏族所居住的地区。”[①]《诗经》中就有“中国”的概念。《大雅·民劳》：“惠此中国，以绥四方”；“惠此中国，以为民逑”；“惠此中国，俾民忧泄”；“惠此中国，国无有残”。[②] 古人称“中国”，既有地域代称之意，也包含了民族指称的内涵。王和先生也说：“秦以后的观念仍然以华夏之国为中国。”他引唐代孔颖达为《左传·定公十年》“华夏”所作注文：“‘中国有礼仪之大，故称夏；有服章之美，谓之华’。可知‘中国’与‘华夏’是二而一的概念，二词的合一便是‘中华’。”其后凡是汉族建立中原王朝的时候，或者汉族人士为了反抗入主中原的异族统治者的时候，他们所使用的“中国”概念，均是指汉族之国。[③] 比如，辛亥革命中孙中山等人所使用的“中国”、“中华”等概念，就是如此。应该指出，以“中国”、“中华”指代汉民族政权，是一种历史现象。今天已经不合时宜，这是应该注意的。

但是，我们也应该注意到，在历史上一些特殊的时期，入主中原的少数民族统治政权也被其他地方政权称为“中国”；至于元、清两代少数民族统治王朝，也因其实力强大，又取代汉族政权入主中原，因而也自称“中国”。这既是历史事实，也符合多民族统一国家的政治文化观念，是应该肯定的。我们不应该囿于几千年前的“华夷之辨”的过时观念，去否定历史既成的事实。

关于历史上“中国”与现在中国之区别，王和先生也指出：“今天的‘中国’概念并非历史上的‘中国’概念，历史上‘中国’与‘中华’一样，在绝大多数情况下，都是指华夏族之国与汉族之国，今天的中国则是指包含中华各民族在内的多民族国家。”[④] 这个区分符合今天我国国家民族构成的实际状况，体现了各民族一律平等的思想，既是准确的，也是我们在研究和传播中华历史文化时应该十分注意的。

二是历史、文明与文化。什么是历史？历史就是人类诞生发展的历程以及人类活动的遗存与记录的总和。前者是本来的状态、真实的历史状态，后者是人们对历史事实的记录。人类的过往历程、那些活生生的历史原貌不可复现，后人对于历史的研究只能靠历史的记录和考古的发现。人类的诞生发展，事件纷繁复杂，包罗万象，无比丰富，人们不可能都予以记录。尤其是在人类早期时代，文字尚未产生，只能靠结绳、刻木等原始方式记事；后人记录的历史是人类进入文明时代、文字产生之后才有的现象。有文字以后的历史事实也只能选择性记录。再加上兵火战

① 范文澜：《中国通史简编》（第一编），商务印书馆，2010年版，第54页。
② 吴闿生：《诗义会通》，蒋天枢、章培恒校点，中西书局，2012年版，第243-244页。
③ 王和：《历史的轨迹——基于夏商周三代的考察》，商务印书馆，2013年版，第132-134页。
④ 同上。

乱、虫蠹鼠咬、水灾湮灭等对文献的毁损，能够留存传播至今的历史典籍也是有限的。还有就是作为历史记录者的史官的立场、态度也会给历史的记录带来影响，从而影响史事记录的真实性。凡此种种，都给后人的研究带来无穷的问题和困扰。因此，比之于人类诞生、发展的本来面貌，这种经过选择甚至于改造的历史记录，其真实性自然就大打折扣了。尤其权力介入历史记录之后，历史的真相往往会被扭曲、被改写甚至被伪造。正是在这个意义上，胡适才说“历史是一个任人打扮的小姑娘”这样比较极端的话。当然，以上所说并不能引出历史虚无的结论。今天，我们可以将史书记载的历史事实，与考古发掘、出土的文物材料以及其他文字记载加以比对，也就可以得出较为接近于真相的历史事实来。其实，后人要想百分之百地还原历史的本初面貌，是既无可能也无必要。我们学习历史文化的目的，在于从历史文化发展变化的基本事实中得出带有规律性的认识，得到启迪与滋养，而不是仅仅要还原历史文化及其发展变化的原初面貌。

“文明”与“文化”是两个相互区别又有紧密联系的概念。相互区别，是由于两个概念内涵各有侧重，内涵与外延不同；相互联系，是因为两个概念的内涵又有相当的重合，具有紧密的联系，有的时候还混合使用。比如，我们说中华文化，有时又说中华文明，就是这种情况。按照《辞海》的解释，“文明”有多重含义。一种“犹言文化，如物质文明、精神文明”；还有一个义项，“指人类进步状态，与‘野蛮’相对”。而“文化”，“广义指人类在社会实践过程中所获得的物质、文化生产能力和创造的物质、精神财富的总和。狭义指精神生产能力和精神产品，包括一切社会意识形式：自然科学、社会科学、社会意识形态”[①]。可见，“文明”与“文化”两个概念的部分内涵是重合的，在人类学、考古学意义上，可以见到不少著作中往往是“文明”“文化”并用。这是因为在远古时代，人类发展的状态是一种综合状态，这些状态中，既包含了物质财富的创造，也蕴含着早期人类认识能力的提升和精神产品的产生。但是也具有一定的区别，这种区别随着人类的发展进步的加速而愈益清晰。在本书中，更多的是使用狭义的“文化”概念。但有时也不可避免会涉及“文明”这一词汇。

关于“文明”与“文化”的区别，葛兆光先生根据德国学者埃利亚斯《文明的进程》的观点说：“可以把‘文化’和‘文明’做一个界定和区分，即‘文化’是使民族之间表现出差异性的东西，它时时表现着一个民族的自我和特色，因此，它没有高低之分。而文明是使各个民族差异性逐渐减少的那些东西，表现着人类的普遍的行为和成就。换句话说，就是‘文化’使各个民族不一样，‘文明’使各个民族越

① 《辞海》，上海辞书出版社，2000 年版，第 1858–1859 页。

来越接近。”[①] 由此，我们似乎可以说，“文化”是发展的特质的方面，偏重于内在的东西、精神方面；而“文明”是表达发展的程度状况、程度的指称，偏重于物质方面。葛先生的看法是很有启发意义的。

三是人文与历史、文化、文明的关系。关于文化与人文的关系，先得搞清楚什么是人文。《辞海》说：“人文”有两个义项。一是“旧指诗书礼乐等。《易·贲》：‘文明以止，人文也。观乎天文，以察时变；观乎人文，以化成天下。’今指人类社会的各种文化现象”。二是“指人事。《后汉书·公孙瓒传》：‘舍诸天运，征乎人文’”。[②] 这两个义项看似有所区别，但其所指都指向人，本质上是一致的。“人文”就是指人类社会中人的生活状态、精神状态、行为规范等等的总和。“人文”与文化有着极其紧密的联系，是不能截然区分的。因此，现在诸多学者的著述中往往把文化、文明和人文混合运用。如张岂之《中华人文精神》[③] 中论述中华人文精神，就大量使用历史、文化、文明的资料和术语。栾栋主编的《人文学概论》第二章“人文学的古根远源”中，把我国历代“艺文志”、“太史学”、“体道学”作为人文科学的渊源。[④] 这些事实，也都说明人文和历史、文化、文明概念根深蒂固、难于简单剥离的内在联系。

明确以上基本问题，可以看出，我们所说的中华历史文化其实就是中华民族在漫长的历史发展过程中，由中华大地上各民族人民共同创造的历史文化。

三、关于中华历史文化的核心内涵与特点

中华历史文化是植根于中华大地的特殊生存环境而发端、在中华域内各民族相互交流、冲突、融汇、发展而成的历史文化，也是在与各种类型的特质文化相互冲突、交流中形成、发展的历史文化，因而具有极其丰富的内涵和区别于其他文化的鲜明特点。同时，在不同的历史时期，还具有不同的特点和面貌。这一点需要更深入的研究才能解决问题。这里，我们只就中华历史文化的整体而论。

一是中华文化具有极其丰富的内涵。中华文化不仅历史悠久，源远流长，而且内涵丰富，博大精深。这些年来，随着大量文化遗址的出土，一些以前被怀疑为“伪书”的典籍重见天日，也随着人们对于中华历史文化再认识的深化，学者们对于

① 葛兆光：“什么才是‘中国的’文化”，《解放日报》2015 年 9 月 13 日 //《新华文摘》2015 年 23 期，第 109–111 页。

② 《辞海》，上海辞书出版社，2000 年版，第 368 页。

③ 张岂之：《中华人文精神》，陕西人民出版社、人民出版社，2011 年版。

④ 栾栋主编：《人文学概论》，暨南大学出版社，2012 年版，第 14–19 页。

历史文化的内涵展开了十分有意义的探讨和梳理。但是，由于中华文化本身的丰富性和学者们所站角度的不同，关于中华文化的核心的概括可谓是人言人殊，莫衷一是。金开诚先生认为，中华传统文化具有四个思想核心，就是“作为基本哲理的阴阳五行思想”、“解释大自然与人类社会关系的天人合一思想”、“指导解决社会问题的中和中庸思想”、“知道如何对待自身的修身克己思想”。① 张岂之先生在他的《中华人文精神》中，将其概括为“人文化成”、“刚柔相济”、“究天人之际”、“厚德载物”、“和而不同”、“经世致用”、“生生不息”。② 在《“道”是中华传统文化中的核心理念》中，张先生又明确提出：“‘道’是中华传统文化中的核心理念。”他指出，先秦时期的老子在《道德经》中阐述了自己独特的“天道”与“人道观念”，而孔子则更为集中地阐释了“人道”的观念，并以“朝闻道，夕死可矣”的话表达了对于“道”的执着追求。③ 欧阳中石先生认为，中华文化的核心是“仁、德、礼、法、化、和”。他说：“我们的思想和行动，要尚仁德，尊礼法，要通过‘化’的办法，最终达到‘和’的境界。”④ 钱逊先生则认为，中华文化的核心价值是“义、群、和、礼、耻”。他认为，“中华文化的核心是讲做人，而为人之道的核心要求可归结为义、群、和、礼、耻五点。用现代的话来说，就是崇德、乐群、贵和、守礼、有耻”，“这五点体现了中华文化的核心价值”。⑤ 而袁行霈先生则从人文精神、崇尚群体、中道平和、整体思维、自强不息、开放兼容来描述中华文化的内涵。⑥ 2015 年 9 月 27 日，在孔子故里曲阜召开的世界儒学大会上，来自世界 15 个国家和地区的 150 余名儒学学者经过充分讨论，认为“天、道、人”是中华文化的内核，“德、礼、孝”体现了中国人的精神风貌，“多元性、秩序、公共性、软实力”则成为儒学的时代维度。⑦ 儒学是中华文化的主流学派，世界儒学大会对于中华文化内核的讨论，对于加深世界对于中华文化的理解认识，对于中华文化的世界性传播意义无疑是广泛深远的。

我们认为，中华文化博大精深，内涵丰富。试图以几个简单的概念来概括，确实是很困难的。对此，学者们可以深入研究，取得共识。而我们作为学习者，更为重要的是了解和掌握数千年来深刻影响、支配中国人思想理念、精神气质、行为方式的重要思想观念，以及千百年积累下来的凝聚着古人智慧的社会、人生经验。比

① 金开诚：“中华传统文化的四个思想核心”，《墨池 · 书法屋》2016 年 1 月 10 日。
② 张岂之：《中华人文精神》，陕西人民出版社、人民出版社，2011 年版。
③ 张岂之：“道是中华传统文化的核心理念”，《北京日报》2015 年 4 月 13 日。
④ 欧阳中石：“中华文化的核心是什么”，《人民政协报》2010 年 4 月 19 日。
⑤ 钱逊：“中华文化的核心价值”，《学习时报》2016 年 1 月 13 日。
⑥ 袁行霈：“中华儿女的精神家园”，《中国纪检监察报》2016 年 3 月 11 日。
⑦ “推动世界范围的儒学研究——第七届世界儒学大会综述”，《光明日报》2015 年 11 月 2 日。

如对于理想社会的执着、不断追求和向往；对于宇宙、自然起源与天人关系的不懈探索；博大精深、无比丰富的治国理政思想；安定有序的社会建构的制度设计；高尚人格精神、道德情怀的养成和追求；自强不息、百折不挠的奋斗精神；上善若水、行方智圆的人生智慧；集智聚力、上下一心的团结凝聚精神；愚公移山的艰苦奋斗精神；战战兢兢、如履薄冰的忧患意识；等等。作为中华民族精神家园中的瑰宝，它们是我们国家今天构建社会主义核心价值观念体系的不可或缺的宝贵财富，对个人自身修养素质的提升、心灵的净化、精神家园的坚守，也会提供重要借鉴和启迪。

二是中华文化的特点。一种文化的特点，是指区别于其他文化的特质。中华文化区别于其他文化的特质，也就是中华文化之所以成为中华文化的特有的因素。就此，葛兆光先生认为中华文化具有五个方面的特点："第一个特点是汉字的阅读、书写和通过汉字思维"；"第二个特点是'家、家族、家国以及在这一社会结构中产生的儒家学说'"；"第三个特点是汉族中国文化里面'三教合一'的信仰世界"；"第四个特点是中国最有趣的阴阳五行"；"第五个特点是中国天下观念，用现代的话来说，中国古代的世界观，跟其他国家和民族很不一样"，这个不一样就是古代中国人认为天的中心是北极星、地的中心是洛阳，由此想象出九服、五服的地域圈层，也就是构建出一个王朝的朝贡体系。①

三是中华文化绵延不绝的内在动力。中华民族文化是世界上唯一的五千年未曾中断的文化。自人类诞生以来，世界上曾经产生过无数的文化形态，最为著名的有中华文明、罗马文明、希腊文明、印度文明，以及美洲的玛雅文明等古老文明；唯有中华文明、中华历史文化绵延不绝，流播至今，还在深刻地影响、滋养着中国人的思想和精神，成为中华民族的精神家园，也越来越广泛和深刻地影响着世界文化发展的方向。这个事实本身就证明着中华文明和中华历史文化生生不息的活力。

现在的问题是，中华文化这一产生于东方大地的文化，何以具有如此强大、绵延不绝、生生不息的活力？这种活力产生的内在动力何在？这是中外学者纷纷试图解释而又各执一词的话题。余秋雨先生著文说，中华文化之所以"长寿"在于八个方面的原因：一、"体量自觉"；二、"自守自安"；三、"力求统一"；四、"惯于有序"；五、"简易思维"；六、"以德为帜"；七、"中庸为轴"；八、"特殊门径"。②

① 葛兆光："什么才是'中国的'文化"，《解放日报》2015年9月13日//《新华文摘》2015年23期，第109-111页。

② 余秋雨："中华文化为什么长寿"，《美文》2015年6期//《新华文摘》2015年17期，第68-75页。

概括地说，余先生认为中华文化之所以五千年未曾断绝，是因为在中华区域中生活的人群感受到地域广大、人口众多，因而满足于此而自守自安，没有外向扩张的意图，在内部又追求和维护国家的统一、社会的稳定有序，在国家治理和社会生活中高扬道德的旗帜，坚持中庸的处世之道。而隋唐以后历朝历代的统治者们则以科举这一制度性安排来笼络知识分子和社会精英，实际上也促成了全社会重视教育、传承文化的风气。我们认为余秋雨先生所概括的几个方面，已经成为传统中国根深蒂固的社会思想和全体社会成员所共同遵循的思维和生活行为方式。这为中华文化的传承奠定了坚实的社会共同价值观基础，也是中华文化历久不衰、充满生机与活力的重要原因。

我们还可以从另外几个角度来考察中华文化之所以源远流长、根深叶茂的原因。

从中华民族生存区域看，境内河流纵横，山川绵延，形成一个又一个相对独立的地理气候单元，成就了中华各族人民生活环境的多样性，以及民族习俗、性格和文化的多元性。华夏民族是从广义的中原地区发源、发展后，再向四面八方扩展起来的。同时，东南西北的各民族也多次向中原内地渗透，带来了各民族文化在区域内部的相互交融。多样性的地理气候环境不仅为以华夏民族为主体的中华各民族人民的生存发展创造了适宜的条件，也孕育出中华文化各种构成因素的丰富性、多样性和文化发展的不平衡性。这种丰富性和多样性、不平衡性又促进了中华文化的包容性和开放性发展，使中华民族文化内部各种构成基因相互融合、相互借鉴、相互启发、相互包容，既保持了主流文化的主体性，又在丰富性、多样性和开放性中汲取了生生不息的活力，使中华文化充满着蓬勃的生机。从历史上赵武灵王的胡服骑射、北魏的迁都洛阳，到大汉雄风、盛唐气象的包容开放，不同族属、不同地域文化的相互接纳与同化，以及对于异域文化的汲取，使中华民族文化主体的农耕文化不断得到草原文化和其他文化形态的补充和激发，从而使中华文化获得充沛的发展活力。

从中华历史文化的制度载体来看，我们的古人依据天人合一的观念，设计出一整套完整的制度。在古人看来，天是至高无上的，而国君、王或者皇帝是“天子”，在人间、在他的治理范围内也是至高无上的。而官吏与国君、王或者皇帝之间，也就具有父子般的家庭伦理关系。阅读古代典籍，常常可以看到臣子称国君、王或者皇帝为“君父”，皇帝也自称“君父”；各级官吏对于他们管治之下的百姓则是“父母官”，老百姓自称“子民”，称地方主官为“父台”。在整个社会关系中，就形成

"君为臣纲、父为子纲、夫为妻纲"和"仁、义、礼、智、信"的"三纲五常"[1]的封建政治伦理关系。这就是所谓的"家国同构"、"家国一体"。历史上的中国政治文化就是这样一种以"君君、臣臣、父父、子子"[2]的封建伦理亲缘关系为核心和支撑的家族血缘宗法文化。古代中国的封建政治制度就是根据这种理念设计出来的。这种制度体系，把人们牢牢固定在各自的地位中，具有极强的稳定性和抗冲击能力。

从中华文化的物质载体方面考察，不容忽视的是，中国历代官方和民间社会都非常重视对作为文化物质载体的典籍的保存，重视书籍的写作和流传。在中国历史上，官方极重视修史。传说从帝尧开始，即设立史官记录各类嘉言政事。《周礼·春官》中列有大史、小史、内史、外史之职，掌管史书方策。[3]关于我国古代史书、典籍的记录和保存，柳诒徵先生在《国史要义》[4]中述之甚详，可以参考。古代既注重当代史的记录，也重视图书的收集、整理和传播，在本质上就是文化的传承。比如，汉朝颁布《熹平石经》，置于太学，以资流布。唐太宗令褚遂良等编撰《群书治要》，令李善等六大臣为《文选》作注，以资流传，统一理解；还以《大隋律》为基础编撰了《大唐律》。唐中宗、武则天时期还任命所谓珠英学士，编撰《三教珠英》等书。玄宗时期，玄宗亲自为《孝经》、《道德经》作注颁行天下。还令张九龄、李林甫等为《大唐律》作注疏，成《唐律疏议》。吴兢写成《贞观政要》；李林甫等撰成《唐六典》；杜佑编成《通典》一书，至今仍是研究者必备的重要参考书。唐朝中期还有李吉甫修纂的《元和图志》等地理著作。北宋灭南唐、后蜀后，收集大量图书运回东京汴梁，充实了皇家图书库，同时组织力量修撰《新唐书》等。还由宰相领衔，组织力量编撰了《太平广记》、《太平御览》、《太平寰宇记》、《册府元龟》、《文苑英华》、《武经七书》、《资治通鉴》、《元丰九域志》，以及图书目录《北堂书抄》等等。此后各朝各代继承传统，持续修书，留下了《永乐大典》、《古今图书集成》、《四部丛刊》、《四库全书》等大型丛书和二十五史，以及汗牛充栋的各类著作。这些举措对于中华文化的保存和传播，发挥了巨大作用。

自孔子删定六经开始，形成了典籍整理和著书立说的传统。大臣著书蔚然成风。秦朝吕不韦著《吕氏春秋》、汉朝有刘向著《说苑》、《新序》等等。私家著史、著书

---

① 《白虎通·三纲六纪》："三纲者，何谓也？谓君臣、父子、夫妇也。"《白虎通疏证》，中华书局，1991年版。汉·王充《论衡·问孔》："五常之道，仁、义、礼，智、信也。"

② 《论语·颜渊》："齐景公问政于孔子。孔子对曰：'君君，臣臣，父父，子子。'公曰：'善哉！信如君不君，臣不臣，父不父，子不子，虽有粟，吾得而食诸？'"《论语》，辽宁教育出版社，1997年版。

③ 《周礼·仪礼》，崔高维校点，辽宁教育出版社，1997年版。

④ 柳诒徵：《国史要义》，中国人民大学出版社，2007年版。

也成为一种风气。从司马迁开始至欧阳修、司马光、宋敏求、范缜，都修史、著书。一般文人视著书立说为“名山事业”，是扬名后世的大事，总是想方设法把自己的作品刻印出来，流传下去。到南宋时期，随着木版印刷技术的进步，出现诸多以刻书为业牟利的书铺，更有利于文化的传播。中国民间还有聚书、藏书的传统。唐宋以来，民间私人藏书家代有其人，甚至在有的时候，还可与皇家藏书相媲美。典籍的编撰、刻书事业的兴盛，既是科举制度的副产品，也满足了士子学习的需要，促进了教育的发达。凡此种种，都有利于中华文化的保存和流传。这也是中华文化长盛不衰的重要原因。

中华文化的传播，还有一个常常被人忽视的传播途径和方式，那就是人口的迁徙。迁徙移民是中华民族开拓创新精神的标志性体现。我们常常说中国人安土重迁，视背井离乡为巨大的苦难，实际情况不完全是这样。从黄帝时代开始，我们的先民就经常主动迁徙，开创新的事业，如黄帝部落原本居住于今天陕西的渭水流域，此后向东发展，进入今天山西一带，并定都于平阳（今山西临汾），这已被今天的考古发掘所证实。历史上，殷人是经常迁徙的，甚至都城也是经常迁移的。周人亦然。这些已被当代的考古发掘所证实。

秦始皇平定岭南，收取闽中，设立岭南三郡（桂林、象郡、南海）和闽中郡，其南征士兵多安置在岭南一带，成为最早的成建制的军事移民。现在广东河源龙川县，是南越王赵佗任龙川县令之地。现在的龙川县佗城镇，还遗有中原人氏 80 余家祠堂。那是秦始皇平定岭南后，留驻当地的各家族军士们祭祖思乡的寄托，也是中原文化牢牢扎根于岭南大地的历史证明。

再比如晋代永嘉之乱、唐代天宝之乱和唐末中原混战、南宋南渡建立政权，大量氏族南迁至江南、华南一带的广阔区域，带来了中原文化，传承了中原文化的血脉，使中原文化在吴越、闽中、南粤等广大地域中扎根、开花、结果。南迁氏族是中华文化精英世族，是中原文化的载体，他们与南方当地人群的融合，他们所携带的书籍与他们的言传身教，都扩大了中华主流文化的影响范围，对于南方的开发和文明进步、经济的发展，具有极其巨大的影响。比如，现在广东梅州，因为陈姓家族迁居，以其文化礼仪教之于当地，遂将之更名为程乡县，就是一个十分生动的例证。至于唐朝陈元光、五代时王审知等人开发泉州、漳州，与当地人融合，形成今天的闽南文化、潮汕文化，也是十分重要的例证。明代以后的山西洪洞县大槐树下的移民、清代的“湖广填川”的大规模移民，也起到了文化交流的重大作用。可以说，历代大规模移民运动，在文化发展交流史上的意义，就在于通过移民这一载体，把主流文化的火种撒播于四野八荒，对于非主流文化的改造和提升的作用是很明显的。

还有就是一批被贬谪到远离中原核心区域，或者深受中华文化浸润而到周边“荒裔”边远地区如岭南、新疆、东北任职的官员，他们对于中华文化传播、发展的贡献也是不可低估的。唐朝贬官中，韩愈、柳宗元在广东潮州、广西柳州的表现是至为突出的，至今受到当地人民的纪念。他们到任后，除弊兴利，兴学崇文，深受当地人的爱戴。北宋苏轼一生数次被贬，曾被贬至今湖北黄州、广东惠州、海南儋州，对于中华文化的传播产生巨大作用。他也在徐州、苏州等地任职，留下了许多佳话。清代著名诗人江逢辰针对苏东坡惠州之贬写诗说：“一至坡公谪南海，天下不敢小惠州”①，可见其影响。这些贬官和北方任职官员对于在落后的少数民族地区传播中华文化，产生了深远的影响。还有一些外国人士因向往中国文化而留学中国，有的还担任过官职，后来归国，成为中华文化国际传播的重要推手，他们的贡献也不应该被忘记。

当然，在一定的历史条件下，各种文化会产生双向的影响。比如，广东是一个沿海省份，较之于内地，接受西方海洋文化影响较早，思想开放也较早。太平天国时期，洪仁玕的《资政新篇》②体现出鲜明的西方思想的痕迹；晚清时期李鸿章派遣学童留学欧美，三批学童中，广东籍学童即占近三分之二，可见其思想之开放；而其后康有为、梁启超“公车上书”，引发戊戌维新运动；孙中山宣传革命思想，发动武昌起义，终于导致几千年封建帝制的覆亡，既是对于中华传统文化的巨大冲击，也为中华文化的近代、现代发展转型注入了新鲜血液和强大的活力。这就出现了几千年来未曾出现过的文化奇观，就是以广东为代表的带有海洋文化特点的南方近代新文化北上反向影响中华传统主流文化的崭新文化景观。

当然，我们也应该认识到，中华文化也有着自身的一些不容忽视、需要改变的局限。比如几千年的封建专制统治形成根深蒂固的专制思想和制度，禁锢了人民“自由的思想”，强化了官本位意识，限制了科学的发展等等。“无论是佛教、三夷教、伊斯兰教，还是明清天主教，始终没有任何文化可以挑战和改变以华夏文化为核心的中华文化，所以，变化都是在传统内部的调整、适应、改革、变化”。③但是随着西方工业革命的兴起，科学技术快速发展，山海的阻隔已经不足以成为国家安

① 见《惠州日报》2014年11月19日。

② 洪仁玕:《资政新篇》，1895年（咸丰九年）刊行。

③ 葛兆光:“什么才是‘中国的’文化”，《解放日报》2015年9月13日 //《新华文摘》2015年23期，第109–111页。

全的屏障。到了近代，1840年以来的百余年间，西方列强的坚船利炮轰开了古老中国沉重的大门，使古老中国突然面对数千年未曾经历过的崭新的文化冲击，面临着如李鸿章所说的“三千年未有之大变局”①，古老中国的文化的坚实堤防也随之被冲垮，西学东渐，几千年来被视为天经地义、神圣不可动摇的东西被冲击得摇摇欲坠；随之而来，辛亥革命发生，几千年的封建制度轰然倒台；封建王朝变成了民国；废科举、兴学校、男女平等；封建皇权政治变成了政党政治；破除迷信、解放思想，一切思想的、政治的、家族的枷锁被打碎。新中国建立以来，更是发生了天翻地覆的变化。

今天人类已经进入了“地球村”、“信息化”时代，随着科学技术的高度发展，人际、国际的交流交往空间、时间距离急剧缩短，国与国之间、民族与民族之间、异质文化之间、人与人之间的交流比以往任何时候更为频繁、便捷、深入；相互间的影响也比任何时候都更深刻和直接。我们既要继承和发扬中华文化的优秀传统，激发中华文化内在生生不息的活力，更需要注意辨识其中已然落后、不合时宜的因素予以扬弃，还要放眼世界、注重吸纳新知，汲取世界各民族优秀文化的营养，才能完成中华传统文化的创新性转化和创造性发展，才能为中华民族的伟大复兴做出应有的贡献，中华文化的传承与发展也才能真正把握住历史性的机遇，重新焕发出耀眼夺目的光彩。

四、关于本书编写的一些基本考虑

改革开放30余年来，文化及相关研究已成为一门显学。国外引进的文化著述很多，发表的论文、出版的著作可谓汗牛充栋，对于中国文化的研究也出现了一片兴旺景象，进入一个崭新的阶段。尤其是对于历史遗迹的发掘，出现了大量此前绝不可能见到的珍贵地下遗迹和文物，既为人们的研究提供了历史研究的实物依据，也在相当程度上深化甚至改变人们对于中华历史文化的固有认识。这些既为我们编写本书提供了理论的依据和参考借鉴，也为我们提供了全新资料的保证和崭新的视角。

就高校对于中国历史文化课程的开设情况而言，应该指出，除部分文科专业之外，开课的不多，课时尤少。职业院校及其他大专学校开设这门课程的更少。具有针对性的教材建设虽不能说是空白，但适合于大专学生尤其是高职院校学生的历史文化教材几乎没有。为此我们萌生了编写一部关于中华历史文化的通识性读物的动

① 李鸿章《复议制造轮船未裁撤折》（同治十一年五月）：“臣窃惟欧洲诸国，百十年来，由印度而南洋，由南洋而中国，闯入边界腹地，凡前史所未载，亘古所未通，无不款关而求互市。我皇上如天之度，概与立约通商，以牢笼之，合地球东西南朔九万里之遥，胥聚于中国，此三千余年一大变局也。”

议，旨在传播中华文化，提升学生的历史文化素养。下面我们就本书编写问题，做一些简明必要的说明。

作为一本面向大专学生的历史文化读物，由于学生对象的差异和课程课时的限制，本书既不同于历史文化研究性著作，也有别于本科学生现在使用的历史教材。我们考虑，这部《中国历史文化》读物必须具有以下几个方面的特点：一是编写体系和结构必须严谨；二是材料内容准确；三是要突出重点；四是尽可能稳妥地吸收新的研究成果；五是文字简洁流畅；六是容量应该适中。基于以上考虑，我们为《中国历史文化》一书主要设计了以下六个大类的内容：一是中华民族大历史演进中制度变迁、民族的融合、社会生活风俗习惯的发展变化。二是统治者选贤选士制度和教育的发展。三是文字产生与精神产品的物化，以及作为时代精神载体的文学的发展。四是人类对自然的认识、利用与科学技术的发现、发展。主要包括两个方面：一个方面是作为物质生产的工具、礼仪供奉、生活用品的改进制作和发展。对自然物质、物资禀赋性质的认识及利用方式的发现，属于科学；人对于利用自然禀赋工具的制造及技能的掌握属于技术。第二个方面是文明时代知识的积累、保存和文学产品的传播，属于思维成果的物质形态。其中对文化的载体的变化尤当重视：龟甲、竹木、纸张发明、印刷术的发展，也属于技术。五是作为精神寄托的宗教的发展传承与交流汇通。六是中外交流、相互影响的历程。

对中国历史文化的叙述，既不能脱离历史，又不单单是讲历史；讲述文化的形成、演化和发展，也不可能离开大历史的发展。因为历史和文化其本质都源于人的活动，没有人的活动，就没有历史，也就没有文化。因此文化的演变发展不可能脱离历史发展而单独发展。所以本书所叙述的历史文化，究其本质也就是中华民族共同体中各族、各类、各种人的各类活动产生的历史进程和所体现的物质、精神文化现象及其物质呈现状态。以一种相互包容渗透的大历史观、大文化观来考虑本书的结构与内容，可能更为切近历史文化的本质。

当然，本书各章所叙述的不同历史时期中的具体历史文化的状态及其演进发展，以及由此产生的物质、精神产品及其物质呈现状态，都不可能面面俱到，历史发展的实际状况也并非一种线性的均衡。本书所述不同历史时期的历史文化现象只是这一时期历史文化整体中最为突出、在整个历史进程中最具代表性的若干方面，不可能方方面面都叙述到。这是由本书的教材性质和读者对象所决定的。但考虑到本书内容属于历史性质，在叙述中又必须呈现中华历史文化的较为完整的整体面貌及其交流融合演变发展的较为清晰的线索，因而编撰者在正文叙述中突出不同时期历史文化特点的同时，也注意在概括叙述中关照到其他历史文化现象，采取延伸阅读、知识点呈现的办法来弥补正文叙述语焉不详的缺憾。这意味着某一时期中已产生但未发生重要影响的历史文化萌芽、线索，虽然可能在这一时期概述中提到，但作为重点来叙述的任务只能在以后合适的章节中来完成。这样，全书的叙述就是以大历史为背景，以上述六个方面历史文化现象或明或隐的表述为纵向贯串线索的前后呼应、上下勾连、线索明晰、重点突出的完整框架。同时，为了能够使读者尤其是教师学生能够对中外历史文化的产生、发展有所比较，在比较中加深对中华历史文化特点的认识及相关问题的认识，全书在每章之首设有“学习目标”，章末附有思考问题等，旨在便于教师参考和学生学习使用。

我们知道，学习、继承和发扬中华优秀文化传统，关键在于践行，在于实践中的传承。我们希望，能够读到这本书的人，可以从中得到相关的历史文化知识，更希望这些优秀的、人类所共有的珍贵文化遗产能够在我们日常生活中、思想情感中引起共鸣，见之于行为，并代代相传，永不湮灭。我们相信，这些希望不会落空。

第一章　炎黄子孙与华夏民族

【学习目标】

1. 了解中华民族的起源。

2. 了解尧舜禹的社会历史形态。

第一节　中华文明的传说时代

历史是人类由愚昧走向文明的过程。所谓文明包括器物文明、制度文明与精神文明。我们中国人之所以称自己为炎黄子孙、华夏民族，是因为这一块土地上的人类经过漫长的生活经验积累，其生命洪流到了炎黄二帝时期，终于开花结果，文明之火锻造出了人类的器物文明、制度文明与精神文明，即人类不再像野兽那样生活，开始在社会组织方面、人与人相处及对待自然方面，有了较为全面的文明理念。至此这块土地上的人民开始有了炎黄子孙、华夏民族这样自我认同的身份意识。"人文历史的开始断自观念形态的开始"①，故讲中国文明史应从炎黄二帝讲起。炎黄二帝之事迹，多依上古时期的传说，虽是传说，但也在一定程度上反映了中华民族历史发展的真实面貌。"炎黄尧舜禹"代表了中华文明思想理念的初步形成期，这个时代是从氏族部落向国家形式迈进的时期，"炎黄尧舜禹"的文明理念为夏商周奠定了文明的基础。

一、炎黄与蚩尤

1. 炎黄二帝同出一族

据我国古书记载，炎帝、黄帝实为同族。《国语·晋语》曰："昔少典娶于有蟜氏，生黄帝、炎帝。"② 黄帝部族依姬水生活，炎帝部族则沿姜水发展。故黄帝以姬为姓，

① 牟宗三:《历史哲学》，广西师范大学出版社，2007 年版，第 6 页。

② 徐元诰:《国语集解》，中华书局，2002 年版，第 336 页。

炎帝以姜为姓。《贾子·益壤》曰:“黄帝者,炎帝之兄。”[①]《制不定》曰:“炎帝者,黄帝之同母弟也。”[②] 关于这段历史记载,我们认为应理解为炎黄两族最初源于一支,或两个部落很早就有部落联盟式的婚姻关系,且一直持续了很长时间。[③] 关于炎黄两个部落之间的关系,钱穆先生在《黄帝》一书中所论较为符合历史原貌:“黄帝和炎帝同是少典的子孙,同出于一族,后来分散迁徙,一个住在姬水附近,一个住在姜水附近。日久年远,两部风俗习惯差异越来越大,变成两个族类。繁衍扩张以后,再行接触。”[④]

2. 炎帝神农氏

公元前4500年左右生活在黄河上游陕西岐山姜水一带的炎帝这一支,文明发展较早。部落首领炎帝是一个极富智慧的首领,领导着一个拥有先进农业生产技术的氏族部落。炎帝教导其部落人民种植五谷,不断改进生产,人民生活富足,故被族人称为“神农”。《易·系辞》曰:“包牺氏没,神农氏作,斫木为耜,揉木为耒,耒耜之利,以教天下。”[⑤] 同时,炎帝还遍尝百草,发现了草药,治疗族人疾病。今天我们说的神农尝百草,即指此事。

3. 蚩尤

《史记》曰:“轩辕之时,神农氏世衰。”[⑥] 炎帝之后代叫参卢,号帝榆罔,势力渐渐衰落。[⑦] 此时,以蚩尤为部落联盟长的九黎族兴起,与神农氏争夺天下。蚩尤凶悍好战,征战不休。《史记》曰:“诛战不休,并兼无亲。文无所立,智士寒心。”[⑧] 由于蚩尤一族连年征战,对周围部落不能文明友好待之,暴虐百姓,故诸侯寒心多叛之,归附黄帝族部落。

4. 黄帝擒杀蚩尤

黄帝,又称轩辕氏。《史记·五帝本纪》记录黄帝“生而神灵,弱而能言,幼而徇齐(聪颖),长而敦敏,成而登天”[⑨],显然有着较为浓重的传说成分,但在中国文明的发展历史中,黄帝事迹所反映的显然是中华历史文明一件大事件。黄帝的出现,用钱穆先生所言:“霹雳一声雷,惊醒了中国文明。”[⑩]

黄帝之时,天下大乱,部落诸侯连年相互战争,“蚩尤最为暴”。为结束这种天下大乱之局面,轩辕乃修德振兵,治五行之气,播种五种农作物,安抚万民,驯服熊罴貔貅

---

① 吕思勉:《先秦史》,上海古籍出版社,2005年版,第55页。
② 同上。
③ 王玉哲:《中华远古史》,上海人民出版社,2004年版,第129页。
④ 钱穆:《黄帝》,生活·读书·新知三联书店,2004年版,第7–8页。
⑤ 黄寿祺、张善文:《周易译注》,上海古籍出版社,2001年版,第572页。
⑥ [汉]司马迁:《史记·五帝本纪》,中华书局,1982年版,第7页。
⑦ 同上书,第11页。
⑧ 吕思勉:《先秦史》,上海古籍出版社,2005年版,第55页。
⑨ [汉]司马迁:《史记·五帝本纪》,中华书局,1982年版,第1页。
⑩ 钱穆:《黄帝》,生活·读书·新知三联书店,2004年版,第10页。

貔虎以助战，与炎帝部落战于阪泉之野。三战，然后得其志。蚩尤作乱，不听帝命。于是黄帝乃征师诸侯，与蚩尤战于涿鹿之野，遂擒杀蚩尤。俘虏的九黎人被罚作奴隶，被称为“黎民”。而诸侯咸尊轩辕为天子，代神农氏，是为黄帝（《史记·五帝本纪》）。

通过“以与炎帝战于阪泉之野。三战，然后得其志”这段历史记载，我们可知在黄帝擒杀蚩尤之前，炎帝部落与黄帝部落之间有一个通过战争而融合在一起的过程。通过这种融合，炎黄两个部落，经过一系列文明与战争的洗礼，又复归为一族。炎黄两个部落融合之后，黄帝遂在涿鹿之野擒杀蚩尤。蚩尤部族向南方退却立足，成为此后南方各少数民族的先祖。自此中华民族最初的完整种系得以确立，这块大地上的人民有了“我是炎黄子孙”这样强烈的种族意识，炎黄二帝因此被认为是中华民族的始祖。同时，也应该承认，蚩尤也应该成为中华民族大家庭的始祖之一。蚩尤身上的各种恶名，是黄帝族胜利者所加，并不一定完全是历史事实。

【知识卡片】

文字的产生

文字的产生，是人类文明演进的一件大事。有了文字，人类智慧可以超越时空，代代相传，在前人基础上不断复杂地演进。无论从逻辑还是从史实的角度来讲，人类文字的产生都是一个渐进的过程，是族人共同努力的成果。但在这种种群共同造字的过程中，必有智慧超群的卓越人物，使文字有了严密文理体系。如包牺氏、仓颉等。《荀子·解蔽》：“故好书者众矣，而仓颉独传者，壹也。”《易·系辞》曰：“古者包牺氏之王天下也，仰则观象于天，俯则观法于地，观鸟兽之文与地之宜，近取诸身，远取诸物，于是始作八卦，以通神明之德，以类万物之情。”当时创造的符号能“通神明之德”、“类万物之情”，这说明至包牺氏时已有形象、生动的文字雏形了。包牺氏、仓颉皆可谓文字产生过程中的集大成者。

二、华夏民族

钱穆先生认为，黄帝活动范围大约在现在的河南中部，河南新郑很多地方都留存着和黄帝活动有关的遗迹。《列子》上说“黄帝梦游华胥之国”，新郑附近有华城，有华阳城，就是古华胥国。古书上说豫州华山，豫州是现在的河南省，所说的华山，在洛水东边，大概就是现在的嵩山。现在的登封、禹密数县间，古人称作华，这里又是夏朝的兴起地。我们现在自称中华，从前又称华夏，就起源于此。[①]

张岂之先生认为：“华夏的‘夏’指中原之人。《说文》：‘夏，中国之人也。’这

① 钱穆：《黄帝》，生活·读书·新知三联书店，2004年版，第9-10页。

个‘中国’指中原。西周以‘夏’作为中原之人的族称，春秋以‘华’作为中原人之族称，‘华夏’连称则是汉代以后才有。”[①] 中、华连用则是从三国开始。

最早的华夏族主要指夏商周三代形成的民族自我认同的共同体。从汉朝至今，我们称自己民族为华夏民族，实是已融合了更多的种族。

《论语》："周监于二代，郁郁乎文哉！吾从周。"[②] 孔子发此感叹是言周之文明礼仪制度实是继承夏商文明，才能如此茂盛丰美。对于此，我们可以从以下几个方面理解[③]：

其一，夏周二族在今河南西南区域兴起，属于西系族群；商族兴起于今河南东部、山东西南部，属于东系族群。东西两系族群都是在黄河中下游已有了共同文明基础——“龙山文化”后发展起来的。夏商周文字同源，已为甲骨文及最新的考古发现所证实。

其二，夏商周三代形成的三个族群，都认为自己的族群与黄帝有着密切的关联，故在祭祀时，不仅要祭祀自己的先祖，同时也要强调自己的先祖与黄帝有着密切的渊源。这说明夏商周三代有共同的种系归属意识。

其三，夏商周三代在政治制度、社会组织方式上有着很强的联系性。三代的发展是继承关系而没有发生断裂。还要特别提到的是，西周实行的分封制度增进了华夏各族相互认同的族类意识。西周不仅分封了本姓贵族、功臣，还分封了黄帝尧舜和夏商之后，这种分封法说明周王朝不仅认为自己代表周族部落，还是华夏各族的代表。西周分封制度大大促进了夏商周三个种系共同源于一个种系的归属认同感。

华夏民族是在夏商周三个种系基础上发展起来的，这三个种系成为中华民族最早的种系基础，集三代文化大成的西周礼乐文明自此成为中华文明历经千年而生机盎然的文化核心。此后华夏民族不断进行的种族融合、文化融合，皆是以夏商周种系与文明为其坚实基础。

【知识卡片】

三皇五帝

在中华文明的传说时代，三皇五帝构成了远古中国历史的神话谱系和历史谱系。三皇五帝至今没有一个确切的说法。一般认为，三皇是指“燧人氏”、“伏羲氏”与

① 张岂之:《中国历史十五讲》，北京大学出版社，2003 年版，第 22 页。

② 杨伯峻:《论语译注》，中华书局，1980 年版，第 28 页。

③ 以下关于华夏民族的观点多参考了余敦康《夏商周三代宗教》（见姜广辉主编《中国哲学第二十四辑·经学今诠三编》，辽宁教育出版社，2002 年版）和周苏平《华夏族的形成》（见刘宝才主编《中国历史·先秦卷》，高等教育出版社，2017 年版）。

"神农氏"，是先民的领袖或者是先民三种生活方式的代表。五帝则指轩辕黄帝及颛顼、帝喾、尧、舜，是部落联盟时代的杰出领袖。

第二节 三王时代

所谓三王时代，是指尧舜禹时代，这个时代是氏族部落发展的后期，三王因个人的美德及政教成绩被奉为中国历代君王的楷模，文人歌颂帝王功绩品德，常言其德可比尧舜。在中国历史中，谈起理想社会，总是言必称尧舜禹，尧舜禹三王时代成为古典中国社会的理想时代。之所以出现这样的历史文化现象，是因为在三王时代，各氏族部落处于相对和平稳定的时期，民无饥寒，百姓纯朴，互相无奸诈侵伐，故三王可把主要的精力放在农耕文治方面。大禹治水虽说的是洪水泛滥，鲧不能治，但只有各部落相互团结，没有战争，大禹进行水利建设才会有人力与物力的基础。大禹之前的尧舜文治，则为改善农耕条件的"治水"行为提供了前提。

一、尧之文治

尧之时代，中国历史的经济形态已从游牧渐渐过渡到农耕。农业的发展需要天文气象方面的知识。《史记·五帝本纪》记载，尧命掌管天文历法的羲和，"敬顺昊天，数法日月星辰，敬授民时"①。即命掌管天文的羲和认真观察天象，推定节气，指导人民进行农业耕种。天下经过尧的治理，百废悉举，众功皆兴。

孔子在《论语·泰伯》中赞尧曰：伟大哉！尧之为君也。巍巍乎德配天地的尧呀！唯知天为最伟大，唯有尧能效法天之规则。天地辽阔无垠，普通百姓不知用什么名义赞美尧之伟大。巍巍乎高大的尧呀，其伟大的功业就像日出日落、奔流不息的江河。丰美的山川湖泊多么美丽呀，这就是尧写的文章。司马迁赞尧曰："其仁如天，其知如神。就之如日，望之如云。富而不骄，贵而不舒。"②

尧之为君，"修德爱民"。德政有三：一是"其仁如天，其知如神"；二是"巍巍乎唯天为大，唯尧则之"③，即是指尧敬顺昊天、敬授民时；三是尧之为民，不言不语，不说空话，民在不知不觉中受其泽而不知，也无法用具体的语言赞美尧之伟大，即"荡荡乎民无能名焉"④。

自此，尧之德成为中国帝王标准。对帝王之批评、对帝王之勉励，有了一个理想的帝王原型。

---

① ［汉］司马迁：《史记·五帝本纪》，中华书局，1982年版，第1页。
② 同上书，第15页。
③ 杨伯峻：《论语译注》，中华书局，1980年版，第83页。
④ 同上。

二、贤哉舜帝

尧舜时代处在氏族部落的后期，领导人必是为各部所共认之贤明，方可为“共主”。尧16岁时，以部落之侯身份为天下共主，在位70载，至86岁时，自觉不能再为天下做出更多美善政绩，欲求一贤者代己。大臣及诸多部落首领皆推舜接替尧为天下共主。

尧问舜是一个什么样的人呢？大臣介绍说：舜出身于一个非常不好的部族，“父顽，母嚚，弟傲”①，即父亲愚顽，后母乃长舌泼妇，弟弟又是一个傲慢无礼的凶恶之人。舜虽出身于这样的家族，但舜能以孝和睦家族，对父母孝、对弟友爱相处，致使本部族内不至为非作恶，外不为其他部族人所欺侮。

尧听众人之言，决定试试舜之治国本领。尧先将自己的两个女儿即“娥皇”、“女英”嫁给舜为妻。舜教导二女以人性之文理，恪守妇女美善之德，尧甚赞之，遂乃使舜任教民之职，教导民众父义、母慈、子孝、兄友、弟恭，民皆服从舜之教诲。舜治理百官，百官在舜的治理下，政事井然有序。舜处理各部落之间的问题，深得诸侯之心，“诸侯远方宾客皆敬”。且舜有种种超越常人的贤能智行，如于深山密林中遇暴风雷雨，舜不迷行。舜的这些贤能智行，尧以为只有圣人方能做到②，遂决定将共主地位传给舜。

尧帝死后第三年，舜正式行天下共主之职。舜即帝位后，即开始选贤任能，详细了解天下情形，即《尚书·舜典》所言“明四目，达四聪”③，务使天下民情能及时上达。他命大禹作司空之官职，负责治理天下河道，平整土地；命“后稷”教民种植五谷，以使民免受饥寒；又考虑到当时“百姓不亲，五品不逊”，民与民之间好勇斗狠，不知相敬相爱，命契为司徒之官，“敬敷五教”，教民“父子亲、君臣义、夫妇别、长幼序、朋友信”。对于愚顽犯禁奸恶之人，舜又命皋陶作五种刑罚，惩罚那些侵犯的蛮夷与作乱的盗贼。

经过舜的一番治理，人民安居乐业，四方诸侯咸服。舜觉得治理天下者要有崇高的生活情调，让夔典正音乐，教贵族子弟要有广博易良之敦厚人格，即为人要正直而温和、宽宏而庄栗、刚而无虐、简而无傲。“诗言志，歌永言，声依永，律和声。”若此，八音能谐，理不错夺，则神人咸和。

舜治理天下，在于能用贤良之人，不刚愎自用，善听他人贤言。舜治理天下期间，推行善政，人民安居乐业，舜也乐享太平，并有歌曰：“南风之熏兮，可以解吾民之愠兮。南风之时兮，可以阜吾民之财兮。”④舜之乐，是与民共乐之乐。

据《史记》记载，舜是一个长寿之人。“舜年五十摄行天子事，年五十八尧崩，

---

① ［汉］司马迁：《史记·五帝本纪》，中华书局，1982年版，第21页。

② 同上书，第22页。

③ ［宋］蔡沈：《书经集传》，中国书店，1994年版，第12页。

④ 转引自陈美娥：《中原古乐史草稿》，海潮出版社，1993年版，第4页。

年六十一代尧践帝位。践帝位三十九年，南巡狩，崩于苍梧之野。”[①] 以此推算，舜享年 100 岁。

三、大禹治水

尧舜禹时代，洪水泛滥，治理水患一直是帝王勤政重点所在。帝尧时，“洪水滔天，……下民其忧。尧求能治水者，群臣四岳皆曰鲧可。……于是尧听四岳，用鲧治水。九年而水不息，功用不成。于是帝尧乃求人，更得舜。舜登用，摄行天子之政，巡狩。行视鲧之治水无状，乃殛鲧于羽山以死”[②]。鲧系崇国的诸侯、黄帝之孙、禹之父，历九年不能治水患，被舜诛杀。于此可见当时水患之难治。

“禹为人敏给克勤；其德不违，其仁可亲，其言可信；声为律，身为度，……为纲为纪。”[③] 此段是言，禹之为人，聪敏勤奋，德不违天时民意，为人可亲；同时禹还是一个非常有个人魅力的领导者，声音庄严洪亮、清晰和美，行为举止有威仪、合律度；做事能抓住核心问题，有纲纪，为人所崇敬。因是之故，舜命禹继承其父未完成之业，继续治水。

《史记·夏本纪》曰：禹伤感其父鲧功之不成受诛，乃劳身焦思，居外 13 年，过家门不敢入。《庄子·天下篇》曰：禹亲自操橐耜，多次治理天下大川。为治水患，禹小腿很瘦，且小腿因劳作而无毛，常在暴风骤雨中进行治水工作。禹历尽艰辛，治水 8 年，终于治服水患。禹的治水伟业，极大地促进了中华先民农业生产的发展，是中国历史上一个充满神话色彩的伟大的治水英雄。

据《尚书·禹贡》记载，禹在治水的同时，还根据当时的地理、地形，将中国划分为九州。我们今天将中国别称为九州，即源于禹之治水功业。

四、禅让制的结束

禹内有美德，外有治水之功业，故“帝舜荐禹于天”，为自己的接班人。舜崩后，禹回避舜之子商均而避居于阳城这个地方。但天下诸侯皆去朝禹，不朝舜之子，禹于是即天子位。禹继舜而为天子的过程，似乎透露出禅让制开始动摇的某些信息。禹继位十年后，东巡狩，至于会稽而崩，“以天下授益”。但禹子启是有为之人，天下诸侯皆拥护禹之子启，而不朝觐禹指定的接班人益。故诸侯皆离益而朝启，曰“吾君帝禹之子也”。于是启即天子之位，是为夏帝启。自启即天子位后，开始传子不传贤，至此，王位禅让制结束，“家天下”制度建立。

尧舜禹时代是氏族部落联盟时代，而非具有严密组织形态的国家时代。联盟各部落必须选贤任能，方能使各个部落联合在一起，故尧舜时代传贤不传子。到了

---

① ［汉］司马迁：《史记·五帝本纪》，中华书局，1982 年版，第 1 页。

② ［汉］司马迁：《史记·夏本纪》，中华书局，1982 年版，第 50 页。

③ 同上书，第 51 页。

禹时代，社会发展已经开始由氏族部落联盟渐渐向有严密组织的国家时代过渡，禹之子启自然就开始传子不传贤。传子不传贤，表面看来是选贤任能制的倒退，但实质是历史发展的必然。在社会组织形式上，严密的国家组织的生产效率、文化演进速度，要远远高于氏族部落联盟。

同时，选贤任能的民主推选制仍是人类社会组织之理想，历史之演进必要以此为理想方有文明。故儒家在《礼记·礼运》篇中，高度赞扬了尧舜禹时代选贤任能的民主推选制度。“大道之行也，天下为公，选贤与能，讲信修睦。故人不独亲其亲，不独子其子，使老有所终，壮有所用，幼有所长，鳏、寡、孤、独、废疾者皆有所养，男有分，女有归。货恶其弃于地也，不必藏于己；力恶其不出于身也，不必为己。是故谋闭而不兴，盗窃乱贼而不作，故外户而不闭，是谓大同。”①

选贤任能的大同理想，一直是儒家进行社会批判与社会改造的文明理念。

【知识卡片】

新石器时代原始文化遗址

中原地区新石器时代的文化遗址主要有：仰韶文化（公元前5000—前3000年），仰韶村在今河南渑池，以此为代表的文化分布于周边省份；龙山文化（公元前2900—前1900年）以山东省章丘龙山镇城子崖为代表，分布于周边省份。龙山文化覆盖夏、商、周三朝立都范围，夏商周先民大体活动范围为今河南西南与山东西南的黄河中下游；主要分布在这一地区的仰韶文化和龙山文化这两个类型的新石器文化，一般认为即夏商周族或更远古先民的文化遗存。另外，新石器时代原始文化遗址还有南方长江流域的河姆渡文化、良渚文化等。

【阅读搜索】

三皇五帝　禅让制

【思考题】

1. 中华历史为什么要从炎黄讲起？
2. 如何理解尧舜禹的禅让制及结束？

① 王文锦:《礼记译解》，中华书局，2001年版，第287页。

第二章　夏　商

【学习目标】

1. 了解夏商时期的社会组织形态。
2. 了解夏商时期的文化理念。

夏商二朝，虽开始有了较为严格的国家形态，但尚不完全是以农业文明为主的农耕文明，仍有较强的游牧性质，田猎、游牧与不成熟的农业生产是当时的主要经济形态。如夏族及夏朝在今河南、河北、山东等地，进行较大的迁徙多达11次；商族及商朝在黄河上中游大的迁徙12次。[①] 如此多的大规模迁徙和当时的经济多倚重游牧经济有着密不可分的关系。在社会形态上，夏朝的原始氏族公社制正处于逐渐崩溃中，但原始氏族社会的基本民主权利仍有一定保留，直到夏为商灭。到了商朝的后半期，这种原始氏族社会的性质才渐渐消失。商朝前半期，即盘庚迁殷都前，仍为氏族公社崩溃期；后半期，即盘庚迁殷都后，商朝渐渐成为有了较为严密国家组织的阶级社会，经济形态为较为成熟的农耕文明。[②]

夏商二朝，是中华民族国家形成的初始之期。在经济形态上，由游牧经济渐变为较为成熟的农耕经济，以盘庚迁都为标志，中华民族的经济形态正式确立为稳定的、较为成熟的农耕经济。在文化形态上，夏商二朝流行着天命与鬼神观念，并有了较为成熟的阴阳八卦理论。夏商的文化思想，尤其是有5000多个单字的甲骨文，为中华民族在原始范型——周朝文明积累了丰富的思想资源。

第一节　夏商历史文化概说

一、夏朝历史文化概说

夏朝是中国历史上的第一个王朝，若从禹算起共400多年（公元前2070—前

① 瞿同祖：《封建社会》，上海人民出版社，2003年版，第5页。
② 王玉哲：《中华远古史》，上海人民出版社，2004年版，第196、224页。

1600年），自禹至桀共17君。夏朝政治中心约在今河南偃师、禹州、登封一带。

1. 启即帝位，中国历史上第一王朝的建立

尧舜禹皆是通过禅让进行权力交接。到了禹即帝位后，立国号曰夏。禹本要将共主之位传益，但据《史记·夏本纪》记载，益因辅佐禹时间较短，天下诸侯皆拥立禹之子启，启遂即天子之位，是为夏帝启。自启即天子位后，开始传子不传贤，至此，禅让制宣告结束。禅让制的实质是氏族社会各部落联盟推选共主，而启即位是传子不传贤，这样启就不是氏族社会的共主，而成为国家的君王。传子不传贤是一件划时代大事，标志着氏族部落联盟开始瓦解，国家形态开始形成。

2. 启战有扈氏于甘，传子制得以确立

自启传子不传贤，中国社会从氏族部落的“公天下”，变为一姓所有的“家天下”。在这种历史的大变局中，自有各种矛盾冲突。当时，有扈氏部落反对启传子不传贤的一姓私有思想。据《史记·夏本纪》记载：“有扈氏不服，启伐之，大战于甘。将战，作《甘誓》，乃召六卿申之。启曰：‘有扈氏威侮五行，怠弃三正，天用剿绝其命。今予维共行天之罚。’……遂灭有扈氏。天下咸朝。”[①]

通过《史记》这段记载，我们可知，启认为有扈氏是不敬天地，有违天地五行之政道，故“天用剿绝其命”。启大战有扈氏于甘这个地方，最后灭有扈氏，从而确立了传子制。启灭有扈氏，确立了中国历史从氏族部落的“公天下”，变为一姓所有的“家天下”的时代的到来。同时启言自己是“行天之罚”，显示自己受天之所命，且能得到较为广泛的拥护，战胜有扈氏，则可以认为君权神授思想已经成为“家天下”政治制度较为广泛的思想文化基础。

3. 太康即位、“少康中兴”至夏桀亡国

夏君主启死后，其子太康继位。太康继位后，贪图享乐，不体恤民生，遂发生内乱。内乱虽然得到平定，但当时各氏族部落仍然强大，多有不臣服夏朝之氏族部落。东夷族中势力比较强大的有穷氏首领后羿，非常善射，传说中射日的后羿即指此人。后羿趁夏朝内乱，攻入朝都，号称帝羿。不久，后羿又被其亲信寒浞所杀。夏帝相之子少康，联合同姓氏族部落，灭寒浞，恢复夏朝，史称“少康中兴”。

自“启即位”到“少康中兴”这段夏朝历史，反映了由氏族部落向有阶级国家过渡的复杂尖锐长期的斗争史。启传子不传贤，虽标志着有阶级国家的形成，但有阶级国家制度的确立必然经过漫长时期的斗争与融合。

“少康中兴”后，经历三代君王，就到了中国历史上第一位著名的暴君——夏桀。据《史记·夏本纪》记载：“桀不务德而武伤百姓，百姓弗堪。汤修德，诸侯皆归汤，汤遂率兵以伐夏桀。桀走鸣条，遂放而死。……汤乃践天子位，代夏朝天下。”[②]

① ［汉］司马迁：《史记·夏本纪》，中华书局，1982年版，第84页。

② 同上书，第88页。

自此夏朝灭亡。中国历史进入一个新的王朝——商朝。

【知识卡片】

二里头文化

二里头文化是中国跨越新石器时代和青铜时代的文化，因在河南省偃师市二里头村的二里头遗址而得名，其分布范围正同夏人活动的区域相符合，因此考古学者认为二里头早期文化反映了夏人的历史文化活动。二里头遗址出土的文物主要有青铜祭器、玉制祭器、嵌有绿松石的小牌饰等等，还有一些工具与武器类的文物。这说明夏人已有了较高的制作工艺水平，标志着夏朝文明已进入青铜时代。在二里头还发现了大型宫殿遗址，这说明夏朝已脱离游牧经济，有了较为稳定的生活区域和较为严密的国家政权组织形式。二里头遗址发现了陶纹符号，有学者认为或许是一种原始文字，但通过研究，这些陶纹无法构成语句，所以不能确定这些陶纹就是类似于殷商甲骨文的文字。

二、商朝历史文化概说

商族是居住在黄河下游的一个古老部落，以玄鸟为图腾。夏朝末年，商族的势力扩展到黄河中游，浸透到夏的统治地区。夏王朝衰落，商代而兴起。从商汤算起，商王朝共传 17 世，31 王，至商纣而亡。为公元前 1600—前 1046 年，历时约 600 年左右。

1. 汤革夏命、建立商朝

汤革夏命，与其后周武王革商纣之命，在中国历史变迁中被认为是正义道德的革命事件。《易・革卦》中所谓“汤武革命，顺乎天而应乎人”[①]，即是指这种顺乎天命、合乎民意的改朝换代之事。既要顺乎天、又要应乎人，这就要求革命者在道义上有合法性。这种合法性体现在革命者要有天之所命的德智及体恤民情的仁慈，被革命者则与此相反。

夏桀之所以被革命，是因为夏桀不修品德，且好持己勇伤及百姓。与夏桀相反，商朝开国之君商汤则敬天、祭祀祖先且又仁慈爱民。如《诗经・玄鸟》曰：“古帝命武汤，征域彼四方。”[②] 古帝者，自古即有之天帝也。这自古即有天帝命之商汤，征伐四方不敬天者。《史记・殷本纪》：“葛伯不祀，汤始伐之。”[③] 葛伯不敬天、不祭祀先祖，故汤受天帝之命讨伐之。这是言商汤受天之所命，征伐四方不敬天与不祭祀先

① 李道平：《周易集解纂疏》，中华书局，1994 年版，第 438 页。
② ［宋］朱熹：《诗集传》，凤凰出版社，2007 年版，第 286 页。
③ ［汉］司马迁：《史记・夏本纪》，中华书局，1982 年版，第 93 页。

祖者。

商汤不仅秉承天命，且兼德智于一身。《史记·殷本纪》引商汤言：人临水可自观，察民生活好坏可知天下是否有善治。这是言商汤之智足以周民。又曰汤之仁慈：汤出，见四野张网四面网罗飞鸟走兽，汤命去其三面。诸侯闻之，曰：汤之美德尽善矣，泽及禽兽。

在古代中国的历史观念中，商汤受天帝之命，又兼德智仁慈于一身，故《孟子·滕文公下》赞曰："汤十一征而无敌于天下。"他向东面讨伐夏桀军队，西夷人民报怨；向南面讨伐夏桀，北狄人民报怨，皆曰：为何不先解放我们？民望商汤，若大旱之望雨也。最后，诸侯皆服，汤乃践天子位，平定海内，建立商朝。

儒家历史观对商汤虽有较多溢美之词，但也在相当程度上反映了历史发展的趋势。

2. 中国历史上的第一个贤相——伊尹

明君贤相一直是中国人理想的君臣搭配。商汤与伊尹非是同族有血缘关系之人，但二人彼此相敬，君明相贤，遂成就商朝之伟业。

《孟子·万章上》言：伊尹是一个极有操守之人，无官职、无富贵，只是一个耕于有莘之野的普通人。但伊尹豁达开朗，安贫乐道。不义之财，虽良马千匹不视也。汤闻其贤，使人以钱币聘之，伊尹不屑一顾。商汤又三次聘他，伊尹为商汤之诚与贤德所感，遂决定助汤伐夏桀以救天下之民。从这段记载，我们可以看出，伊尹是一个胸有智慧且有操守的耿介之人。

商汤去世后，商汤之长孙太甲继位。太甲即位后，不明慧、暴虐，且不遵守商汤所立的法度，不重修己德。伊尹屡次劝导，太甲不听。无奈，为使太甲不危害百姓，伊尹只好将太甲囚禁，自己摄政当国，代行天子之职。伊尹当时完全可以取代太甲，自立为天子，但正如《孟子·万章上》所言：不合乎道义，即使把整个天下都给伊尹，他也不会接受。伊尹虽摄政当国、代行天子之职，但并未为一己之私利专权，而是反复耐心教育被囚禁的太甲，太甲为伊尹诚恳美德所感，开始悔过反省、弃恶从善，伊尹见此，又将国政归还太甲。太甲复位后，克己勤政，诸侯皆服、百姓乐业。

伊尹在商朝的建立与巩固过程中起到了举足轻重的作用，去世后享历代商王的隆重祭祀。作为中国历史上的第一贤相，伊尹成为中华民族完美的道德楷模。

3. 盘庚迁都与武丁中兴

自商汤建国至第20位商王盘庚，商朝历经三度衰落，四度复兴，并五次迁都。至盘庚为商王后，再次由今山东曲阜迁都至今河南安阳。从此商朝安定下来，直至商纣亡国，不复迁都。关于盘庚为何要迁都，据《尚书·盘庚》所言，当时贵族只知聚敛财物、争夺权力，导致朝政衰败，不得已迁都。但据今历史学家考证，认为这是商朝从依赖游牧经济、初期不成熟的农耕经济转变为有了较为成熟的农耕经济的重要标志。[①]

盘庚迁都是中国历史上一次重要的事件，标志着中华民族的国家形态在经济上开始摆脱游牧经济，真正进入较为成熟、稳定的农耕文明时代。

在这种稳定的农业文明经济基础上，商朝第23位国君武丁，将商王朝的国力发展到了最强盛时期。史称“武丁中兴”。

4. 商纣亡国

武丁中兴后，再历两位商朝君王，即到了商纣即位。《史记·殷本纪》言：“帝纣资辨捷疾，闻见甚敏；材力过人，手格猛兽。”[②] 从这段记载我们可知，商纣是一个才智过人、手格猛兽的君王。但这样一个“闻见甚敏”，力大无穷，可以“倒曳九牛，抚梁易柱”的君王，何以成为亡国之君呢？《史记》又言：“知足以距谏，言足以饰非；矜人臣以能，高天下以声，以为皆出己之下。”[③] 即商纣王既是一个才智过人的君王，同时也是一个傲慢无礼、不听众贤臣谏言的残暴君王。商纣对于不听己见的臣民，用炮烙之类严苛的刑罚虐待。纣王之叔比干，忠君爱民，见商纣王如此残暴，多次劝谏，反被商纣剖心；商纣之叔箕子，惧怕商纣之残暴，佯装成疯；微子为纣王兄，见纣如此残暴，只好远离他。

这样，商纣王虽才智过人，力大无穷，但因傲慢自大，虐待众贤臣与天下百姓，遂为兴起的周族灭掉。至此，商王朝亡国。

【知识卡片】

甲骨文

人类文字的产生是一个渐进的过程，传说中的包羲氏、仓颉在文字产生过程中虽起到了相当重要的作用，但一个种族要有自己较为完整、成体系的文字，尚需这个种族在生产实践中逐渐完善。我们今天所说的甲骨文即是商王朝时期形成的一种成体系的文字系统。

清光绪二十五年（1899年）秋，古文字学家王懿荣在中药龙骨上发现一些符号，经过研究，他认为这是比西周金文还要早的契刻文字。其后，考古学家又在商朝古都旧址河南安阳西北小屯村，发现了大量刻在龟甲和兽骨上的文字，经研究，这些文字共有单字5000多个，已显示了象形、指事、会意、形声、转注、假借等六种构字原则，并形成了“主语—谓语—宾语”的固定语法结构。

商朝甲骨文是目前已知最古老的成熟文字系统。这种成熟文字的出现标志着中华民族开始有了系统的抽象思维，也是人类步入文明时代最重要的标志，对于文明

① 王玉哲：《中华远古史》，上海人民出版社，2004年版，第233–240页。
② ［汉］司马迁：《史记·殷本纪》，中华书局，1982年版，第105页。
③ 同上。

的发展具有十分重要的意义。

第二节 夏商文化

王国维在《殷周制度论》中认为："虞夏商皆居东土，周独起于西方，故夏商二代文化略同。"[①] 因是之故，我们将夏商文化放在同一节中论述。

一、敬天法祖：天命与鬼神观念通行

1. 敬天

远古时代，先民仰望万象森然之宇宙星空，内心自然而然就会感受到一种不可名状的神秘力量。即使在科技发达的今天，我们若处在荒野中，内心也会感受到这种源自天地的神秘力量。这种神秘的力量使我们认为有一种超越人类之上的天之命令，是我们不可抗拒的。臣服于这种不可抗拒的力量，在夏商时期即是敬天命观念。即认为天地万物一切重大的事情，皆受制于天命。人须敬天。

这种敬天命观念在《尚书》与《诗经》中，多有记载。

如启在讨伐有扈氏时，作《甘誓》曰："天用剿绝其命。今予维共行天之罚。"[②] 启言自己是受天之所命，代天讨伐有扈氏。有扈氏之所以被剿绝是天之所命，启不过是奉天命讨伐有扈氏而已。

《诗经·玄鸟》曰："天命玄鸟，降而生商。"[③] 契之母简狄因见玄鸟（燕子）之卵而食之，怀孕生下了契，契是商人的始祖。商人认为其始祖出生源于天命。此诗又曰："商之先后，受命不殆。"此是言商朝无论其先祖还是后代，只要听天之所命，就没有危险。

商汤在讨伐夏桀时作《汤誓》："有夏多罪，天命殛之。"即商汤认为，夏桀多违天命，故天命其殛杀夏桀。

2. 法祖

在天命观念流行的同时，人类早期共同具有的祖先崇拜思想，在夏商二朝也甚是流行，此谓法祖。夏商二朝人们认为，人死后灵魂不灭，祖先的神灵只有通过祭祀活动才可保佑自己。如《尚书·盘庚》一文通过商王盘庚对其臣民的训话，生动丰富地体现了祖先灵魂不灭的思想。盘庚认为，若敬拜自己的祖先、效法他们的美德，并努力做好自己应做的事情，祖先的神灵就能保佑自己，否则祖先的神灵不仅不保佑，而且还会惩罚不敬祖先、不努力做事的臣民。

① 转引自王晖：《商周文化比较研究》，人民出版社，2000年版，第1页。
② ［宋］蔡沈：《书经集传》，中国书店，1994年版，第59页
③ ［宋］朱熹：《诗集传》，凤凰出版社，2007年版，第286页。

从古文献中我们可知，敬天法祖，即崇拜天命（或天神）与祖先神灵是夏商二朝重要的文化思想模式，有效地维系了社会组织，是夏商二朝文化创造的思想基础，同时也为后世中华民族的天神崇拜与祖先崇拜奠定了具有神秘色彩的早期宗教基础。及至西周时代，敬天法祖已成为周人敬畏天命、效法祖先美德的核心信仰。与夏商不同的是，周人的敬天法祖少了神秘主义色彩，多了理性主义的人文情怀。到了东周，孔子对敬天法祖做了极其精细、切合人性的人文解释。

关于敬天，孔子曰：万物本于天，人本乎祖。郊之祭者，报答上天和祖先的恩惠、反思自己生命根源的神圣活动也，所以祭祖时要配祭上帝。上天垂象显示万物变化征兆规律，圣人就取法这些征兆，举行郊祭就是为了敬明天道。① 关于法祖，“孔子曰：‘人之行莫大于孝，孝莫大于严父，严父莫大于配天。’王者尊其考，欲以配天，缘考之意，欲尊祖，推而上之，遂及始祖。是以周公郊祀后稷以配天，宗祀文王于明堂以配上帝。”②

在孔子思想中，敬天与法祖已经合二为一。孔子的解释促使先民在敬天法祖的祭祀活动中，内心充满了对祖先的亲切与对上天的神圣敬畏。

二、阴阳八卦理论

《易经》是我国先民在生产实践与社会生活中形成的解释世界、理解自己的一个理论思想体系。如《易·系辞》曰：“古者包牺氏之王天下也，仰则观象于天，俯则观法于地，观鸟兽之文与地之宜，近取诸身，远取诸物，于是始作八卦，以通神明之德，以类万物之情。”从这段文字，我们可知《易经》之起源，可追溯到原始氏族部落包牺氏时代。

所谓阴阳，是将万事万物的性质归为阴阳两大类，事物的发展则是阴阳相摩相荡、氤氲化醇而成。所谓八卦，则是将万事万物归为天、地、水、火、风、雷、山、泽等八个基本要素，由这八个基本要素推演出一个包括天、地、人的完整世界理论。

清人章学诚在《文史通义·易教（上）》言：“（《易经》）夏曰《连山》，殷曰《归藏》，周曰《周易》，各有其象与数，各殊其变与占，不相袭也。”③ 章学诚这里所说的“各有其象与数，各殊其变与占，不相袭也”，实是言《易经》在夏商二朝已各有自己的理论形态。至于为何二朝各自有自己的理论形态，章学诚认为：“三王不相袭，盖圣人首出御世，作新视听，神道设教，以弥纶乎礼乐刑政之所不及者。”④ 即夏商二朝圣明的君王，据各自王朝的实际情况，将自包牺氏以来就有的阴阳八卦理论，结合本朝现实，予以改造，治理天下。这种经过改造的阴阳八卦理论，在夏为《连

① 《孔子家语·郊问》，王国轩、王秀梅译注，中华书局，2011年版，第235页。
② ［汉］班固：《汉书·郊祀志》，中华书局，1962年版，第1264页。
③ ［清］章学诚：《文史通义校注》，叶瑛校注，中华书局，1994年版，第1页。
④ 同上。

山》，在商为《归藏》。

所以，到了夏商二朝，阴阳八卦思想已有了较为成熟的理论形态，成为人们日常生活中理解世界、理解自己的指导性思想。学者张岂之先生有一全面总结：“夏人和商人特别崇拜天神。他们把现实世界称为‘下’的世界，而把神的世界称为‘上’的世界。上的世界有一个叫作‘帝’或‘上帝’的至上神，他统率日、月、星、辰、风、云、雷、雨等天空诸神和土、地、山、川等地下诸神，具有支配自然运行、主宰人间祸福的能力。商人还盛行用龟卜的办法探求神意。凡生老病死、出入征战，……事无巨细，都要经过占卜，探明天神旨意，然后决定行动。祖先死后，灵魂也能降下福祸。”①

【阅读搜索】

《诗经·玄鸟》　《诗经·长发》

【思考题】

1. 传子制如何得以确立？
2. 盘庚迁都的历史意义。
3. 什么是敬天法祖？

① 张岂之：《中国历史十五讲》，北京大学出版社，2003年版，第208页。

第三章　西　周

【学习目标】

1. 了解以“文武周公”为核心的西周文明发展史。

2. 了解西周的封建制与礼乐文明。

中国历史发展到西周，一个最重要的特征就是封建制度之创始及与此互为表里的礼乐文明理念。孔子“述而不作”、“克己复礼”，就是要把西周时期形成的封建制度与礼乐文明理念予以高度抽象化、体系化。西周文明源于夏商文明，又不同于夏商文明。夏商文明有着强烈神秘主义色彩的宗教信仰，西周文明虽不排斥这种信仰，但已呈现出高度理性的人文主义精神，如孔子所谓“敬鬼神而远之”。孔子为西周文明的集大成者，这意味着西周文明奠定了以后中华文明的基本要素与基本框架。

“文武周公”是西周历史文化中的代表人物，故我们要理解西周的历史文化，必以“文武周公”为枢要。

第一节　西周历史文化概说

周朝祖先为居住在西北渭水中上游黄土高原上的一个古老部落。据《国语·周语（下）》记载：自周族祖先“后稷”奠定该族基础，历经15个部落王的艰辛努力，至周文王才开始壮大起来，故《论语·泰伯》曰：“三分天下有其二”[①]，即周文王时，周族势力已占到天下的三分之二。虽如此，周族实力尚不足以与商王朝相抗衡。故文王修德备武以图革暴虐商纣之命，至周武王时终灭商建周。周文王之修德与周武王顺天应人、以武力革暴虐商纣之命，被孟子称之为文武之道。后人所讲“文武之道”，其本义指周文王、周武王的内在美德与外在功业。

① 杨伯峻:《论语译注》，中华书局，1980年版，第84页。

一、周文王之修德

文王之修德大要有三：善养老、和争讼与礼贤士。

《史记·周本纪》称周文王“笃仁，敬老，慈少”[①]，即周文王怀仁民爱物之心，对老人非常尊敬，对年少者、弱小者心怀慈爱之心，不以大欺小、不以众暴寡，不以暴力掠夺人民，所以近者悦、远者来，大量平民百姓皆从远处前来投奔周文王。此谓周文王善养老，即是指文王以仁爱人民为自己做事的首要原则。

文王不仅自己“笃仁，敬老，慈少”，而且还善于教导人民彼此和睦，少争讼。《史记·周本纪》载：当时有虞、芮两个部落之人，有争讼不能自己裁断，知文王之美德，乃至周族部落，想请文王帮助他们了断争讼。至周之部落，所看到的皆是人民彼此礼让之情景，“耕者皆让畔，民俗皆让长”。这两个部落之人还未见周文王，皆惭愧，彼此对曰：“吾所争，周人所耻。”[②]为何还要去找周文王为我们解决争讼之事？这不是自取其辱吗？后来，孔子把这种思想解为：“听讼，吾犹人也，必也使无讼乎。”[③]

有了大量平民百姓的支持，平民又彼此相敬相爱、和睦相处，这是一个国家强盛的基础。在这个基础上，一个国家还需大量有品德、有智慧的贤明之士辅助，方可兴盛。故文王又非常重视对精英人物的吸纳。《史记·周本纪》又曰：“礼下贤者，日中不暇食以待士，士以此多归之。”[④]即指周文王对待有品德、有智慧的贤明之人非常尊重，为交接贤明之士，经常无暇吃饭。因文王有“礼下贤”之美德，故当时贤明智慧之人多归之。如伯夷、叔齐、太颠、闳夭、散宜生、鬻子、辛甲等贤明之士皆投奔文王。其中最著名的贤明之人当推姜太公。

据《六韬·文韬》载，周文王将要田猎，太史为其占卜曰：您在渭阳这个地方将有非常大的收获，这个大收获“非龙非螭，非虎非罴”，而是上天要赐予您一个杰出的帝王师，不仅可以辅佐您事业兴盛，还可恩泽于您的后人。文王听后，斋戒三天，在渭水北岸遇见姜太公。文王以虔敬之心，虚心向姜太公请教，姜太公为周文王提出“天下为天下人之天下”这一取得天下的基本原则。

“天下非一人之天下，乃天下之天下也。同天下之利者，则得天下；擅天下之利者，则失天下。天有时，地有财，能与人共之者，仁也。仁之所在，天下归之。免人之死，解人之难，救人之患，济人之急者，德也。德之所在，天下归之。与人同忧、同乐、同好、同恶者，义也。义之所在，天下赴之。凡人恶死而乐生，好德而归利，能生利者，道也。道之所在，天下归之。”[⑤]

---

① ［汉］司马迁：《史记·周本纪》，中华书局，1982年版，第116页。
② 同上书，第117页。
③ 杨伯峻：《论语译注》，中华书局，1980年版，第128页。
④ ［汉］司马迁：《史记·周本纪》，中华书局，1982年版，第116页。
⑤ 《鬼谷子·六韬·三略》，张卫国、晓明译，崇文书局，2015年版，第123页。

虽然《六韬》乃后人托姜太公之名所作，但在基本精神上与《史记·周本纪》所载文王“笃仁，敬老，慈少”的思想是一致的。

商纣王之残暴与周文王之美德形成鲜明的对比。商纣王残暴不仁，用残酷炮烙之刑对待人民，而周文王仁爱人民，不惜用自己部落珍贵的土地，请求商纣王废掉这种残酷刑罚。

周文王就是用“善养老”、“和争讼”与“礼贤士”这样的美德，赢得天下人心。

【知识卡片】

文王困羑里推演周易

文王美德，诸侯咸服。商纣就对文王有防范猜忌之心，又受一个叫崇侯虎的人蛊惑，遂将文王囚于羑里这个地方。文王虽居羑里，困不失志，渊心静默，不受外界凶险所扰，将先贤所创八卦推演为六十四卦，并为六十四卦作卦辞。六十四卦辞充满了忧患意识，同时又不失积极进取的宁静之心。这种忧患意识与宁静之心构成《周易》历千年而不衰的一个基本精神。其后，文王之子周公承父之志，又作爻辞，这样就形成了一部完整的《周易》。春秋战国时期，孔子及其弟子为《周易》添《十翼》，形成《易大传》，至此，周易思维体系趋于稳定，并成为以后两千多年中国人解释世界、认识世界与改造世界的思想基础。政治、军事、中医、建筑及中国人的内心世界等等，无不受到周易思想体系的深刻影响。中国历朝历代第一等贤智之人，大多在《周易》研究上有精深心得。

二、武王即位准备伐纣

文王逝后，其子周武王即位，姜太公为国师，周武王之弟周公旦为辅相。周武王诏告天下，称自己为太子发，决定承文王之德、修文王之业，准备讨伐残暴无道之商纣。各路诸侯听说周武王要讨伐商纣，不约而同地会合武王于河南孟津这个地方。八百诸侯皆曰：纣可伐。但当时贤人伯夷、叔齐对周武王说：父死还未正式下葬，就要动兵打仗，天下人会怀疑你不是孝子；你现在还是商朝的臣子，却要杀商朝的君王，天下人会认为你不是仁人。周武王听闻此言，又想到商朝尚有贤明之臣比干、箕子在治理朝政，商朝人心未散，讨伐商纣时机还未成熟，就决定暂缓讨伐商纣。

商纣闻此事后，认为周武王不敢与其相抗，更加胡作非为。两年后，纣杀其贤明叔父比干，剖其心，又囚其叔箕子。纣之弟微子屡劝谏商纣王而不听，遂离开祖国。商之贤明重臣太师疵、少师疆与内史向挚，带着象征国家的祭器、乐器和重要图书典籍逃到周族疆域。

商纣的暴虐无道导致内部产生分崩离析的趋势，使周武王意识到，商纣王作为君王的地位与形象彻底丧失，商纣失去民心，不仅天下诸侯，就是商之贤明重臣皆背商归周。武王遂布告天下，彰明商纣之恶：商纣内无慈心、外迷女色，不听天命，毁坏天地人的法则，仇视亲族弟兄；抛弃商朝祖先传下的齐庄中正的美好乐曲，谱制大量淫荡之声，败坏雅正风俗，放纵自己的私欲，迷恋无美德之女人。所以，现在我——文王之子姬发恭从上天之命，决定惩罚不敬天不爱民的商纣。

三、武王灭商建周

周武王向天下布告商纣王之种种罪恶后，遂“率车三百乘，虎贲三千人，甲士四万五千人”，讨伐商纣。商纣闻武王来，亦“发兵七十万”与武王大战于牧野。商纣虽号称数十万兵士，但已失民心，大家都希望商纣速灭，由周武王统治天下。故双方一开战，纣王所率的兵士纷纷倒戈，帮助周武王讨伐商纣。至此，商朝灭亡，周朝立国。

周武王灭商后，开始把土地分封给王室子弟、异姓功臣与前朝遗民，开始了中国历史上的分邦建国，即封建制这一伟大的政治体制构建。这一封建制的形成过程一直持续到周公，渐趋于完善。

第二节　周公与中华文明

一、周公摄政与东征

周武王虽用武力灭掉商朝，但如何使众多诸侯臣服于周王朝之统治仍是一个艰巨复杂的政治问题。周武王病重，其子诵（即周成王）尚年幼，虑天下不能臣服，而周公又是一个足智多谋、品德高洁之人，故临终之时嘱周公摄政，代周成王处理天下大事。武王逝后，周公摄政，天下大事皆由周公决断。

周族皇位继承制有兄终弟及之原则，周武王之弟管叔年长于周公，不满周公摄政，遂联合蔡叔、霍叔一起反对周公，在诸侯中散布流言蜚语，说周公利用周成王年少要篡夺天子之位。更恶劣的是管叔引诱商朝武庚（商纣王之子）及其他不满周王朝的东方商朝遗民共同作乱，形成了一个反周公联盟。

面对此种情况，周公决定维护由周文王、周武王开创的周朝文明。对于周公平乱，《尚书大传》称：“一年救乱，二年克殷，三年践奄。”① 即第一年平定了管叔、蔡叔之乱，第二年平定了以武庚为首的殷商遗民叛乱，第三年东征，彻底剿灭了奄地（今山东曲阜）及东部支持殷商的盟国。《孟子·滕文公下》记载周公此次平乱为“灭国五十”，即灭掉了50多个不臣服周朝的诸侯国。通过这次东征平乱，周王朝势

① 转引自王玉哲：《中华远古史》，上海人民出版社，2004年版，第518页。

力范围进一步扩大，统一了黄河中下游。

周公平定叛乱后，又建立了适合周王朝发展的新都城“洛邑”。

二、周公封邦建国与制礼作乐

钱穆先生论周公对中国历史文化之贡献，一为创建封建制度，一为制礼作乐。[①]

1. 创建封建制度

自周武王灭商始，周王朝即开始分邦建国，即把灭商后得来的土地分封给周王室的弟子、灭商过程中立有战功或与周王朝有世代同盟关系的异姓贵族。通过分封制，确定各诸侯国与周王室之间的君臣关系，各诸侯国成为周王室经济、军事上的拱卫。周公旦平定管蔡之乱、灭掉武庚及东征统一黄河中下游，又进一步加快了这一政治制度的建立。

周王朝分封的诸侯国，主要有以下三类：（1）周王室弟子。《荀子·儒效》言：周公治理天下，“立七十一国，姬姓独占五十三人，而天下不称偏焉”。这些姬姓诸侯国即是周王室弟子所受封的诸侯国，封国位置多为经济军事要地，成为周王室控制天下的主要军事力量。（2）异姓贵族。主要是指在灭商过程中立有战功或与周王室有世代同盟关系的异姓贵族。如姜太公封地为齐。（3）将一些不重要的小块土地分封给炎黄尧舜禹等圣王之后，或当时就有的一些本地部落，这类诸侯国虽小，在军事上起不了重大作用，但因多是先圣之遗民，故在稳定天下人心方面还是起到了一定作用。

周公通过立国七十一的分封方式，将周王朝的力量网布天下各地，有效地稳定了周王室的统治。此为周公建立封建制。

2. 制礼作乐

一种政治制度必要有相应的文明理念配合，方可完善。为此，周公在夏商已有的基础上，建立了与周王朝封建制度相适应的礼乐文明，与这种封建制相为表里。此为周公制礼作乐。

何谓礼乐？

中国之礼制，涉及生活的方方面面。所谓“经礼三百，仪礼三千”即此意。“经礼”是指组织社会生活、建立政治制度与进行宗教祭祀的大纲大法。如周公在继承制上，明确规定为嫡长子继承制，即王位继承完全靠自然命定，谁是长子谁就是继承人。嫡长子继承制一直是中国社会公认的合法继承制，在防止兄弟间矛盾产生方面起到了非常重要的作用。所谓“仪礼”，则涉及生活细节的方方面面，主要是防止不必要矛盾的产生，提高人们处理人际关系的修养，促进人与人之间的美善关系。这种仪礼，后来演变为一种精致的具有高贵品德的生活艺术。

有了“经礼三百，仪礼三千”的组织生活原则，并在政治、宗教等活动与日常

① 钱穆：《中国学术史思想论丛·卷一》，安徽教育出版社，2004年版，第84–85页。

生活中配合诗歌音乐，礼乐就不再是对个人生命的约束，而是一种精致的精神陶冶与教育。故先儒曰："移风易俗，莫善于乐。安上治民，莫善于礼。"[1] 有了这种礼乐陶冶，社会稳定，上下和睦，个体生命在有礼乐的群体中也变得温柔敦厚、广博易良。

周公封邦建国与制礼作乐，实质上是为中国历史创建了一种新的政治制度与文明理念。周公之创建封建制，尤其是制礼作乐对中国历史文化发展起到了划时代的重要作用，西周后的中华文明精神实质是礼乐文明，而此礼乐文明的创建与完善实自周公始。孔子为中华文明的集大成者，其精神实为继承周公之礼乐精神。孔子曰："郁郁乎文哉，吾从周。"[2] 所从者何？孔子又曰："甚矣吾衰也，久矣吾不复梦见周公。"[3] 孔子所从，实乃周公之礼乐矣。

周公所创西周分封制，虽后为秦汉郡县制所代，但以周公为主导所创建的礼乐文明，一直是中国历史文化的精神核心所在。故唐朝以前，中国人将周公与孔子并尊。钱穆先生认为，周公为中华历史文明的千古伟人。周公所创建的礼乐文明对中华历史产生了深远影响，我们学习中华历史文化应将其铭记在心。

【知识卡片】

六艺教育

六艺是指西周王朝教育贵族子弟的六种技艺：礼、乐、射、御、书、数。礼含宗庙祭祀、国家治理与人伦规范之意，是六艺教育的核心，其目的是培养贵族子弟"疏通知远"的经国养民才能。乐教（含诗教）是培养贵族弟子雍容肃穆、广博易良与温柔敦厚的美德，所谓乐者，正己正人，移风易俗也。射与御是技艺培养，射就是射箭，御就是驾车，这两种技艺培养虽重技艺，但不失礼乐内涵。如射礼要求射者身形优美，内心平和宁静、默颂先祖威武品格，在射出箭的瞬间，整个身心处于神圣威武的进攻状态，这样射出的箭必是迅猛精准；御礼虽是培养御车技艺，但同样要求御者内心庄敬、外形端方，举手投足之间，所御之车有锵锵声韵之美，后世形容君子驾车"登车揽辔，慨有澄清天下之志"，可以说是对御礼意义的最好诠释。书与数就是识字、写字与筹算，通过识字写字，能准确用语言表达要说明事物的原委，正所谓"类万物之情，通神明之德"。筹算主要是几种有逻辑规则的数的计算方法。六艺教育可谓是周人的博雅通识教育。

① 李学勤主编：《孝经注疏·广要道章第十二》，北京大学出版社，1999年版，第42页。
② 杨伯峻：《论语译注》，中华书局，1980年版，第28页。
③ 同上书，第67页。

第三节 西周“诗礼乐”

西周文明与夏商不同，有着高度的人文理性。这在《周易》、《尚书》中皆有明显反映。即使是诗礼乐这种表达人类交往与人类感情的文明形式，同样注重培养聪慧庄重、郁郁葱葱的人文理性。孔子所言“兴于诗、立于礼、成于乐”，经典地概括了西周时期一个有修养的君子应具备的品质：诗者，温柔敦厚；礼者，刚毅果决、法度严明、人伦敦厚；乐者，内心广博易良、充满美好信念。

一、诗

温柔敦厚、渊默静思、威武坚忍，乃吾国士人无言之性情，也是朱熹在《诗集传·诗经传序》中所言的“性情之正”[①]。诗三百篇，“一言以蔽之，思无邪”。此“思无邪”是经“风雅颂”陶铸之“思无邪”，是“温柔敦厚，渊默静思，威武坚忍”之“思无邪”。惟存“思无邪”心志，一国士人之精神才是刚健博厚且具人文理想之精神。故孔子首重诗教作用[②]，删定中国第一部诗歌总集《诗经》，以养士人性情之正。《诗经》乃西周初年至春秋中叶时期的作品，为以后中国文学之发展奠定了丰富的思想与艺术基础。

《诗经》反映周人志向与情怀的作品多集中在《周南》、《召南》及“二雅”与《周颂》中。孔子极重《周南》、《召南》，对其子伯鱼说：汝读《周南》、《召南》矣乎？为人不读《周南》、《召南》，犹正对墙面而立也！目不能见物，脚不能起步。孔子何以如此重视《周南》、《召南》？朱熹在《诗经传序》中言：风者，多出于里巷歌谣之作，所谓男女相与咏歌，各言其情者也。惟《周南》、《召南》被文王修改润饰以成就士人之美德，故士人读《周南》、《召南》可养美善之情，中正之德。若此，男女之情，乐而不淫，哀而不伤。《周南·关雎》可谓是孔子“乐而不淫，哀而不伤”[③]的典范之作。

“关关雎鸠，在河之洲。窈窕淑女，君子好逑。”先儒赞《关雎》首四句：多少性情之正，皆在首四句。何以如此言之？君子伫立于洁净河之洲，生命本能之欲为河水碧绿深邃的精神之力浸透，君子生命就如那澄碧的河水，深邃而又碧绿洁净地生生流动不息。君子望着苍茫的天空，静听着天地万象森然华美的关雎之音鸣，炽火般的人欲心思瞬间化为如青草燃放的青色火焰，如花在星空下洁净炽热地开放。那秉天地之贞静的窈窕淑女，幽静目光中透着天地静寂贞正的美善之德，君子的人

---

① ［宋］朱熹：《诗集传》，凤凰出版社，2007年版，第2页。

② 关于孔子对诗教之重视，钱穆先生有一论述，可助我们理解。“周公制礼作乐，就传后之著述言，则又毋宁说其主要更在诗；诗有礼乐意义，亦有历史价值。故王官六艺，最主要者，实应为诗书。而在古代，诗的礼乐意义和历史价值，更应高于书。”钱穆：《两汉经学今古文平议》，商务印书馆，2001年版，第278页。

③ 转引自朱熹：《诗集传》，凤凰出版社，2007年版，第3页。

欲心思被秉天地贞静的美善之德所浸润，其“好好色”之心随着关关和鸣，融入“好好德”的神圣生命美感中。

孔子赞此诗“乐而不淫，哀而不伤”，朱子赞此诗“性情之正，声气之和”[①]。首四句是君子淑女为天地的和美中正所化，君子为淑女所透露的天地贞静所感，琴瑟、钟鼓莫不是天地大美无言之流行，君子淑女秉天地庄敬之美，彼此友之乐之，君子、淑女的琴瑟钟鼓之乐皆有天地万象森然的生命力。在天地万象森然的和谐沉潜中，男女欲望化为神圣的琴瑟之音、钟鼓之乐。

《关雎》本言男女之情，但周人要在炽燃的男女之情中讲“性情之正，声气之和”。西周文明，美哉！盛哉！在这个意义上，《关雎》实为中国“人之为人”的第一首情诗，自此男女欲情有了一个天地万象森然的创生与和美中正的人之情、人之欲。

二、礼

天地万物莫不遵循一个“理”字，理与礼相通，理体现在人伦关系上即是礼。人之为人是由礼养育而成。“敬”乃礼之核心，人生活的各个方面皆需要一个“敬”字。《周易・系辞》“敬以直内，义以方外”，即是言我们若内心虔诚庄敬，心智就好像会有神明佐助，圆通无碍、察照幽微，有此内在庄敬察照之智，则我们在处理人伦关系上，自尊尊人，人与人有和乐尊卑之序，而无傲慢失礼之乱。

除了内心要庄重虔敬，礼还要通过日常的言行视貌体达、涵养这种庄重虔敬。如君子语言：舒缓和美庄重，义理明晰，音节起伏有度，讲原则而无恶俗伤人之语。君子耳目：耳听美善之音，目视简素之美，非美善之音不听，非简素之美不视，通过这种“非礼勿视、非礼勿听”的修养，君子之目秋水清澈、淡定明远，君子之耳听人言语可辨事之细微曲折。君子站立：远望之，巍巍如岩上松，凛然刚毅不可犯；近处之，如沐春风不能言其和美。君子待人：君子与人相处，就像对待尊重的宾客，自尊尊人，发他人内心之美善，绝他人内心恶念，彼此以美善相养，不以恶乱相毁。

上述种种对君子日常生活细节的培养，在《仪礼》、《礼记》中有全面完整的记述。我们通过对《仪礼》、《礼记》的研读，可以了解西周“礼”对君子严谨细致、充满人伦关怀的培养之道。

三、乐

诗言温柔敦厚之情，礼言庄敬和美、行为举止有节有度。君子读诗循礼，还要有音乐修养，方可成就广博易良之俊伟人格。

《礼记・乐记》云：乐治心，心生友爱、平易、正直与诚恳，有此正直诚恳，心情就会和乐舒畅，和乐舒畅心就安，心安就会察事物幽微，心智可通神明；心中无

---

① ［宋］朱熹:《诗集传》，凤凰出版社，2007年版，第3页。

和乐，就会有卑劣念头，卑劣念头形之于貌，就会让人产生厌恶相争之心。最美的乐是内心和乐，内心和乐则外貌庄敬、闪烁着美德光辉，与这样有修养的君子相交，人皆敬爱顺从不与争乱。

音乐又是非常有个性的，每个人可通过颂唱不同的诗乐，从而成就适合自己的美善人格。如《礼记·乐记》中记子赣问乐师自己适合唱什么风格的诗乐，乐师回答：宽厚文静、温柔端庄的人，适合唱《颂》；心胸广博、宁静诚恳的人，适合唱《大雅》；恭敬俭朴好礼的人，适合唱《小雅》；内心正直、清廉谦虚的人，适合唱《国风》；喜欢唱《商颂》的人，遇事果断勇敢；喜欢唱《齐风》的人，见利能谦让。这些诗乐把古人美好的品格完美地保存下来，一个君子只有不断诵诗听乐，才能成就自己正直圆融的优秀品格。①

在西周的文化理想中，乐是美轮美奂的艺术。通过唱诗听乐，可养君子山岳般宁静、流水深潭般细致入微的高深智慧。春风般浩浩乎不可言达的俊伟人格，是在唱诗听乐中不知不觉形成的。孔子听《韶乐》，内心华美绚丽而又宁静平和，三月不知肉味。《论语》记载孔子对《韶乐》的态度，体现了西周音乐对人性淋漓尽致的美好演绎。

诗礼乐三者融合一体是西周培养君子的重要文化形式。

【知识卡片】

三 礼

《周礼》、《仪礼》、《礼记》合称三礼。《周礼》又叫《周官》，主要记载了周王朝及各诸侯国官制及制度，以儒家的政治理想加以增减取舍汇编而成。《仪礼》阐述了西周时期士大夫阶层的礼仪，提倡一种和谐有序又有等差的人伦礼仪，它不仅反映了当时的社会制度与血缘关系，而且对后世社会组织、文化观念有着重要影响。《仪礼》记载了西周宫室、舟车、衣服、饮食等日常生活情形，以及宗教信仰、亲族制度、政治组织、外交方式等。《礼记》主要是记载和论述西周的礼制、礼仪，并重在解释《周礼》、《仪礼》，同时还记录孔子和弟子的问答，记述君子修身的细目及对义理的解释。《周礼》偏重政治制度；《仪礼》偏重行为规范；《礼记》则偏重对《周礼》、《仪礼》及君子做人准则的义理解释。

中华历史文化发展到西周时期，在国家形成与社会组织方面出现了完备封建制及与此封建制相为表里的礼乐文明。礼乐文明的一个重要特点就是非常重视个人的品德与修养，有强烈的人文理性主义精神。这种人文理性主义精神的特征与夏商二

① 上述对《礼记·乐记》的译解，笔者根据教材需要，秉《乐记》精神，有增有减。

朝不同。

学界一般认为：夏尚质，殷尚鬼，周尚文。所谓夏尚质，即夏朝人质朴无文，在社会组织方面较为简单，人与人相处忠诚厚朴，没有太多的礼节与文辞修饰，故《礼记·表记》曰：夏人亲密而不知尊重对方，朴实少文有些粗野。殷尚鬼，即殷商人带有非常强烈的宗教情怀，重视鬼神胜过重视人生，殷商人多有不重视眼前之现实，好悬空想象，多迷信而少人文理性。到了周王朝，周人不否认夏人之质朴，不否定上天之神与天命，但周人质朴有文不粗野，敬天命而重修个人之美德，既脱离了夏人无文之野，又不像商朝人重视鬼神、忽略人生、陷于迷信。周朝人有宗教情怀，内心神圣而不陷入迷信，质朴忠敬又有现实主义的人文理性。

故孔子曰："周监于二代，郁郁乎文哉！吾从周。"[①] 即周朝文明借鉴夏商文明，有所继承、有所否定。周朝文明质朴诚敬、神圣庄严，其礼乐文明就像春天茂盛的树木枝条那样郁郁葱葱，有一种天行健、君子自强不息的生命创造活力。

尚文是周朝文明的一个特点。周人有宗教信仰，敬天敬神敬先祖，但周朝文明摆脱了迷信，充满了郁郁葱葱的人文理性。这种郁郁葱葱的人文理性为孔子所敬仰，并成为中华文明的一个基本特征。

西周历史文化，一言以蔽之，即是以周天子为权力与文化核心的封建宗法制及与其相表里的有着高度人文理性的礼乐文明。

【阅读搜索】

《诗经》之《鹿鸣》《文王》与《清庙》　《尚书·周书·旅獒》

【思考题】

1. 周公在中华历史文化中的地位。
2. 中华传统文明的基本性质是什么？

① 杨伯峻：《论语译注》，中华书局，1980年版，第28页。

第四章　东　周

【学习目标】

1. 了解春秋战国时期的社会变化。

2. 了解掌握《论语》、《道德经》在中国文化史上的地位。

第一节　春秋时期

一、春秋历史文化概说

自周幽王烽火戏诸侯，平王东迁洛阳，中国历史由西周进入东周，即春秋（公元前770—前476年）战国时期（公元前475—前221年）。

春秋时期在政治上的一个重要特征，是周天子失去了往日天下共主之权威，封建宗法等级制渐渐解体，由西周周天子号令天下诸侯，至春秋变为诸侯国以国力强盛“霸政天下”。春秋近300年，方国林立，烽烟四起，相互兼并。春秋初期有100多个诸侯国，到了春秋末期只剩下几个较大的诸侯国互相征战，争做霸主。先后称霸的五个诸侯国之王，即我们通常所说的春秋五霸，分别是齐桓公、宋襄公、晋文公、秦穆公和楚庄王。了解这五个军事强国的历史是我们理解春秋时期军事斗争、政治斗争、文化发展与历史变迁的枢要。① 关于春秋王霸事业，钱穆对齐桓公、晋文公之论，甚能帮助我们理解春秋时期的思想、政治及军事斗争的意义。钱先生认为，春秋之时，“南方有抱帝国主义兼并政策之楚国，北方有抱掠夺主义的山中之北戎”，在此形势下，齐桓公、晋文公打出了“尊王攘夷”之旗号，团结诸侯国，一则保持了诸夏诸侯国城市文化，使不致沦亡于游牧之蛮族；二则抵抗了南方楚国、西方秦

① 关于春秋五霸，说法较多，有将吴王夫差、越王勾践归为春秋五霸之论。我们认为从春秋“四夷交侵，中国不绝如线”的历史大势来讲，春秋五霸应指那些以尊王攘夷、维护华夏文明为王霸事业的军事强国首领。楚庄王为中原霸主时，以尊王攘夷为旗号，故可归入春秋五霸。吴越争霸多有区域地方色彩，不宜列入五霸之内。

国的武力兼并，因此得以保持诸夏封建文明。[①]

春秋时期，天下大势虽紧张混乱，但西周由贵族执掌的文明发展到春秋时期，达到极致，为后世仰慕敬重。我们今天所称的人类文明轴心时代、黄金时期，在东亚即是指这一时期。这一黄金时期的文明成就深刻影响了中国历史及东亚的发展。孔子、老子即这一时期孕育的思想巨匠，他们的思想对世界文明的发展产生了深刻而持久的影响。

孔子之前，学问由贵族垄断，平民无由习之。孔子首开平民教育之先河，自此仅由少数贵族掌握的学问，成为人类共有与共享的思想精华。因是之故，孔子是中国历史与文化上的一个分水岭式的人物（今人有以孔子为纪年正是此意），是中华文明的最高象征。这种最高象征意味着，中华民族的集体智慧因孔子开平民教育之伟业开始共振共荡，其后战国诸子百家各立己说，即是这种共振共荡之结果。以孔子为核心的诸子百家思想，成为中华民族两千多年来，虽历千亿劫仍能屹立东方之精神理念基础。

近人柳诒徵之论，甚能彰明孔子在中国历史文明中的地位。“孔子者，中国文化之中心也。无孔子则无中国文化。自孔子以前数千年之文化，赖孔子而传；自孔子以后数千年之文化，赖孔子而开。即使自今以后，吾国国民同化于世界各国之新文化，然过去时代之与孔子之关系，要为历史上不可磨灭之事实。故虽老子与孔子同生于春秋之时，同为中国之大哲，而其影响于全国国民，则老犹远逊于孔，其他诸子更不可以并论。”[②]

柳诒徵认为，孔子不仅对中国文化，而且对人类历史也产生了深远的影响。他还引证德国学者加贝伦茨之言，进一步彰明孔子在人类历史中的地位。“吾人欲测定史的人物之伟大之程度，其适当之法，即观其人物所及于人民者感化之大小、存续之长短及强弱之程度三者之如何是也。以此方法测定孔子，彼实不可不谓为人类中最大人物之一人。盖经过两千年以上之岁月，至于今日，使全人类三分之一于道德的、社会的及政治的生活之点，全然存续于孔子之精神感化之下也。”[③]

二、至圣先师——孔子

1. 孔子与六经

柳诒徵言：“自孔子以前数千年之文化，赖孔子而传；自孔子以后数千年之文化，赖孔子而开。”[④]孔子所传何？所开何？《诗》、《书》、《礼》、《乐》、《易》、《春秋》，

① 钱穆：《国史大纲》，商务印书馆，1994 年版，第 58–65 页。
② 柳诒徵：《中国文化史》，上海三联书店，2007 年版，第 238 页。
③ 同上。
④ 同上。

六经也！“《六经》则中国学术史上著述之最高标准也。”[①]

《诗》、《书》、《礼》、《乐》、《易》、《春秋》原为王官之学。孔子之前，学术为周代贵族掌握，这种为贵族掌握之学即为王官之学。“王官”是贵族学，“百家”是民间学。东周王室衰落，原为贵族所掌握之“王官之学”遂流布于民间，成为百家之学。

孔子居鲁，鲁为周公之封地。周公，西周文明之集大成者。故鲁国为西周典籍所藏最丰之地。西晋杜预在《春秋经传集解·序》中说：韩宣子到了鲁国，见《易》与鲁国《春秋》曰：周朝礼乐文明尽在鲁国矣，吾乃知周公俊伟之品德，与周王朝之所以王天下之道理矣。韩宣所见，应该是周王朝昔日旧典礼经。[②]

孔子生于春秋乱世，感“世衰道微，邪说暴行有作”，孔子惧之，应时代之需要，重新删定西周已有之六经，希望人们知书达理、和睦有序。如《礼记·经解》云：“入其国，其教可知也。其为人也，温柔敦厚，诗教也；疏通知远，书教也；广博易良，乐教也；洁静精微，易教也；恭俭庄敬，礼教也；属辞比事，春秋教也。”以今日语言释之，孔子希望一个国家用六经教育人民、培养国家的管理者，若此可使人民或管理者有一个较为全面的完整人格，一国也可以实现和睦有序的良好社会风气。

这一完整人格大致有以下标准：温柔敦厚、心地善良而又豁达，内心广博美好、思想洁净而又细致入微，为人庄敬自尊而又理解他人、尊敬他人，有是非观念又善于分析身边的事情。孔子的教育是有理想、有信念、有是非观的博雅通识教育。

孔子删定的六经，涉及文学、历史、哲学、政治及伦理诸多方面，奠定了两千年来中华民族的精神信念与思想基础，并深刻影响中国社会的发展，构成东亚文明的政治、社会组织、人伦关系与文学艺术的核心价值体系。

2. 孔子之《论语》

六经完整地体现了孔子的教育思想、治国思想，是孔子思想的完整体现。而《论语》则通过孔子和门人的对话，完美体现了孔子“高山仰止、景行行止”的人格境界，以及对人世、人情和历史发展大势的深刻洞察与智慧。

《论语》之核心思想为“仁”，关于“仁”之论述有100多处。孔子认为，仁内在于人心。“仁远乎哉？我欲仁，斯仁至矣。”[③]在孔子思想中，仁是内在人心，这种源于我们内心之仁，发之外即是“仁者爱人”、“己欲立而立人，己欲达而达人”。

孔子的生命是智慧的生命，这种智慧的生命是“仁”为实践起点与目标的智慧，是仁心与智慧相通之生命。这种仁慧相融之生命，“穷”不失内心生命如星空美丽之愉悦，“达”则以礼约己、博施于民而能济众。孔子所论之仁，已成为中华文明最核

① 钱穆：《国学概论》，商务印书馆，1997年版，第2页。
② 钱穆：《两汉经学今古文平议》，商务印书馆，2001年版，第268页。
③ 杨伯峻：《论语译注》，中华书局，1980年版，第74页。

心概念与人类生命最高境界。

后儒也极为重仁，论仁谓之生生。生生之谓仁，其意何在？下以“兴于诗、立于礼、成于乐”[①]演释之。生生乃生命美善喜悦精进，生命有情、有理、有乐。人生天地间，不能无群而独居，人本性上是一个与人群相处的生命。与人群相处，彼此情不能畅，则理不能通，理不通则群无乐。情不畅、理不通，则生命无生生之乐，人与人就无仁可言。故仁不仅指爱人，同时也指一种饱满完整的、富于生生创造性的俊伟人格。何以培养饱满完整、富于生生创造性的俊伟人格？孔子主张“兴于诗、立于礼、成于乐”。诗之感人在于诗兴吾人内心温柔敦厚的美善之情，有此美善之情，再以恭俭庄敬之礼约束己身，倾听他人、曲尽人情，则人与人“成于乐”。人有诗、有礼、有乐，此为仁也！诗礼乐构成仁的三个基本要素，同时也是培养一个完整饱满、富于生生创造性的俊伟人格的三个教育节目。

《论语》一书，顺乎人性，达乎人伦，陶铸了中华民族温柔敦厚俊伟的生生创造性人格。《论语》为中华民族道德与智慧的“圣典”。

三、中国第一哲人——老子及《道德经》

据《史记》载，老子是周朝掌管藏书的史官。孔子前往周朝都城洛阳，向老子请教“礼”的学问。老子说：言礼之人，骨已朽矣，唯他的言论还在。且君子运来就应出仕为官，生不逢时，就应像蓬草随风而安。我听说，聪慧的商人善藏自己财物，盛德君子，大智若愚。您应消除治理天下的愿望，勿使这种志向显于外，当此之世，这种志向无益于您。我能告诉您的，仅此而已。孔子见弟子时说：鸟，我知其能飞；鱼，我知其能游；兽，我知其能跑。会跑的用网捕获它，会游的用丝线去钓它，会飞的用箭射它。至于龙，神妙难测，我不知矣。龙驾云御风遨游天地，我今日见老子，只有用龙来形容了！

从《史记》的这段记载，我们可以说孔子是入世济民的圣人，同时代的老子则是一个静观、体悟天下大势与宇宙运行大道的哲人。

老子所著五千言《道德经》为春秋时期中国哲人思想高度的结晶，文中有许多充满人生智慧的名句，可以成为我们今天做人的箴言。如“罪莫大于多欲，祸莫大于不知足，咎莫大于欲得。故知足之足，常足矣”[②]，以今天语言释之，即欲望过多是最大的罪恶，不知足是祸乱根源，危险源于贪得无厌。所以，知足才能满足，这是最大的满足。《道德经》中有大量充满哲理的智慧箴言，至今仍是我们涵养人生、衡准社会的法则。

老子所著五千言《道德经》，不仅是春秋时期中国哲学思维巅峰之作，同时也是世界哲学思维的巅峰，如“人法地地法天天法道道法自然”，如何断句、如何解释，

① 杨伯峻：《论语译注》，中华书局，1980年版，第81页。

② ［魏］王弼：《老子道德经注·四十六》，楼宇烈校释，中华书局，2011年版，第129页。

就足以成为第一等复杂的世界哲学问题。这些哲学问题至今仍然锤炼着中国乃至世界思想者的心智，仍然在不断提高、推进人类思维的水准。《道德经》内容非常丰富，包括“言与意”、“ 自然与无为”、“道与德”、“柔弱与不争”等诸多涉及人性、自然与社会的根本性哲学问题。对《道德经》中这些哲学问题的研究与争鸣，极大地提高了中华民族的心智水准。其后的政治家、文学家、军事家、纵横家、术士等心智水准之高，大多得益于《道德经》深刻而复杂的思维方式。同时，中国本土产生的宗教——道教，从《道德经》中引申出自己的基本教义，历两千年而不衰。

春秋时期是中国一个大变局时代，西周所创建宗法制渐渐趋于崩溃，即所谓礼崩乐坏，同时思想巨匠与历史英雄辈出，如管仲、孙武、晏婴、子产、扁鹊等等，皆是这个时代的杰出人物。孔子与老子乃春秋时期中国思想发展之巅峰，是世界级的思想巨人。孔子所创立的儒家思想与老子道家思想深刻影响了中华文明及东亚文明的走向，儒家、道家及后来的佛家思想成为东方人心灵结构的基本框架。春秋时期的思想巨匠与英雄人物，上承西周文明、下启战国之百家争鸣。且孔、老双峰并峙，使中华文明成为一种高度成熟的文明。春秋时期的中华文明，与古希腊文明、希伯来文明、埃及文明、印度文明一起，共同成为人类文明的重要组成部分。

【知识卡片】

神医扁鹊

《史记·扁鹊仓公列传》称，扁鹊姓秦，名越人，渤海郡郑人（今河北任丘）。因医术高超，被人们以上古神医“扁鹊”称之。司马迁在《史记》中记述了扁鹊诊治赵简子、齐桓侯等人疑难之疾所显现的高超、精妙的医术。司马迁称“扁鹊言医，为方者宗，守数精明，后世循序，弗不能易也。……至今天下言脉者，由扁鹊也”，由此可见吾国中医独特的诊脉方法实与扁鹊有密切关联。

第二节 战国时期

一、战国历史文化概说

1. 战国大势

三家分晋，田氏代齐，标志着中国历史由春秋进入战国时期。

春秋时期，周天子已失去天下共主地位，有名分而无实权，西周所创封建制虽渐趋于解体，但春秋五霸尚能在名分上尊崇周天子之地位，打着尊王攘夷之旗号，以维护中原华夏文明，维护中原华夏诸国原有的封建文明形态，所存各诸侯国之领主仍是西周原来所封之种姓。如晋国原为周武王之子叔虞之封地，为周王室之宗族，故历代晋国诸侯以姬为姓；齐国原为姜太公之封地，为周王室之姻戚，故历代齐国诸侯以姜为姓。

至三家分晋、田氏代齐，则标志着诸侯国原有的分封建国地位可以为新兴的种姓所代替。晋、齐本为春秋时期中原华夏诸国中具有标志性意义的两个强国，至春秋晚期时，一个被瓜分为韩、赵、魏三个国家，一个被新兴势力田氏所篡。这一历史大事件，正式标志着由西周所创建的亲亲尊尊的封建宗法制开始彻底瓦解，历史进入战国七雄各自称王时代。

钱穆先生认为，春秋五霸为“霸诸侯”，战国七雄为“王天下”。[①] 所谓霸诸侯即指春秋五霸以盟主地位维护原有华夏文明之封建性质。如“南夷与北狄交，中国不绝若线”[②]。诸夏文明之所以“不绝若线”，实赖春秋五霸维护华夏诸侯国之政治理念。故孔子称赞管仲曰：轻蔑管仲，我们将沦为野蛮无文之人。至战国，此政治理念一变为战国七雄——齐、楚、燕、韩、赵、魏、秦各自称王，不再把维护西周王朝所创封建制作为自己的强国理念，而是要打破原有的封建体系，重新建立天下新秩序。这是春秋“霸诸侯”与战国“王天下”之间的根本区别所在。

战国时期，封建制瓦解、郡县制渐有雏形。战国七雄的军事斗争较春秋愈发残酷激烈。春秋时期战争规模一般为两万人左右，至战国动辄几十万人，天下由春秋时五霸“以力干政”、维护中原诸夏封建文明，一变而为战国七雄以兵锋“王天下”。在战国这个历史的大变局中，各国皆招贤纳士，变法图强，以期在军国争战中处于强势竞争地位。

招贤纳士，有学问之士人以才学打开进入社会上层之大门，各国朝政皆受到该国士人知识群体的左右，贵族阶层渐有被新兴士人代替之势。平民知识阶层士气高涨，游仕之风盛行，这形成理论上百家学术争鸣，实践上士人游走各国、左右天下之大势。理论上的百家争鸣，为其后中国思想发展提供了重要的理论资源，后人学术思想除佛学外，皆能在战国的思想中找到源头；实践上士人游走战国七雄之间，遂形成一大批具有实干精神的战略家、军事家与外交家。战国时代是平民知识分子驰骋天下的时代。

军事斗争需要强大的军事实力与经济实力，不变旧有之法则军国不能强，故变法图强与军国斗争如影随形。变法就是要打破旧有贵族所维系的政治、军事与经济制度，故打击旧有贵族，以法治国，重农富国强兵，就成为战国变法的主基调。各国经过这种变法彻底打破了西周封建宗法制，成为具有强大经济实力、军事实力的极富军事斗争性的国家，最终以变法最彻底的秦国统一天下。中国历史由周王朝封建宗法制，进入秦汉郡县制。

---

① 钱穆:《中国文化史导论》，商务印书馆，1994年版，第33页。

② 刘尚慈:《春秋公羊传译注·僖公四年》，中华书局，2010年版，第203页。

2. 变法图强

战国七雄王天下，必须要有新的政治理念、政治主张，走变法图强之路，在国与国之间的军事斗争中求得生存。这已是这个时代的主线。齐、楚、燕、韩、赵、魏、秦，皆在新的历史变局中大力推行变法图强的改革。

上文我们曾言，春秋进入战国的一个重要标志是韩赵魏三家分晋。魏国以卿族身份与韩赵两家瓜分原有诸侯之国，打破了几百年来西周所创的封建宗法制即世卿世禄制。所谓世卿世禄制，即“其父有功而禄，其子无功而食之”，表现在国家任用官员上，即是血缘继承制，或用今天的语言讲就是用人唯亲不唯贤。用人唯亲不唯贤，则庸碌之人充满朝堂，这种庸人政治必使国家腐败黑暗、软弱无能。韩赵魏三家分晋，打破世卿世禄制，这本身就是具有革命意义的历史事件，但要把三家分晋这种具有革命意义的思想变成政治实践、经济制度与军事制度，则需要一场变法图强的政治改革。

魏国是变法最早的国家，同时魏国的变法思想也对其他国家的变法产生了深远的影响。由李克（又名李悝）主导的魏国变法开战国变法运动之先河。继魏国变法之后，韩国之申不害、楚国之吴起、齐国之稷下学派、秦国之商鞅相应推动各国变法，这种变法图强的运动对中国历史产生了深远的影响。

战国变法主要集中在以下方面：

（1）废除贵族世卿世禄的世袭制，采纳任人唯贤、以军功授官之法。如吴起在楚国变法、商鞅在秦国变法，皆采用军功爵制，即以军功授官享禄，而不是从出身论爵位授官享禄。

（2）制定法律，加强王权对地方的控制。如李克制定《法经》，严惩国内各种犯罪。商鞅携李克《法经》入秦，在《法经》基础上有所改动，如增什伍连坐制，即一家犯法、五家同罪。李克《法经》在中国历史上起了承前启后的作用，秦汉法律都是以李克《法经》为基础制定的，如《晋书·刑法志》记载：“秦汉旧律，其文起自魏文侯师李悝。”①

（3）推行郡县制。自三家分晋，西周封建制渐次破坏，为郡县制所代。郡县政令受制于中央，郡县行政长官不世袭，视其政绩由中央政府决定任免。这与封建世袭制截然不同。在战国时期，郡县制已在楚国、晋国开始施行，尤其是在秦国的施行，为秦国统一中国奠定了一定的基础。

（4）重农轻商，改革赋税制度。战国时代，各国以军兵相互侵伐，而决定战争成败之重要因素乃一国国力之强盛。为提高国家的经济实力，变法者主张重农轻商，改革国家赋税制度。商鞅在秦国主张奖励农耕与纺织，农耕与纺织多者，可免除徭役，而经商不利者，则收其妻、子为奴。在赋税方面，商鞅改田税为户税和口税，

---

① ［唐］房玄龄：《晋书·刑法志》，中华书局，1994 年版，第 600 页。

即按户口征税，大大增加了国家税收，为秦国统一天下奠定了坚实的经济基础。

（5）军队改革。西周所创封建制直至春秋时期，军队由宗族成员组成，所谓“执干戈以卫社稷，士也”。士虽为贵族末等，但身份却是贵族，即春秋之前军队成员皆为封建贵族。“贵族为采邑之大地主，同时亦即一武装集团。……军器制造，如车、如甲，及战马之养育等，皆为贵族保持地位之一种事业，平民无力参与。……农民只为军队中之附随，并无正式编配入军队之权利与资格。”[①] 至战国，封建贵族渐次没落，且战争规模之大也非仅由封建贵族所能承担，故“吴起在楚，商鞅在秦，亦严行以军功代贵族之新法”[②]。农民平时耕田，战时成为兵士，并通过军功成为新贵族。这种农民为战士、战士为贵族的改革，一是丰富了兵员，二是极大提高了军队的战斗力。

在战国的变法图强中，商鞅在秦国的改革最彻底、最全面，为秦国后来统一天下奠定了重要的经济、军事与政治基础。

二、战国诸子思想

在变法图强的同时，各国都非常重视各种人才的引进。自孔子开平民教育先河，越来越多的平民通过各种渠道获得了种种教育。至战国时代，这些获得教育的平民知识分子纷纷走上历史舞台，游走各国，主张自己的学说，开启了战国游仕之风与百家争鸣局面。

战国各种学术思想纷涌而起，据《汉书·艺文志》记载，主要有儒、道、阴阳、法、名、墨、纵横、农、杂、小说等。其中影响较大者为儒、墨、道、法四家。

1. 儒家

孔子之后，儒家一分为八，以孟子、荀子为著。

孟子为邹国人，先祖为鲁国人，后迁居邹国。有人说孟子受学于孔子之孙子思，但子思逝后30余年孟子才出生，故孟子不可能是子思的学生，应是曾受教于子思的门人，故先秦儒学有思孟学派一说。今天我们所说的《中庸》、《大学》，即为子思及子思门人所作。《中庸》、《大学》对儒家思想予以哲学意义上的高度抽象概括。

孟子生于战国七雄争霸天下的时代，各国皆务实用、功利，主张富国强兵，国与国争斗不已。平民百姓生于此时代，不幸沦为军国战争机器的零部件。孟子秉孔子仁爱思想，主张仁政王道思想，反对离仁去义的功利主义。如孟子见梁惠王曰：“王曰何以利吾国，大夫曰何以利吾家，士庶人曰何以利吾身，上下交征利，而国危矣。”[③] 为怀利去仁义，未有不亡者，“为人臣者，怀利以事其君，为人子者，怀利以事其父，为人弟者，怀利以事其兄，是君臣父子兄弟终去仁义，怀利以相接；然而

① 钱穆:《国史大纲》，商务印书馆，1994年版，第87页。

② 同上。

③《诸子集成（第一卷）·孟子正义》，团结出版社，1996年版，第436页。

不亡者，未之有也。”[①]

孟子思想虽不适合战国军事斗争之需要，但孟子的仁政王道思想及其“人性善”说，无疑成为社会批判的有力武器。在中国以后的历史发展中，士人多从孟子思想中汲取营养，以批判现实社会中种种非仁政之事。

荀子虽持人性恶思想，但与孟子一样主张仁政王道。荀子的思想特点是从社会组织方面对王道社会进行了种种制度设计，如明使群分、隆礼重法等。关于“群分”，荀子认为：“人之生不能无群，群而无分则争，争则乱，乱则穷。故无分者，人之大害也；有分者，天下之本利也。”[②]何谓分？“农分田而耕，贾分货而贩，百工分事而劝，士大夫分职而听，……则天子共己而已矣。”[③]荀子从社会组织角度要求社会各阶层各安其职，彼此合作，则天下和睦有序。在礼与法问题上，荀子主张“隆礼重法”，礼主教民之善，法主惩民之恶，二者互用，民有畏而趋善。

荀子在社会组织方面的思想是非常丰富的，为以后中国社会的发展与组织建设提供了重要的理论基础。故钱穆先生认为：“荀子有功儒家，不在孟子之下。”[④]

【知识卡片】

儒家典籍新发现

孔子逝后，儒家分为八个流派。在历史长河的剧烈动荡中，八个流派的儒学经典多已失传。但随着考古工作的进展，一些失传已久的先秦儒家经典重新回到了中国人的精神领域。当代学者郭沂在长期研究新发现考古文献基础上认为，“现存儒学奠基期最重要的经典可新编为七：《广论语》、《子思子》、《公孙尼子》、《性自命出》、《内业》、《孟子》、《荀子》，总称‘七典’，与五经合称‘五经七典’。”郭沂先生“试图在六经系统和四书五经系统的基础上，将儒家核心经典系统重构为‘五经七典’系统”[⑤]。郭沂先生的五经七典思想具有非常重要的学术与现实意义，是对朱熹四书五经思想体系的进一步发展。五经七典思想的提出，体现了当代儒家学者心感先圣往贤不能自已的历史使命感、担当感。

2. 墨家

钱穆认为：“战国学派，全逃不出儒墨两家之范围。”[⑥]此说虽有待商榷，但墨家在战国影响之大，确是不争之事实。

---

① 《诸子集成（第一卷）·孟子正义》，团结出版社，1996年版，第854页。
② 《诸子集成（第二卷）·荀子集解》，团结出版社，1996年版，第161页。
③ 同上书，第184页。
④ 钱穆：《中国思想史》，九州出版社，2011年版，第53页。
⑤ 郭沂：《中国之路与儒学重建》，中国社会科学出版社，2013年版，第139页。
⑥ 钱穆：《国史大纲》，商务印书馆，1994年版，第103页。

继儒家而起之思想为墨家。墨家思想创始人墨翟，出身庶民阶层，墨家成员也多为下层民众。墨家思想主要有兼爱、非攻与天志等观点。

儒家讲仁爱，这个仁爱有差等，即爱要从亲亲开始，推及他人。墨子认为，儒家这种爱，爱得不彻底，儒家“爱自己父母，必胜过爱别人父母。爱自己家庭，必胜过爱别人之家庭。爱自己之国，必胜过爱别人之国。如是则国与国相争，家与家相竞，人与人相别。……儒家言仁，也将助长人类自私自利”①。为克服人类的自私自利，墨家认为应该兼爱，即“视人之父，若视其父；视人之国，若视其国；视人之家，若视其家；视人之身，若视其身”②。此则可实现理想社会状态，“天下之人皆相爱，强不执弱，众不劫寡，富不侮贫，贵不傲贱，诈不欺愚”③。这种与兼爱思想相呼应的“天下庶国，莫以水火毒药兵刃以相害”④，即是墨子的非攻思想。

儒家的仁爱，从身边亲亲开始，爱有亲疏之别。这种仁爱源自人的自然感情，同时又以理性的“老吾老以及人之老，幼吾幼以及人之幼”推演出社会和谐有别的“礼之秩序”，儒家的思想源于自然人性同时又有以此为基础的理性社会构建。墨家的兼爱——“视人之父若视其父”，似与自然人性相背，于是墨子为申明兼爱思想，提出“天志”思想。墨子认为在现实社会基础之上，还有一个天的意志，自天而言，天下之人莫不相同，故墨子曰：“天兼天下而爱之。”⑤今天下之人“知小而不知大”，所谓知小即是从一人之利、一家之利、一国之利思考问题，而不知从“天志”（即“天下”）的角度思考问题。墨子将历史上尧、舜、禹、汤、文、武等圣王与桀、纣、幽、厉等暴政之王相对比，进一步阐明天志思想。他认为圣王是顺天意而为，天之所爱，圣王兼而爱之；天之所利，圣王兼而利之。故天使圣王贵为天子，富有天下。暴政之王则是天之所爱，暴王憎恶之；天之所利，暴王残害之。故天不使暴王终其寿，人们至今还在咒骂他们，称他们为暴王。

墨子的“天志”思想，从天道角度来论证人人平等、人人应该相爱的思想，无疑有着非常积极的历史意义。

3. 道家

在中国文化史上，老、庄并称。据《史记·老子韩非列传》载，“庄子者，……其学无所不窥，然其要本归于老子之言”⑥。庄子主张清静无为，逍遥游世。《庄子·逍遥游》：“若夫乘天地之正，而御六气之辨，以游无穷者。”⑦要像大鹏一样“水击三千里，抟扶摇而上九万里”之逍遥，则要“外天下”，摆脱一切社会关系的束

① 钱穆：《中国思想史》，九州出版社，2011年版，第19页。
② 《诸子集成（第四卷）·墨子间诂·兼爱》，团结出版社，1994年版，第81页。
③ 同上。
④ 《诸子集成（第四卷）·墨子间诂·天志下》，团结出版社，1994年版，第150页。
⑤ 同上书，第144页。
⑥ ［汉］司马迁：《史记·老子韩非列传》，中华书局，1994年版，第1704页。
⑦ 《诸子集成（第三卷）·庄子集解》，团结出版社，1994年版，第133页。

缚，不以天下万事万物累及己心。故当楚威王闻庄周贤，差使者厚币迎之、许以为相时，庄子拒之曰：千金，重利；卿相，尊位也。这些皆是要把我像祭祀用的牛一样养起来，最后难逃被杀的命运。你这个使者快快离开，无污我。我宁可游戏污泥之中自快自乐，也不为诸侯用富贵所羁，终身不仕，以快吾志。庄子“外天下”的思想与儒家积极入世思想是非常不同的。道家主张快身自适，以智者身份“外天下”，静观天下而不处于其中。

庄子善以寓言的形式表达自己的思想，汪洋恣肆，变化无端，给人以无尽的想象、难以言表的美感。《史记》称其文“洸洋自恣以适己，故自王公大人不能器之”[①]。《庄子》一书玄远高妙，充满哲学思辨，同时又雄浑飞越，充满诗性的想象，具有浓厚的浪漫色彩。其想象之奇特、文辞之瑰丽，在战国时期唯有屈原《离骚》可与之比肩，是中国文学的典范。《庄子》一书，对后世中国思想、中国文学产生了深远的影响。

4. 法家

法家代表人物有李克、吴起、商鞅、李斯、韩非等。李克即李悝，子夏之弟子。吴起，曾子之弟子。魏国李克总结春秋以来各诸侯国立法经验，著《法经》。《法经》为中国历史上第一部完整、系统的封建法律。商鞅授学于李克并以相秦，故商鞅思想源于李克。李斯、韩非，荀子之弟子。子夏、曾子皆孔子杰出弟子，荀子是与孟子齐名的重要儒家思想者。故法家思想的两个来源，与儒家相关又与儒家不同。

儒家治理天下，主张“为政以德”、“齐之以刑”，即以德为主，注重提高民众之道德，刑只是德之辅助，使群众有羞耻之心，能自我约束，遵守社会道德，遵守国家法律。儒家建立天下秩序，以德为核心，以礼为经纬，刑法只是迫不得已的选择。法家思想则与儒家不同。法家认为建立天下秩序，一用法、二用利。法家主张：有军功者，各按标准受爵；为私斗者，各以轻重处以相应刑罚。致力农业、耕织致粟帛多者，可免除自身的劳役或赋税；从事商业、因懒惰而贫者，妻与子收为官奴。只有用严刑峻法，百姓才不敢为非作歹；只有用利来诱导民众，才可驱民勤于耕作、勇于征战。

法家还反对儒家思想中的泥古现象，认为苟可以强国，不沿用旧法；苟可以利民，不循旧礼。三代不同礼而王天下，五伯不同法而霸政天下。智者因时取不同做法，愚者则必须循法；贤者因时更礼，不肖者则必须循礼。

法家思想适应了战国现实情况。战国七雄能在当时成为主导战国大势的强国，无不受到法家思想的影响。故《史记・孟子荀卿列传》曰：秦用商鞅，富国强兵，楚魏用吴起，战胜强敌。秦国原为西部落后国家，一跃而成为军事强国，这和商鞅变法为秦国奠定富国强兵之基业，有着高度的关联性。

① ［汉］司马迁：《史记・老子韩非列传第三》，中华书局，1994 年版，第 1704 页。

战国时期，法家的最后两位重要思想家，一为韩非，一为李斯。韩非子将法家思想归为“法势术”。“法”指严密的法令体系，“势”指维护以君主为核心的国家权势，即加强君主独掌军政大权从而增加国家的权势，“术”指驾驭群臣、推行法令的具体策略和手段。“法势术”之核心即是要建立一整套的治国统治术。这种治国统治术，成为中国历代君王加强自己统治力量的重要思想武器。李斯则将秦国已开始实行的郡县制进一步完善，成为秦以后两千年来中国重要的政治体制。

法家思想源于儒家，又发展、强化了儒家的刑政思想，并以之作为治国理政的主要手段，对秦以后的中国政治发展产生了深远影响。

【知识卡片】

纵横家

纵横家是战国时期产生的一个特殊士人群体，又称合纵连横家。所谓“合纵”即主张合六国之力以抗秦，苏秦为其代表人物；所谓“连横”即游说六国以事秦，张仪为其代表。纵横家一般有着极好的口才，以及对国与国利害关系的深刻洞察，故能片言说服一国改变其原有的策略。史书载：苏秦凭其三寸不烂之舌，合纵六国，佩六国相印，统领六国共同抗秦，显赫一时；而张仪又凭其谋略与游说技巧，使六国合纵土崩瓦解，为秦国立下不朽功劳。

纵横家知大局，善揣摩，通辩词，会机变，全智勇，长谋略，能决断，是一个极富才智的士人群体。纵横家多重解决一时问题，不重解决一国长久战略发展问题，故察言观色、揣摩君王利害心思为其长，不似商鞅、吴起之类有长远眼光的战略家，能固一国长久强盛之势。故孟子讥讽纵横家为“妾妇之道”，是没有自己长远政治主张，依傍他人、善揣摩他人心思的投机分子。孟子之言虽切中纵横家之弊，但纵横家从本质上而言应属外交家范畴，外交家可将一国实力，利用外交手段发挥到极致。战国时的纵横家对中国以后的政治谋略、政治文化产生了深远影响。记载其事迹的《战国策》多为后世政治家所重视，成为从政必读的教科书。

战国文学

春秋战国时期，诸子百家多生长在黄河流域，黄河流域为当时中国文明中心所在。诸子百家在表述自己思想时，义理深明，文字简约且质朴优美，行文充满伟大的理想主义精神，又不失务实求真之态度。《孟子》、《荀子》、《墨子》及《战国策》、《国语》皆是这种文风的典范。文字简约、质朴优美与求真务实，是中原诸子百家文风的基本格调，对后世中国文学的发展有重要而深远的影响。

与之不同的是庄子与屈原极具浪漫主义色彩的文学表达形式。上文我们已经讲了庄子的文字风格，下面我们主要讲一下长江流域中国文学的辞赋之祖、先秦浪漫主义文学的代表人物屈原。

屈原，战国末期楚国贵族。为人耿介，胸有韬略，为楚国栋梁之臣。屈原身处战国时期，思变法强楚御秦，却不遇明君，又遭奸臣陷害，终被放逐。屈原政治理想破灭，眼看国家将要灭亡，最终投江，以死明志。屈原极富文学才华，为中国文学奠定了浪漫主义的楚辞文体，为中国文学的辞赋之祖。屈原《楚辞》独创一体，行文神秘深沉、色彩浓烈、形象瑰伟，同时义理深明。

《离骚》为屈原的代表作，是一部带有自传性质的叙事抒情长诗，被南朝文论大家刘勰誉为“金相玉质，百世无匹”。《离骚》全诗长达373句。上半部，主人公叙述了自己高贵的身世、良好的修养与对美好政治理想的追求；下半部，主人公叙述自己美好理想破灭后，离开现实世界，到理想天界追求美丽伴侣无果的内心痛苦。离，离别也；骚，忧伤也。《离骚》整部诗篇运用楚地独特的香花美草、山川大地、风土物产，融神话、历史、传说于一体，创造出一个形象瑰丽、构思奇绝的“离别忧伤”的诗的世界。《离骚》是忧伤诗，但这种忧伤是一种色彩浓烈、炽热心怀的忧伤，是有着深刻内涵、神秘诗性哲人的忧伤，是千古俊伟诗性哲人共同的忧伤。

屈原《离骚》、《天问》、《九歌》、《招魂》等一系列的诗歌作品形成了迥异于黄河流域文风的楚辞文体。这些作品完整体现了屈原浪漫而又深沉理性的俊伟人格，开中国浪漫主义文学之风，对后世中国文学发展影响深远。

【阅读搜索】

《论语》《道德经》《庄子》《孟子》《墨子》《楚辞》《战国策》

【思考题】

1. 为什么东周会形成百家争鸣的学术局面？
2. 战国时代，各国为什么招贤纳士？

第五章　秦

【学习目标】

1. 了解秦朝政治制度的基本框架。
2. 了解秦朝从文化统一走向思想专制的内在逻辑。
3. 了解秦国以法立国的特点。

第一节　秦朝历史文化概说

一、秦的统一

在战国时期200多年的战乱与动荡中，秦国通过变法逐渐变得强大起来。秦国在变法强大后形成了“统一华夏”的想法，这个思想在当时是比较超前的。这一时期孔子、孟子、荀子虽然提出了“三纲五常”等思想，但儒家和其他诸子学说一样，只是一个自树一帜的流派，并没有取得话语权，更不是主流。从西周实施分封制以来，“天子一统，诸侯并立”思想已经深入人心，根深蒂固。因此春秋时期的诸侯强国的君主，无论是齐桓公、晋文公，还是秦穆公、楚庄王，都以“尊王攘夷”为要旨。诸侯国无论多么强大，多么有话语权，最多就是争一城一池，扩大自己的地盘，并未想过消灭其他诸侯国，而是保持诸侯国之间的并立状态。秦国这种“天下一统”的思想，自然而然地应用到施政领域。

秦自商鞅变法以来，由于社会改革比较彻底，建立了中央集权的国家政权，新兴地主阶级的力量比较强大，经济发展迅速，军队装备精良、战斗力强，为秦国实现“天下一统”的理想提供了十分有利的前提条件。到秦王政（即秦始皇）执政时，关东六国先后衰败下去，唯独秦国越来越强。当时在秦始皇的麾下，聚集了一批才干卓越的文臣武将，文臣有谋士李斯、尉缭、姚贾等人，武将则有蒙恬、蒙武、王翦、王贲等人。这些来自各国的人才是秦国统一六国的重要依靠力量。

当秦王政刚即位的时候，李斯就在给秦王政的上书中指出：秦国已具备统一天下的条件，六国实际上已降至秦的郡县的地位。这说明由秦国统一中国，已经是水到渠成。从公元前230—前221年的10年间，秦国采取了远交近攻、循序渐进、各个击破的战争策略，先后攻灭韩、赵、魏、楚、燕、齐六国，建立了一个统一的国家，也建立了一个大一统的中央政府。秦统一后，有谋臣提议像以前一样分封诸侯，遭到了李斯的反对。他说："周文武所封子弟同姓甚众，然后属疏远，相攻击如仇雠，诸侯更相诛伐，周天子弗能禁止。今海内赖陛下神灵一统，皆为郡县，诸子功臣以公赋税重赏赐之，甚足易制。天下无异意，则安宁之术也。置诸侯不便。"秦始皇赞同李斯的说法，于是对内实行郡县制，收缴并销毁民间兵器，统一文字和思想。秦朝的统一不仅奠定了此后中国的基本版图，而且创立了中国沿袭两千余年的政治制度。

二、秦的灭亡

秦始皇是个刚愎自用的人，再加上统一六国的伟大成就，使他的权威过重，失去了制衡，借用《史记》中的话来说，就是"天性刚戾自用……以为自古莫及己。专任狱吏，狱吏得亲幸。博士虽七十人，特备员弗用。丞相诸大臣皆受成事，倚辨于上。上乐以刑杀为威，天下畏罪持禄，莫敢尽忠。上不闻过而日骄，下慑伏谩欺以取容"[①]。同时，秦始皇也是一个有雄伟抱负的人，但是在伟大的胜利面前，他错误地估计了形势，以致脱离实际情况，对各项事业推进过于苛急。他多次东巡，刻石以颂秦德；多次大肆花费，派人入海求仙，期望得到长生不老之药；派兵北击胡人，西北斥逐匈奴，渡河以逐戎人，南取桂林、象郡等地；以吏为师，焚书坑儒；筑长城，修阿房；持法苛严，轻取人命。这里举一例，以见其为人与心态。"始皇还，过彭城，斋戒祷祠，欲出周鼎泗水。使千人没水求之，弗得。乃西南渡淮水，之衡山、南郡。浮江，至湘山祠。逢大风，几不得渡。上问博士曰：'湘君神？'博士对曰：'闻之，尧女，舜之妻，而葬此。'于是始皇大怒，使刑徒三千人皆伐湘山树，赭其山。"[②]传说禹铸九鼎，即《史记》中所称的周鼎。秦始皇劳民伤财，想捞出沉于泗水的周鼎，又南游祭拜湘山，听说尧的女儿（即舜的妻子）成了神，非常生气，派人砍光了山上的树。北起泗水，南到湘山，所到之处，百姓不得安宁。始皇巡游不是为了治国理政，而是为了自己那种不可一世的心态。他的这种做法招致六国旧贵族和广大平民的怨恨，社会矛盾变得空前尖锐。公元前210年，秦始皇东巡郡县死于沙丘后，小儿子胡亥继承了他的皇位，成为二世皇帝。胡亥既没有秦始皇的魄力与能力，又大肆诛杀兄弟、大将和大臣，使朝廷秩序迅速败乱，政权内部出现了危机。在此情形下，秦始皇在位期间积累的社会矛盾迅速激化。始皇死后第二年，陈胜、吴广起义，六国贵族的后代趁机起兵造反，天下大乱。起义军中，以项羽和刘邦的军队最为强大，项羽大败秦军于钜鹿，刘邦入武关兵临咸阳。此时赵高杀掉了胡亥，

① ［汉］司马迁：《史记》，中华书局，1959年版，第258页。
② 同上书，第248页。

拥立子婴为皇帝，子婴即位后诛杀赵高。朝廷的内乱还没有平息，起义大军已经到了咸阳城下，子婴只好投降，秦王朝就此灭亡。这年是公元前206年。

秦朝虽然是个短命的王朝，但它对中国此后的历史产生了极其重要的影响。它奠定了中国统一的多民族国家的基础，在政治上建立了全新的集权制度，成为古代中国各个朝代政权的范本。在治国思想上，秦朝对法家的思想进行了极致的实践，其结果虽然令人惋惜，但是为后世“外儒内法”的国家治理模式提供了借鉴。在文化上，秦朝既在一定程度上摧残了文化，又在很大程度上为更大范围的文化交流与融合创造了条件，加速了文化发展的进程。

【知识卡片】

阿房宫

秦始皇统一全国以后，大兴土木，阿房宫是他所建宫殿中规模最大的一座。公元前212年，秦始皇下令在渭河以南的上林苑中开始营造宫室，即阿房宫。由于工程规模浩大，秦始皇在位时只建了一座前殿。据《史记·秦始皇本纪》记载，“先作前殿阿房，东西五百步，南北五十丈，上可以坐万人，下可以建五丈旗，周驰为阁道，自殿下直抵南山，表南山之巅以为阙，为复道，自阿房渡渭，属之咸阳”。据此推算，阿房宫的前殿东西宽690米，南北深115米，占地面积8万平方米，可容纳万人。秦二世胡亥继续修建阿房宫，但在秦王朝灭亡之前未能完成。古有童谣唱道：“阿房，阿房，灭始皇。”今在陕西西安西郊还保存着面积约15平方公里的阿房宫遗址。经过专家考证，基本认定阿房宫一直没有建成，也没有遭受火焚，项羽所焚实际上是秦咸阳宫。

第二节　中央集权的政治制度

秦朝虽然短命，但是它建立的政治制度却并不短命，成为之后两千多年中国古代社会政治制度的核心。

一、中央政权的设计

秦王嬴政统一六国后，采用传说中三皇五帝的称号，宣布自己为历史上第一个皇帝，后世子孙代代相传，依次为二世皇帝、三世皇帝以至万世皇帝，永不断绝。他还规定皇帝自称“朕”，并制定了一套提高皇帝权威的朝廷礼仪和文书制度。在这一套制度中，皇帝拥有至高无上的权力，国家的行政、军事、经济等方面的大政方针，都由皇帝决定；秦朝首都咸阳及其附近的关中平原，由内史直接管理。

秦朝在中央实行的是三公九卿制。三公指丞相、太尉、御史大夫。丞相分左丞相和右丞相，主要协助皇帝处理政务；太尉掌管军事，不是常设职位；御史大夫掌管群臣的奏章，并下达皇帝诏令，还兼有监督考察百官的职责。三公以下，是分管具体政务的九卿，分别是掌管宗庙祭祀和国家礼仪制度的奉常，负责皇帝安全保卫的郎中令，负责守卫皇宫的卫尉，负责皇帝车马的太仆，负责皇帝财政的少府，负责司法的廷尉，负责外交和内部少数民族事务的典客，负责粮食和财政的治粟内史，负责皇室事务的宗正。九卿之中，有五个卿位专门负责皇帝或皇室事务，可见皇权在中央政权系统中的重要地位。三公九卿都由皇帝任免，不能世袭，他们之间互相没有管理和被管理的关系，所有事务的最终决断权都在皇帝手中。

二、地方政权的设计

在地方政权的设计上，秦王朝采取了郡县制。郡县制并不是秦王朝的发明，早在春秋战国时期，各国相继都有设立郡或县的记载，但是当时郡与县的地位、隶属关系并不统一，没有形成一套统一的制度。到战国末期，郡县的设立在各诸侯国已经较为普遍，但是明确地以严整的郡县制取代分地封王的制度是从秦始皇开始的。秦始皇统一天下后，曾出现过要不要设立郡的争论，两派分别以丞相王绾和廷尉李斯为代表。李斯主张实行郡县制，秦始皇支持李斯，他说，天下之所以深受战争之苦，是因为分封王侯导致了争斗，现在天下刚刚安定，如果又分封诸侯国，无疑是埋下战乱的种子。在他的主张下，秦把天下分为36郡（后增至40余郡），每个郡任命一名郡守、一名郡尉和一名郡监。郡守是一郡的最高行政长官，掌管全郡政务，直接受中央政府节制；郡尉，辅佐郡守，掌管全郡军事；郡监，掌管监察工作。郡下辖县或道，一般情况下，内地设县，边远少数民族地区设道。规模达到万户以上的县设县令，不满万户的设县长。县令和县长是一县的行政长官，受郡守节制。县令下设县尉、县丞。县尉，掌管全县的军事和治安；县丞是县令或县长的助手，掌管全县司法。郡守与县令，都由皇帝直接任命。县以下设乡、里和亭。乡和里都是行政机构，乡下设里，里是秦国最基层的行政机构。亭是掌管治安、抓捕盗贼的专门机构，遍布于城乡各要地。秦朝的郡县制与之前分地封侯的封建体系相比，中央对地方的控制权大大增强，有利于政令的执行，还能有效地维护国家的统一。这是我国历史上政体发展的一大进步，后来的中央政权在地方政权的组织上基本沿用了郡县制，秦朝推广郡县制在历史上的影响非常深远。

三、君权神授的封禅大典

为了神化皇权，秦始皇还东巡泰山，举行封禅大典。封禅起源于春秋战国时期，“封”的意思是祭天，“禅”的意思是祭地。当时齐鲁两地的儒生认为，泰山是天下最高的山，应该由至高无上的君王来祭祀。举行封禅典礼是秦朝政治生活中的一件大事。

公元前219年，秦始皇东巡各地。为了向广大百姓表明自己是受天命而统治天下的，他召集齐鲁的儒生、博士70余人商议在泰山封禅的典礼。儒生们意见不一，提不出一个具体的仪礼程序。秦始皇非常生气，黜退所有的儒生，自己制定了礼制，先到泰山行封礼，再到梁父行禅礼，并刻石碑以歌颂秦德。颂辞中有这样的文字："皇帝临位，作制明法，臣下修饬。二十有六年，初并天下，罔不宾服。亲巡远方黎民，登兹泰山，周览东极。从臣思迹，本原事业，祇颂功德。治道运行，诸产得宜，皆有法式……。"[①] 颂辞全文共147字，大意是说秦始皇登基以来，制度严明，臣下守法，天下没有不臣服的，登上泰山，臣子们追思秦始皇以往的功业，并进行颂扬。刻石采用四周环刻方法，颂辞刻满了三面。胡亥继位后，在公元前209年东巡时，又在空白的一面刻上了他的诏书和从臣姓名。碑刻字体使用秦朝官方统一文字小篆，相传是李斯的手迹。

【知识卡片】

兵马俑

秦始皇陵兵马俑坑是秦始皇陵的陪葬坑。据《史记》记载，秦始皇从即位之初就开始修建陵园，由丞相李斯主持规划设计，大将章邯担任监工，修建时间长达38年之久。如今已发掘的秦始皇兵马俑陪葬坑有三个，分别称为一号坑、二号坑和三号坑，三坑呈品字形排列，面积达2万平方米以上，出土陶俑8000件、战车百乘以及数万件实物兵器等文物。俑坑布局合理，结构奇特，在深5米左右的坑底，每隔3米架起一道东西向的承重墙，兵马俑排列在过洞中。秦俑大部分手执青铜兵器，有弓、弩、箭镞、铍、矛、戈、殳、剑、弯刀和钺。青铜兵器经过防锈处理，埋在地下两千多年，至今仍然光亮如新。秦俑身穿甲片细密的铠甲，胸前有彩线挽成的结穗。军吏头戴长冠，数量比武将多。秦俑的脸型、身材、表情、眉毛、眼睛和年龄都有不同之处。秦兵马俑表明，当时的雕塑艺术水平已经达到了一个相当完美的高度。

第三节　从文化统一到意识形态专制

一、文化大一统政策的实施

秦统一中国后，采取了一系列经济、文化措施，以加强中央对地方的管控。这些措施包括统一货币、文字和度量衡，即史书上所称的"车同轨，书同文"。

① ［汉］司马迁:《史记》，中华书局，1959年版，第243页。

战国时期，各诸侯国为了保卫自己的国土、防范他国侵扰，在各地修筑了不少关塞、堡垒。此外，在修建道路时也避免与邻国道路宽度相同。秦统一后，这些曾经有利于诸侯国保家卫国的因素，阻碍了政令传达和中央政府对地方的控制。于是秦始皇下令拆除所有的关塞、堡垒，从公元前220年起，陆续修建了以咸阳为中心通往全国的三条驰道。驰道宽50步，车轨宽统一为6尺。道旁每隔三丈栽一棵树。中间是皇帝专用的御道，一般人不得行走。以驰道为主的交通网，促进了各地的经济交流和文化交流。

春秋战国时各国文字体系极为混乱，同一个字在不同的国家有多种写法，不利于文化的交流与政令的畅通。秦始皇命令丞相李斯等人对文字进行整理。李斯以战国时期秦国人通用的大篆为基础，吸取齐鲁等地通行的蝌蚪文笔画简省的优点，创造出一种形体匀圆齐整、笔画简略的新字体。这种字体被称为"秦篆"，又称"小篆"。秦始皇将小篆作为官方规范文字使用，同时废除了其他文字。当时的东海下邳人程邈根据当时民间流行的更为简化的字体，整理出隶书。隶书和小篆两种形体的文字都被推广到了全国。

秦始皇统一文字，既满足了当时传达政令的需要，也对汉字的发展演进产生了重要影响，使得汉字更易于记忆和书写。

二、意识形态领域的专制

版图和文字虽然统一了，但曾经生活在各诸侯国的人民思想并不统一，有人仍然希望回到过去诸侯割据的时代。尤其是那些失去显赫地位的六国旧贵族，对于郡县制议论纷纷，认为分封制仍是正统。在此情形下，秦始皇决定采取措施，进行思想和意识形态的整顿，焚书坑儒事件就是在这种情形下发生的。

焚书与坑儒是两个历史事件，但由于发生在同样的政治背景之下，且时间上相隔不远，人们往往将其相提并论。

秦始皇三十四年（公元前213年），身为博士的齐人淳于越在一次朝廷会议上反对当时实行的郡县制，要求根据周朝古制，恢复分封制。他说，没有诸侯国的辅佐，中央政权在遇到战争时靠谁来施以援手呢？丞相李斯反对淳于越的说法，认为制度应该随着时代的变化而变化，主张禁止儒生以古非今、用私学非议朝政。李斯建议，史书中只保留秦国的史书，将其他国家的史书统统烧毁；《诗》、《书》及诸子百家之书只有博士官可以保留，民间保存的都要限期交出烧毁；医药、卜筮、种树之书民间可以保留；禁止私学，想学法令的人要以官吏为师。秦始皇采纳了李斯的建议并付诸实施。

大多数人认为秦始皇焚书是对中华文化的一次摧残，但也有不同意见。隋代牛弘提出"五厄"之说，认为中国历代图书被烧毁，首当其冲的就是秦始皇焚书，其次是西汉末年赤眉入关，三是董卓移都，四是刘石乱华，五是魏师入郢。朱熹认为，秦始皇烧掉的只是民间藏书，朝廷藏书中同类书籍仍有保存。刘大櫆《焚书辨》则认为真正导致图书失传的罪魁祸首不是李斯而是项羽，项羽火烧秦宫室，大火三月不灭，使朝廷藏书化为灰烬。

所谓的坑儒就是司马迁所说的"坑术士"，发生在焚书的第二年，即公元前212年。当时秦始皇为了追求长生不老，十分迷信方术之士，派他们求取长生不死之药。术士侯生、卢生之徒，谎称自己能沟通神明、获取仙丹，骗取秦始皇信任，并获得了优厚的待遇，结果没有找到仙药。在骗局即将败露之际，侯生、卢生密谋逃亡。为了保全自己的面子，侯生、卢生在逃亡之前放出话说，秦始皇提拔狱吏为官吏，让具有才学的博士之流赋闲，又喜欢用刑罚杀戮树立威权，所以他们不能为这种人求得仙药。秦始皇得知后大怒，认为他已经给了卢生等人很多好处，而卢生等人竟然敢在背地里诽谤自己，玷污自己的名声与德行。于是他下令拷问咸阳的读书人，以缉捕侯生、卢生。遭到拷问的读书人互相告发，朝廷缉捕了违反朝廷禁令者460余人，并将他们全部挖坑活埋。秦始皇的大儿子扶苏对这件事并不赞同，认为这些人"皆诵法孔子"，继承的是孔子的学说，如果严惩的话，会导致天下不安。秦始皇盛怒之下，派扶苏去边远的上郡监察蒙恬大军。

后世对于坑儒一事有不同看法。《史记・儒林列传》的记载为"焚诗书，坑术士"，《汉书》沿用了《史记》的说法，记载为"杀术士"，所以有人认为当时被活埋的人其实是行骗的方术之士，其中可能牵连了少数儒生。汉代桑弘羊、孔安国等人的记载为"坑儒"，王充则断定为"坑儒士"，据此，有人认为"术士"即为"述士"，"述士"即为儒生。无论被活埋的是儒生还是方术之士，客观上都起到了钳制言论的震慑作用，从此人们不敢诽谤秦始皇，也不敢非议朝政。

焚书坑儒从文化发展的角度看是用野蛮的手段阻碍文明的发展，但从政治的角度来看，是秦王朝为了抵制分裂倾向，在意识形态领域内所做的一次努力。这种努力以国家机器为依托，以强权为特征，在当时的确收到了一定的效果。但是从更长的历史发展趋势来看，它具有不小的负面效应。

第四节　法家的治国实践

一、法家治国思想的实践

在古代中国社会两千余年的历史中，大多数朝代都是以儒家思想作为立国的根本，强调君臣礼义，强调个人修养在维护社会秩序中的作用。与其他王朝相比，秦朝在立国思想上明显不同，它以法家为主，强调严刑峻法在维持社会秩序方面的作用，对儒家持排斥和禁止的态度。

法家思想发展到战国，以韩非和李斯为代表，形成了比较完整的体系。

有趣的是，韩非和李斯都是儒家代表人物荀子的学生。儒家和法家，看似不相容的两个学派，实际上是一个事物的正反两个方面，从某种意义上讲，法家思想是荀子人性本恶理论必然的逻辑延伸。

韩非和李斯两位同窗的人生，也在法家所倡导的法制下产生了离奇的交集。韩非在韩国时不为人所重，几次向韩王提建议，都不被重视。他的理论传到秦国，引起秦王极大的兴趣，于是起兵攻打韩国，韩王情急之下，派韩非出使秦国。秦王非常喜欢韩非，但韩非被李斯、姚贾毁谤，建议以秦法治韩非的罪，最终韩非被关进监狱。李斯趁机派人送毒药给韩非，让韩非自杀。等秦王后悔治罪韩非、下令赦免的时候，才知道韩非已死。

韩非是法家学派确立的关键性人物，他留传至今的《韩非子》一书，比较系统地阐述了法家的理论和思想。韩非的同门李斯是继商鞅之后，借助秦始皇的威权在秦国大力推行法家思想的实践家。法家思想包罗范围很广，涉及法律、政治、经济、社会组织与管理等诸多方面。

李斯在《行督责书》中引用韩非的话说，如果母亲过于慈爱，容易出败家子，如果治家严明，奴仆就不敢造次。当年商鞅用黥（脸上刺字）刑来对付那些在道路上随意倾倒灰烬的人，李斯对这一做法非常推崇，认为用重刑惩处轻罪，可以使老百姓惧怕而不敢犯禁。他还认为，君主一定要大权独揽，树立绝对权威，斩断儒家所提倡的仁义之路，禁绝以各种学说游说君王的风气，使以生命为代价撼动体制的死节行为无所施展，闭目塞听，任凭自己独断专行，这样在外不致被仁义节烈之士的行为所动摇，在内不会被劝谏争论所迷惑，逞其为所欲为的心志，而没有人敢于反抗。

二、秦朝法律制度设计

秦朝法家思想的实践活动是全面而体系化的，其中最有代表性的是法律制度的设计。

“法治”和“重刑”是法家的基本主张之一。秦王朝推崇“法治”。任何社会都需要一定的规则，都会立法执法，但秦朝的法治走向“重刑”的极端，在全国范围内实行空前严酷的刑罚统治。

秦朝刑罚种类繁多，行刑方法非常残酷。秦朝的主要刑罚有死刑、肉刑、作刑、迁、赀、谇等。死刑种类很多，常用的有具五刑（多种刑罚并用处死罪犯）、族诛（诛灭罪犯亲族）、枭首（斩首示众）、弃市（在闹市执行死刑）等。肉刑方面，秦朝除沿用过去的墨黥（面部刺字）、劓（割鼻）、刖（砍脚，分为斩左右趾）、宫（阉割）以外，还广泛使用肉刑与劳役并用的刑罚，在对犯人进行肉刑处罚后再进行强制劳动。作刑是指强制劳役的刑罚。迁是强制犯罪者迁到边远地区的刑罚。赀刑，就是强制犯人缴纳一定财物或服一定徭役的刑罚。谇就是训诫，多用于处罚轻微犯罪的官吏。

秦王朝的刑罚除了严苛之外，还有繁密的特点。从现存的历史资料看，秦朝的法律文献包罗刑事、民事、经济、行政、诉讼等各大类，内容涉及皇室警卫、军事、外交、社会治安、商业、金融、手工业、农田水利、司法诉讼等各个方面，事无巨细，都有法可依。根据现有史料推断，秦朝律令所规定的主要罪状有不敬皇帝罪、诽谤与妖言罪、盗窃罪、贼杀伤罪、盗徙封罪（偷偷移动田界标志）、以古非今罪、妄言罪、非所宜言罪、投书罪（投递匿名信）、乏徭罪（逃避徭役）等。可以看出，其中大多数罪状是用来钳制思想和言论、维护君主政权威权的。

秦朝还鼓励全体臣民学法、知法，规定从政者必须精通法律，民众学习法律则应“以吏为师”、“以法为教”。三代时，教育的主办权在政府，政府的各级官吏同时兼有教化民众的职责，而师职往往也是由官方以各种头衔予以确定的。像太师、太保、太傅既是教育辅弼帝王的师职，又是辅政重臣，甚至基层学校的教师也要求是辞官的人才有资格充任。在当时官吏与教师合一的情况下，教授的内容主要是礼法，教育民众知礼守礼。到了春秋以后，学术下移，以孔子为代表的诸子广收门徒、兴办私学，出现了专门的师职，师职与官吏分离。在这一时期，以吏为师和专门的私学之师并行于世。私学之师所教授的多为学术理论，内容更为丰富，也更具吸引力，所以私学比之于官学更为兴盛。到了商鞅变法的时候，商鞅明确提出：“故圣人必为法令，置官也，置吏也，为天下师，所以定名分也。”①他所设置的官吏不是普通的官吏，而是独立于行政官吏之外的法官，是专门传达、保管和解释法律法令的官员。当时从秦国都城到下辖郡县都设立了法官，法官的设置不仅使民众知法守法，而且还保证了行政官吏不能枉法以待民众。韩非在总结秦盛韩衰的经验时，得出结论：“故明主之国，无书简之文，以吏为师；无先王之语，以法为教。”②这一结论，韩非本想提供给韩国用来强国，可惜韩国并没有重用他。他的这种提法综合了商鞅“以吏为师”和“燔《诗》、《书》而明法令”的主张，对以儒家为代表的其他学说持排斥的态度。但是在当时的历史条件下，这种主张只在秦国得到了推行，外部环境仍然是诸家林立、诸说纷纭。到了秦灭六国、统一天下之后，为了巩固政权，李斯对私学仍然活跃的现实颇为不满，提出全面禁止私学，“以吏为师”的建议得到了实行。这次禁止私学比以往更为严厉，焚烧了大量百家书籍，造成了吏外无师的局面。从表面看，秦国推行的“以吏为师”制度似乎是对三代“学在官府”的回归，但实际上已经出现了很大的变化。三代的官吏充当师职，除了教授法令之外，还有关于“礼”的教化功能。而李斯所提倡的“以吏为师”把官吏的教育职能限制在法律政令方面，这样就把原来的教育体系完全政治化、功利化、强制化，使之树立于民众的

① 山东大学《商君书》注释组：《商君书选注》，山东人民出版社，1974年版，第43页。
② ［战国］韩非：《韩非子新校注》，陈奇猷校注，上海古籍出版社，2000年版，第1112页。

对立面，把教育的功能局限在限制人们行为规范上的恶，使得教育完全失去了潜移默化的软性渗透、同化的性质，完全摒弃了教育激发、引导人性中的善的重要功能。这是秦国把以法治国推向极致必然带来的负面结果。

三、法家治国与秦朝灭亡的关系

秦王朝的刑律为了维护和保障皇权，无所不用其极。同时，秦始皇为了建立他心目中的帝国，征发全国民力，进行了大规模的营造活动，如修驰道、建阿房宫、筑秦长城等。毫无疑问，秦始皇的设想是宏大的，但是在付诸实施的过程中，脱离了现实，极少顾及百姓生活，使民怨大量积累并在短期内释放，最终导致了秦王朝的快速瓦解。

不少人认为秦亡于暴政，这一点是没错的。但是秦的暴政归根结底还是和它赖以立国的法家思想密不可分。

首先，秦国不仅立法严苛，在执法方面更为严苛。法家思想的前提是人性尽恶且永远不变，所以法家主张用重刑使老百姓产生恐惧，从而做到守法。在实践的层面上，秦国采用的是法家“重刑轻罪”的办法。所谓“重刑轻罪”，就是对犯有较轻罪行的人处以苛重的刑罚，以达到震慑的目的。比如不揭发检举犯罪行为视同投降敌国，可能招致杀头抄家的结果。历史上有名的“坑儒”事件，实际上就是“重刑轻罪”的具体例子。大凡立法的根本目的，是追求罪罚相当，轻罪轻罚，重罪重罚，做到相对公平公正。“重刑轻罪”的做法违背了立法的根本目的，有失公平公正。公子扶苏觉得很不妥，他说：“今上皆重法绳子，臣恐天下不安。”[①]扶苏的担心不是没有道理，表面上严苛的刑罚确实让老百姓噤若寒蝉，但与此同时不满与仇恨也在逐渐积累，陈胜吴广起义就是爆发的出口。陈胜吴广等人因遇大雨“失期”，没有及时赶到，按照秦律，“失期当斩”。由于天气原因“失期”是轻罪，但是处罚却相当严厉。严厉到什么程度呢？和造反起义没有区别，而且造反起义万一成功，还存有一线生机。于是在“重刑轻罪”法制思想的推动下，陈胜吴广起义掀开了帷幕，也为秦亡吹响了号角。

其次，法家讲究法、术、势，使其法制思想存在重大的缺陷。法是公开的成文法律和政令，术则是一种不可告人的手段，类似于权术，势则是威势、势力。韩非提出：“法不阿贵，绳不挠曲。法之所加，智者弗能辞，勇者弗敢争，刑过不避大臣，赏善不遗匹夫。”[②]即在法律面前人人要公平，不论愚智贵贱，都要在法律的规范下行事。但实际上，法家所提倡的术和势恰恰打破了这一原则。术是藏于君主心中秘而不宣的，与法律的公开客观就产生了必然的矛盾。而势是威势，君主的势与法的关系如何处理？在集权制度下，必然是君主的势战胜法，使君主可以在法外有施展的

① ［宋］司马光：《资治通鉴》（第一册），中华书局，1956年版，第246页。
② ［战国］韩非：《韩非子新校注》，陈奇猷校注，上海古籍出版社，2000年版，第111页。

余地，不受法律的约束。这就为君主施行暴政提供了机会，也将天下安危系于君主一身，君主的内在素质而非法律体系成为天下兴亡的决定因素。不幸的是，秦二世又是一个暴君。

吕思勉在《中国通史》中讲："秦始皇，向来都说他是暴君，把他的好处一笔抹杀了，其实这是冤枉的。看以上所述，他的政治实在是抱有一种伟大的理想的。这亦非他一人所能为，大约是法家所定的政策，而他是据以实行的。这只要看他用李斯为宰相，言听计从，焚诗书、废封建之议，都出于李斯而可知。政治是不能专凭理想，而要顾及实际的情形的，即不论实际的情形能行与否，亦还要顾到行之之手腕。秦始皇的政策虽好，行之却似过于急进。北筑长城，南收两越，除当时的征战外，还要发兵戍守；既然有兵戍守，就得运粮饷去供给；这样，人民业已不堪赋役的负担。他还沿着战国以前的旧习惯，虐民以自奉。造阿房宫，在骊山起坟茔，都穷极奢侈；还要到处去巡游。统一虽然是势所必至，然而人的见解，总是落后的，在当时的人，怕并不认为合理之举，甚而至于认为反常之态。况且不必论理，六国夷灭，总有一班失其地位的人，心上是不服的，满怀着报仇的愤恨和复旧的希望；加以大多数人民的困于无告而易于煽动，一有机会，就要乘机而起了。"①

秦朝的法家治国实践及其快速瓦解，为后来的统治者提供了政治上的借鉴，对中国古代国家的管理模式产生了重大的影响。通常认为外儒内法的国家治理模式的形成，与秦朝的法家治国实践活动之间有着一定的因果关系。

【知识卡片】

秦长城

秦始皇统一后，对外扩展版图。公元前214年，他派遣大将蒙恬北逐匈奴，又修筑西起临洮（今甘肃岷县）、东至辽东的长城万余里，以防匈奴南进，后人称之为秦长城。秦长城有土夯、石砌和土石混筑三种建筑方法。通常外墙高4米，基宽4米左右，顶宽2米，每隔一段就有烽火台和障城。秦长城雄伟壮观，不仅是世界建筑史上的奇迹，也成为中华民族文化和精神的象征。民间传说孟姜女哭倒长城，真实性有待考证，有人认为是根据齐国杞梁妻哭夫的记载演绎而成。不过孟姜女的传说在一定程度上反映了当年修筑长城时劳工人数之众、风餐露宿之苦、开凿修筑之难、耗费牺牲之巨。

灵　渠

秦统一六国后，实行郡县制，在全国设立了36个郡。但是，五岭（大庾岭、骑

① 吕思勉:《中国通史》，上海古籍出版社，2009年版，第334页。

田岭、萌渚岭、都庞岭和越城岭）以南的地区，仍是古代百越民族的聚居地。秦始皇为了将岭南百越地区纳入秦的版图，便派屠睢率50万大军南征百越。秦军遭到百越的顽强抵抗，加之山路崎岖，粮饷转运困难，以致秦军三年兵不能进。为了解决秦军的后勤补给问题，公元前218年，秦始皇命监御史禄在今广西兴安县境内修建一条人工运河，打通湘江和漓江两条水系，以便转运粮饷。公元前214年，运河凿成，也就是今天所称的灵渠。灵渠沟通了长江和珠江水系，使秦军的后勤补给得到很大改善，因此，秦王朝迅速统一了岭南，并在今广东、广西和越南北部一带增设了南海、桂林、象郡三郡。

都江堰

在成都平原上，每年雨季到来时，岷江和其他支流水势骤涨，往往泛滥成灾；雨水不足时，又会造成干旱。古蜀国曾在岷江出山处修建了一条人工河流，分岷江水流入沱江，以除水害。秦昭襄王五十一年（公元前256年），李冰为蜀郡守。他在前人治水的基础上，组织当地百姓，在岷江流入成都平原的灌县，建成了都江堰。其总体规划是将岷江水流分成两条，把其中一条引入成都平原，这样既可以分洪减灾，又可以引水灌田、变害为利。主体工程包括鱼嘴分水堤、飞沙堰溢洪道和宝瓶口进水口。宝瓶口将岷江水引向东边，以减少西边江水的流量，使西边的江水不再泛滥，同时也能解除东边地区的干旱，使滔滔江水流入旱区，灌溉那里的良田。这是治水患的关键环节，也是都江堰工程的第一步。鱼嘴分水堤位于岷江中，把岷江一分为二，迫使一支流入宝瓶口并保持一定的流量。飞沙堰在鱼嘴分水堤的尾部、靠近宝瓶口的地方，是连接外江和内江的一条水道上的堤堰。当内江水位过高的时候，洪水就漫过飞沙堰流入外江，使得进入宝瓶口的水量不致太大，保障内江灌溉区免遭水灾。都江堰工程自建成以后，历代都进行了有效的管理和维护，历经两千多年，到现在依然发挥着重要作用。

【阅读搜索】

司马迁《史记·秦始皇本纪》　　李斯《行督责书》

【思考题】

1. 查找相关资料，试用自己的观点评价焚书坑儒事件。
2. 试析秦朝重法的施政思想与秦朝灭亡的关系。

第六章　西　汉

【学习目标】

1. 了解西汉思想文化发展脉络。
2. 了解西汉经学的发展。
3. 了解西汉的文化措施对后世的影响。

第一节　西汉历史文化概说

西汉从高祖到平帝一共 11 位皇帝，统治时间 211 年。

一、汉初的休养生息与分封制

秦朝末年陈胜、吴广起义后，天下大乱，各路起义军拥兵自重，出现了地方割据的态势。在对秦作战中，刘邦和项羽的武装力量逐渐脱颖而出。楚国贵族之后项梁（项羽的叔父）起事后，立楚王的后代为楚怀王（后改为楚义帝），项梁在对秦战争中战死，义军由项羽接管。项羽和刘邦双方各自出兵，打算灭秦。经过一系列的战争，刘邦逐渐取得了军事优势，最后在垓下战役中打败项羽，楚汉战争以刘邦的胜利而宣告结束。公元前 202 年，刘邦在“氾水之阳”（今山东省定陶县）称帝，建国号为“汉”，定都长安，汉王朝正式诞生。为了区别刘秀后来建立的定都洛阳的政权，以其都城在洛阳以西，习惯上称其为西汉。西汉政权与之前历代贵族政权不同，它是一个由平民阶层组建的政权。

在秦朝灭亡之后，刘邦之所以能够脱颖而出，不是偶然的，而是多种因素结合在一起的必然结果。首先，刘邦采取了一系列正确的战略和战术，如他采纳张良统一天下的建议，放弃郦食其复辟的主张，符合历史发展的潮流，也符合广大人民群众的愿望；在战术层面，他广泛采取纳降的方法，不轻用武力，既保存了自己的实力，也使百姓免遭战争的荼毒，正如《史记》中高起、王陵所言：“然陛下使人攻城略地，所降下者因以予之，与天下同利也”[①]；在策略上，能听取善言，不拘一格，根据形势变化随时调整策略。其次，刘邦能善待人才，也能用人所长，在他麾下集结了一批谋臣武士，如萧何、曹参、张良、陈平、韩信等，这批人在建立汉朝政权的过程中，起到了决定性的作用。刘邦深知这一点，他总结道："夫运筹策帷帐之中，决胜千里之外，吾不如子房（张良，字子房）；镇国家，抚百姓，给饷馈，不绝粮道，吾不如萧何；连百万之军，战必胜，攻必取，吾不如韩信。此三者皆人杰也，吾能用之，此吾所以取天下也。项羽有一范增而不能用，此其所以为我擒也。"[②]第三，刘邦待人宽厚，体恤民情，得到了人民的认可，人望甚高。刘邦入关后，废除秦朝繁苛律法，与民约法三章，"人又益喜，唯恐沛公不为秦王"[③]。楚怀王之所以派刘邦进取关中，原因就是认为刘邦是"宽大长者"。刘邦对萧何营建未央宫有意见，说："天下匈匈苦战数岁，成败未可知，是何治宫室过度也？"[④]

由于秦朝法律繁苛，百姓长期处于水深火热之中，刘邦在废除秦朝法律之后采取了无为而治的方略，在政策上主要体现为轻徭薄赋，与民休养生息。

当时在政权组织形式上是"郡国制"，即郡县与封国并存。被分封的诸多诸侯王中，有同姓王，也有异姓王。刘邦对异姓王并不放心，相继铲除了韩信、彭越、英布等人。公元前 195 年，刘邦在讨伐英布时受伤，不治身亡。

汉高祖刘邦死后，大权渐渐被高祖皇后吕雉掌握。汉承秦制，秦朝禁止民间和个人藏书的律令（史称"挟书令"或"挟书律"）此时仍然有效。继位的太子、汉惠帝刘盈在位期间，废除了"挟书律"，为文化的繁荣创造了较为宽松的条件。惠帝后来因受到其母吕太后的刺激，不理政事，英年早逝。此后吕太后连立两个傀儡皇帝，并逐渐削弱刘氏，封自己的族人为王，掌权长达 8 年。吕太后死后，周勃和陈平夺取禁军指挥权，诛杀了吕氏族人，并迎立代王刘恒为汉文帝。汉文帝进一步减轻赋税，减轻刑罚。其子景帝即位后，继续推行这种政策。这一时期社会繁荣，史称"文景之治"。景帝在位期间，过于急切地削弱诸侯国的势力，结果导致了"吴楚七国之乱"。平定七国之乱后，朝廷借机设法剥夺和削弱各个诸侯王的力量，加强了中央集权统治。

二、西汉的兴盛

景帝死后，汉武帝刘彻即位。他改变"无为而治"的施政方略，派卫青和霍去病三次攻打匈奴，并派人出使西域，打通了古代中西方经济、文化交流的陆上通道"丝绸之路"；对内实行"推恩令"，令各诸侯国将自己的领地分给子孙，削弱诸侯

① ［汉］司马迁：《史记》，中华书局，1959 年版，第 381 页。

② 同上。

③ 同上书，第 362 页。

④ 同上书，第 385 页。

王的力量；并将制盐和冶铁行业收为国有。在文化和意识形态上，武帝“罢黜百家，独尊儒术”，使儒家思想成为古代中国的官方意识形态。

刘彻死后，汉昭帝刘弗陵、汉宣帝刘询在任时，政治清明，社会和谐，经济繁荣，“吏称其职，民安其业”，史称“昭宣中兴”。

宣帝死后，由汉元帝刘奭即位。刘奭生性柔仁，喜好儒术，他在位期间儒术渐盛。但这一时期，自然灾害不断，宦官石显专权，昭宣中兴的成果丧失殆尽。所幸的是，西域各国纷纷脱离匈奴归附汉朝。公元前60年，中央政府正式设西域都护府，总管西域事务，保障丝绸之路的畅通。

三、西汉的衰落

元帝之后的成帝刘骜沉迷酒色，荒淫无道，导致外戚专权，为王莽篡汉埋下了伏笔。成帝之后的哀帝刘欣空有治国之志却无治国之才，为了抑制土地兼并，实行了限田、限奴婢的政策，但都沦为一纸空文。西汉最后一位皇帝是汉平帝刘衎，幼年即位，几年后病死。其后王莽立孺子婴摄政，公元9年王莽自立为帝，改国号“新”，西汉宣告灭亡。

王莽在位期间，天下局势本已十分混乱，王莽“托古改制”，试图缔造一个理想的世界，结果由于脱离实际，导致了新的社会经济混乱。再加上连年对外征伐、沉重的赋役和灾荒不断，重压之下农民揭竿而起，爆发了绿林赤眉起义。公元23年，绿林赤眉起义军攻入长安，王莽被杀，新朝灭亡。

西汉对于中国文化来说，具有转折性的意义。在西汉以前，诸子学说基本上是并行不悖的，它们之间从来没有停止互相攻讦，即使一些派别取得了相对优势，也是暂时的、不稳定的，从来没有哪一家的思想被以国家的名义定为一尊。这种状况到了西汉全盛时期被完全改变了，儒家思想借助国家机器的力量，确立其绝对权威的地位。这种变化既为儒家文化的充分发展创造了极其有利的条件，也压缩了其他学说的传播和发展空间。战国时期思想自由多元的氛围在秦朝只是被暂时压制，在西汉则被抽走了根本。一个新的时代开始了。

在这种情况下，一方面以《山海经》和《淮南子》为代表，先秦文化趋于总结、消歇或转型；另一方面，一种全新的文化形态出现了，这一点不仅仅体现在经学上面，富有特点的大赋、《史记》以及空间广阔的文化交流都是其显著特征。

第二节　从黄老思想到文治思想

一、汉初的黄老思想

西汉初年的治国方略是以黄老思想为指导的。黄老思想产生于战国时期，传说创始人为黄帝和老子。其思想体系不可能真正包含黄帝的思想，应该是战国时期人们为了便于推广传播，假托黄帝的名义著书立说，正如《黄帝内经》并非黄帝所著一样。从思想本质上来看，黄老思想基本上是道家和法家思想结合，并兼采阴阳、儒、墨等诸家观点。《史记》称其代表人物有河上丈人、安期生等。但是让黄老思想与政治发生关系的，却另有其人：一个是陆贾，另一个是曹参。

陆贾是汉初的政治家，有口才，善辩论。他经常在刘邦面前夸赞《诗》、《书》。刘邦很不耐烦，骂道：我是依靠骑马打仗得天下，跟《诗》、《书》有什么关系？陆贾反驳道：军事斗争得到的天下能用武力来治理吗？如果秦朝统一之后取法先王，推行仁义，你怎能有夺取天下的可能？刘邦醒悟，非常惭愧，让陆贾写文章总结成败兴亡之理。陆贾的这些著作后来结集成《新语》。陆贾总结秦亡的教训，提出了“道莫大于无为，行莫大于谨敬”的政治主张。他以“道法自然”和“无为而治”的道家思想为出发点，兼容儒、法思想，开创了汉初老庄哲学的新局面。陆贾最重要的贡献，在于他让汉帝国接受了黄老哲学思想，为汉帝国开创了70年的和平发展期。历史上著名的“文景之治”就是在黄老思想指导下政治实践活动的硕果。

曹参则是汉初黄老思想的积极实践者。汉初曹参担任诸侯齐国的相，他邀请长老、儒生，询问治国之道，几百个儒生各执一词，说法各不相同，曹参无所适从。无奈之下，他听说胶西有一位盖公精通黄老之术，于是重金礼聘。盖公给出的策略很简单：治理国家的办法贵在清净无为，让百姓们自行安定就可以了。曹参按照盖公的策略治理齐国，9年之后齐国大治。汉丞相萧何死后，曹参做了丞相。他从各郡和诸侯国中征召一些质朴而不善文辞的厚道人，任命为丞相的属官，斥退那些追求声誉的官吏。曹参自己整天痛饮美酒。官吏和宾客们见曹参不理政事，都想好言相劝。可是这些人一到，曹参就立即拿出美酒招待他们，直到酒醉，那些人始终没有机会开口劝谏。汉惠帝见曹参不理政事，于是让曹参的儿子曹窋去问问原因。曹窋回家按惠帝的意思规劝曹参。曹参听了大怒，打了曹窋二百板子，说：“快点儿进宫侍奉皇上去，国家大事不是你应该谈论的。”惠帝责备曹参惩治曹窋。曹参谢罪说：“请陛下自己仔细想想，您和高帝谁更圣明英武？”惠帝说：“我怎么敢与先帝相比呢！”曹参说：“陛下看我和萧何谁更贤能？”惠帝说：“您好像不如萧何。”曹参说：“陛下说得对极了。高帝与萧何平定了天下，法令已经明确，如今陛下垂衣拱手，我等谨守职责，遵循原有的法度而不随意更改，不就很好吗？”惠帝说：“好。您回去休息吧！”曹参通过这种方式，将在齐国得来的治国之术推广到天下，大获成功。曹参死后，百姓们歌颂曹参的事迹说：“萧何制定法令，明确划一；曹参接替萧何为相，遵守萧何制定的法度而不改变。曹参施行他那清净无为的做法，百姓因而安宁不乱。”

黄老思想认为“法”生于道，凡事要依据法来判断，君主要无为而治，不要让老百姓过多服徭役兵役，减轻税赋，不挤占老百姓的劳动时间。黄老思想在西汉初年政策上的具体表现，主要有三个方面值得注意：一是鼓励百姓从事农业生产，减轻税赋，实行三十税一，将徭役减为三年一次。二是改革刑律，废除了秦时的连坐，废除部分肉刑。三是对少数民族实行睦邻政策，不轻易用兵。这种休养生息的政策经过实践证明是行之有效的，成为后世新政权建立后巩固政权、恢复生产的不二法门。

陆贾力推的黄老思想是一种杂糅的思想。“其为术也，因阴阳之大顺，采儒墨之兼善，撮名法之要，与时迁移，应物变化，立俗施事，无所不宜。”① 在当时的思想领域，并不是黄老思想一统局面。当时虽然纠正了秦朝法家治国实践的繁苛之失，但是并未完全摆脱法家路线，而是选择了一条较为温和的法家路线。这条路线虽然解决了经济复兴的问题，但是并没有完全解决文化复兴的问题。当时战国时代诸子学说仍有支持者和传播者。除黄老思想外，阴阳家、法家、纵横家、儒家都不乏拥趸。诸子学说之间也存在斗争，这种斗争主要体现在儒道互黜方面。一些外戚、郡国王主张以道黜儒，如窦氏与淮南王刘安；而皇室则渐渐走上以儒黜道的道路，如汉武帝。诸子学说间的斗争，其实质是在现实政治的推动下各自总结、相互融合的过程。这一时期出现了一些总结性、杂糅性的著作，如司马谈的《论六家要旨》、刘安的《淮南子》等。

黄老思想在汉初大行其道不仅仅是人为推广的原因，也是当时社会状况下必然的选择。秦朝时大兴土木，修建长城、造阿房宫，给老百姓带来沉重负担；秦末连年战争，农业生产遭到严重破坏。在此情形下，治国的要务就是快速恢复农业生产，以巩固新政权。黄老思想即是当时现实条件下一种必然的合理的选择。

二、文治思想的形成

在诸子思想博弈融合的同时，汉代的文治思想也逐渐形成。

秦代“以吏为师，以法为教”的传统，已经被证明不是长治久安之计。纠正秦朝的法制路线后，黄老思想只可供战后生息，不能满足日渐繁杂的政务以及维护政权统一的需要。陆贾总结历史治乱与秦亡经验的《新语》12 篇，主推儒家思想，同时杂糅了道家等诸子学说，已经与先秦时期的儒家有了些许的区别。正如陆贾所说：“制事者因其则，服药者因其良，书不必起仲尼之门，药不必出扁鹊之方，合之者善，可以为法，因世而权行。”② 其主要目的是为了治理天下，诸子之间的宗派之争已经服从于现实理性。

比陆贾约小 40 岁的贾谊也认为，治国还需回到儒家路线上来。他在《陈政事疏》（又称《治安策》）中提出了许多重要的见解，大致内容包括抑制各王国、抵御匈奴、教育太子、尊礼大臣、阐扬文教等，其实质是主张从法家路线转移到儒家路线。

① ［汉］司马迁：《史记》，中华书局，1959 年版，第 3289 页。
② ［汉］陆贾：《新语校注》，王利器校注，中华书局，1986 年版，第 44 页。

下面是他在《陈政事疏》中提出的一些观点。

贾谊认为夏、商、周三个王朝之所以能长期维持统治，其原因就在于它们创设了教育、辅导太子的制度。秦二世胡亥并不是天性凶残恶毒，而是赵高诱导胡亥学习的内容有问题。天下的命运决定于太子一人，要使太子成为好的继承人，在于及早进行教育和选择贤人做太子的左右亲随。当童心未失时就进行教育，容易收到成效，使太子知晓仁义道德的要旨。选择礼义方法治国的君主积聚礼义，选择刑罚治国的君主便积聚刑罚。刑罚积聚到一定程度，百姓就会心生怨恨而背叛君主，礼义积聚到一定程度，百姓就会和睦而亲近朝廷。君主就好像宫殿的厅堂一样尊贵，群臣就好像厅堂下的台阶，百姓就好像平地。所以，如果设置多层台阶，厅堂就会远离地面，显得很高大；如果没有台阶，厅堂就会靠近地面，显得低矮。君主用廉耻礼义来约束正人君子，所以大臣犯罪只能命令他自杀而不能动用戮刑，刺额、割鼻子等伤残肢体的肉刑都不宜施加到大夫以上的官员身上，因为他们离君主不远。

汉文帝对贾谊非常器重，提拔他做了太中大夫，又想提拔他为公卿，遭到众大臣的反对而搁置。此后汉文帝开始疏远贾谊，但是贾谊的主张仍被朝廷采纳，如汉武帝的老师王臧即为儒生，这对于后来儒学的兴起起到关键性的作用。

第三节　独尊儒术与西汉经学

一、儒家思想统治地位的确立

“文景之治”使国力大增的同时，也使新兴地主阶级力量大大增加，社会各方面的矛盾积累，尤其是汉初分封的同姓王与中央政权的冲突不断。这时仅仅依靠贾谊提出的“众建诸侯而少其力”以及晁错的削藩主张已不能完全解决问题。先秦时期封地建侯的观念经过秦朝短暂的大一统的荡涤仍然根深蒂固，人们依旧认为封地建侯是天经地义的事情，刘邦统一天下之后即分封同姓王即是一例。所以，中央与地方的矛盾，表面上是政治、经济的矛盾，本质上却是观念上的问题。要彻底解决中央同诸王的矛盾，一方面要通过政治的、军事的手段，另一方面要通过意识形态的手段改变人们的观念。“独尊儒术”正是适应这种需要而出现的意识形态领域内的巨大变革。

汉武帝即位后，权臣卫绾、田蚡、窦婴等主张尊崇儒术、贬抑法家，同喜好道家思想的窦太后展开了政治斗争。汉武帝采纳丞相卫绾的建议，罢黜了研究和主张申不害、商鞅、韩非、苏秦、张仪思想的贤良（国家通过一定程序选拔的人才）。汉武帝的祖母窦太后强烈反对这种做法，于次年借故把大力主张儒学的御史大夫赵绾等人投入监狱。建元五年（前 136 年）汉武帝又置五经博士，使儒家经学在官学中更加完备。次年，窦太后死，儒家势力再度崛起。在这种情况下，汉武帝于元光元年（前134年）征召天下著名儒生入长安策问。儒生董仲舒主张，凡是不属于儒家六艺的门类，不属于孔子学说的，都要杜绝其仕进的道路，不让它们和儒家思想平起平坐，应“罢黜百家，表章六经”。董仲舒的主张得到汉武帝的赞同。这年，汉武帝将不治儒家五经的太常博士一律罢黜，将黄老和百家之言排除于官学之外，任命平民出身的儒生公孙弘为丞相，大量任用儒生为官。同时张汤、杜周等人主张以《春秋》决狱，逐渐使通晓儒家经典成为为官为吏的必要条件之一。此后，儒家逐渐成为中国社会的统治思想。

汉武帝尊崇的儒术同孔子的思想，已经出现了很大的区别，这时的儒术已经成为以原儒家思想为主体，大量吸纳其他诸子百家思想的一种新的思想体系。

“罢黜百家，独尊儒术”理论的集大成者是董仲舒，著有《春秋繁露》一书，主要内容有以下几个方面：一是“春秋大一统”与君权神授。他认为封建统一是天经地义而不可改变的，自然界的天就是超自然的有意志的人格神，人世间的一切（包括封建王权的统治）都是上天有目的的安排。他将天上神权与地上王权沟通起来，为“王权神授”制造了理论根据。二是“天人合一”和“天人感应”学说。他以阴阳五行学说将自然界和社会人事神秘化，建立“天人感应”论的神学体系。如他将人体的骨节、五脏、四肢等等，比附为一年的天数、月数以至五行、四时之数，内有五脏与五行符合、外有四肢与四时符合，从而得出“为人者，天也”的结论，认为人类的一切都由天给予。他用天有阴阳来比附人性，谓天道兼备阴阳两种作用，人身也兼备贪仁两种本性等等。三是“三纲五常”。“三纲”指“君为臣纲”、“父为子纲”、“夫为妻纲”，即大臣必须无条件服从君主，子女必须无条件服从父亲，妻子必须无条件服从丈夫。“五常”指仁、义、礼、智、信五种为人处世的道德标准。

“罢黜百家，独尊儒术”确立了儒家思想的意识形态统治地位，强化了中央集权制度，为王权统治提供了理论依据，影响至为深远。

二、西汉经学的兴起与分歧

独尊儒术的直接后果是经学的兴起与繁荣。春秋末年，孔子周游列国后返回故乡鲁国，编订和整理了一些传统文献，形成了六经。《史记·孔子世家》中说，孔子编辑《书》，删定《诗》，编订《礼》和《乐》，作了《易》的一部分，并根据鲁国的史料创作《春秋》。六经是否为孔子所作尚有争议，不过大致可以确定是在孔子主导下编订的，原始文本不一定是孔子原作。此后，儒生们就以六经为教材学习儒家思想。

汉武帝独尊儒术后，设立了五经博士，当时的五经是指《诗》、《书》、《礼》、《易》、《春秋》。武帝元朔五年（前124年）为博士增设弟子员，课考成绩优秀的可以选拔为官吏。这一举措无疑具有风向标的意义，自此天下读书人为了功名利禄，都需要学习经学，朝着经学的方向努力。五经博士兼具教授和解释经学的职掌，而且处于强势的权威地位。此时的博士之职与武帝之前的博士已有了本质的区别。武帝之前的博士多选取博学之人，以备皇帝顾问，未必精通儒家经典，是可有可无的虚职。五经博士则担任着教化天下、培养和选拔官吏的重任。此外，他们有时还循行天下，以观风俗，问灾困；也参与朝政，与朝廷重臣一起议论国是。他们已经成为朝廷行政运作中不可缺少的一环。在长期的解经过程中，五经博士内部因为看法不同，也产生了不同的派别。为了讨论各派的异同，宣帝时召开了石渠阁会议。甘露三年（前 51 年），汉宣帝召集萧望之、刘向、韦玄成、薛广德、施雠、梁丘临、林尊、周堪、张山拊等儒生，在长安石渠阁讲论五经异同，汉宣帝亲自裁定评判。石渠阁会议讨论文字材料经过汇集，编成《石渠议奏》一书，又名《石渠论》，今已失传。石渠阁会议后，博士员中《易》增立“梁丘”，《书》增立“大小夏侯”，《春秋》增立“谷梁”，为十三经博士。元帝时又增立“京氏《易》”，十四经博士之名由此产生。

西汉时期，“通经致用”也成为官场的风气。大凡皇帝诏令、群臣奏议，都是援引经典，作为陈说议论的依据。有难以决断的疑问，就引用《春秋》进行决断；发生洪涝灾害，就引用《禹贡》来治水；有了天灾人祸，则引用《洪范》进行规劝。在学问上造诣精深的经学家，往往一跃成为政治舞台上的明星。如解《鲁诗》的赵绾官至御史大夫，王臧官至郎中令；解《春秋》的公孙弘官至丞相，封侯；解《尚书》的倪宽官至御史大夫等。

西汉时期，经学分今文经学和古文经学。秦朝焚书和项羽焚烧秦朝宫室之后，古籍散失很多，西汉从文景时期开始进行了大量的古籍收集工作，有些典籍以口述默诵方式重新抄定，有些典籍因为民间秘藏而得以流传。这时的经学，由于文字、传述和解释体系的差异，产生了不同的学派，但其版本大体相同，后来统称为今文经。

汉景帝末年，鲁恭王刘余兴建王府时，在被毁坏的孔子旧宅墙中发现一批经典；汉武帝时，河间献王刘德从民间收集了大批古典文献，其中最重要的就是《周官》（即《周礼》）；汉宣帝时又有河内女子拆毁老屋，得到几篇《尚书》。这些重见天日的文献都是用战国古文字书写，在篇数、字数和内容上与通行的经书都有相当大的差异，这批经书此后被统称为古文经。

除文字篇章差异外，古文经学与今文经学对经书的解释与治学方法也不相同。今文经学认为孔子是“为汉制法”的“素王”，六经都是孔子所作。这个经学流派的特点是微言大义，通过分析经文中精微的言辞，来阐发孔子的思想，继承和发扬儒家学说。今文经学把《春秋》作为孔子为万世立法的“元经”（即最根本的经），代表学说是“春秋公羊学”。公羊学就是指《春秋公羊传》里的主要内容，大致包括大一统、大居正、大复仇、通三统、统三世、更化改制、兴礼诛贼等。当时今文经学的主要代表人物有董仲舒和公孙弘，前者为大一统政治提供了完整的理论体系，后者则善于把公羊学理论转化为现实政治措施。以公羊学为代表的今文经学在西汉时期深受皇帝的重视，在政治生活中处于主导地位。

西汉后期，今文经学出现了不同的两种倾向。第一种倾向是神学化。董仲舒对于公羊学中灾异、符瑞、天人感应的阐发已经为这种倾向开辟了道路，统治者的迷信与提倡则促成其最终神学化。章太炎认为董仲舒是汉代谶纬之学的先导，是非常正确的："及燕，齐怪迂之士兴于东海，说经者多以巫道相糅，故《洪范》旧志之一篇耳，犹相与抵掌树颊，广为抽绎，伏生开其源，仲舒衍其流，是时汉廷，适用少君、文成、五利之徒，而仲舒亦以推验火灾，救旱止雨，与之校胜，以经典为巫师豫记之流，而更曲傅《春秋》，云为汉氏制诰，以媚人主而棼政纪。昏主不达，以为孔子果玄帝之子，真人尸解之伦，谶纬蜂起，怪说部彰，曾不须臾而巫蛊之祸作，则仲舒为之前导也。"[①] 另一种倾向则是由于今文经学继承了较多的原初儒学的色彩，其理论内在地包含着对现实的批判，从而越来越不能为逐渐加强的君主专制所容忍。此消彼长，自西汉中期开始在民间传授的古文经学逐渐抬头。汉哀帝建平元年（前6年），刘歆欲把《左氏春秋》、《毛诗》、《逸礼》和《古文尚书》都立于学官，但没有成功。这次尝试对古文经学起到了一定的推广宣传作用。后来，王莽篡汉，出于政治需要，大力推行古文经学，将古文四经立于学官，加速了古文经学的兴起。

古文经学认为孔子只是一位"述而不作、信而好古"的先师，六经不过是上古的典章制度与政治格言。与今文经学注重微言大义不同，古文经学注重对经文本义的理解和典章制度的阐明。古文经学的兴起以《春秋穀梁传》为标志，西汉后期曾被立为博士。到了东汉时期，古文经学的影响力逐渐压倒了今文经学。

汉代经学不但繁荣，而且深入人心。《汉书·韦贤传》引民间谚语说，"遗子黄金满籯，不如一经"[②]。汉代经学的影响主要体现在两个方面，一是在当时起到了移风易俗、繁荣文化的作用，完全纠正了秦代"以吏为师，以法为教"的弊端；二是经学不但影响了后世的文化走向，而且奠定了中国古代学术的基础。

【知识卡片】

太 学

汉武帝按照董仲舒的提议，在长安设立了太学，成为当时的最高学府。太学中由博士任教授，设五经博士专门讲授《诗》、《书》、《礼》、《易》、《春秋》五经。学

① 章太炎：《章太炎学术文化随笔》，中国青年出版社，1999年版，第158页。
② ［汉］班固：《汉书》，中华书局，1962年版，第3107页。

生被称为“博士弟子”或“太学弟子”，有免除赋役的特权。太学生通常通过两个途径招收，一是由太常（掌管礼仪、祭祀的官员）负责选择，二是由郡国察举。太学主要是培养统治人民的封建官吏，但是对文化的传播也起到了重要作用。

第四节 丝绸之路与文化融合

西汉文化富有活力的诸因素中，值得注意的有两个方面，一是上文所述的利用儒家传统构建新秩序，二是下面要提到的外来文化的刺激。总体来说，西汉和亲政策和张骞通西域为中原文化输出、外民族文化输入提供了便利的条件。

一、西汉的对外政策——和亲、征服与通使

建立不久的西汉，北方面临一个强大的游牧民族——匈奴的威胁。当时的匈奴控制着中国东北部、北部和西部广大地区。匈奴强悍的骑兵，经常侵袭汉朝的领土，骚扰和掠夺中原百姓。汉高祖刘邦曾亲征匈奴，被困白登（今山西大同东）。此次被围使刘邦深感自己实力虚弱，决定采纳刘敬（本名娄敬）的和亲策略。《汉书·娄敬传》记载说，刘邦顾虑匈奴骑兵卷土重来，问计于刘敬。刘敬献策说，天下刚刚平定不久，士兵打仗都打累了，不能用武力去征服匈奴，而匈奴也不懂仁义之说，唯一的长久之计是把长公主嫁给匈奴首领单于，多送厚礼，使之心生羡慕，而长公主生的儿子会成为匈奴的太子，将来会取代单于，作为皇室的外孙，就不会同大汉对抗了。刘邦采纳了这个建议，但吕后反对把长公主嫁给匈奴，于是选了一个宫女，当作公主嫁给了单于。

和亲政策虽然是一种妥协政策，但客观上缓和了汉朝和匈奴的关系。刘敬以同化的思维方式取代了对抗的思维方式，对汉代乃至后世处理民族关系都产生了积极的影响，对于推动中原地区与少数民族的文化融合也起到了积极的作用。

文景二帝继续采用和亲方法，仍没有完全解除边患。武帝时期，国力强盛，反击匈奴的条件已经成熟。根据当时的形势，西汉朝廷确定了联合西域的大月氏夹击匈奴的战略。对匈奴的策略由同化转向对抗之后，汉代中原地区与少数民族的文化交流在更广阔的范围内展开了。

武帝建元三年（前 138 年），张骞奉命率领 100 多人，从陇西（今甘肃临洮）出发，出使大月氏。在河西走廊，张骞一行被匈奴扣留并软禁起来。10 年以后，张骞找机会逃离匈奴王庭。在匈奴居留期间，张骞学会了匈奴语，熟悉了西域道路，所以得以顺利逃脱。此时大月氏已经西迁，不愿再攻打匈奴。张骞在大月氏逗留一年多后返回，在归途中又被匈奴扣留一年多，最后趁匈奴内乱逃回汉朝。

由于种种原因，张骞这次出使并未完成预定任务，但从扩大西汉王朝的影响方

面来说，功劳不可磨灭。汉代以前，玉门关以西是中原政治文化影响不到的地区。张骞出使西域，使中原政治文化的影响远达葱岭以西。此后，不仅西域一带同内地的联系日益密切，而且还打通了中国同中亚、西亚以及南欧的直接交往通道。后人正是沿着张骞的足迹，开通了著名的“丝绸之路”。

公元前119年，汉武帝派张骞第二次出使西域。这次张骞率领300人组成的使团，准备了厚礼，先后到了乌孙、大宛、康居、月氏、大夏等国。随后，西域诸国也派使者来汉。从此，汉与西域的交往建立起来。

二、丝绸之路与文化融合

张骞出使西域，为西汉王朝和西域的经贸往来打通了道路，加深了西汉对西域诸国的了解。张骞第一次通使后，对汉武帝说明了葱岭东西、中亚、西亚以及安息、印度诸国的位置、特产、人口、城市、兵力等，其基本内容记录在《史记·大宛列传》中。这是世界上对于这些地区第一次最翔实可靠的记载。

张骞出使西域促成了中原地区和西域少数民族之间的第一次大规模文化交流与融合。西域的核桃、葡萄、石榴、蚕豆、苜蓿等十几种植物，逐渐在中原开始栽培，丰富了中原的物产品类。龟兹的音乐和乐器，丰富了中原地区的文化生活。而中原地区的养蚕和丝织技艺以及冶铁术也传到西域，大大地促进了西域文明的发展。

西汉政府在张骞出使西域后，通过攻打匈奴、楼兰、大宛，设立行政机构，移民屯田，保证了丝绸之路上河西走廊的畅通。东汉时期，这条交通线路已经变得很繁忙，“初置酒泉郡以通西北国。因益发使抵安息、奄蔡、黎轩、条枝、身毒国。而天子好宛马，使者相望于道。诸使外国一辈大者数百，少者百余人，人所赍操大放博望侯时。其后益习而衰少焉。汉率一岁中使多者十余，少者五六辈，远者八九岁，近者数岁而反”①。

魏晋南北朝时期，战乱使西北的丝绸之路受到了一定的影响，但在北魏时期又变得繁忙起来。很多外国商人来到首都洛阳，伊河与洛河之间设有款待各地使者和商人的“四馆”，安置侨居的“四里”，其中“腌峨馆”和“慕义里”为接待西方人的处所。开设了外贸市场“四通市”，使“天下难得之货，咸悉在焉”②。

隋唐时期，西北的丝绸之路空前繁荣。隋炀帝委派裴矩在肃州（今甘肃酒泉）建立外贸中心。公元607年，隋炀帝在甘州（今甘肃张掖）大摆筵席，招待27国首领、使节和商人。唐代丝绸贸易成为中央政府直接经营管理的商贸活动，十分兴旺。长安的东市和西市，堆积着外国商人从四面八方带来的奇珍异宝。唐代还在西域设安西都护府，设立龟兹、疏勒、于阗、碎叶四镇，后来又设立北庭都护府。丝路沿线都有驿站，给过往客商提供食宿和牲畜草料。这一时期，拂菻（东罗马帝国）、大

---

① ［汉］司马迁：《史记》，中华书局，1959年版，第3170页。

② ［北魏］杨衒之：《〈洛阳伽蓝记〉译注》，周振甫译注，江苏教育出版社，2006年版，第120页。

食（阿拉伯）、波斯（伊朗）等国使者和商人，带来香料、玻璃、马匹、狮子、犀牛、大象等物品，用来交换中国的丝绸、瓷器、竹器、茶叶等商品。当时武威、张掖、酒泉、敦煌成为丝绸之路上的重镇。唐朝诗人张籍《凉州词》中写道："无数铃声遥过碛，应驮白练到安西。"

五代宋元时期，一方面由于海上丝绸之路迅速发展，起到了贸易替代作用，另一方面内陆政权更迭，战争频发，导致西北的丝绸之路日趋衰落。这一时期仍有商旅往来，但是不复往日的繁华。

丝绸之路是当时对中国与西方所有来往通道的统称，实际上并不是只有一条路。除了几条陆上交通路线以外，还有经过海路到达外部世界的路线，一条通往朝鲜、日本，另外一条通往西方。这就是所谓的海上丝绸之路。

传说秦始皇时，方士徐福受命带领数千名童男童女、五谷百工等，从今山东出发，去海上寻道问药，结果一去不返。有人说徐福到了日本，今日日本有徐福墓，民间也有祭祀徐福的习俗。这条线路距离不长但作用不小，是古代中国和日本、朝鲜重要的经济交往和文化交流的通道。

向西的海上丝绸之路长达万余公里，地位尤为重要。西汉建立后，汉高祖为实行休养生息政策，并未派兵攻打南越国，两国经贸俱得以发展。吕后摄政时，朝廷有意禁止与南越边境贸易中的铁器交易，导致南越王赵佗发兵攻打长沙。攻打南越的汉军不习惯湿热气候，不能翻越南岭作战，战局僵持，导致汉朝与南越之间的贸易关系僵化。当时岭南地区主要出产丝绸类纺织品，南越武帝赵佗为寻找重要的军需物资——铁资源，开始谋求海上路线。广州南越王墓中出土的希腊风格银器皿以及南越国宫殿遗迹发掘出来的石制希腊式梁柱就是相当好的证明，证实了秦末汉初海上丝绸之路已经诞生，岭南地区向西方输出丝绸以换取各种物资，并且有希腊工匠来到中国参与了南越王宫殿的建造。

汉武帝元鼎六年（前 111 年），汉帝国派船从广东徐闻、广西合浦和越南北部日南（时属汉帝国）港出发，沿越南海岸航行，中经缅甸到南印度洋孟加拉湾，带去黄金及各种丝织物，换取明珠和其他珍奇异宝，一路上受到沿途各国热情接待。这一时期的海上丝绸之路为中国带来了新的作物品种，还促进了佛教的东传。

隋唐时期，海上丝绸之路最远到达非洲东海岸，广州、泉州、明州、扬州成为海上丝绸之路起点上的四大名港。据学者统计，唐代时每天抵达广州的外国船舶约 11 艘，一年约 4000 艘。这些乘船而来的人大部分来自大食、波斯、天竺（印度）、狮子国（斯里兰卡）、真腊（柬埔寨）、阿陵（爪哇）等国。唐政府让他们集中居住在今广州光塔路一带，时称"蕃坊"，实行自治。唐代传入岭南的外国植物水果有菩提树、芒果、油橄榄、菠萝蜜等，丰富了人们的饮食生活。西亚伊斯兰教、景教、祆教等假道海上丝路传入岭南。

宋元时期，通过海上丝绸之路进行的经贸往来更加频繁，涉及的地区也更为广泛，远达北非和地中海。宋代朝廷在广州设立了专门管理海上贸易的市舶司，外商大量涌入广州。宋元之际，泉州代替广州成为海上丝绸之路的第一大港。这一时期中国的瓷器通过海上丝绸之路大量进入西方，逐渐成为风靡全球的畅销商品。从占城经海上丝绸之路传入的新稻种——占城稻被大量种植，成为我国粮食生产史上一大革命。

明代虽然有海禁，但郑和下西洋，却是海上丝绸之路发展历程中史无前例的具有标志意义的事件。郑和船队从江苏太仓刘家港出发，经黄海、台湾海峡、南海、印度洋，最远到达东非索马里和肯尼亚一带。航程累计10万余里，到达30多个国家，带去大量的丝织品、瓷器、香炉、烛台、香油和金银等，带回象牙、香料和珍禽异兽。明代万历年间从海外传入的番薯、玉米、烟草、花生（大粒种）、菠萝、南瓜、辣椒、甘蓝等新作物品种，为我国农业发展注入了新的活力。

清代海上丝绸之路线路更多，新开通了到达美洲、大洋洲及俄罗斯的航线，港口也变得更多。广州出现了得到清政府特许的专门针对海上贸易的商馆十三行。清前期海上丝路对文化交流厥功至伟，传入了西洋历法、天文、地理学、制图学、西医学、西药学、钟表、眼镜、望远镜等科学知识和器物，以及西方生活方式、习俗，中国文化也通过海上丝绸之路开始外传。明清以来，海上丝绸之路也成为中国人海外移民的重要通道，东南亚的很多侨民经由海路出国，到海外开拓事业。

【知识卡片】

昭君出塞

公元前54年，匈奴呼韩邪单于同西汉结好，曾三次进长安入朝，并向汉元帝提出和亲的请求。王昭君听说后自告奋勇，出塞和亲。到匈奴后，她被封为“宁胡阏氏”（阏氏即王后之意）。后来呼韩邪单于在西汉的支持下控制了匈奴全境，为汉朝边境带来约半个世纪的安宁。

第五节　文人的俳优心态与史官文化

一、文史之臣的俳优境遇

俳优是古代表演乐舞和杂戏的艺人，在汉代宫廷和民间都可见到。如司马相如《上林赋》写道：“俳优侏儒，狄鞮之倡，所以娱耳目乐心意者。”东汉李尤《平安观赋》也有“歌舞俳优，连笑伎戏”的描写。俳优作为当时娱乐业的从业者，地位较低，是不受人尊重的，统治者往往以轻视或歧视的态度对待俳优。在西汉，生性诙谐且有文化涵养的大臣、艺文之士甚至史官，都难以逃脱俳优的境遇。

东方朔学识渊博，生性诙谐，言辞敏捷，滑稽多智，通过自荐被拜为郎。他时常陪汉武帝说笑取乐，但也常常找准机会，直言进谏。武帝大兴土木，修建上林苑，东方朔直言进谏，认为这是掠夺老百姓肥沃的田地，上对国家无用，下又占用农桑之地，是“弃成功，就败事”。此类直谏的事例还有不少，但是武帝始终把他当俳优看待，没有重用他。

除了东方朔，汉代的几个赋家（东方朔同时也是一个赋家）都有类似的遭遇。《汉书·扬雄传》载：“雄以为赋者，将以风也，必推类而言，极丽靡之辞，闳侈巨衍，竞于使人不能加也，既乃归之于正，然览者已过矣。……由是言之，赋劝而不止，明矣。又颇似俳优淳于髡、优孟之徒，非法度所存，贤人君子诗赋之正也，于是辍而不为。”[①] 扬雄的意思是说，赋主要是用来讽谏的，写作的时候一定是铺张排比的写法，用尽华丽的词藻，使文章宏大繁复到无以复加，最后才回到正题上来，但读者却未必能领会其中的讽谏之意。作赋虽然是出于讽谏的目的，但是实际上起到了推波助澜的鼓励作用。这样看来，赋家们就像俳优淳于髡、优孟之类的人。出于这一点认识，扬雄后来放弃了作赋。扬雄所述，实际上就是赋家们的自我定位与帝王给予他们的实际定位之间的强烈反差。赋家们想参与政治，为国家出力献策，帝王却把赋家定位为俳优之类，不甚重视。赋家内心的失落是难免的。但另一方面，这种境遇对于辞赋的发展并非坏事。娱乐化、边缘化的状态使辞赋较少受到政治的牵制，使其能够遵循自己的规律发展。所以，汉代的辞赋貌似以政治为中心，实际却较少为现实的政治所影响，很多辞赋已经走上了“为文学而文学”的自觉道路，成为一代之文学。西汉赋家杰出者有枚乘、司马相如、扬雄等人，他们创作的大赋铺彩摛文、包罗万象，体现了西汉时代人们自信、积极的精神风貌和恢宏、进取的气度。西汉辞赋的繁荣在东汉时代仍在延续，涌现出了班固、张衡等杰出的赋家。汉代大赋的发展，也间接推动了训诂学的发展，《尔雅》就是最有代表性的成就。

二、俳优境遇中的史官文化

西汉的史官也遭受到和赋家们一样的歧视。司马迁在《报任少卿书》中曾对自己的境遇作过描述：“近乎卜祝之间，固主上所戏弄，倡优畜之，流俗之所轻也。”[②] 不受重视的史官同样给修史带来了一定的空间，使司马谈父子能够继承《春秋》精神，“不虚美，不隐恶”，传承客观记述的史官文化。

据《左传·宣公二年》记载，晋灵公夷皋聚敛财富，残害臣民。执政大臣赵盾多次劝谏，灵公非但不改，反而肆意加害赵盾。他派人刺杀赵盾未遂，又在宴会上埋伏士兵袭杀，也没有达到目的。赵盾走投无路，只好逃亡。当他逃到晋国边境时，

① ［汉］班固：《汉书》，中华书局，1962年版，第3575页。
② ［清］严可均：《全汉文》，中华书局，1999年版，第268页。

听说灵公被其族弟赵穿杀死，于是返回晋国都城继续执政。太史董狐以“赵盾弑其君”记载此事，并公开宣示，以示笔伐。赵盾辩解说，灵公是赵穿所杀，不是自己的过错。董狐说，你作为执政大臣，逃亡时没越过国境，和灵公的君臣之义就没有断绝，回来后就应该组织人马讨伐乱臣，结果你按兵不动，灵公不是你杀的还能是谁杀的？

当时写史遵从的原则是礼，礼的核心是维护君臣大义。董狐维护君臣大义的写法得到孔子的肯定，称赞董狐为“书法不隐”的“古之良史”。董狐坚持原则的做法是难能可贵的。但在当时的政治环境下，秉笔直书有时会招来杀身之祸，齐国太史就因直书权臣崔杼的“弑君”之罪，结果兄弟二人相继被杀。

司马迁将董狐等人开创的良史精神发扬光大。汉武帝在翻阅司马迁所写的《孝景本纪》和《今上本纪》后，认为司马迁对自己不敬，在上述二纪中刻意贬损自己，一怒之下命人削去了书简上的字，并把这些书简丢弃。经过此事，汉武帝对司马迁已经心存不满。汉武帝天汉二年（公元前 99 年），飞将军李广的孙子李陵主动请缨出击匈奴，不料兵败被俘，汉武帝闻讯大怒。满朝文武都顺从武帝的意思，认为李陵叛降犯了重罪，应杀掉其全家。而身为太史令的司马迁却挺身而出，为李陵辩护。他认为李陵兵败投降是因为箭羽用尽、无路可走，而救兵却迟迟未到，而且李陵投降是希望寻找机会，报效朝廷。李陵虽然兵败，但是他以少胜多、以弱胜强，其功劳也是经得起众人评判的。汉武帝认为司马迁是借李陵之功，诋毁主帅李广利（汉武帝宠姬李夫人的哥哥），进而批评自己用人不当。他大怒之下，命人将司马迁投入牢狱，以“诬罔”（欺骗皇帝）的罪名判处死刑。司马迁为了完成《史记》，按照当时的规定请求处以腐刑以免死。

东汉的历史学家班固评论司马迁“其文直，其事核，不虚美，不隐恶，故谓之实录”，意思是司马迁所写的《史记》秉笔直书，实事求是，不会做出与事实不符的评价。司马迁的实录精神，是中国古代史官文化的核心精神，后代史家极少有人能超越他。

司马迁实录精神的第一个方面就是尽最大可能追求历史的真实性。司马迁 20 岁时，便离开首都长安遍访名山大川，实地考察历史遗迹，了解到许多历史人物的遗闻轶事以及许多地方的民情风俗和经济生活。他笔下的每一个历史人物或历史事件，都经过他大量的调查研究和反复核实。

第二个方面是坚持自己的评价标准。他在给人物作传记时，并不局限于已有的历史记载或者是现实政治的需要，而是按照自己对历史事实的理解进行评价。上至皇帝王侯，下至地方小吏，司马迁既会记录他们光辉的一面，也会突出他们腐朽、丑恶的一面。他虽然生活在武帝朝，但对于武帝的过失丝毫不加隐讳。他记录并批判了当时盛行的封禅祭祖、祈求神仙活动。在《史记·封禅书》中，他把汉武帝迷信神仙、千方百计派人求取不死之药的荒谬行径淋漓尽致地加以描绘。《史记·酷吏列传》中，他写了10个残酷暴虐的官吏，其中汉武帝的臣子就有9人。如汉武帝重用张汤，张汤得势后，与赵禹一起制定了名目繁多的残酷法令，其中一条叫“腹诽之法”，只要被指控对朝廷不满，不管有罪与否，就可以据此治罪。除了善于巧立法令名目之外，张汤还会迎合汉武帝的心意去处置“犯人”。在他的主持下，一个案件往往会使无数的人家受到牵连。司马迁评价历史人物时，不以人物地位的贵贱为转移，对于一些有作为的草根平民给予了高度的评价。陈胜虽然出自贫民，但他领导了秦末农民起义，司马迁将他和诸侯并列，放在“世家”中来叙述。司马迁高度评价了刺客和游侠，用大量篇幅记录了名医扁鹊等人的生动事迹和医学理论，确立了他们崇高的地位。

在帝王将史官视为俳优之臣的情况下，司马迁的意义在于放大和固化了董狐以来的良史精神，确立了史官独立的人格和价值标准，进而确立了史学的独立地位。当然，他所开创的以人载史的纪传体通史的体例，对后代影响非常深远，也不容忽视。

【知识卡片】

《尔　雅》

《尔雅》是我国最早的一部解释词义的专著，也是第一部按照词义系统和事物分类来编纂的词典。“尔”是“近”的意思（后来写作“迩”），“雅”是“正”的意思，在这里专指“雅言”，即在语音、词汇和语法等方面都合乎规范的标准语。“尔雅”的意思是接近、符合雅言，即以雅正之言解释古语词、方言词，使之近于规范。它的作者历来说法不一。有的认为是孔子门人所作；有的认为是周公所作，后来孔子及其弟子作过增补。后人大都认为是秦汉时人所作，缀辑春秋战国秦汉诸书旧文，递相增益而成。由于《尔雅》在文字训诂学方面的巨大贡献，自它以后的训诂学、音韵学、词源学、文字学、方言学乃至医药本草著作，都基本遵循了它的体例。后世还出了许多仿照《尔雅》写的著作，被称为“群雅”，由研究《尔雅》也产生了“雅学”。

太史令

官名。西周、春秋时，太史令除了记载史事、编写史书、起草文书，还要兼管国家典籍和天文历法等。西汉景帝时将太史令划归太常管辖，掌管天文、历法，撰写史书。东汉时太史令不再撰史，专门掌管天时、星历，每年年底奏献新年历，国祭、丧事、嫁娶时选择良日，奏时节禁忌，记载瑞应、灾异。

第六节　先秦遗风的文化总结

一、游士风气与《淮南子》

春秋战国时期，出现了《左传》中所说的“天子失官，学在四夷”现象，即西周时期形成的官学以及相伴而生的教育和选拔制度被破坏了，代之而起的是民间的私学。有些学者把这种现象称为“官学下移”。教育制度的改变必然引起用人制度的改变，依靠制度选拔人才已经难以实现，比较盛行的是推荐和自荐。像孔子、孟子这样杰出的人才，也要到处游说自荐，以推行自己的主张。魏国的吴起、李克、西门豹、乐羊、卜子夏、段干木、田子方，由卫入秦的商鞅，纵横数国的苏秦、张仪等，都是通过他人推荐或自荐踏上仕途，游士之风逐渐兴起并盛行。

与过去的选拔制度相比，被选拔者面对的不再是层层的选拔机构和严密的选拔制度，而是直接面对诸侯国王，这样就给国王创造了一个非常有利的条件——他不但有可能利用这个机会选拔出有才能的人，而且还能挑选投合自己喜好的人。《战国策·燕策》记载了郭隗对燕昭王说的几句话：“帝者与师处，王者与友处，霸者与臣处，亡国与役处。”[①] 说明在当时游士风气影响下，君臣关系有师生、朋友、君臣、主仆几种类型。将游士和王权结合起来的纽带，无非是权力和才能。国王通过自己的权力为游士提供他需要的名誉、地位、财富等，而游士也为国王施展自己的才能，双方各取所需。《韩非子·外储说右下》中曾引用谚语“主卖官爵，臣卖智力”来比喻君臣之间的关系，这种关系更像是契约关系。战国时期的诸子（包括孔子）大多游走于各个诸侯国之间，力图将自己的学说推销给各个诸侯国，他们在某种程度上与苏秦、张仪之类游士并没有本质上的区别。

战国游士之风并没有随着战国时代的结束而消歇，而是一直延续到了西汉初年。西汉建立后，采取了郡国制的政治制度，在继承秦朝郡县制的同时，又分封了一些王国和侯国，形成一个郡国杂处的局面。王国和侯国的存在，营造了一个和战国时期较为相似的政治环境，在短暂的秦政权的高压下没有完全消失的游士文化此时又蓬勃兴起了。

汉初各封国养士成风，游士奔走相投，形成了几个有名的游士聚集中心。淮南王刘安“为人好读书鼓琴，不喜弋猎狗马驰骋，亦欲以行阴德拊循百姓，流誉天下。……阴结宾客，拊循百姓”。为了政治目的，淮南王还“积金钱赂遗郡国诸侯游士奇材。诸辨士为方略者，妄作妖言，谄谀王，王喜，多赐金钱，而谋反滋甚”[②]。这里所提到的“宾客”、“游士奇材”、“辨士”都是指游走于各国之间的有才之士。刘安门下的“宾客方术之士”最多的时候达到几千人。虽然招贤纳才是出于政治的目

① ［汉］刘向：《战国策》（下册），屈进、胡建华译注，广州出版社，2004年版，第414页。
② ［汉］司马迁：《史记》，中华书局，1959年版，第3082页。

的，但是刘安客观上聚集了一批有才华的文士，为《淮南子》的成书打下了人才基础。流传至今的《淮南子》一书，便是他和门下部分游士共同完成的。有一种说法认为，《淮南子》的作者除刘安外，还有苏飞、李尚、左吴、田由、雷被、毛被、伍被、晋昌等8人及诸儒大山、小山之徒。这种说法虽然不能确证，但此书与先秦部分书籍的成书方式非常接近，都是集体作品。

《淮南子》又名《淮南鸿烈》、《刘安子》，全书内容庞杂，它以道家思想为主，将道、阴阳、墨、法和一部分儒家思想糅合起来，通常被看作杂家。

全书以道家思想为主线，主要体现在以下几点：第一，继承了道家的宇宙观，认为在天地未形成之前，宇宙是一个浑然一体、没有定型的“虚霩”，是浑涵未分的“一”。在宇宙生成论方面，该书《天文训》指出：“道始于一，一而不生，故分而阴阳。阴阳合和而万物生，故曰：一生二，二生三，三生万物。”并认为宇宙之气“清扬者薄靡而为天，重浊者凝滞而为地”，阳为日，阴为月，阴阳分化为四体。这是明确的宇宙构成论。第二，继续阐释先秦道家“无为而治”的真正内涵。所谓无为不是无所作为，而是因势利导的主动行为。历史上公认的“先圣”都是积极有为的，如神农氏教民“播种五谷”，发明医药，“一日而遇七十毒”；尧积极从事政治管理与社会教化；舜“辟地树谷，南征三苗，道死苍梧”；禹休风榨雨，“决江疏河，凿龙门，辟伊阙”；汤夙兴夜寐，勤于政务。这些古圣先王，一生致力于兴利除害，屡建奇功。所以，道家“无为”绝不是无所作为，而是因势利导，“夫地势，水东流，人必事焉，然后水潦得谷行；禾稼春生，人必加工焉，故五谷得遂长。‘听其自流，待其自生，则鲧、禹之功不立，而后稷之智不用也”（《淮南子·修务训》）。第三，此书与汉初黄老学派有密切的关系。汉初假托黄帝以为书名的著作甚多，大都失传。马王堆汉墓出土的帛书中就有《道原》、《经法》、《称》、《十六经》四篇古佚书。《淮南子》中的《原道训》与《道原》都是论“道”专篇，言辞比较一致。其他篇目言辞接近之处也有很多。

《淮南子》与先秦儒家思想也有相当的关联。《淮南子》继承了先秦儒家“仁者爱人”的思想。《主术训》说：“国之所以存者，仁义是也。”又说：“遍知万物而不知人道，不可谓智；遍爱群生而不爱人类，不可谓仁。仁者爱其类也，智者不可惑也。”《淮南子》中也有类似于儒家的民本思想，主张以民为本。《淮南子》也主张人性本善，与孟子思想接近，如《泰族训》认为“人之性有仁义之资”。

《淮南子》继承法家的历史进化观念，提出法令制度也应当随时代变迁而更改，就算是“先王之制，不宜则废之”。此类言论，与商鞅、韩非子很接近。

《淮南子》与《吕氏春秋》非常类似。两部书都是由贵族亲自主持，招揽众多文士集体写成。全书结构统一，篇目规整，理事相连，言辞精审。两书都表现出同样的努力方向，即试图总结先秦各家学说，形成一个统一的理论体系。所以，《淮南子》是受到《吕氏春秋》直接影响的。《淮南子》的出现，标志着在大一统的政治格局下，先秦诸子争鸣的遗风正式终结。

二、《山海经》——先秦神话的文化总结

《山海经》是一部奇书，经西汉刘歆整理而成。关于其产生年代说法不一，有人认为是尧、舜、禹时期的作品，有人认为是战国中后期到汉代中叶，楚国和巴蜀之地的人所作。比较公认的说法是《山海经》非一时一人之作。

在先秦的典籍中往往能见到一些神话，其中以楚辞中的神话最为集中。这些神话都是为了叙事或抒情而被征引的，并不成体系。到了西汉时期，刘歆在前人的基础上，对这些神话进行整理，使之系统化。《山海经》不仅是一部神话故事集，而且是一部涉及哲学、美学、宗教、历史、地理、天文、气象、医药、动物、植物、矿物、民俗学、民族学、地质学、海洋学、心理学、人类学等领域的著作，反映的文化现象包罗万象。

《山海经》全书18篇。《山经》5篇为一组，以四方山川为纲，记述内容包括古史、草木、鸟兽、神话、宗教等，依南、西、北、东、中的方位次序分篇。《海经》中的《海外经》4篇为一组，主要记载海外各国的奇异风貌；《海内经》4篇为一组，主要记载海内的神奇事物；《大荒经》4篇为一组，主要记载了与黄帝、女娲和大禹等有关的许多重要神话资料。第18篇《海内经卷之十八》总结了中国境内地理形势分野、山系、水系、开拓区域分布，农作物生产、井的发明、乐器制作、民族迁徙、江域开发，以及中国洲土安定发展形成的基本格局。全书记载了约40个邦国，550座山，300条水道，100多位历史人物，400多个神怪异兽。

对于《山海经》涉及的地域范围及相关事物的真实性，历来众说纷纭。一些学者认为，这是一次国家地理大普查之后的文献记载，有些内容能够进行确认，如黄河、渭河、华山等等，有些内容则至今尚未被令人信服地考证出来。司马迁在《史记·大宛列传》中认为，《山海经》与当时现实的地理不符。清代人编纂《四库全书》时，认为此书真实性较差，分类时将其列在小说家类。总体而言，《山海经》仍具有很高的学术价值，其中蕴藏着丰富的地理学、神话学、民俗学、科学史、宗教学、民族学、医学等学科的宝贵资料。

《山海经》虽然不是地理学专著，但其中包含的地理学内容比其他内容都要多。它较系统地记述了各地的地理特征，包括自然地理特征和人文地理特征。自然地理部分是指其中提到的许多山及其走势，如“堂庭之山”、“杻阳之山”、“青丘之山”、“箕尾之山”等，还包括其中的水文记载，河流大都标明了源头和注入之处。人文地理方面，《海经》大量记述了当时一些区域的社会人文风俗、经济发展、科技成果等。因此有人把《山海经》认定为中国的第一部地理志。

在神话学方面，《山海经》保存了大量神话传说，如夸父逐日、精卫填海、羿射九日、鲧禹治水等，对中国上古神话做了不同程度的记录，留下了关于上古神话可

靠的文字根据。这些神话传说也是今天我们研究原始宗教难得的材料。在此书所记录的神话中，不仅可以看到巫师的活动，也可以看到古代先民的信仰、崇拜等，在一定程度上它又折射着远古时期的历史。

明人胡应麟认为该书是战国时期追求新奇的人从《穆天子传》、《庄子》、《列子》、《离骚》、《尚书》、《晋乘》（先秦时晋国的史书）等书杂录而来的。这个说法未必可靠，但不可否认的是，《山海经》的确是对先秦时期神话传说的一种系统性的总结。

【知识卡片】

《周髀算经》

《周髀算经》是我国最早的一部天文算学著作，大部分学者认为这部书成书于西汉时期。髀为古人测日影的标杆，以此标杆为股，通过勾股间的数学运算，进行包括日影在内的地上和天上的各种观测、测量，此即所谓勾股测望。“周”有两种解释，一般解释为周朝之周，还有一种解释为圆周之周。《周髀算经》详细阐述了一种“盖天说”的宇宙图景，认为天是圆、地是方，天像一顶半圆形的斗笠覆盖在地之上，天离地八万里。“盖天说”与西汉时期形成的“宣夜说”、“浑天说”共同构成我国古代三种最基本的宇宙论学说。

【阅读搜索】

陆贾《新语》 贾谊《陈政事疏》 晁错《削藩策》 《史记·论六家要旨》
司马相如《子虚赋》

【思考题】

1. 西汉初年，西汉政权是如何纠正秦代“以吏为师”弊端的？

2. 思考秦朝建立的中央集权制度在西汉初年出现反复的原因。西汉中央政府在政治、军事、文化思想上做了哪些努力来巩固中央集权制度？

3. 西汉的对外政策对文化发展造成了何种影响？

4. 试述司马迁对中国史官文化的贡献。

第七章　东　汉

【学习目标】

1. 了解东汉思想文化发展脉络。
2. 了解东汉经学的谶纬化。
3. 了解东汉的科技文明。
4. 了解东汉民间文化对文化发展走向的影响。

第一节　东汉历史文化概说

东汉前后相传 12 帝，延续 196 年（若以汉献帝建安元年迁回洛阳作为三国时期，东汉实际上只有 171 年）。

一、光武中兴

绿林赤眉起义后，刘邦九世孙刘秀与其兄组建“舂陵军”，并与绿林军结成联盟，力图恢复刘姓统治。刘秀的族兄刘玄投身绿林军，被立为帝，建立年号为更始。公元 23 年，刘秀在昆阳之战中建功，被派往河北地区镇守和管理州郡。随着力量逐渐壮大，刘秀与更始政权决裂。公元 25 年，刘秀在鄗县（今河北高邑县南）即皇帝位，重新建立汉政权，后定都洛阳，史称东汉。

汉光武帝刘秀称帝后，先后消灭了更始政权和赤眉起义军，并与割据各地的政治集团展开了激烈的斗争。到公元 36 年，刘秀先后平定了刘永、李宪、秦丰、彭宠、窦融、隗嚣、公孙述、卢芳等割据势力，基本实现了统一大业。政权稳定后，刘秀以厚禄辞退功臣，起用文吏，加强中央集权统治。刘秀注重恢复农业生产，使遭受战乱破坏的社会出现了中兴局面，史称“光武中兴”。

公元 57 年刘秀死，其子汉明帝刘庄即位。明帝在位期间，派遣窦固、耿忠大败北匈奴，窦固派班超出使西域，西域诸国称臣。公元 74 年，重新设立西域都护。

二、外戚宦官政治与党锢之祸

公元75年，汉明帝死，其子汉章帝刘炟即位。章帝的草书非常有名，被称为“章草”。章帝在位期间，继续平定西域。光武帝和明帝时期所订立的“外戚不得封侯当政”的规定这时也开始动摇，外戚窦氏集团开始进入政治权力中枢。

公元88年，汉章帝死，他年仅10岁的儿子、汉和帝刘肇即位。这时，北匈奴发生饥荒动乱，窦太后派窦宪出塞北伐。在南匈奴配合下，窦宪大破北匈奴于稽落山，并登燕然山刻石记功而还。此后数年，东汉军队两次大败北匈奴，北匈奴从此或分化或散居，不复构成威胁。与此同时，西域大月氏与东汉也发生战事，被班超平定，西域诸国降附东汉。公元91年，复置西域都护、骑都尉、戊己校尉官。公元92年，和帝依靠中常侍郑众等人清除外戚窦宪势力。公元102年，汉和帝封宦官郑众为鄛乡侯，开了东汉宦官封侯的先例。

汉和帝死后，其子汉殇帝刘隆早夭，邓太后等人立13岁的刘祜为帝，即汉安帝，仍由太后临朝称制。公元121年，邓太后死，安帝开始执掌朝政，并借机清洗了邓氏家族。同年，安帝封宦官江京、李闰为侯，又授予若干外戚以实权，短暂形成了宦官、外戚共同专权的局面。汉安帝、汉顺帝、汉冲帝、汉质帝、汉桓帝在位期间，外戚与宦官势力此消彼长，轮流执掌朝政。

汉桓帝即位时，由梁太后临朝称制。梁太后死后，桓帝依靠宦官单超、具瑗、唐衡、左悺、徐璜等人，将梁太后的哥哥梁冀灭族，单超等人因功封侯，宦官势力大盛。此后，以李膺为代表的忠直之士与宦官的矛盾激化，引发了“党锢之祸”，李膺等200余人被禁锢终身，不得入朝为官。

汉灵帝时，宦官完全控制了朝政。169年，宦官侯览、曹节等诬告前党人张俭等人及其钩党（与党人有牵连的人），灵帝下令缉捕，虞放等百余人皆下狱死，与钩党有关联的士人都被禁锢终身。灵帝又诏令州郡大举钩党，死、流徙、罢免、禁锢者又达六七百人。176年，永昌太守曹鸾上疏为党人讼冤，灵帝将曹鸾处死，并诏令州郡，凡党人门生、故吏、父子、兄弟以及五服之内的亲戚在位者，皆免官禁锢。此为第二次“党锢之祸”。

三、地方割据与东汉灭亡

公元184年，黄巾起义爆发，天下陷入战乱局面。黄巾起义虽然最终被镇压，但是在镇压起义过程中，掌握军权的刺史和州牧演变为地方割据力量，形成了群雄割据的局面。

公元188年，灵帝死，少帝刘辩即位。以张让为首的宦官与外戚何进展开激烈的斗争，何进召董卓、丁原带兵入京。宦官先发制人，杀死何进，袁绍率军入宫，杀死宦官两千余人。宦官与外戚之争虽然结束，但带兵入京的董卓趁机夺取了朝政大权。后董卓废除并杀死少帝，改立刘协为帝，即汉献帝。董卓的残暴激起各地割据势力的不满，他们以袁绍为盟主，共同讨董，未果。此后，董卓被王允杀死。公元196年，汉献帝流落至洛阳，曹操从此“挟天子以令诸侯”，以朝廷名义讨伐群雄，先后灭了袁术、吕布、张绣、袁绍等势力，统一了北方。公元208年，刘备联合孙权，在赤壁大败曹操，奠定了三国鼎立的局面。公元220年，曹丕在洛阳称帝，国号魏；公元221年，刘备在成都称帝，国号汉；公元229年，孙权在建业称帝，国号吴。自此东汉正式灭亡。

东汉是汉王朝经历危机之后的一个新阶段，它在文化上既上承西汉，同时又出现了一些新的变化。五经被定为官学之后，得到了长足的发展。但随着时间的推移，这种发展变得畸形，解经解得越来越细，越来越烦琐，不得要领，甚至背离了经书本来的意义，与谶纬迷信相结合。这种情况一方面催生了与其对立的无神论的发展，继而推动了科技文明的发展；另一方面又在客观上提出了对经学进行整理和总结的任务。事实上，这一任务在东汉时期也被画上了一个圆满的句号。在经学日益走向烦琐和僵化的同时，民间文化和民间文学却异常鲜活地发展起来，汉乐府尤其值得珍视，它代表着中国诗歌发展的一个全新阶段。

【知识卡片】

清　议

东汉后期，宦官专政，垄断了仕途，严重地剥夺了读书人的仕进机会。此时太学生已发展到3万余人，各郡县的儒生也为数不少，他们与官僚士大夫结合，在朝野形成一股庞大的反对宦官专权的社会政治力量。太学生以郭泰为首，奉司隶校尉李膺、太尉陈蕃为领袖，公开与宦官集团相对抗。他们以廉正自居，互相标榜，批评宦官专权乱政。史称“清议”。清议在当时起到了激浊扬清的作用。

第二节　经学与谶纬

一、白虎观会议

西汉末年，古文经学逐渐兴起。今、古文经学此消彼长，相互渗透融合。东汉初年（公元79年）朝廷主持召开了白虎观会议，由太常、将、大夫、博士、议郎、郎官及诸生、诸儒在白虎观（洛阳北宫）陈述见解，试图通过讨论，弥合今古文经学的差异。汉章帝亲自裁决有关经义的奏议，会议结论由班固写成《白虎通义》（又称《白虎通》或《白虎通德论》）一书。《白虎通义》以今文经学为基础，初步实现了今古文经学的统一。

《白虎通义》的“通”是“统一、通行”之意，“义”是“大义”的意思。《白虎通义》用“太初”、“太始”、“太素”等观念来解释天地万物的起源。它发扬《春秋繁露》比附的手法，把君臣、父子、夫妇之义与天地星辰等自然现象及阴阳五行观念牵合比附，用以神化封建秩序和等级制度。它以儿子顺从父亲、妻子顺从丈夫、臣子顺从君主、法顺从天地，继续阐述董仲舒以来的三纲五常之说。在强调臣子对君主绝对服从的前提下，《白虎通义》还提出了臣子可以推翻“无道之君”的思想。《白虎通义》肯定了儒家经典的价值和特殊地位，也吸取了当时流行的谶纬思想，将二者糅合为一，使儒家思想神学化。

二、郑学与今古文经学之争的终结

白虎观会议虽然旨在统一和弥合今古文经学的差异，但会议之后，今古文经学之争并未消歇，仍然呈现出杂糅的状态。到了东汉末年，著名经学家郑玄以古文经学为基础，吸收今文经学的优点，对今古文经学进行了全面的总结，自成一家之言，形成郑学，终于终结了今古文经学之争。

郑玄以毕生精力注释儒家经典。根据《后汉书·郑玄传》所述，郑玄注释了《周易》、《尚书》、《毛诗》、《仪礼》、《礼记》、《论语》、《孝经》等经典，多达100多万字。事实上，郑玄所注比《后汉书》所列的还要多。据清代郑珍考证统计，郑玄的著述约有60种，其中既包括经书，也有纬书。

郑玄注《易》，用的是西汉费直所创立的费氏古文，注释时兼采义理、象数之说。在义理方面，多采用《周礼》、《仪礼》和《礼记》的观点，用礼来证明易道广大。郑玄所注的古文费氏《易》一经流行，今文经的施、孟、梁丘三家《易》便废止了。后世王弼、韩康伯注《易》时都采用郑玄注本，唐代孔颖达《五经正义》采用王、韩注本，至今通行。郑玄所注《尚书》用的是古文经，同时兼采今文经。郑注《古文尚书》一经流行，今文经的欧阳与大小夏侯三家《尚书》便逐渐散佚了。

郑玄最大的功绩是编辑、注释“三礼”。在郑玄以前，汉代礼经传授只凭老师讲解而无书面注解。马融、卢植提出“三礼”的名称，郑玄为《周礼》、《仪礼》、《礼记》作注之后，“三礼”的名称才固定下来。郑玄《三礼注》一经面世，很快得到学者们的推崇，唐代孔颖达甚至说“礼是郑学”。清初大学者顾炎武《述古诗》称赞郑玄说：“大哉郑康成，探赜靡不举。六艺既该通，百家亦兼取。至今三礼存，其学非小补。”郑注不仅可以帮助我们弄明白“三礼”的内容，还可以帮助我们订正经文的错谬。郑玄对礼义的阐发，也为我们研究汉代的政治思想史提供了宝贵的资料。另外，郑注具有很大的学术意义，是研究文字学、音韵学、训诂学的宝贵资料，同时也为先秦考古提供了重要文献。

现存的《毛诗笺》也是郑玄的力作。郑玄《毛诗笺》以《毛诗故训传》为主，对简略之处加以补充，有不同的见解则另加标明，实际上也是融会今古文经，兼采齐、鲁、韩三家诗说。由于时代久远，对《诗经》中的许多内容，我们今天已经不易理解了。若要真正读懂，非得借助前人的注释不可，而《郑笺》是最好的古注本，是《诗经》研究的第一个里程碑式的作品。郑玄对《诗经》中大部分作品的理解比较符合原意，同时也顾及了诗歌的文学特征，在文字、音韵、训诂、博物等方面留下了宝贵的资料。汉代传授《诗经》的有齐、鲁、韩、毛四家，但前三家相继亡佚，《毛诗》不但保留下来，而且在魏晋以后盛行起来，这和郑玄作笺是密不可分的。宋人刘克庄在《杂咏一百首·郑司农》中称赞《毛诗笺》说："新笺传后学，古诗在先儒。不拟狂年少，灯前骂老奴。"

总之，郑玄以其丰富的著述创立了"郑学"，破除了过去今古文经学的"家法"，终结了今古文经学之争，使经学进入了一统时代，对经学和汉代学术的发展做出了重大贡献。

三、东汉的谶纬之学

与东汉经学纠缠不清的还有谶纬之学。

谶纬，是谶和纬的合称。谶的起源早于纬，它是秦汉间巫师、方士编造的预示吉凶的隐语，往往假托神仙圣人预决吉凶，告人政事。谶书也就是占卜应验之书。纬是在儒家经义基础上衍生出来的，在汉代被视为经的支流。也有学者认为，谶书是假托上帝之命的文书，而纬书是假托圣人之作的文书，谶书一旦经过朝廷认定，就代表天命，其地位在纬书之上。谶纬在西汉已经出现，但它的兴盛则在东汉。

东汉光武帝刘秀起兵之前，曾找蔡少公卜卦，蔡少公即有"刘秀当为天子"的谶语。刘秀的好友李通也替刘秀编造了"刘氏复起，李氏为辅"的谶语。据传当时还有"刘秀发兵捕不道，卯金修德为天子"的谶语。借助谶语起家的刘秀，自然极为重视谶纬之学。他即位后崇信谶纬，诏定图谶，颁行于天下，于是东汉初年谶纬之学大盛。此时，谶纬之学被视为"内学"，而五经之属则沦落到"外学"的境地。

谶纬之学的内容非常庞杂，难以一一列举。汉代最著名的谶书非《河图》、《洛书》莫属。《河图》、《洛书》大致成书在西汉元帝、成帝之时，现已散佚。根据其他典籍征引转录的片断，可以推断其内容大致有以下几个方面：一是天文占验，二是地理情况，三是有关帝王的符命、祥瑞之类的神话。纬书的出现要晚于谶书，大致内容不外天文占验和符命说。其符命说主张历代圣人都禀受了上天的种种祥瑞，有些则推算灾厄之期以及历代帝王受命的时间。从学理上来看，谶纬之书极其荒诞；从文献资料方面来看，则又丰富而精彩。

当时政治上的各种重大问题的决策，基本上都要依靠谶纬来决定；甚至对儒家经典的解释，也用上了谶纬。在东汉白虎观会议成果《白虎通义》中，夹杂着不少谶纬的内容。东汉末年的经学大师郑玄也精于谶纬。从学术逻辑上讲，东汉时期经学的谶纬化、神学化是天人感应思想发展的必然后果；从现实条件方面讲，则是当时社会动乱、自然灾变、政治斗争的需要。

谶纬之学具有浓厚的迷信色彩，与儒家经典关注现实社会具有内在的冲突性，在发展过程中被逐渐从经学中剥离出来。谶纬之学在东汉末年逐渐衰微，在晋代以后多次遭到禁止。

谶纬之学影响到东汉社会生活的方方面面。正如有些学者所言："在两汉时期，谶纬对社会的影响是全方位的，最有典型意义的是两个方面：一是政治上被一些人用来制造夺取政权或巩固统治的舆论，以论证君权神授天赋的天然合理性；二是学术上被儒生经师所大量征引于自己的著述，以进一步抬高儒家经典的地位，给当时的统治思想添加神秘和神圣的光环。""对谶纬的态度和掌握谶纬之学的水平高下，至此已完全成了考察其是否忠诚朝廷、拥护国策的政治标准，成了衡量其思维能力、学术水平的主要尺度，成了决定其在仕途上是加官晋爵抑或遭贬废置的重要因素。谶纬之学对社会生活的影响，的确巨大，令人窒息。"①

第三节 无神论与科技文明

一、东汉的无神论思想

东汉时期，一方面意识形态的神学与迷信色彩十分浓厚，另一方面也孕育着一些理性的声音。有些人开始对谶纬之学展开反思，进行了批判。代表人物有桓谭、尹敏等人。与此相应，无神论的思想也应运而生，发出了强大的声音，其杰出代表为王充、王符等人。

桓谭是东汉初年人，著有《新论》等著作，已亡佚，严可均在《全后汉文》中辑录的版本较为全面。桓谭对谶纬持否定的态度，认为"谶出《河图》、《洛书》，但有兆朕而不可知。后人妄复加增依托，称是孔丘，误之甚矣"②。意思是说，《河图》、《洛书》之类，就算提出了预言，但是人们并不能完全了解。而后人又伪托增加，冒充是孔子所作，将人们导入迷误的歧途。他认为不存在谶纬之学所说的仙道，只不过是喜欢奇诞之事的人编造而已。即使面对皇帝，桓谭也能坚持己见。光武帝向他征询用谶决定灵台是否建于都城之内的事宜时，桓谭先保持沉默，随后明确表态："臣不读谶。"结果可想而知，光武帝大怒，桓谭因此遭到贬黜。③

尹敏是光武帝时主持校定图谶的主力。可能由于接触谶纬之书较多的缘故，他从中看出了破绽，对谶纬之学持保守态度。他觉得谶书不是圣人所作，有可能是民间所作，恐怕会误导年轻人。有一次，他在校勘图谶的时候，在谶书中脱漏之处，

---

① 黄朴民：《两汉谶纬简论》，《清华大学学报（哲学社会科学版）》2008 年第 3 期，第 41 页。
② ［汉］桓谭：《新论·启寤》//［清］严可均：《全后汉文》（卷十四），商务印书馆，1999年版，第127页。
③ ［宋］范晔：《后汉书》，中华书局，1965 年版，第 961 页。

增加了“君无口，为汉辅”六字。“君无口”是个字谜，谜底即“尹”字，说明尹氏会辅佐汉室。刘秀看到这六字时倍感困惑，就问尹敏原委。尹敏说：“臣见前人增损图书，敢不自量，窃幸万一。”[①] 他以玩笑的形式，消解了谶书的严肃性，表达了自己对谶纬神圣性和权威性的怀疑。

东汉时期，掺入了谶纬学说从而带有神学色彩的儒家学说占有支配地位，集中体现在钦定的《白虎通义》中。当时儒家思想的核心观念是董仲舒提出的“天人感应”说。“天人感应”的要旨就是天帝有意识地创造了人，有意识地让帝王来统治万民。

王充是东汉杰出的思想家，他的《论衡》一书，对这种迷信化、神学化的儒术进行了批判。王充的哲学思想极具代表性地反映了东汉时期反神学的思潮。王充认为天地是无意志的自然物质实体，宇宙万物的运动变化是自然无为的结果，天不是有意志的人格神，而人是自然的产物，从而割断了“天人感应”说中天人之间的联系。人类社会的政治、道德与自然界的灾异没有任何关系。王充认为人有生即有死，人死犹如火灭，他否定鬼的存在，否定“善恶报应”的迷信。王充反对拘泥于古人古法，认为古人并不一定胜于今人，没有必要颂古非今，如汉在“百代”之后比过去进步，从而完全否定了当时“天不变道亦不变”的思想。《论衡》一书不合于汉代的儒家正统思想，所以历来被视为“异书”。

反迷信反神学的思想在东汉实际上已经形成一种潮流。除王充外，东汉末年王符（著有《潜夫论》）反迷信、批鬼神的思想，仲长统（著有《昌言》）人事为本、天道为末的思想，都是这一思潮中的支流。

王符在他的《潜夫论》中，对社会迷信现象进行批判，并且把迷信行为与当时权贵们奢靡的生活相勾连。从他的书中可以看到，当时社会风气败坏，民间诱骗行为十分普遍。人们生了病不找医生，而是找巫婆神汉。妇女把蚕桑丢下不管，去当巫婆。人们深信，生病是神鬼作祟的结果。王符对这些现象进行了批判。王符的观点没有王充那么明朗。如他在《巫例》篇里说，一个人的吉凶，主要靠人自己的行为。对于当时盛行的谶纬神学、灾祥奖惩之说，王符采取不轻信的态度。对于卜筮、占梦、相术，他也持不轻信或反对的态度。他提醒人们不要被卜筮迷惑，不要被巫欺骗，正确的态度是“敬鬼神而远之”。

仲长统认为“天”就是自然，没有意志和目的，“天”的运行有着不以人的意志为转移的客观规律。人们只要顺“天时”，如适时播种、细心管理、及时收获，就有好收成。收多少不在于“天命”，而是在于充分发挥人的主观能动性。在政治观点上，他认为创业者夺天下、建立霸业，是由人的努力而达成。同样，一个王朝由盛而衰甚至亡国，也是由人的作为所导致。他从根本上否定了宗教天命决定社会兴衰

① ［宋］范晔：《后汉书》，中华书局，1965 年版，第 2558 页。

的观点，从而动摇了宗教神学的统治地位。

二、东汉的科技文明

反迷信反神学的思想往往与科学技术的发展有着密切的联系。王充在《论衡》中，对运动、力、热、静电、磁、雷电、声等现象都有所观察，比如他把声的传播比喻为水波的传播，接近于现代物理学的原理，这要早于欧洲1600多年。

与此相应，东汉时期，在诸多领域出现了影响巨大的科技成果。首先是影响世界文明进程的造纸术。西汉时期已经出现造纸术，但纸张质量很差，不适于书写。蔡伦改进了造纸术，提高了纸张的质量。据《后汉书·蔡伦传》记载，蔡伦曾担任为宫廷制造器物的尚方令。主管尚方期间，他监制的器械精美无比，为人称道。由于职务上的关系，蔡伦得以有观察、接触生产实践的机会。每有空闲，他就闭门谢客，亲自到作坊进行技术调查，学习和总结工匠们多年积累的丰富经验，并进行不同程度的创新，对发展当时的金属冶炼、铸造、锻造及机械制造工艺起到了不小的推动作用。当时所制造的器物工艺精良，堪为后世仿效。邓后喜欢文史和纸墨，曾令各州郡每年进贡纸墨。蔡伦任尚方令后，利用职务之便，常到乡间作坊察看，见蚕妇缫丝漂絮后，竹箪上尚留下一层短毛丝絮，揭下似缣帛，可以用来书写。蔡伦从中得到启发，便收集树皮、废麻、破布、旧渔网等原料，在宫廷作坊施以锉、煮、浸、捣、抄等法，使用这些材料造纸，终于造出植物纤维纸。元兴元年（105年），他将造纸过程、方法写成奏章，连同造出来的植物纤维纸，呈报汉和帝。从此，蔡伦造纸术很快传开。人们把这种纸称为“蔡侯纸”，全国“莫不从用焉”。

蔡伦改进造纸术后，纸的使用得以普及。与过去的书简相比，纸张抄写的书籍重量轻、体积小、容量大，便于携带，对文化的普及和传播起到了深入、持久、广泛的推动作用，大大加快了中国文明的进程。美国人麦克·哈特在“影响人类历史进程的100名人排行榜”中，将蔡伦排在第七位，远远高于我们熟知的哥伦布、爱因斯坦、达尔文的排名。2007年，美国《时代》周刊评选和公布“人类有史以来最佳发明家”，蔡伦又榜上有名。2008年北京奥运会开幕式上，特别展示了蔡伦发明的造纸术。

东汉时期张衡制成了世界上第一台能够预报地震的候风地动仪（现已失传），并且对月食做了最早的科学解释。《后汉书·张衡传》详细记载了张衡的候风地动仪：用铜铸造而成，直径八尺（约合1.85米），顶部的盖子隆起，形状像酒樽。上面装饰着篆文、山龟、鸟兽的图案。中间有一根粗柱，旁边有八个通道，用来触发机关。外面有八条龙，口中衔着铜珠，面朝八个方向。下面有蟾蜍，张着嘴等待承接掉下来的铜珠。所有巧妙的机关都隐藏在地动仪中，密封得很严，看不到缝隙。如果发生地震，地动仪就会检测到震动，龙头的机关被触发，龙口张开，将铜珠吐出掉在蟾蜍口中，发出响亮的撞击声。听到声音，看守仪器的人就会察觉到地震。虽然一条龙的机关被触发，但其他七条龙丝毫不动。根据吐珠这条龙头的方向，就可以得知地震的方位所在。经过事实检验，地动仪检测地震的准确度有如神明。自从有典籍记载以来，从来没有这样精密且准确的仪器。曾经有一条龙吐出了铜珠，但人们并没有感觉到地震，首都的学者们都很奇怪地动仪怎么不灵验了。几天后有地方官员来报，果然陇西（今甘肃境内）发生了地震，众人非常佩服这个仪器的神妙。从此以后，史官们开始记载地震发生的方位。

现在的学者们对“候风地动仪”的名称有不同看法。一种认为候风地动仪包括了候风仪和地动仪两种仪器，“候风仪”是用于测风的，“地动仪”才是用于测地震的。另一种观点则认为，所谓“候风”，即是“候气”，古人认为地震是由于地“气”变动所引起的，所以叫“候风地动仪”。从《后汉书》的记载来看，“候风地动仪”其实是一件仪器，而非两件。

《黄帝内经》收录于《汉书·艺文志·方技略》，是我国重要的医学典籍，代表了战国至西汉时期的医学成就。

《黄帝内经》分为《素问》和《灵枢》两部分。全书论述了脏腑、经络、病因、病机、病证、诊法、治疗原则，还有针灸、经络腧穴、针具、刺法及治疗原则等，奠定了中医学的理论基础，提出了对人体生理、病理、诊断以及治疗的基本认识，表现出中国医学由经验医学向理论医学转变的尝试。如“饮入于胃，游溢精气，上输于脾，脾气散精，上归于肺，通调水道，下输膀胱”①，以及“膀胱者，州都之官，津液藏焉，气化则能出”②的提法，是对人体水液代谢过程的形象描述，成为后世治疗水肿病从肺、脾、肾三脏入手的理论基础。《素问·五常政大论》中关于“大毒治病，十去其六；常毒治病，十去其七；小毒治病，十去其八；无毒治病，十去其九；谷肉果菜，食养尽之，无使过之，伤其正也”③的劝诫，成为中医临床用药、养生防病墨守的不易法则。这样的例子还有很多。

除此之外，《黄帝内经》中还有许多与人体健康有关的其他内容，涉及养生、预防、针灸、调摄等诸多方面，至今有效地指导着人们的防病治病。其中的“治未病”思想，在当前医疗水平下，也有相当积极的指导作用。

《黄帝内经》不仅是一部经典的中医著作，更是一部文化著作。它以生命和医学为中心，阐述了天、地、人之间的相互联系，其内容已远远超出了医学的范畴，旁涉哲学、政治、天文等多个方面的学科知识，带有一定程度的百科全书的性质。

在数学方面，东汉初年的《九章算术》堪称杰作，它介绍了许多算术命题及其解法，是当时世界上最先进的应用数学。在医学方面，张仲景《伤寒杂病论》是后世中医的重要经典；华佗发明麻沸散，在世界上最早采用全身麻醉。另外，中国古

① 《黄帝内经》，段青峰译注，崇文书局，2008年版，第43页。
② 同上书，第23页。
③ 同上书，第140页。

代的炼丹术也为早期的化学积累了经验，东汉末年魏伯阳的《周易参同契》被认为是世界所存最早的炼金专著。

第四节 自下而上的文化创新

东汉时期的民间文化创新值得注意，突出的有两个方面，一方面是乐府诗，另一方面是道教的兴起。它们一经兴起就充满活力，不但在当时影响了雅文化，而且流传并影响后世，成为古代文化中重要的一环。

一、汉代的乐府诗

乐府是自秦代以来设置的配置乐曲、训练乐工和采集民歌的专门官署。西汉武帝时期，进一步强化了乐府机构，其职能除了组织文人创作朝廷所用的歌诗外，还广泛搜集各地歌谣，使许多民间诗歌得以保存和流传。后来，人们把乐府机构采集整理的诗歌也称为乐府，其中的民歌成为流传千古的精华。

两汉乐府诗的作者来自不同阶层，因此诗歌的表现范围极为广阔，社会的贫富悬殊、苦乐不均，在诗中均有反映。相和歌辞中的《东门行》、《妇病行》、《孤儿行》表现的是平民百姓的疾苦，是来自社会最底层的呻吟呼号。有的写家里“盎中无斗米储，还视架上无悬衣”，逼得男主人公不得不拔剑而起，走上反抗道路（《东门行》）。有的写妻子连年卧病在床，垂危之际把孩子托付给丈夫；妻子死后，丈夫不得不沿街乞讨，遗孤在家里呼喊着母亲痛哭（《妇病行》）。还有的写孤儿受到兄嫂虐待，尝尽人间辛酸（《孤儿行》）。两汉乐府诗在表现平民百姓疾苦时，能够兼顾主人公物质生活的饥寒交迫和精神、情感世界的严重创伤。同被收录在相和歌辞中的《鸡鸣》、《相逢行》、《长安有狭斜行》三诗，都是以富贵之家为表现对象。三诗的字句也多有重复，最初当是出自同一母体。《相逢行》的作者两次把读者带入侍郎府。第一次见到的是黄金为门，白玉为堂，堂上置酒，名倡作使，中庭桂树，华灯煌煌；第二次见到的是鸳鸳成行，鹤鸣噰噰，两妇织绵，小妇调瑟。这首诗在渲染主人富有的同时，还点出了他的尊贵身份：“兄弟两三人，中子为侍郎。”《鸡鸣》和《长安有狭斜行》渲染得更加充分，或云：“兄弟四五人，皆为侍中郎。”或云：“大子二千石，中子孝廉郎。小子无官职，衣冠仕洛阳。”《相逢行》和《长安有狭斜行》二诗，作者是用欣赏的笔调渲染富贵之家，《鸡鸣》一诗则带有一定的劝谏和批判成分。

汉乐府继承了《诗经》以来男女之间爱与恨的主题。这类诗篇多来自民间，或是出自下层文人之手，因此在表达爱与恨时，都显得大胆泼辣，毫不掩饰。鼓吹曲辞收录的《上邪》是铙歌 18 篇之一，是女子自誓之词：“上邪！我欲与君相知，长命无绝衰。山无陵，江水为竭，冬雷震震，夏雨雪，天地合，乃敢与君绝。”另一篇铙歌《有所思》反映的是未婚女子由爱到恨的心理变化及其表现。女主人公思念的情人远在大海南，她准备了珍贵的“双珠玳瑁簪，用玉绍缭之”，想要送给对方。听到对方有二心，她就毅然决然地毁掉这份礼物，“拉杂摧烧之”，并且“当风扬其灰”，果断表示：“从今以往，勿复相思。”

两汉乐府诗表达了当时人们的生死观。《薤露》、《蒿里》是汉代流行的丧歌，送葬时所唱，都收录在相和歌辞中。《薤露》认为人的生命短暂，不如草上的露水。露水干了大自然可以再造，人的生命却只有一次，死亡使生命有去无归，永远消失。《蒿里》写出了面对死亡时的痛苦心情。铙歌《战城南》表现的是对阵亡将士的哀悼。以上几首诗在描写死亡的残酷性时，表现出对生命的珍惜和留恋，对死亡的疏远和拒斥。两汉乐府诗还表达了强烈的乐生恶死愿望。郊祀歌《日出入》的作者期待能够驾驭六龙在天国遨游，盼望神马自天而降，驮载自己进入太阳运行的世界而永生。收录在杂曲歌辞中的《艳歌》描绘出一幅进入天国的理想画面。同类诗篇还有相和歌辞中的《长歌行》、《董逃行》。郊祀歌《练时日》、《华烨烨》、铙歌《上陵》都是描写仙人来到世间，实际是暗示诗人即将成为神仙世界的一员。两汉乐府诗无论是写主人公升仙，还是写神灵降临，都把人和神置于同一层面。神灵不复是高高在上、可望而不可即的，而是人神同游，彼此亲近。两汉乐府诗是通过人的神仙化和神仙的世俗化，来表达作者沟通天人的理想。

汉乐府的出现，在中国文学发展的历史上产生了重要的影响，最主要的有两个方面。

一是汉乐府改变了中国诗歌历史上没有叙事诗的传统。汉乐府最大、最基本的艺术特色是它的叙事性。这一特色是由它的“缘事而发”的内容所决定的。在《诗经》中，我们虽然可以看到某些具有叙事成分的作品，如《国风》中的《氓》、《谷风》等，但还是通过作品主人公的倾诉来表达的，仍是抒情形式，作为纯粹的叙事诗来说，还缺乏完整的人物和情节，缺乏对一个中心事件的完整描绘。在汉乐府民歌中，则出现了由第三者叙述故事的作品，出现了有一定性格的人物形象和比较完整的情节的作品，如《陌上桑》、《东门行》、《孔雀东南飞》。诗的故事性、戏剧性，比之《诗经》那些作品大大加强，可以看作是比较成熟的叙事诗。这是中国诗歌史上的一大转折。

二是汉代乐府诗也影响了五言诗的发展。一般认为乐府诗中纯粹的五言诗《江南》、《十五从军征》等是西汉时的作品。东汉时期的乐府诗中，五言诗越来越多，艺术性也越来越高。尤其值得注意的是乐府民歌对于文人五言诗产生了不小的影响，《古诗十九首》即为其中的代表。《古诗十九首》最早见于《文选》（即《昭明文选》），是南朝梁萧统从传世无名氏古诗中选录19首编入《文选》。编者把这些作者已经无法考证的五言诗汇集起来，统称为《古诗十九首》，后世于是把这些诗作为组诗看待。其实同一时代的这一类古诗不止这19首。《古诗十九首》是乐府古诗与文人诗相互影响、相互渗透的标志性成果，有着极高的艺术成就。《古诗十九首》是汉代诗歌由民间文学过渡到文人创作并出现繁荣局面的一个重要转折点，它将五言抒情古诗发展成为一个独立的体系，为五言诗的进一步发展奠定了坚实的基础。《古诗十九首》的出现，标志着文人五言诗的成熟。它崭新的诗歌形式及圆熟的艺术技巧，深得读者喜爱，在我国诗歌发展史上产生了深远的影响。

二、本土宗教——道教的产生

东汉时期也是中国本土宗教——道教由民间发源并初步形成的重要阶段。道教的出现，对中华文化的走向产生了重要影响，也对中国人概念的形成增加了核心的内涵。

道教是中国土生土长的宗教，产生于东汉末年。道教的形成是一个缓慢的发展过程，远古时期万物有灵的观念，对自然、灵魂和祖先的敬信，以及黄老思想都为道教的产生提供了条件。而道教真正形成的标志有二：一是《太平经》等书籍的流传，二是张道陵五斗米道（天师道）的创立。

《太平清领书》（即《太平经》）据说传自汉成帝时齐人甘忠可编著的《包元太平经》，在汉顺帝时得到广泛传播。汉灵帝时，张角用《太平清领书》传教，创立太平道，信徒遍布天下。黄巾起义失败后，太平道衰微。东汉顺帝时，张道陵学道于蜀郡鹤鸣山，收徒传教，入道者需出米五斗，故称五斗米道。也有研究称，张道陵崇信北斗、南斗等五斗星，又与蜀地的弥教结合，所以称为五斗弥教，后以讹传讹，遂为五斗米教。张道陵的儿子张衡和孙子张鲁占据汉中多年，其后又与官方合作，使得五斗米教的影响扩大到中原地区，成为道教源头——天师道。

天师道奉老子为教祖，尊称为“太上老君”，在教义上信仰黄老思想，认为道徒的基本义务是奉守道戒，处世原则是清静无为。这些基本原则，为后世道教教义的发展和完善奠定了基础。

在道教发展历程中，晋代葛洪的《抱朴子》一书至关重要，此书最终建立并完善了道教的理论体系。《抱朴子》一书分为“内篇”和“外篇”，今存“内篇”20 篇，“外篇”50 篇。“内篇”主要讲述神仙方药、鬼怪变化、养生延年、禳灾祛病，具体来说就是解释宇宙本体、论证神仙的存在、说明金丹和仙药的制作方法及应用、讨论各种方术的学习应用、记录道经的各种书目、说明世人修炼道教的广泛性。“外篇”主要谈论社会事件，属于道家政治范畴，表现出道本儒末的思想。具体内容为：讨论人间得失，讲述治民之法，针砭世俗；评论世事优劣，主张藏器待时，克己思君；主张君主任贤能，爱人民，节嗜欲，操权柄；讨论超俗出世，修身著书等。总之，《抱朴子》一书，化用《庄子》的表现方式和哲学思想，将方术、玄学、儒学与道教的神仙之学整理归纳为一体，从而确立了道教神仙理论体系。

天师道在北魏时期受到最高统治者的支持。唐高祖李渊以老子李耳的后代自居，宋真宗、宋徽宗也崇信道教，宋徽宗自号“教主道君皇帝”，道教自此取得了国教的地位。道教是中华文化诸多因素的混成，也是中国文化根源在宗教上的体现。

【知识卡片】

《古诗十九首》

南朝梁萧统从传世无名氏古诗中选录19首编入《文选》，冠以“古诗十九首”之名，后世遂把这19首诗作为组诗看待。《古诗十九首》习惯上以句首标题，依次为:《行行重行行》、《青青河畔草》、《青青陵上柏》、《今日良宴会》、《西北有高楼》、《涉江采芙蓉》、《明月皎夜光》、《冉冉孤生竹》、《庭中有奇树》、《迢迢牵牛星》、《回车驾言迈》、《东城高且长》、《驱车上东门》、《去者日以疏》、《生年不满百》、《凛凛岁云暮》、《孟冬寒气至》、《客从远方来》、《明月何皎皎》。现在一般认为这19首诗不是一时一人之作，它产生在东汉顺帝末到献帝前，即公元140—190年。《古诗十九首》是乐府古诗文人化的显著标志，在中国诗歌史上地位非常重要，以至有人称其为“五言之祖”或“诗母”。

【阅读搜索】

《后汉书·郑玄传》《后汉书·张衡传》《论衡·自然》《古诗十九首》

【思考题】

1. 两汉经学走向神学化的原因是什么？
2. 西汉初年的黄老思想与东汉末年的天师道有何内在联系？
3.《史记》确立的史学精神与东汉时期的无神论在精神内涵上有何异同？

第八章　三　国

【学习目标】

1. 了解魏、蜀、吴三国形成、发展的基本历程。

2. 理解诸葛亮在蜀汉的历史作用。

3. 熟悉“三曹”、“七子”作品的艺术风格以及“建安风骨”的特色，并能对具体作品做出评析。

第一节　三国历史文化概说

一、三国历史概说

三国是自秦统一中国经两汉共400多年后的第一次大分裂。汉末社会剧烈动荡，战乱频仍，天灾不断。旧有的政权形式已不能起到平息争杀、稳定社会秩序的作用。东汉为解决黄巾之乱而形成的州牧制度，不但丝毫没有增强东汉的国力，反而为军阀兼并、割据、独立，提供了充分的势力范围，中国境内特别是黄河流域成了大屠场。董卓系的豪强在洛阳以西地区，袁绍系的豪强在洛阳以东地区，还有其他大豪强以至各地方无数小豪强，无时无地不在混斗厮杀。曹操“挟天子以令诸侯”，试图在汉的旗号下实现政权的重新统一。他先后消灭吕布、袁术等人，招降张绣、驱逐刘备，控制了兖州、豫州、徐州等地，后来在官渡之战中以少胜多，击败了河北强大的割据势力袁绍，最终统一了北方。

赤壁之战后，曹操南进之势受到遏制，孙权进占荆州大部，孙权、刘备立足江南渐成事实，天下三分的大势基本明朗。

延康元年（220年），曹操死，曹丕称帝，建国号魏，定都洛阳。到咸熙二年（265年）曹奂禅位于司马炎，曹魏历5帝，享国46年，主要控制长江以北地区，势力最为强大。章武元年（221年），刘备称帝，沿用国号汉，以表明自己的正统地位，其统治范围在益州一州（今四川一带），势力最为弱小，炎兴元年（263年）刘备之子刘禅投降邓艾，享国43年。黄龙元年（229年），孙权正式称帝，国号吴，主要统治区域为扬州、交州、荆州等江东地区，又称为东吴。

在三国鼎立中，曹魏和蜀汉是寒族政权，都推行法术之治。曹魏是依靠曹操不失时机迎汉献帝于许都所占据的“挟天子以令诸侯”的政治优势立国；蜀汉依靠刘备皇族血统立国；孙吴依靠孙坚治兵鲁阳大败董卓所赢得的忠于汉王朝的良好政治声誉立国。当时蜀的地方最小，只有今四川一省，云南、贵州尚未开发。吴虽自江陵而下，全据长江以南，然其时江南的开化亦远在北方之后，境内也无强宗大族的汉人组织。两国常需合力与曹魏抗衡。

二、三国文化概说

按理说，三国时期战事频仍，人们的生存问题变得空前迫切，文化上的成就不会太多，但事实并非如此。由于三国文化的孕育期在东汉，故东汉政权瓦解以后，文化上厚积而薄发，呈现出比较繁荣的状态。

三国时期政治斗争和军事斗争不断，文化上呈现为一种文臣武将逞才斗能的谋略文化和英雄文化。

《三国志》记载了大量文臣能士安身立命、经邦济世的史实，其中充满了智谋。诸葛亮具有超人的政治智慧，西晋时士大夫评价他“权智英略，有逾管晏”①，其作品《隆中对》即体现了诸葛亮对汉末天下形势的精辟分析与预测。除了诸葛亮，鲁肃等人也在汉末大乱之际准确预见了三国鼎立局面的出现。曹操虽然在后代的文艺作品中以反派形象出现，但在历史上，他是一个足智多谋的人物，“挟天子以令诸侯”就是汉末三国初最成功的政治策略。曹操也善于用人，诸葛亮曾夸赞曹操不光是占了天时，“人谋”的因素也占相当大的比重，“曹操比于袁绍，则名微而众寡，然操遂能克绍，以弱为强者，非唯天时，抑亦人谋也”。在《后出师表》中，他还说曹操“智计殊绝于人”。在三国时期军事斗争中，具有智谋的人层出不穷，如法正、马谡、姜维、周瑜、陆逊、司马懿等，心战、奔袭、设疑、离间、火攻、空城计、美人计、苦肉计等各种军事奇谋被纷纷运用，特别是官渡之战、赤壁之战与夷陵之战三大战役，军事谋略对战争的胜负起到了决定性的作用。

三国时期盛行英雄主义。据学者考证，历史文献中“英雄”一词最早源于西汉末年班彪《王命论》，而到东汉末至三国时期，开始频见于历史文献。《后汉书·仇览传》云：“今京师英雄四集，志士交结之秋，虽务经学，守之何固。”② 这里的“英雄”是指有气节与抱负的学者士子。建安初文人王粲著有《英雄记》，将董卓、袁绍、刘表、刘焉、曹操、刘备、孙策、孙权等都列入书中。曹魏文帝时刘邵所著《人物志》也把那些攘乱除暴、安邦定国的风云人物称为“英雄”。三国是一个豪杰

---

① ［西晋］陈寿：《三国志》，浙江古籍出版社，2000年版，第568页。

② ［南朝·宋］范晔：《后汉书》，中华书局，1965年版，第2481页。

并起、英雄辈出的时代。他们或以文治武功割据为王，或以智术谋略运筹帷幄，或以超绝武艺纵横驰骋，或以忠肝义胆为主献身，或以卓荦不群为人仰慕，其精神气质和行为方式都以“英雄”的风姿在中国历史上留下了一组组鲜明而难忘的英雄群雕，从而造就了中国历史上蔚为壮观的三国英雄群体。他们也各自以其非凡韬略谱写了那一时代雄浑悲壮的英雄史诗，并成为千秋流传的不朽人物。刘备、曹操、吕布、孙权、周瑜、赵云、吕蒙、陆逊等都曾被时人誉为“英雄”“枭雄”。综观这些号称英雄的人，大多个性鲜明、抱负远大、才华横溢、能力过人，他们是时代的明星。

在个人的智谋、能力、才华、抱负都有了施展空间的情况下，文学上也出现了比较鲜明的个性特征。

三国尤以曹魏文学最盛，可分前期的建安文学与后期的正始文学。建安时代，被大一统的和谐理想边缘化甚至遗忘的审美个体开始受到了关注，士人的生命价值中心，由传统的立功、立德、立言，渐次走向了追求个体生命的存在和愉悦。一代枭雄曹操于戎马间自在为文，用语质朴，词气峭厉，形式自由。当时文人亦皆不依经典，直抒情怀。“三曹”、“七子”并世而出，竞逞才藻，一变两汉空泛言志而形成以穷情写物为诗歌美学风范的五言诗体制，为中国诗歌打开了一个新的局面，它标志着中国文学从两汉时代的政治附庸，走向了自由、缘情、审美的文学。

正始时期，司马氏高压操控，文人备受压抑，对社会现实，已不如建安作家那样执着。“正始名士”大都通老庄，好玄学，以阮籍、嵇康为杰出代表。他们用怪异荒诞的行为，非常另类地表达着自己的理念，实是无力消除“和谐”社会中极不和谐因素的无奈表现，借以表明他们追求内心宁静与外形表象和谐统一的生活方式与态度。阮籍作《咏怀》诗 82 首，透过比兴、象征等不同的写作技巧来寄寓情怀，诗风隐晦曲折、悲愤哀怨。阮籍还长于散文和辞赋，最有代表性的是《大人先生传》。嵇康著有《养生论》,《与山巨源绝交书》更负盛名，以老庄崇尚自然的论点，说明自己的本性不堪出仕，公开表明了自己不与司马氏合作的政治态度。

蜀、吴两国的文学，则处于相对沉寂的局面。孙吴作家有张纮、薛综、华覈、韦昭等。蜀汉作家有诸葛亮、郤正、秦宓、陈寿等。诸葛亮作为一代政治家，著有《出师表》、《诫子书》等，其文采虽不如他人艳丽，然而内容浅易，情意真切而感人肺腑。秦宓所写的五言诗《远游》，是蜀汉流传下来唯一可靠的诗篇。蜀中亦多有学者为书作注，如许慈、孟光、尹默、李撰等。蜀汉后期有谯周、郤正醉心于文学。谯周写《仇国论》，讨论过度征战的缺点。郤正作《释讥》，仿先代儒士借文表达意愿。

第二节　慷慨任气的建安风骨

汉末群雄逐鹿的社会大动乱，在改变汉末政治与军事割据、冲击两汉以来固守的社会秩序和价值观念的同时，也改变了文人的生活方式与人生追求，文学创作由此进入建安时代。

建安（196—220年）是汉献帝的年号。汉末为凉州下层豪强董卓所立的汉献帝，因不堪董卓校将郭汜等人的压迫逃归洛阳后，贫弱而难以自立，只得招曹操入卫。曹操移献帝于许昌，先后以司空、丞相的身份，最大限度地攫取国家政治资源，建立起自己的权力中心，同时借朝廷名义讨伐群雄、平定中原。建安二十一年（216年）称魏王后，开始改革东汉恶政，废除两汉租赋制度。但曹操出身寒族，且与宦官沾边，其喜好、政策与士族之儒学崇尚迥然有别，所以很难像刘备一样得到广大士族的拥护，也无法改变士族在政治上所占有的垄断地位。曹操以"匡朝宁国"为旗号奠定曹魏政权，但在士族的阻挡下，曹操尚不能代替仅存空名的汉室皇权，很难走到禅代这一步。他有称帝之心、专权之实，却无篡位之名。

公元220年曹操死，其子曹丕行九品官人法，承认士族特权，极力借助正统的天命思想，为新王朝的兴起提供合理的辩护，这才得到士族拥护。曹丕废汉帝名号，建魏，都洛阳，史称"曹魏"，追称曹操为"魏武帝"。汉魏禅代的过程十分复杂。应该可以说，作为实际的政权交接，这个过程在曹操的手中已经完成；作为意识形态体系的改造，这个过程尚在缓慢地进行中。

占据黄河流域北方经济中心地区的曹魏，当时百废待兴。承汉末之弊，曹操奉行的抑制豪族、厉行节俭的政策仍被延续。一方面通过屯田以应对军事斗争需要，另一方面仍然致力于私有小农经济的恢复，这是曹魏土地所有制中特殊的双轨制现象，它为正常经济生活的恢复奠定了良好的基础。北方社会渐趋稳定，生产稳步恢复。商业也有了发展，都城洛阳、邺城日趋繁华。禅代后的曹魏，最终建立的仍是士族政权，内部卧虎藏龙、人才济济，是三国中最强大的。

作为当时政治与文化的双重领军人物，曹氏父子在"外定武功"的同时，也"内兴文学"，且以王公之显进行诗歌创作，确立了由政治理想的高扬、人生短暂的哀叹、强烈的个性、浓郁的悲剧色彩等特点所构成的"建安风骨"这一诗歌美学的典范。曹操孤明先发，颁布《求贤令》，修建铜雀台，引领易代政治、思想革命，将创作视线直接指向自然山水，使个人的诗歌写作方式的探索，铺衍为建安文学集团的群体自觉。曹丕是建安文学集团活动的组织者。有别于曹操古直悲凉的风格，曹丕的文风便娟婉约。他将曹操的政治革命，引入到个体生命渴望自由的一种新的人生方式。文采、气骨兼备的曹植，促成了建安文学自觉的最后完成。他兼曹操、曹丕之长而避其短，彻底摆脱了汉代诗歌功利主义思想的影响。曹植的诗歌创作，从艺术上说，继承了《诗经》、楚辞、汉乐府的创作精神，并在此基础上加以创新，使五言诗得以奠定基础，且有所发展与提高。他的辞赋创作摆脱了汉赋的束缚，克服了汉赋一味追求宏大体制、堆砌辞藻的弊病，力求在短小的篇制中，融入生动活泼的内容和丰富的情感。曹植以独有的风格，推动着文学的整体审美心态向注重感性特征的个体审美情趣与精神追求适时转型。另有“七子”（孔融、陈琳、王粲、徐干、阮瑀、应玚、刘桢）和蔡琰等人，同为建安文学的代表。

建安文学鲜明的时代特色，真挚强烈的情感追求，慷慨悲壮的格调和清峻华丽的文风，突出地体现了刘勰所推崇的“慷慨以任气，磊落以使才；造怀指事，不求纤密之巧；驱辞逐貌，唯务昭晰之能”（《文心雕龙·明诗》），被后人标举为“建安风力”（钟嵘《诗品序》）或“汉魏风骨”（陈子昂《修竹篇并序》），成一代文学之典范。

【知识卡片】

九品中正制

黄初元年（220 年），在战乱时期人士流移的条件下，为适应曹魏初期政治特点，魏文帝曹丕采纳吏部尚书陈群的意见，实施九品中正制。这种选官制度至西晋渐趋完备，南北朝时又有变化，下启隋唐之科举。其间约存 400 年之久。

九品中正制是在所辖各州郡中设置专门负责鉴识士人的中正官，行使概括性评议人物家世、道德、才能的职权，对辖区内的士人根据德、才进行评价，并将结果划分为三等九品。审查结果以“品状”形式提交吏部，作为国家吏曹遴选的依据。

九品中正制创立之初，评议人物的标准是家世、道德、才能三者并重。考虑的主要是当代“轩冕”，时代悬隔的远祖对于定品高低并无重大关系。但在实施层面，从一开始就具有贵族色彩，家世甚至成为唯一的标准。这种官吏选拔方法，客观上造成了人们入仕做官不是通过进入太学等环境中从事儒家经典的学习、接受封建道德规范的熏陶，而是通过与出身显赫的权贵或名流交游并得到赏识、举荐，从而获得各级中正官的评定品状，进入官场。它和“唯才是举”的思想南辕北辙，最终沦为维护和巩固门阀统治的重要工具。

曹丕《典论·论文》

曹丕是汉魏时期重要的文学理论批评家。他撰写的文论著作流传于世的有两篇，一篇是《与吴质书》，另一篇就是著名的《典论·论文》。《典论》是曹丕在建安后期为魏太子时所撰的一部政治、社会、道德、文化论集，全书由多篇专文组成，《论文》是其中的一篇。后《典论》一书失传，《论文》被南朝萧统选入《昭明文选》而得以保存下来。

《典论·论文》是一篇非常重要的文论著作，在中国文学理论批评史上具有划时代的意义，因为在它之前还没有严格意义上的文学理论专著。它的产生是中国古代文论开始步入自觉期的一个标志。《典论·论文》从批评“文人相轻”入手，强调“审己度人”，对建安七子的创作个性及其风格给予了分析，并在此基础上提出了“四科八体”的文体说、“经国之大业，不朽之盛事”的文学价值观及“文以气为主”的作家论。

皇甫谧《针灸甲乙经》

皇甫谧《针灸甲乙经》是我国第一部针灸学的专著，全书共12卷，分128篇，刊行于晋太康三年（282年）。皇甫谧总结了魏晋以前的针灸学成就，吸收《素问》、《针经》、《明堂孔穴针灸治要》等著作的精华，结合自己的实践，写成这部针灸学的扛鼎之作，第一次使针灸学专门化、系统化。

皇甫谧师古不泥，对前人的理论取材有度，在制方用穴上还有许多创新。《针灸甲乙经》记载了全身穴位649个，穴名349个，并对各穴位明确定位，对各穴的主治之症、针灸操作方法和禁忌等都做了详细描述，一一纠正了以前的谬误，使我国的针灸学事业在《内经》的基础上又向前推进了一步。唐朝太医署在学习针灸时就是以该书为教材的。此书后来流传到了日本、朝鲜等国家，推动了我国针灸学在海外的传播。

《针灸甲乙经》惠泽百代，功盖千秋。皇甫谧不仅在学术上取得了丰硕成果，而且培养了张轨、挚虞等西晋名臣。西晋初年，朝廷对他屡召不已，但他“独守寒素”，终身不仕。皇甫谧远祖定居安定朝那，本人徙居河南新安。生活在甘肃灵台一带的皇甫氏后人，想方设法纪念这位祖先中的“名士”。唐宋以后，皇甫谧成了灵台皇甫氏后人的主要纪念对象，出现了很多关于皇甫谧的文化遗迹和民间传说。

【阅读搜索】

曹植《洛神赋》 诸葛亮《诫子书》

【思考题】

1. 结合自己在网络、影视中所看到的三国人物，谈谈他们与历史中的真正人物有什么不同？

2. 三国鼎立的原因是什么？

3. 比较分析三曹作品艺术风格。

第九章　西　晋

【学习目标】

1. 掌握两晋门阀政治制度形成、演变的过程。
2. 掌握西晋灭亡的社会历史原因。
3. 熟悉“太康之英”陆机的文学风格。

西晋是长期分裂过程中昙花一现般的短暂统一。在漫长而充满政治风险的亡魏成晋事业中，司马氏家族用酷刑大量屠杀拥曹士族，同时又用厚利吸引另外一些人，其中有贾充一类的功臣，有何曾一类的儒者，有王祥一类的官僚，更有阮籍一类的名士。司马昭父子就是依靠这个集团，成功实现了魏晋皇权的更替。作为大族之一的司马氏家族，虽然凌驾于其他大族之上而成为皇室，但却始终没有在各方面表现出绝对优势。以皇室司马氏为首的门阀贵族联合统治的西晋政权结构，其建立的根基非常脆弱，背景极其单薄。先有“八王之乱”，又有五胡崛起，晋王朝根本无法在中原立足。

第一节　西晋历史文化概说

从司马懿发动政变控制曹魏大权，到晋武帝司马炎代魏建晋，再到最后一个皇帝晋愍帝司马邺被毒死，骤起骤灭的西晋政权，始终与司马氏家族的兴衰紧密相连。河内司马氏是当地望族，家族成员世代为官，服膺儒教。随着司马氏家族在魏末政治格局中逐渐占据显要位置，司马懿终于得以发动政变消灭曹爽集团，使本族成员出督各州，控制战略要地。

司马昭在完成平蜀称王、建爵五等、制定礼律等几乎所有嬗代的准备工作后，突然去世。司马炎继承相国、晋王之位，掌握全国军政大权。后接受魏帝曹奂禅让，登上帝位，国号大晋，史称西晋，改元泰始。晋王司马炎成了晋武帝，封曹奂为陈留王。

晋武帝司马炎是结束东汉末年以后近百年的分裂割据局面、建立统一中央集权政治的西晋开国皇帝。在晋武帝统治的26年中，由于在政治、经济、民族关系等方面采取了一系列有利于巩固统治和社会发展的政策措施，因而出现了“天下书同文，车同轨，牛马被野，余粮栖亩”的景象。尽管“太康之治”是一短暂的繁荣时期，但它毕竟在分裂割据400年的魏晋南北朝史上留下了光辉，为西晋王朝增添了一点难得的光彩。

历史总会有惊人的相似。曹魏王朝从曹丕让汉帝禅位称帝，传了45年，到此结束；司马炎也以同样的手段获取帝位。但直到武帝灭吴重新统一全国，司马氏家族才终于从曹魏政治网络中的一个权臣家族，名正言顺地成了支配天下的皇族。

晋初的统治集团主要由北方世家大族组成，宗室与功臣两大政治势力已有合流架空皇权之势。缺少坚实政治基础的武帝在大病初愈后，不得不斩钉截铁地一扫过去无为而治的政治态度，大规模调整宗室诸王的分封，重用外戚，巩固司马衷的太子地位，提拔心腹，以使他们的政治地位与赋予的权力相侔。但随着君臣名分的确立，武帝终难扭转现实，皇权与宗室之间的颉颃关系开始不断浮出水面。

西晋王朝是经过长期战乱后建立起来的国家，统治基础本来就不稳固，而发生于公元291年的“八王之乱”更加速了西晋灭亡的进程。“八王之乱”是中国历史上规模最大的一场统治集团内部争夺最高权力的政治斗争，太后、外戚杨骏、贾皇后、宗室诸王围绕宫殿禁廷的控制权展开多次较量，方镇诸王参与，历时16年，西晋由此走向衰亡。永嘉二年（308年），匈奴刘渊自立于平阳，建立汉国，正式称帝。刘渊宗汉立国，开创了十六国政权托古反晋的先声。刘渊提出了“帝王无常、华夷无别”的政治观点。刘渊称帝后，与其子刘聪曾三攻洛阳。永嘉五年（311年），西晋摄政兼最高军事统帅、东海王司马越病死，王衍等人扔下晋怀帝，率十几万大军公开逃跑，洛阳失守，怀帝被掳北去后遇害。司马邺登位为愍帝，改元建兴，都长安。建兴四年（317年），匈奴刘曜攻陷长安，愍帝出降，被掳至平阳，西晋亡。

短命的西晋王朝，在文化方面有不少创造性的贡献。陆机《文赋》指出作骈体文的规律，夏侯湛《昆弟诰》首倡古体文来和骈体文对立，裴秀创制图六体，经师继承魏人改变两汉经学为魏晋经学，朝廷立书博士提倡行书真书，卫协张墨改汉魏旧画法别立新法，都起着为南朝文化开辟新道路的作用。西晋文化发展于南朝，北朝末年以至隋唐统一，南朝文化回到北方，发展成为隋唐文化。所以西晋文化在中国的历史文化发展过程中应有它的重要地位。

第二节　门阀制度形成与士族文化

中国古代官宦人家的大门外有两根柱子，左边的称“阀”，右边的叫“阅”，用来张贴功状。后人就把世代为官的人家称为阀阅、门阀世家、士族。西汉武帝以后，崇尚儒学，官僚多以经术起家。他们授徒讲学，门生故吏遍天下，形成一种社会力量，其子孙承家业，继续为官。久而久之，到东汉中叶出现了世代为官的大姓豪族。同时，自西汉中后期，土地兼并十分严重，逐步形成官僚、商人、地主三位一体的豪强地主势力。东汉政权是在豪强地主支持下建立起来的，因此，豪强地主在东汉王朝享有政治上经济上的特权。他们在政治上把持中央和地方政权，经济上兼并土地，经营庄园，渐成割据，逐渐成为名门大族。

三国时期，曹丕为争取士族支持，实行九品中正制，选官专看家世声名，士族身价骤然倍增。魏晋之际，曹魏集团与司马氏集团均极力笼络士族，士族地位愈益巩固。西晋建立后，司马氏为取得世家大地主的支持，对他们继续实行放纵和笼络的政策，造成“上品无寒门，下品无士族”的状况，士族垄断政府的重要官职，且拥有世袭的政治特权。此外，占田、赐客、荫客、荫亲属制的相继实行，更赋予士族以世袭的经济特权。有此双重特权，典型的士族门阀制度正式形成。到东晋之时，门阀制度达到鼎盛之势。在某些历史时期，士族的势力取得了与皇权平起平坐的地位，甚至超越了皇权，出现了士族与皇帝共治天下的局面。

名门大族还通过互相联姻构成一个门阀贵族统治阶层，制定或形成一整套维护自身等级特权的门阀制度，按门第、品位的高低分享政治上、经济上种种特权。在这种制度下，家世成为衡量身份的最高标准，只有那些祖上有人做过大官，而且代代相继为大官的人，才被归为士族。为保持在社会上的特殊地位和优越的门第望族身份，婚姻讲究门当户对，绝对不与庶族通婚。如有违犯，则要剔出士流，禁锢终身。政府选官任人必稽查谱牒，以防庶族假冒。因此当时的士族纷纷编撰族谱，将其世系源流明确记下，以备查考。在吏部任职的人也必须熟悉谱牒。日常生活中，士族一般不与庶族往来，偶有接触，也自矜门第。士族之间也有等差，一般而言，族长倘能长期保持上等官级，居最高一层，称为右姓、茂姓，其他大族虽也在上流之内，但已等而下之。

由于长期养尊处优，士族子弟不思进取，生活日渐腐朽。从东晋后期到南朝时期，士族制度逐渐走向衰落。士族的腐朽主要表现在以下几个方面：第一，思想上丧失理想和斗志，缺乏奋斗精神和进步的动力。在日常生活中纵情声色，耽于享乐，比如他们非常讲究生活中的细节，用香熏衣，涂脂抹粉。在这种生活环境中沉迷太久，在政治上的作为越来越少，士族的地位因而越来越不稳固。第二，注重清谈，不重实务，导致实权逐渐被一些非士族的将领把持。比如南朝时期的宋、齐、梁、陈开国皇帝都是庶族将领，在他们的统治下，一些庶族人才被引入官僚系统，分享了士族原有的特权，从客观上削弱了士族的势力。第三，由于士族不与庶族通婚，只在有限的范围内联姻，甚至是近亲联姻，导致人口素质下降，身体素质变差，治国理政的能力受到极大的限制。第四，这一时期的农民起义，多以士族为斗争对象，抑制了士族的发展，削弱了士族的势力。第五，统治集团内部的斗争和政权的更迭也打击了士族势力。随着士族势力的削弱，一些士族虽然身居高位，但并不掌握实权，逐渐被边缘化。到南北朝末期，庶族地主已经占据了政治舞台的主要地位。到隋唐时期，士族赖以世袭的九品中正制被具有公平竞争性质的科举制所代替，门阀士族的制度基础消失，士族阶层也逐步走向衰落和消亡。

单从制度上来说，士族是一种不平等、不合理的制度。但是从文化上来讲，士族制度并非一无是处。陈寅恪先生在《崔浩与寇谦之》一文中说："盖有自东汉末年之乱，首都洛阳之太学，失其为全国文化学术中心之地位，虽西晋混一区宇，洛阳太学稍复旧观，然为时未久，影响不深。故东汉以后学术文化，其重心不在政治中心之首都，而分散于各地之名都大邑。是以地方之大族盛门乃为学术文化之所寄托。中原经五胡之乱，而学术文化尚能保持不坠者，固由地方大族之力，而汉族之学术文化变为地方化及家门化矣。故论学术，只有家学之可言，而学术文化与大族盛门常不可分离也。"① 士族拥有雄厚的经济基础和较高的社会地位，生活环境稳定，即使在乱世仍能接受良好的教育，保全书籍图册等文化资源，所以他们对于文化传承起到了比较重要的作用。

当时的士族，都被视为社会精英，在文化上起着引领作用，他们在文化习尚上的取向对整个社会文化的影响也较为直接。当时的士族在文化上有一些共同点，综合起来，最重要的有以下两个方面。

第一，重视礼法和道德。钱穆先生认为："礼法实与门第相始终，惟有礼法乃始有门第，若礼法破败，则门第亦难终保。"② 他又说："一个大门第，绝非全赖于外在之权势与财力，而能保泰持盈达于数百年之久；更非清虚与奢汰，所能使闺门雍睦，子弟循谨，维持此门户于不衰。当时极重家教门风，孝弟妇德，皆从两汉儒学传来。诗文艺术，皆有卓越之造诣；经史著述，亦粲然可观；品高德洁，堪称中国史上第一、第二流人物者，亦复多有。"③ 孝悌是当时人们公认的道德的最高境界。被收入二十四孝的王祥，就是晋代人，是书圣王羲之的族曾祖父，他历仕魏晋，封侯封公，其家族可谓是当时的名门望族。据《晋书》记载："祥性至孝，早丧亲，继母朱氏不慈，数谮之，由是失爱于父。每使扫除牛下，祥愈恭谨。父母有疾，衣不解带，汤药必亲尝。母常欲生鱼，时天寒冰冻，祥解衣将剖冰求之，冰忽自解，双鲤跃出，持之而归。母又思黄雀炙，复有黄雀数十飞入其幙，复以供母。乡里惊叹，以为孝感所致焉。有丹柰结实，母命守之，每风雨，祥辄抱树而泣。"④ 这个故事流传很广，但情节很不真实。无论其真实与否，至少说明王祥的故事在当时应该是广泛流传的，其中的虚构附会也是出于当时人们对于道德的期望，能反映当时社会的一般风气。

第二，重视文化与学术。陈寅恪先生说："所谓士族者，其初并不专用其先代之

---

① 陈寅恪：《金明馆丛稿初编》，上海古籍出版社，1980年版，第131页。

② 钱穆：《略论魏晋南北朝学术文化与当时门第之关系》//《中国学术思想史论丛（二）》，台湾联经出版事业公司，1998年版，第296页。

③ 钱穆：《国史大纲》，商务印书馆，2005年版，第347页。

④ ［唐］房玄龄等：《晋书》，中华书局，1974年版，第987页。

高官厚禄为其唯一之表征，而实以家学及礼法等标异于其他诸姓。……凡两晋、南北朝之士族盛门，考其原始，几无不如是。”[①]家学是家族代代相传的学术、学问，“旧时王谢堂前燕”，不论是王还是谢，在当时的文坛或文化界都是名人辈出的。钱穆先生也认为，学术学问是当时士族的特征之一，“当时门第传统共同理想，所希望于门第中人，上至贤父兄，下至佳子弟，不外两大要目：一则希望其能具孝友之内行，一则希望其能有经籍文史学业之修养。此两种希望，并合成为当时共同之家教。其前一项表现，则成为家风。后一项之表现，则成为家学”[②]。今人所探讨的当时的文化与学术，并非平民百姓的文化，有相当一部分是这些士族大家的家学文化。

士族在道德文化方面的引领作用，主要表现在士族兴盛的魏晋时期。到了南北朝时期，士族内部出现了良莠分化，行为失检、不学无术的情况往往存在，招致了较多的批评。这种批评无疑是正确的，但不能因此将士族视为腐朽堕落的群体，对于他们在文化传承和文化发展上的积极作用应予以充分的肯定。

第三节 竹林七贤与魏晋风度

“魏晋风度”一词来源于鲁迅先生的一篇演讲《魏晋风度及文章与药及酒之关系》，指魏晋时期名士们所具有的那种率直任诞、清俊通脱的行事风格。这种行事风格是各种文化因素综合发展的结果，同时也是由社会现实决定的。魏晋是一个动乱的年代，也是一个思想活跃的时代。当时新兴门阀士族阶层社会生存处境极为险恶。以魏晋时期为例，司马炎掌握了曹魏朝政，采取一系列怀柔政策，下诏让已成为陈留王的魏帝载天子旌旗，行魏正朔，郊祀天地，礼乐制度皆如魏旧，上书不称臣。但司马氏时刻觊觎君权，在当时人们看来是大逆不道。王凌、毋丘俭等都奋不顾身，试图铲除司马氏。斗争的结果使司马氏更加怀疑任何可能反对自己的个人与群体，甚至无害的逍遥隐逸也成了危险的举动。魏晋时期的名士们就是生活在这种局促、压抑的政治氛围中，言谈行事往往避开现实政治，走上玄远一途。

饮酒、服药、清谈和纵情山水是魏晋时期名士所普遍崇尚的生活方式，《世说新语》即是魏晋风度的集中记录。所谓服药，就是吃“五石散”。“五石散”是由若干矿物配制成的药，有毒性。人服用此药后会发热发冷，需要脱掉衣服，以冷水浇身，吃冷食，只有酒可以热饮。同时由于吃药的缘故，皮肤变得易于受伤，所以要穿宽大或破旧的衣服，光脚穿屐。人们纷纷仿效，竟成一时的风尚。也因为吃药的缘故，导致饥饿时难以忍耐，即便是在为父母守丧要求很严的情况下，也有人开始大吃大喝，显得不守礼法。吃药是当时非常流行的一种时尚，只有有钱的人才吃得起。于是有人在

① 陈寅恪:《隋唐制度渊源略论稿》，生活·读书·新知三联书店，2001 年版，第 259 页。

② 钱穆:《略论魏晋南北朝学术文化与当时门第之关系》//《中国学术思想史论丛（二）》，台湾联经出版事业公司，1998 年版，第 293 页。

虚荣心的驱使下开始装阔，倒在大街睡觉装作药性发作。在正始时期，以何晏等人为代表的，主要是服药。到了“竹林七贤”，既服药、又饮酒，以饮酒为主。

魏晋名士还爱好清谈。“清谈”是相对于俗事之谈而言的，也被称为“清言”。名士们聚会或相遇时，不谈论国家大事，不讨论民生，这些都是不屑一谈的俗事。他们谈论《老庄》、《周易》等高雅的“清言”。清谈以口头谈论为主，有两人对谈的，即一主一客，就某事进行质疑对答即所谓主客对答；也有一主多客或一客多主的；还有“自为主客”的，自己设疑，自己解答。清谈不但要求观点标新立异，有个性，同时还要求有相应的语言表达技巧。清谈的气氛一般比较随意，在情绪激动的时候，可以以肢体语言辅助，有人谈至激昂处甚至翩翩起舞，引吭高歌，如果酒到半酣，有时会口出粗言。

魏晋风度的实质是知识分子对个性和个体生命的一种探索，也奠定了儒道互补的中国知识分子的基本文化品格。代表人物有以何晏、王弼为代表的正始名士，以“竹林七贤”为代表的竹林名士，还有两晋的江左名士。这里主要谈谈“竹林七贤”。

正始年间（240—249年），司马氏和曹氏争夺政权的斗争异常激烈，文士们不但无法施展才华，而且时时担忧生命。嵇康、阮籍、山涛、向秀、刘伶、王戎及阮咸七位名士，常聚集于竹林之下，“弃经典而尚老庄，蔑礼法而崇放达”。他们崇尚老庄哲学，从虚无缥缈的神仙境界中寻找精神寄托，同时也以大自然为审美对象，肆意酣畅地欣赏山水的神韵之美，用清谈、饮酒、佯狂等形式来排遣心情，追求风流自适，世称“竹林七贤”。因在玄学、文学等方面的成就，“竹林七贤”成为魏晋文人的代表与高洁隐逸的象征。其中以嵇康和阮籍成就最高，“嵇志清峻，阮旨遥深，故能标焉”（刘勰《文心雕龙》）。阮籍的《咏怀》诗82首，多以比兴、寄托、象征等手法，隐晦曲折地揭露最高统治集团的罪恶，讽刺虚伪的礼法之士，表现了诗人在政治恐怖下的苦闷情绪。嵇康的《与山巨源绝交书》，以老庄崇尚自然的论点，说明自己的本性不堪出仕，公开表明自己不与司马氏合作的政治态度，文章颇负盛名。其他如阮籍《大人先生传》、刘伶《酒德颂》、向秀《思旧赋》等，也是可读的作品。

在思想倾向、人生态度、文化修养方面，“竹林七贤”有相似的地方：任情放达，脱略礼法；饮酒服药，发言玄远。随着司马氏的政治恐怖日益严重，“七贤”的政治态度和处事风格逐渐有所分化。嵇康、阮籍本有济世之志，但为避政治风险，虽曾担任一定职务，或历时不久，或投闲置散。嵇康后来更是对执掌大权、已呈取代之势的司马氏集团持不合作态度，后被司马集团所杀。山涛颇有用世之心，在“竹林七贤”中年龄最大。起先“隐身自晦”，40岁后出仕，成为司马氏政权的高官。向秀在嵇康被害后被迫出仕。阮咸入晋曾为散骑侍郎，但不为司马炎所重。

同为当时玄学的代表人物，嵇康、阮籍、刘伶、阮咸始终主张老庄之学，“越名教而任自然”；山涛、王戎则好老庄而杂以儒术；向秀主张名教与自然合一。受正始玄学影响，嵇康等名士的荒诞异行，实为释私显公的表现，以其独树一帜的风格，展现“竹林玄学”的狷狂名士风流自得的精神世界，“仙心”中显露“飘忽俊佚，言无端涯”。从其诗作文论中，可一窥魏晋名士的玄远气度和名师风采。“竹林七贤”对后世影响深远。

【知识卡片】

占田课田制

西晋的占田课田制，上承曹魏的屯田制，下启北魏的均田制，不仅是西晋历史上的重大问题，也是中国封建时期土地制度史上的重大课题。

夏商周三代实行土地国有制——井田制。商鞅变法，坏井田、开阡陌，推行土地私有制。

封建土地所有制确立后，一直延续了两千多年。其间，曹魏曾经实行带有军事管制性质的屯田制。屯田制剥削很重，经济以外的强制很严酷。西晋统治者不得不在这些屯田据点与小农经济之间寻求某种平衡，占田制便是很好的缓和。西晋实行的占田制和户调制，平民一户男女丁二人可占田百亩，其中70亩为课田，据以课税。贵族的占田，则第一品可达50顷，递降至九品可占10顷。事实上平民的占田额没有保障，贵族的占田额却难以限制，平民苦于无一定法度的徭役，贵族则除本身免役外，还可荫庇若干佃户。

西晋实行占田制，是中国封建土地关系发展的必然结果，是三国政治纷争后经济关系进一步调整的结果。占田制是当时西晋政权针对士族大家疯狂进行土地兼并、百姓大量降为佃客的情形而推行的政策。占田的意义并不是把土地授予地主和农民，而是限制每户占有土地的数量。占田令涉及百姓占田及其负担、官吏占田及其荫户等诸多内容，加重了门阀士族垄断土地的政治色彩。

陈寿《三国志》

西晋陈寿撰《三国志》，记载了从魏文帝黄初元年（220年）到晋武帝太康元年（280年）60年的历史，属纪传体国别史。与《史记》、《汉书》、《后汉书》并称“前四史”。《魏书》30卷，《蜀书》15卷，《吴书》20卷。《三国志》名为志，其实无志。魏书有本纪、列传，蜀、吴二书只有列传。

《三国志》是私人著述。虽然陈寿面临史料不足的困难，但他结合王沈《魏书》、鱼豢《魏略》和韦昭《吴书》的记载，采集蜀汉史料，剪裁得当，文笔简洁而优美，使《三国志》兼具史学与文学的双重价值。陈寿“善叙事，有良史之才”（《晋书·陈寿传》）。不过陈寿是晋朝朝臣，晋承魏而得天下，《三国志》尊魏为正统，也被后人批评“时有曲笔，多所回护”。

孔方兄

“孔方兄”的语义，可追溯至晋鲁褒，他在《钱神论》中讽刺人们对金钱“亲之如兄，字曰孔方。失之则贫弱，得之则富昌”。“孔方”、“孔方兄”成为圆形方孔钱以及钱币的代名词。从秦统一全国币制到清末改行机制铜币，圆形方孔铜钱在我国使用时间长达两千多年。

我国古代钱币形态可分为贝、布、刀、圜、爰五大体系。圜钱初始造型为圆形圆孔，后秦国将圆孔改为方孔。秦始皇统一六国后，废除各种币制，外圆内方的圜钱也就成为全国统一货币。方孔钱正圆正方结构，具有法度之本的气概。方孔又便于贯穿，无论携带、运输和使用、叠放贮藏保管都极为方便。圆者为规，方者为矩，给人以吉利祥和之美感。方孔钱在制造技术先进和造型高度优美这两方面，都高于其他形态的钱币，是我国古代钱币自夏至秦近两千年演变、提炼的结晶。四大体系中多种形态的钱币发展到方孔钱出现后，都逐步消亡而退出了历史舞台。

【阅读搜索】

李密《陈情表》 鲁褒《钱神论》 陆机《文赋》 嵇康《与山巨源绝交书》

【思考题】

1. 晋之代魏与魏之代汉有何异同?
2. 结合西晋时期政治形势，谈谈对“竹林七贤”行为的理解。
3. 王恺与石崇的夸奢斗富之事，对现实生活中的你有什么启发?

第十章　东晋十六国

【学习目标】

1. 熟悉东晋门阀政治的基本条件。
2. 了解东晋的防御与北伐及北方十六国政权的更替。
3. 掌握玄学产生的社会基础及其思想内涵与时代意义。

第一节　东晋十六国历史文化概说

永嘉之乱后，中原板荡，社会关系出现了新的变化。晋愍帝向刘聪投降后被杀，琅琊王司马睿得北方大族王敦、王导支持，又拉拢江东士族如顾荣、贺循、陆机等，在南北士族联合支持下，东晋政权在建康建立。但以司马氏为首的北方士族是在胡人进逼之下被迫退守南方的，晋政权多少带有一点客居性、外来性，经济上更是面临着空前的困难。司马睿本人素无名望又无功绩，在晋皇室中的法统地位并不显著。从东晋建立伊始，中央政治、军事大权就已被北方士族代表王导等牢牢掌控。

偏安江南的东晋政权，是西晋士族统治的继续和发展，两晋贵族普遍追求个人财富与攀比。晋宗室与北方士族选择孙吴旧都——建邺作为南渡后的统治中心。“君弱臣强”的局面在南渡之初已经形成，并且贯穿东晋王朝的始终。东晋政权初建时，确实也顺应了过江士人克复神州、中兴晋室的美好愿望。不过，随着皇权与士族矛盾的凸显，中兴的和谐之音随之被打破，士族高门对政治的兴趣日益消减，他们或游仙咏怀以遁迹避祸，或逍遥山林待时而出。挥尘谈玄因此成为文人的精神享受和消遣时尚。在王导、谢安的影响下，甚至连东晋的皇帝也卷入了玄谈之中，晋元帝、晋明帝都曾游心玄虚，托情道味。东晋时代贵玄虚。永和年间，以司马昱、殷浩等清谈名士组成的中枢秉权集团，玄学功底确实深厚，但对实际问题却没有多少解决的能力。这些依然不妨碍玄学被奉为官方的统治思想。

西晋末年的永嘉南渡，使得中原文明的重心南移，即所谓的“衣冠南渡”。中原汉人第一次大规模南迁江左，士人携其文化、资金及先进的技术，开始与南人接触。

当时尚未发展的江南地区得到了充足的劳动力。冶铁、造纸、纺织、制瓷等技术得到飞速发展，建康、京口、山阴（今浙江绍兴）、江陵、成都、广州成为当时繁华的都市，江南地区经济尤其发达，逐渐取代中原而成全国经济中心。南方文化亦大幅发展，渐有凌驾北方之势。从此东晋偏安江左，下启宋、齐、梁、陈之格局。

在北方，以反晋为名的战乱不可思议地演变成少数民族的大混战，一时中原鼎沸、战祸连绵。主要由内迁的各少数民族上层人物或汉族地方势力所建立的北方十六国，带有明显的原始部落军事统治性质，手段野蛮。豪族为了自身生存，大多结坞自守。他们的势力在动乱中日益膨胀，实现了对地方更为严密的控制。建立政权的胡族统治者因缺乏政治向心力，没有足够的实力削平地方豪族势力，中央集权体制遭到实质性破坏。由于石虎等统治者的残暴，民族矛盾与阶级矛盾进一步交织而更加复杂、深刻。冉闵屠胡，无论是为了肃清前朝统治势力抑或是出于民族复仇心理，其根本原因还在于胡汉矛盾已经十分尖锐。这次尖锐的民族矛盾冲突警醒了后继者，后燕、后秦统治者都从中吸取教训，采取相对宽容的民族政策，为各民族间相互交流、融合与共同进步提供了相对宽松的环境。苻坚建前秦后，进军西域，通过对西晋国事不振的反思，利用当地力量确保统治。灭前燕，亡前凉，平代国。然而由于统一中原的时机尚未成熟，前秦在南伐东晋的淝水战役中大败，由此转衰，直至被属下姚氏建立的后秦取代。

由于战乱频仍，北方社会变成了人间地狱，宣扬天堂乐趣的佛教，能麻痹劳苦群众的斗争性。石勒、石虎等统治者在利用儒学外，更是不遗余力地利用佛教。佛道思想文化的兴盛和胡族文化的冲击，就这样渐渐湮灭了曾经辉煌无比的儒学的光辉。

面对北方胡人的挑衅进攻，以及失去中原、迁徙南方的处境，东晋不乏主动请缨北伐者。东晋建立之初，由于实力所限，祖逖请求北伐，偏安的江南统治者对此并不感兴趣，反而更为担心主动对外出击可能带来的风险，未能为其提供实质的援助。至庾氏兄弟、殷浩北伐时，受到东晋内部矛盾以及攻伐能力有限等方面的影响，北伐也以失败告终。祖逖、桓温的北伐与苻坚、石虎的南侵，南北双方在淮河地区一度形成拉锯状态。

表 1　五胡十六国简明图表

朝代或国号	帝　王	民族	都　城	公元起讫	灭于何国
成（汉）	始祖李特－太宗李雄－幽公李期－中宗李寿－后主李势	氐	成都	303–347	东晋
汉（前赵）	高祖刘渊－烈宗刘聪－少主刘粲－赵主刘曜	匈奴	初平阳、迁长安	304–329	后赵

续表

朝代或国号	帝　王	民族	都　城	公元起讫	灭于何国
（前）凉	元公张寔－成公张茂－忠成公张骏－敬烈公张重华－长宁侯张祚－敬悼公张玄靓－悼公张天锡	汉	姑藏	314–376	前秦
（后）赵	高祖石勒－海阳王石弘－太祖石虎－义阳王石鉴－新兴王石祗	羯	初襄国，迁邺	328–351	魏
魏	武悼天王冉闵	汉	邺	350–352	前燕
代	昭成帝拓跋什翼犍	鲜卑	平城	338–376	前秦
（前）秦	高祖苻健－厉王苻生－世祖苻坚－哀平帝苻丕－太宗苻登－末主苻崇	氐	长安	351–394	后秦
（前）燕	烈主慕容儁－幽帝慕容暐	鲜卑	初龙城，迁蓟，又迁于邺	352–370	前秦
（后）秦	太祖姚苌－高祖姚兴－后主姚泓	羌	长安	384–417	东晋
（后）燕	世祖慕容垂－烈宗慕容宝－开封公慕容详－赵王慕容麟－中宗慕容盛－昭文帝慕容熙－惠懿帝高云	鲜卑	中山	384–409	北燕
（西）燕	济北王慕容泓－威帝慕容冲－段随－慕容凯－慕容瑶－慕容忠－慕容永	鲜卑	初长安，迁长子	384–394	后燕
（西）秦	烈主乞伏国仁－武元王乞伏乾归－文昭王乞伏炽磐－后主乞伏暮末	鲜卑	菀川	385–431	夏
（后）凉	太祖吕光－灵帝吕纂－建康公吕隆	氐	姑藏	386–403	后秦
（南）凉	烈祖秃发乌孤－康王秃发利鹿孤－景王秃发傉檀	鲜卑	初廉川堡，迁乐都，再迁西平，又迁乐都	397–414	西秦
（北）凉	建康公段业－武宣王沮渠蒙逊－哀王沮渠牧犍－沮渠无讳－沮渠安周	匈奴	张掖	397–460	北魏
（南）燕	献武帝慕容德－北海王慕容超	鲜卑	滑台，迁广固	400–410	东晋
（西）凉	武昭王李暠－凉公李歆－李恂	汉	初敦煌，迁酒泉	400–421	北凉
夏	世祖赫连勃勃－秦王赫连昌－平康王赫连定	匈奴	统万	407–431	吐谷浑
（北）燕	文成帝冯跋－昭成帝冯弘	汉	龙城	409–436	北魏

第二节 清谈与玄学

玄学是在汉代儒学（经学）衰落的基础上，为弥补儒学的不足，由汉代道家思想、黄老之学演变发展而来。作为汉末魏初清谈直接演化的产物，玄学这种思潮，既有神秘深奥的一面，也有着满足精神世界、慰藉心灵的作用，对中华文化产生过极为深远的影响。

玄学兴起与汉末社会危机加深、汉王朝解体和经学衰败有重要联系。东汉末年，统治集团内部分裂，社会危机日益尖锐。在意识形态上居于支配地位的儒家思想，开始动摇而失去魅力。今文经学和谶纬内容空虚荒诞，也丝毫无助于社会政治问题的解决。同时由于选拔制度名实不符，欺世盗名、贿赂公行的现象比比皆是，名教理论开始破产。到了“党锢之祸”发生，传统的思想价值体系已近崩溃，新兴的士族社会开始形成。士大夫对三纲五常的陈词滥调普遍感到厌倦，转而寻找新的、形而上的哲学论辩。士族对个性自由与封建秩序的双重需求，以及由此产生的冲突，表现为魏晋士人精神世界中的“名教与自然”的学术主题。他们摒弃神秘的儒家天命论，以《老子》、《庄子》和《易经》思想为骨架，借助儒道经传诠释，阐发以圣人人格为中心的三玄玄理，企图调和“自然”与“名教”，推进儒道思想的渐次深层融合，从而彻底从两汉烦琐的经学中解放出来。从两汉经学到魏晋玄学，是中国思想史的一大转折。

玄学是中国历史上第一次试图使中国哲学在老庄思想基础上建构，把儒道两大家结合起来的极有意义的哲学尝试。它有几个重要的论题：崇有与贵无、名教与自然、言意之辨、形神之辨、名理之辨。对文学和艺术有直接影响的是崇尚自然的一派、言不尽意的一派和得意忘言的一派。玄学初始时以何晏、王弼为代表，尤以王弼的影响最大。王、何等人出自儒家，身居显位，又寄托心神于老庄，显示出超脱世俗的姿态。他们祖述老庄，用道家思想解释《周易》，从哲学上探讨自然与名教的关系，宣称名教出于自然，应当反映自然，尊卑名分是自然的必然结果。这是先秦之后又一次思想的大碰撞、大融合。玄学家往往承袭东汉清议的风气，就一些哲学问题问难析理，反复辩论，称为“清谈”，这是玄学发展的独特方式。玄学家的著作也多采用问答辩论的文体。玄学既能辩护世家大族放达生活的合理性，又能博得“高逸”的赞誉，所以在短时间内就穿越了原野与朝政，蔚然成风。

正始时期，嵇康、阮籍主张“越名教而任自然”，与先期玄学已有差异，不过玄学派别的区分并非泾渭分明。由于司马氏专权，其僭越的权力形态寓含着合法性危机，司马氏加紧了对思想领域的控制，玄学的活动失去了自由的环境，魏晋玄学至此告一段落。东晋以后玄学吸取佛学的成分，步入又一个新的阶段。

东晋时期是士族名士生活的黄金时代。在这个时期，他们结束了汉末至西晋之际在皇族、外戚、礼法夹缝中生存的局面，真正拥有了军权，形成了中国历史上独具特色的士族寡头政治——门阀政治，皇帝反而成了傀儡。士族社会“自由逍遥”思想的物质基础——自给自足的庄园经济，在江南的青山绿水间得到了空前的发展，反映士族名士文化性格的学术风尚——自由清谈，亦得到了大规模的持续发展。清谈所洋溢的人文关怀，使“永嘉南奔”中陷入绝望的精英阶层，感到生命的尊严和文化的价值，振奋了低落的士气；清谈创造了自由争鸣的学术氛围，使佛教哲学得以渗入中国思想文化的深层，在儒家伦理与佛教轮回报应之间架起了桥梁。寺庙成为这一时期清谈的重要场所，无论在首都建康还是在会稽，都是如此。这时的寺庙里不仅有高僧，而且往往云集有一流的玄学名士，许多重要的学术论战是在寺院中发生的。寺庙成为重要的清谈场所，是中国学术主流由玄学向佛教转化的征兆。

“清谈”作为一种历史文化现象，它所对应的政治现象是魏晋士族制度及封建等级特权，所对应的经济基础是汉末以来的豪强地主经济和士族庄园经济。随着士族制度的崩溃和士族政治经济特权的丧失，必然走向衰落。

第三节　神韵独具的书画艺术

东汉末期以后，社会的动荡和思想的解放，为艺术发展创造了精神空间，书法和绘画艺术也借此机会发展起来。更重要的是，纸的应用越来越普及，为书法和绘画创造了必要的物质条件。书法在东晋时期发展到了一个前所未有的高度。东晋书画的神韵，与当时由玄学与清议风气所造就的知识分子的精神气质是密不可分的。

一、气韵生动的书法艺术

魏晋书法的成就主要集中在两个方面：第一，汉字的造型艺术得到了迅速的发展，楷、行、草等字体得到迅速完善；第二，出现了多位在历史上极有影响力的大书法家，深刻地影响了中国书法史的发展。

先看字体的发展。楷书和行书在三国时期就获得了发展的空间，曹操本人比较爱好书法，也喜欢延揽书法人才。三国时期，现存隶书碑刻主要集中在魏国，字体呈现出浅俗、简单的发展趋势。从现存的碑刻来看，篆书的应用已经越来越少，寥若辰星。此时的章草和楷书，仍然带有明显的隶书特点。行书还没有发展定型，尚处于酝酿阶段。

西晋重申了禁碑令，保证了新字体的发展。朝廷设立书博士，以钟繇等人的字为范本，教习子弟学习书法，促进了新字体的传播。这一时期，取得较大发展的字体是草书和行书。

东晋时期玄谈正炽，知识分子阶层形成了放旷风流的精神风貌，对书法发展影响较深。这一时期楷书、行书和草书都得到了充分的发展，彻底摆脱了隶书的影响，成为独立的字体。东晋在中国书法史上，是具有非常重要的意义的。

从三国至两晋，出现的优秀书法家为数不少。具体来说，三国时期有钟繇、梁鹄、韦诞、邯郸淳、卫觊、皇象等，西晋时期有卫瓘、索靖和陆机。东晋时期的优秀书法家更多，主要有王、谢、庾、郗四大家族，此外卫氏家族和桓氏家族也有优秀的书家。王氏家族中主要有王敦、王导、王旷、王廙、王羲之、王献之、王徽之、王珉、王珣等人，庾氏家族有庾翼、庾亮、庾冰、庾怿，谢氏家族有谢安、谢尚、谢万，郗氏家族有郗愔、郗昙，卫氏家族的卫夫人铄是王羲之的启蒙老师，桓氏家族有桓温、桓玄。下面叙述几个较有代表性的人物。

皇象，字休明，广陵江都（今江苏扬州）人，生卒年不详。曾任侍中、青州刺史等职。他的传世作品有《急就章》、《顽闇帖》、《文武帖》等。现存《急就章》1394字，是章草的极佳范本。

钟繇（151—230年），字元常，颍川长社（今河南长葛东）人。东汉灵帝时担任黄门侍郎，曹魏时官至太傅。他在南北朝时代，与张芝、王羲之、王献之被称为“四贤”，以后长期与王羲之合称“钟王”。钟繇善写隶书、楷书和行书，最享盛名的是他的小楷，有“正书之祖”的美誉。钟繇加快了楷书成熟的步伐，对东晋时代的大书法家王羲之父子，有着直接的导引作用。他的小楷，对后世小楷书法家的影响很大。现在存世的主要书法作品是小楷，包括《贺捷表》、《荐季直表》、《尚书宣示表》、《力命表》和《还示帖》、《墓田丙舍帖》、《白骑帖》、《长患帖》、《雪寒帖》、《得长风帖》。

陆机（261—303年），字士衡，吴郡（今江苏苏州）人。其祖父陆逊、父亲陆抗，都是东吴名将。他本人在西晋时任太子洗马、著作郎，被成都王司马颖所看重，担任平原内史、前将军，率军讨伐司马乂时兵败被杀。陆机在书法史上并不著名，但作为西晋时期的代表人物还是要讲一下。现存年代最早的文人书法作品《平复帖》历来被认为是他所作。该帖为章草作品，锋芒内敛，质朴老辣，字的体势呈现出章草向今草的过渡形态，在我国书法史上享有崇高的地位。

东晋时期的王氏家族是终东晋一代甚至整个书法史最为煊赫的家族。王敦、王导、王旷、王廙作为王氏家族的第一代，在书法上造诣匪浅。王氏家族第二代中，王羲之是代表人物。王羲之（303—361年），字逸少，琅琊临沂（今山东临沂）人。少年时甚得家族前辈王敦、王导的钟爱。因为他担任过右军将军、会稽内史，后人也称他为“王右军”、“王内史”。他与东晋其他士人一样，喜欢服食丹药、寄情山水。他在钟繇的基础上，进一步完善了楷书的章法，使楷书的各种笔画有了明确的分工，与隶书完全脱离了关系，成为独立发展的一种字体。他的行书也以钟繇为范，并使之规范化。草书方面，进一步使章草向今草转化。他的行书和小楷，是中国书法史上这两种字体成熟的标志。他对中国此后的书法史产生了极大的影响，被后人誉为“书圣”。其行书（行草）作品传世的有《哀祸帖》、《姨母帖》、《游目帖》、《丧乱帖》、《二谢帖》、《得示帖》、《何如帖》、《奉橘帖》等，都不是原作，大多数是唐代人临摹的作品。其代表作《兰亭集序》享有“天下第一行书”的美誉。《兰亭集序》结体变化多姿，错落有致，帖中20个“之”字没有一个雷同的。用笔中锋侧笔皆有，中锋使字体骨架端正，侧笔使字体媚妍有致。同一字笔画之间，不同的字之间，笔意呼应，形断意连，气韵生动，风神潇洒。明末董其昌在《画禅室随笔》中说：“右军《兰亭序》章法古今第一，其字皆映带而生，或大或小，随手所出，皆入法则，所以为神品也。”[①]《兰亭集序》恰是东晋时期士人精神风貌的体现。王羲之传世的草书作品有《十七帖》、《初月帖》等。他的小楷传世的有《黄庭经》、《乐毅论》等。

王羲之的儿子王献之也是书法史上鼎鼎有名的人物。王献之（344—386年），字子敬，小名官奴。王羲之第七子，官至中书令，故又称“大令”。他进一步破除古法。他以行书的笔意写楷书，以草书的笔意写行书，兼得二体之长。《廿九日帖》是其行楷作品，笔法严谨结实，转折有力，结体微带横扁，末尾四字的草法，体势舒展大方。其行草作品最有名的是《鸭头丸帖》和《中秋帖》等。《鸭头丸帖》笔致稍枯然不失润泽，笔势酣畅，圆转生动，行笔疾徐有度，笔断意连，流贯而下，纸短意长。王献之的楷书流传后世的，仅有小楷《洛神赋》。钟繇的小楷虽然号为“正书”，但仍保留着隶书的笔意；王献之的小楷体势端谨，法度严密，已经完全看不到隶书的任何遗留。

二、传神的绘画艺术

魏晋时期，出现了中国历史上第一批有明确记载的著名画家，如三国时东吴的曹不兴。在他之后，卫协、顾恺之、陆探微等人均有着不俗的成就。

东汉末期以来，清议之风盛行，更有品藻人物的“月旦评”，评议内容既涉及人物的品德，也涉及人物的精神气质。这种风气一直延续到两晋。正在是此种情况下，魏晋时期人物肖像画得到了较大的发展。肖像画以顾恺之和陆探微为代表。

顾恺之（约346—407年），字长康，小字虎头，出身于贵族，晚年曾任散骑常侍。他是东晋最伟大的画家。顾恺之的绘画擅长于表现人物的精神面貌，非常重视眼神的描绘。据记载，他作画好几年不画眼睛，有人问他原因，他回答说绘画中人物形体的美丑倒无关紧要，传神的关键是画好眼睛。关于顾恺之的绘画风格和技巧特点，前人往往评价为高古、飘逸、有意韵。他的作品传世的有三件原作的摹本，即《女史箴图》、《洛神赋图》和《列女仁智图》。《女史箴图》（唐摹本）是根据西晋张华的文学作品《女史箴》而创作的。张华的《女史箴》是申说宫中妇女应该遵循的道德规范的，但顾恺之表现在画作中的时候，则是一系列动人的女性形象。画作线条连绵不断、悠缓自然，如“春蚕吐丝”、“春云浮空、流水行地”一样。《洛神赋图》（宋摹本）是据三国时曹植描写人神恋情的《洛神赋》（又名《感鄄赋》）创

① ［明］董其昌：《画禅室随笔》//《艺林名著丛刊》，中国书店，1983年版，第4页。

作的。此画以故事情节为线索，将人物置于自然环境中。画中的洛神含情脉脉，若往若还，情意惆怅。此图作者也有可能是晋明帝司马绍。司马绍也善于绘画，其画风追求传神，而不注重外在的形色。根据前人的描述，他的绘画风格应该与顾恺之相似，都很好地体现了东晋绘画注重传达人物精神世界的特点。

陆探微（？—约 485 年）虽主要生活在刘宋时期，但曾师从顾恺之，也擅长人物画。他画过帝王、当代功臣、名士的肖像。他的绘画最大的特点就是“一笔画”，笔意连绵，气势逼人，所画人物既笔法劲锐又清秀多姿，形成了“秀骨清象”的绘画风格。这种风格既是对当时崇尚玄学、看重清议的知识分子的形象描绘，也是画家为当时社会思潮长久浸润而形成的独特精神世界的物化反映。

第四节　千古文人陶渊明

一、陶渊明其人

陶渊明（365—427 年），一名潜，字元亮，浔阳柴桑（今江西九江）人，东晋成就极高的诗人。陶渊明具有深刻的哲学思想，不但以文字也以其整个人生展示他的哲学，并让哲学表现出诗意无尽的美。他对人生所做的哲学思考，连同他的诗文，为后世的士大夫筑了一个“巢”，一个精神的家园。

陶渊明出身于没落仕宦家庭，曾祖父陶侃是东晋开国元勋，官至大司马。陶渊明的处世与修养，颇多追仿其祖父辈。尽管此时曾维系汉王朝统治的经学早随着汉王朝的崩溃而失去了往昔的控制力，汉儒的为人准则也已被兴起的玄学彻底否定，但陶渊明所受的是传统儒学的影响。青年时期的陶渊明，怀有兼济天下苍生的凌云壮志。但由于门阀制度的存在，庶族寒门不可能突破士族对高官权位的垄断，陶渊明的理想注定难以化为现实。直到 29 岁的“高龄”，陶渊明才出仕为官，所做的也不过是祭酒、参军、县丞一类的芝麻小官，不仅壮志无法施展，而且不得不在苟合取容中降志辱身，和一些官场人物虚与委蛇。

当时的陶渊明看到了社会的腐朽，虽也有儒家的入世精神，但没有力量改变它，只好追求自身道德的完善。他看到了社会的危机，自己也像儒家那样重视个人的道德修养，但找不到正确的途径去挽救它，只好求助于人性的复归。从历史的纵轴看，儒家文化在时代反复的洗礼中越来越精纯，经过历史的淘洗最终铸就了中国人的独特人格。但儒学却未曾经受住乱世刀光剑影的激烈碰撞与销蚀，儒家的道德教条和仪礼规范终于被陶渊明不愿与世俗同流合污的决心驱散得一干二净。身边又是一个崇尚自由、玄风扇炽的时代，一种符合人类本性的返归自然的生活，成为新的追求目标。41 岁那年，陶渊明解印挂职，义无反顾地走上归隐田园之路，过起躬耕自足的生活。在踏踏实实地享受田园乐趣之余，读书、弹琴也成了陶渊明日常生活中的赏心乐事。清歌不绝，弹琴不辍，与读书、创作、躬耕相映成趣，相得益彰，将孜孜不倦地追求心灵的最大自由和心态闲适优雅的隐逸生活，染上了丰富的色彩与诗意。所以，尽管从书香门第中走出来的陶渊明不是稼穑的好手，并且生活几近一贫如洗，但他仍能固穷守节，老而弥坚。

二、陶渊明与田园诗

当这些经历与体悟在陶渊明的胸中满溢而出时，诉诸笔下的，自然与矫情无缘，与虚伪隔绝，有的只是真醇、恬淡、宁静与高远。陶渊明成功地使诗歌与个体的日常生活相结合，将“自然”提升为一种美的至境，开创了中国田园诗的新境界。

陶渊明的田园诗是外在自然与内在心境的完美融合。他笔下的主要内容是平淡的田园风光和农家的日常生活，以及产生于此种环境下的恬静心境。在表现手法上，往往以朴素的语言和白描的手法道出，自然天成，如出诗人心田。

陶渊明的田园诗还具有情韵真淳的图画之美。他的田园诗中都是自然之境、自然之景、自然之情，山水田园、草木动物这些寻常景物都是他诗中的至爱，一入其笔下，便具有了真淳的诗意。他把对生活的真切感受，融在诗歌之中。寻常的房屋草木、鸡鸣狗吠等日常生活图景，不仅是客观的景，其中还寄寓着诗人深挚的感情，显示出无限的生机。“怅恨独策还，崎岖历榛曲。山涧清且浅，遇以濯吾足。漉我新熟酒，只鸡招近局。日入室中暗，荆薪代明烛。欢来苦夕短，已复至天旭。”（《归园田居》其五）这首诗写的是诗人某一天的生活，诗歌抓取了几个典型的生活细节，呈现出一幅人与田园的和谐画面，富于浓厚的生活情趣。

与田园生活素材相得益彰的是，陶诗中近似“田家语”的朴素语言和白描手法，它们共同形成了陶诗平淡自然的艺术风格。正如元好问所评：“一语天然万古新，豪华落尽见真淳。”① 朱光潜先生说：“陶诗的特色正在不平不奇，不枯不腴，不质不绮，因为它恰到好处，适得其中；也正因为这个缘故，它一眼看去，却是亦平亦奇，亦枯亦腴，亦质亦绮。”② 陶诗的语言平淡而不失寡薄，反倒让人读来觉得淳厚有味，其原因就在于他诗中的“田家语”都是经过高度艺术提炼的，是饱含形象和韵味的“田家语”。“春秋多佳日，登高赋新诗。过门更相呼，有酒斟酌之。农务各自归，闲暇辄相思。相思则披衣，言笑无厌时。此理将不胜，无为忽去兹。衣食当须纪，力耕不吾欺。”（《移居》其二）此诗语言虽浅近，但意趣却非常浓厚，似从生活中自然生长出来一般。

陶诗营造了情、景、理相互交融的美学境界。陶诗中的景物不是随便撷取的，而是根据有利于表达诗人感情的原则来选择的，情与景相互渗透，相互融合，难以截然分割。在《归园田居》（其一）中，诗人把官场喻为让人不得舒展和自由的“尘

① ［金］元好问：《元好问集》，山西古籍出版社，2004 年版，第 155 页。

② 朱光潜：《诗论》，生活 · 读书 · 新知三联书店，1984 年版，第 355–356 页。

网”、“樊笼”，将自己比作不能按自己的意志行动的“羁鸟”和“池鱼”，把自己向往的田园比作“旧林”、“故渊”，这几个比喻是写景的，却透露出强烈的感情倾向，写景与抒情浑然一体，不可分割。诗人常常在写景抒情的同时，阐释对人生的感悟。这一点与当时流行的玄言诗类似，但又明显不同，陶诗的理趣比玄言诗的意蕴更加深远。如:“人生似幻化，终当归空无”（《归园田居》其四），“人生归有道，衣食固其端”（《庚戌岁九月中于西田获早稻》），“落地为兄弟，何必骨肉亲”（《杂诗》其一）。陶诗中的理，很少孤立出现，往往与情与景相互交融。

陶渊明的田园诗以其独特的风格开创了中国诗歌史上田园诗的新境界。他的田园诗的意义在于：选取前人未注意或未涉及的题材，从田园生活的视角出发，抒写对社会、对生活的丰富感受，以诗歌的形式为后人开辟了一片情味独特的天地。

三、陶渊明的人格及其影响

陶渊明一直被后世文人推为榜样和楷模。他之所以取得这么高的地位，不仅是因为他的诗歌，还因为他的人格。陶渊明的人格，可以分为现实人格和理想人格两个方面。

从陶渊明的生活轨迹中，可以看到他的现实人格，大致可归纳为几个方面：第一，对自由的追求。陶渊明生性酷爱自由，不愿意受官场的种种束缚，他把官场视为“樊笼”，把回归自然视作自由，所以他毅然决然地离开官场，过起“悠然见南山”的隐居生活。从中国道家文化来看，隐居本身就是一种追求自由的生活方式。陶渊明在现实生活中，演绎的就是道家式的对自由的追求。第二，对真朴的自然生活方式的追求。真是不加伪饰，朴是不装饰，陶渊明一直奉行“归真返璞”的生活原则，离开官场是对官场虚伪生活的抗议与批判。在自然的怀抱中，陶渊明过着任真自得的生活，鸡鸣狗吠，邻里相望，无疑是一种最淳朴、最原生的生活方式。第三，坚持“固穷”的生活原则。“固穷”，即安贫乐道，是孔子提出的重要生活原则，孔子在对颜回的表彰中树立了“固穷”的典范。陶渊明一生贫困，经常过着忍饥挨饿、缺衣受寒的生活，他在诗中多次提道:“夏日长抱饥，寒夜无被眠”（《怨诗楚调示庞主簿邓治中》），“敝庐交悲风，荒草没前庭”（《饮酒》），甚至有时沦落到向邻居乞食的境地。他晚年时贫病交加，饥寒交迫，江州刺史檀道济给他赠送饭食，他竟“麾而去之”，宁肯饿死也不苟取。第四，对亲友笃厚忠实。陶渊明交友是有选择性的，意气不相投的人，即使权势再重也不屑一顾，甚至视为“乡里小儿”置之不理或者避而不见；对于意气相投者则不论其贫贱，就算是乡里老农，也可以举杯对饮，欢洽一堂。他在做彭泽县令时，把妻子和儿子留在家乡，并且留了一个仆人给家里，对儿子说:“此亦人子也，可善遇之。”[①] 其推己及人的人道主义精神溢于言表。

① 袁行霈:《陶渊明集笺注》，中华书局，2011 年版，第 421 页。

陶渊明的理想人格更多地表现在他的诗文之中。他的理想人格大致可归纳为豪情和勇毅。所谓豪情，就是儒家建功立业的雄心壮志。陶渊明虽然一生大部分时间处于隐居状态，但是他的内心似乎一直没有放弃儒家“兼济天下”的理想。他在《杂诗》中写道:“忆我少壮时,无乐自欣豫。猛志逸四海,骞翮思远翥。”他又写道:“少时壮且厉,抚剑独行游。谁言行游近?张掖至幽州。”(《拟古》)他的《读山海经·其十》也表达了猛志常在而良辰难逢的遗憾:“精卫衔微木，将以填沧海。刑天舞干戚，猛志固常在。同物既无虑，化去不复悔。徒设在昔心，良辰讵可待?”从《命子》一诗中,也能看到他对曾祖陶侃“专征南国”、祖父陶茂“惠和千里”、父亲陶逸“寄迹风云”的自豪之情,并以此作为自己理想人格的历史依据。陶渊明的勇毅之中既包含着勇气，还包含着侠义之气。他的《咏荆轲》、《拟古》、《读山海经》、《述酒》等诗篇,便集中地表现出他金刚怒目式的一面。他对荆轲、夸父、精卫等人进行讴歌，寄托自己与现实生活截然不同的理想人格。陶渊明欣赏荆轲的豪侠性格及视死如归的气概，赞美夸父非同寻常的意志和毅力,对精卫和刑天不屈不挠的顽强意志与战斗精神表示赞许。

陶渊明的人格熔铸了中国古代儒家、道家、侠义等方面的文化元素，形成了中国文人出可仕、入可隐、孤傲自信、不阿权贵的独特风骨，为后世读书人树立了人格典范。他用他的诗，为中国古代知识分子创造了一个宁静的精神家园。陶渊明隐居以后，发现并以诗歌的形式表达了田园的美,现实生活的困苦并没有影响他对于田园生活的审美观照。虽然缺衣少食，但是有琴有书，可弹可咏，自得其乐，即使住茅屋、浇菜园又有何妨?他在《桃花源记》中描绘了一个乌托邦式的社会,成为令历代文人向往不已的风俗真淳、精神纯净的圣地，一个安贫乐道的精神家园。陶渊明的人格与精神借助他的诗文广泛传播，又让他的诗文魅力常新。陶渊明的人、诗、文相互交融，形成了中国文人的一个典型标本，在中国历史上影响极大。

【知识卡片】

葛洪《抱朴子》

《抱朴子》是东晋道家理论著作，东晋学者、文学家葛洪所撰，分《内篇》与《外篇》两部分。《内篇》属于道家范畴，主要讲述神仙方药、鬼怪变化、养生延年、禳灾祛病;《外篇》则属于儒家思想，主要谈论社会上的各种事情。《抱朴子》总结了战国以来神仙家的思想，集魏晋炼丹术之大成，又将玄学与道教神学、方术与金丹、儒学与仙学纳为一体，既表达了神仙道教的宗教追求，亦基于宗教立场，结合儒家思想，思考个人与社会的关系，探索社会求治去乱、协调发展与良性运行的规律，体现了葛洪神仙道教对社会治乱兴衰的关注，是研究我国晋代以前道教史及思想史的宝贵材料。

【阅读搜索】

陶渊明《归去来兮辞》 王羲之《兰亭集序》 干宝《搜神记·董永》

【思考题】

1. 东晋门阀士族的腐朽性有哪些表现?
2. 谈谈谢安在“淝水之战”中的作用以及对谢安功成身退一事的看法。
3. 结合自己在生活中的了解，谈谈王羲之书法的特色。

第十一章 南北朝

【学习目标】

1. 熟悉南北朝时期历代政权的更替情况及其原因。
2. 了解南北朝时期多元民族的融合与多元文化繁荣发展的格局。
3. 熟悉南北朝时期科学技术与文化艺术出现的新特征。

第一节 南北朝历史文化概说

从刘裕代晋建刘宋至隋文帝灭陈，前后170年，是为南北朝时期。这一时期政权更迭频仍，南、北基本上处于分裂对峙局面，社会经济、文化发展很不平衡。南方贵游子弟不学无术，历经宋、齐、梁、陈的轮替，士族不可避免地呈现式微之态。不过东晋士族专权、“君弱臣强”的局面，宋齐之世才见改变。北朝经历了与汉文化历史性的磨合，从仰慕到确立自身，由摇摆于三教之间发展为以儒摄佛统道，完成了由早期胡汉杂糅到最终确立儒家政治文化的过程。虽然长期的战乱与南北对峙造成了一定时期思想文化的荒芜，但经过南朝的经营，长江流域已经成为中国经济文化的又一个重要基地，隋唐时期的繁荣，就是在这个扩大的基地上产生的。

南北朝时期，南、北双方冲突不断。在这段血与火的历史中，似乎没有封固约束的些许羁绊，只有放任奢靡的无度。一场又一场永无止境的战争，一次又一次地展示着人性的贪婪与残暴，真、善、美的面纱被撕扯得七零八落，人性恶的门窗被整体打开，并同时被无数迥异的集团推向极限。萧齐之亡有《伴侣》，陈之亡有《玉树后庭花》，高齐之亡有《无愁》。堕落与神圣、无耻与美好，其间仅一步之遥。刘义隆、兰陵王等一骑绝尘的良才猛将，也只能似流星般划过战云密布的长空，在特定的情境下，成为一种历史的回响。

一、南朝历史文化概说

南朝是继东晋之后，汉族在南方建立的政权。宋、齐、梁、陈四个政权各自都只存在了几十年。相对北朝而言，南朝政权虽偏于南方一隅，却还相对统一，局面尚属安定。除梁末侯景大乱，其余战乱都是局部的、短期的，基本上未波及整个南方。虽然也存在着外来迁移人口与本土居民间的矛盾，但是融和进一步增加。以永嘉南渡为标志、以北方汉人为主体的人口大规模南移后多为集中聚居。而北方则处于几个少数民族政权的统治之下。所以，就当时社会矛盾而言，南方的社会矛盾远不如北方尖锐。

南朝四个政权的建立者都出身庶族，这与东晋时低层士人根本无法进入权力中心的状况截然不同。他们也起用一些有功的寒人，寒人与南朝政权的主流势力不再处于对抗状态。刘裕建宋后即禁止豪强封固山泽，齐世寒人兴起的趋势则继续发展。门阀士族的实权被进一步削弱，既往门阀社会的统治秩序再也无法恢复。但百家士族的尊严地位，仍不可触动。作为汉族政权在南方的统治，各个王朝都对经济进行了大力开发，使得南方人口大量增加，建康、会稽、江陵一跃而成为大都市，南方的商业和手工业也有了很大的发展。闽江、珠江流域得到初步的开发。江南地区的开发，为中国经济中心逐渐南移奠定了基础，客观上为华夏文明的发展和传播做出了不可磨灭的贡献。就文学而言，与魏晋文人不同，南朝文人更崇尚声色，追求艺术形式的完善与华美，齐梁“永明体”从而成为从古体诗向近体诗过渡的一种重要形式。南朝以宫廷为中心形成的各种文学集团，有高度的趋同性，使文学在这一段时间内呈现出一种群体性的风格，在另一段时间又呈现为另一种风格，文学发展的阶段性相当明显，但总体缺乏旷世独步之作。

在魏晋之前，中国的政治经济中心都在北方，长江以南许多地区非常落后。我国第一个经济中心就形成于黄河中下游地区，之后随着社会生产力的发展和经济、政治、国防形势的演变，尤其是北方中国受到了五胡异族的入侵，魏晋南北朝时南方地区逐渐得到开发，政治与经济中心开始南移，造就了南方中国的繁荣。

为躲避战祸，大批北方官僚士族带着大量部曲（豪门大族的私人军队）和佃客及中原平民南迁，为江南经济的繁荣补充了大量的劳动力，也带去了北方先进的生产工具和技术。这些士族唯一缺乏的是田地，因为农业在士族田庄经济中占主导地位，因此，他们到处“求田问舍”，不择手段地谋取土地，发展农业，以求能拥有与在北方相似的经济实力。与此同时，南方的士族地主们也进一步扩张自己的经济力量。他们积极兴修水利，大片荒地被开垦为良田。各士族田庄既有了大量的耕地，又有了河湖水渠等水利灌溉系统，且江南雨量充沛、气候温和、土地肥沃，可在耕地上种植稻、麦、粟、桑、麻、蔬菜等作物。当时南方以种植水稻为主，小麦的种植也推广到了江南。长江中下游一带的农业发展迅速，福建、广东等地也得到一定程度的开发。同时，园林业、渔业和畜牧业，以及纺织、酿造、制造生产工具等多种手工业生产都得到了较大发展。瓷器的烧制在东晋、南朝时也有新的发展。当时瓷器的代表性作品是一种通体青釉的青瓷，产地集中在会稽郡（今浙江绍兴）一带。青瓷胎质纯，硬度高，釉料匀，通体青莹，造型多样美观。造船业在吴国的基础上又有较大的发展。运输、作战用的舰船很多，往来于东海、南海和内地河道的船只频繁，大者可载重二万斛。造纸业有了新的发展。压光和染色是这一时期造纸技术的新成就。当时纸的名目很多，其中用藤皮造的藤角纸是一种质地优良的纸张。造纸业的发达对当时文化的发展起到了积极的作用。

农业和手工业的蓬勃发展，加上江南河流纵横，水上交通方便，为商业发展提供了基础和有利条件。当时南方的重要城市有建康、江陵、成都、番禺（广州）等地。建康是东晋南朝的政治中心，也是长江下游的经济中心，这里“贡使商旅，方舟万计”。萧梁时期，建康城内有居民 28 万，城内有 4 个市，秦淮河北有大市和小市十余处。会稽、吴郡、余杭等地也是“商贾并凑”。番禺是海外贸易中心，南洋各国以及天竺、狮子国、波斯等国的商船，“每岁数至”或“岁十余至”。江陵“当雍、岷、交、梁之会”，商业也较发达。成都不仅商业繁荣，而且也是高级丝织品的重要产地，市场上既有奢侈品，也有普通的生产、生活用品。商贾小者坐贩于列肆，大者转运于四方。

政治稳定是经济发展的前提和基础，南方经济的发展都是在北方战乱而南方相对稳定的条件下完成的；生产力的进步是经济发展的最重要因素，及时引进、运用最先进的科学技术是促进经济快速发展的重要保证；统治者对经济发展的重视程度是经济发展的重要因素。可以说，随着政治中心的南移，江南的繁荣是自然、社会大环境与整个生产力之间辩证发展的必然结果，并产生了深远的影响。

二、北朝历史文化概说

北朝属鲜卑族政权，由北魏起，经历东魏、西魏、北齐、北周的分裂，直至北周统一北方。

这一时期，以鲜卑为主体的少数民族入主中原，逐渐接受汉族先进的生产方式和生活方式，鲜卑氏族潜在的强有力的经济与武备力量都充分发挥出来，由此推动着北朝迅速向封建化过渡，促进了北方社会经济、文化的发展。

拓跋北魏凭借在战火纷飞中展开的汉化步履，迅速将势力扩伸到黄河下游地区。继前秦苻坚后，拓跋焘再度使北方归为一统。但由于面临严峻的军事斗争环境和内部的腐朽，北魏统治日趋崩溃。有着强大经济实力和宗族背景的豪族在魏末战乱中得以重新壮大，孝武帝从洛阳西迁长安，投奔关中的宇文泰，试图摆脱坐镇晋阳的权臣高欢的控制。高欢和宇文泰得以先后控制各自的魏室傀儡，北魏正式分裂为东魏、西魏，又分别禅让于北齐和北周。

以高欢为代表的北镇勋贵建立的东魏、北齐，占据了北方大部分发达的农业区和北魏近三分之二的人口，北齐基本上承认汉族官僚的土地所有权，大量的小农由此沦为豪族的荫户。关陇一隅的西魏、北周，初始时经济实力远弱于东魏、北齐。

宇文氏攫取西魏权柄后，悉心致力于关中地区的经济开发。经过三代帝王的不懈经营，终于使属于落后地区的关中，成为西魏、北周得以立国的经济重心，并成为向东向南扩张的战略基地，还趁着南方王朝更替之机，意外攫取蜀地。北周最后灭北齐，也是水到渠成的结果。

北朝是北方少数民族入主中原后，在中原地区建立的封建性政权，所以北朝文化体现了北方少数民族文化精神，属于高原大漠草原文化。在生活方式上，北朝人能歌善舞，继承了北方少数民族农业与畜牧业并重的特点，往往以掠夺、战争为其能事，以夸示勇武为其荣耀，显示出游牧民族的流动性与外向性。北朝鲜卑拓跋部族是由原始社会脱胎而进入封建社会的，它既带有原始社会的一些特点，同时由于统治者强行推行汉化政策，又具有汉文化的某些特征。以孝文帝改革为标志，北朝完成了拓跋部族封建化的历史进程。所以北朝文化是晚熟的，总体呈现出刚健勇武、厚重悲凉的风貌。

第二节　民族融合：胡人汉化与汉人胡化

五胡的首领多倾慕中原文化。他们重用汉人，委以国政。如石勒用张宾，苻坚用王猛，北魏拓跋氏用崔浩、李安世，北周宇文氏用苏绰等。鲜卑建立的北魏，更有孝文帝推行大规模的全方位汉化运动。崇尚多元和合的中原文化，在胡、汉共存中处处勃发着生机。胡化的汉人高欢与汉化的胡人宇文泰，显示出民族之间的藩篱实已松弛。

北方游牧民族南下，进入汉族农业区，为先进的社会所同化；中原则出现了胡乐盛行的斑斓景象。这就是所谓的汉胡互化。它当然是一个极为缓慢而不易被察觉的过程，匈奴及其他民族的汉化都是如此。

一、胡人汉化

胡人汉化，中原的儒学起到了关键作用。从东汉初年南匈奴进入山西，到西晋初年匈奴部众的南迁，持续了200多年，匈奴逐步汉化。以至于匈奴人建立的政权，称之为“汉”，是十六国之一。大约在曹操晚年，匈奴贵族因上代是汉朝皇帝的外孙，而改姓刘。汉国的建立者刘渊，在学习汉族传统文化方面很下功夫。他师事著名经学家崔游，学习《毛诗》、《京氏易》、《马氏尚书》，尤其爱好《春秋左氏传》。他能背诵孙、吴兵法，熟读诸子百家以及《史记》、《汉书》，颇为自负，自命集汉初辩士随何、陆贾与名将周勃、灌婴四人才干于一身。公元304年，他起兵反晋，为了争取汉人的支持，宣称自己是“汉氏之甥，约为兄弟”，因此他立国号为“汉”，自称汉王，追尊蜀汉后主刘禅为孝怀皇帝，以示自己的政权是汉朝宗室的延续。刘渊建立汉国后，任用他的经学老师崔游为御史大夫，东汉大儒卢植的曾孙卢志则被任命为其子刘聪的太师。

由此不难看出，十六国第一个政权建立者——匈奴人刘渊的汉化程度很深。

建立后赵国的羯族人石勒，汉化程度也很深。他认识到羯族力量有限，要巩固后赵政权，必须争取同汉人合作，尽量采用汉人的治理方略。他重用“博涉经史”的汉人张宾为谋主，言听计从，下令胡人不得凌辱衣冠华族（汉人），派官员到各地劝课农桑。他不识字，却喜欢听人讲经、诵读史书，虽在戎马倥偬之中，也不稍懈怠。他设立太学和郡国学，用儒家经学培养包括羯族将领子弟在内的人才，并且建立秀才、孝廉试经之制，用儒学选拔官员。

氐族建立的前秦，君主苻坚重用汉族寒门士人王猛，按照汉法改革政治，发展经济、文化。他对王猛主张的“宰宁国以礼，治乱邦以法”，十分欣赏与支持。他广修学宫，亲临太学考试学生经义优劣，奖励儒生，以争取汉族士大夫的支持。

北朝是北方少数民族入主中原后，在中原地区建立的封建性政权。汉魏以降的华夏文化，经由三途至北魏孝文、宣武两朝，取精用宏，熔冶为一。北魏前期，胡族统治者和汉族士人之间有着很深的隔阂，胡族统治者对汉族士人防范甚严。至孝文帝提倡汉化，制定和推行了一系列汉化政策和改革措施，如迁都洛阳、禁鲜卑服、断北语、定姓族、举仪礼等。北朝统治者对北来的南朝士人，逐渐转为用倾心相待的气度由衷地礼接。北朝推行汉化，目的在于使原始落后、惯以马上治天下的代北贵族，不但在政治、经济和社会地位方面，而且在文化方面，都能成为与汉族世家门第并驾齐驱的社会阶层。孝文帝的汉化改革是顺应文化融合的潮流，以政治手段对汉化进程进行正面的积极推动。汉化过程主要是通过三种方式来完成的：一是统治者的提倡。北朝各统治者为了维持统治，也不得不采取拉拢和利用汉族士人的措施，这样汉族地主阶级的力量在消耗的同时又可以不断地恢复和发展，保证了家族的繁衍和文化的传承。二是经济往来所带来的汉文化的渗透。三是由南入北的文人巧妙地利用其地位，在统治者的决策中推行汉化政策。

二、汉人胡化

民族的同化总是双向进行的，胡人汉化的同时，就是汉人胡化。所谓汉人胡化，是在长期的交流中，汉人在生产、生活中潜移默化地吸收了胡人的习俗。这种变化，从东汉末年已经开始，灵帝“好胡服、胡帐、胡床、胡坐、胡饭、胡箜篌、胡笛、胡舞，京都贵戚皆竞为之”[①]。由于皇帝的倡导，京都的达官贵人竞相仿效，兴起了汉人胡化之风。这种风气到五胡十六国时期达到高潮。十六国时期，随着骑马民族的南下，畜牧及与其有关的生产技术被带到了中原地区。据北魏贾思勰《齐民要术》记载，牛、马、骡、羊等牲畜的饲养、役使方法，兽医术、相马术，以及制作毛毡、奶酪、油酥的技术，逐步为汉人所接受。《齐民要术》还谈到胡人的饮食习惯对汉人

① ［南朝宋］范晔：《后汉书》，中华书局，1965年版，第3272页。

的影响，它提到的“胡物”有胡饼、胡椒酒（筚拨酒）、胡饭、胡羹、羌煮等，看来中原地区的汉人已经把胡人的饮食习惯吸收到自己的生活中，逐步接受了烧烤兽肉、饮用奶酪的胡人习俗。胡语、胡乐、胡舞、胡戏的流行，给中原文化增添了新的活力和色彩。北方汉人子弟以学习胡语为时髦之举，久而久之，北方汉语中充斥了“胡虏”之音。胡乐对中原音乐的影响是深远的，胡笳、羌笛、琵琶等乐器，随着民族大迁徙，从漠北、西域以及其他地区传入中原，使传统音乐显得更加丰富多彩。西晋后期，天竺国送给凉州刺史张轨乐工 22 人，乐器若干，其中有笛子、琵琶、箜篌、五弦琴、铜鼓、皮鼓等，还带来了天竺调等乐曲。前秦末年，吕光远征西域，又获得筚篥、腰鼓、答腊鼓以及龟兹乐曲。

汉胡互化的累累硕果，由上不难窥知。一方面，胡族政权武力占据北方，要立国于中原，必须熟悉儒学传统，以汉法治汉人。另一方面，西晋末年，随着士族上层的渡江南下，装在他们头脑里的玄学也被带过江去，原先影响甚微的经学士族留在北方，他们保持着汉朝经学重礼仪的传统。胡族君主与汉人士族在这种背景下，进行了卓有成效的合作，儒学显示了强大的生命力与同化作用。

第三节　佛教的传入与传播

佛教发源于印度，传入中国的具体时间，异说颇多。传入之初的流布形态，缺乏可信资料，目前尚不得确知。较为通行的说法是东汉永平十年（67 年），汉明帝派遣使者到西域搜求佛像和经典，迎请高僧到洛阳，并在洛阳建立了第一座官办寺庙——白马寺，后来成为我国寺院的发祥地。也有研究者认为，佛教东渐是通过西北、西南以及海上多个渠道先后传入中国的。在这个过程中，他们中的一些人学习了汉语，并且能够用汉语宣讲佛经。佛教传入中国，是适应了当时封建统治阶级的需要。

一、佛教初入中国

汉末三国是宗教思想转变之时，中土的道教开始呈现体系，西来的佛教也开始以自己的面貌呈现。魏继后汉，建都洛阳，政治制度与文化基本承后汉余绪，曹魏的佛教也可说是后汉佛教的延伸。魏、吴两国的统治者都兴佛事。魏明帝曾大起浮屠，陈思王曹植也喜读佛经，并创作梵呗。东晋佛教的各种新变大都能在魏末找到端绪。天竺、安息、康居等国的沙门，先后来到洛阳，从事佛教经典的翻译。支谦、康僧会是其中的佼佼者。支谦先世本月支（即月氏）人，他的祖父支法度在后汉灵帝时，率领国人数百东来归化。支谦生在中国，早年受业于汉末支谶的弟子支亮，汉献帝末年避乱到武昌，更入建业，专以译经为务，广泛涉及大小乘经律，虽是继承支谶的思想体系，却纯用意译，文体亦变冗涩为简洁流利。康僧会的祖先是康居人，世居天竺，他的父亲因经商迁到交趾，僧会十余岁时出家，早年承安世高“安般”之学，明解三藏。支谦、康僧会等先后入吴。孙权曾问支谦以经中深义，拜为博士，令和韦昭等一同辅导东宫。孙权父子视康僧会为博学多闻的才智之士，在建业为康僧会修建了江南第一座寺庙——建初寺。后来孙权之孙孙皓即位，要毁坏佛寺、污秽佛像，因康僧会说法感化，改受五戒。

戒律的传入，是三国佛教的重大事件。汉代禁止汉人出家为僧，魏境虽有佛法流行，然而僧众只是剪除头发，也没有禀受归戒，所有斋供礼仪都取法于传统的祠祀。魏废帝嘉平二年（250 年），中天竺人昙柯迦罗来洛阳创立传戒制度，洛阳僧众共请受戒的羯磨来传戒。这是中土有戒律受戒之始。最初依此羯磨而受戒的有朱士行等人，一般即以朱士行为中土出家沙门的肇始。朱士行越过流沙，西行求经，滞留于阗到圆寂。

三国时期佛教的传弘，虽然范围还不是很广阔，但已逐渐和中土固有文化相结合，主动在中国文化中“挖掘护教的理据”，开始对印度佛教做更多更系统的本土化改造，如支谦、康僧会在他们的译籍里，不但文辞典雅，且能自由运用成语来表达佛教思想。旧传康僧会来到吴地传播佛教时，还带来印度佛教画本，当时画家曹不兴即据以绘画佛像，成为名家。

二、南方佛教与北方佛教

十六国时期战乱形成的特殊土壤，非常有益于外来文化——佛教在中原大地的流布。北方受战乱的影响要远远大于南方，所以，佛教在北方的流行比南方更盛。事实上，无论是东晋王朝还是北方列强，都对佛理表现出强烈的兴趣。他们资助僧团，甚至有为数不少的王室成员成为居士。东晋的王室、朝贵及一般社会知名之士如许询、王羲之等，很多都热心于佛寺的建造。历史上著名的东林、道场、瓦官、长干诸寺，大都建在此时期。

1. 南方佛教之发展

西晋虽为时不长，但佛教却有着相当大的发展。当时朝野对佛教的信仰，已经相当普遍。洛阳、长安两京寺院林立，僧尼上千。竺法护、安法钦、疆梁娄至等人分别在敦煌、洛阳、天水、长安、嵩山、陈留、淮阳、相州、广州等地，或翻译经典，或弘传教义，或从事其他佛教活动。南方为东晋王朝所保有，其文化是西晋文化的延长，一向和清谈玄理合流的佛教，也随着当时名僧不断地南移，形成了庐山和建康两地的佛教盛况。

东晋初期，名流相继避世江东，玄风首先跟着南渡。长于清谈的义学名僧竺道潜、支遁为时人所重，王朝首都建康的道场寺成了南方的佛教中心。朝廷士大夫也崇尚佛教，元帝、明帝都以宾友礼敬沙门。当佛教与政治密切结合、僧人参与政事后，各种弊端不可避免地显露出来。桓玄于姑孰（今安徽当涂）篡夺皇位后，即出台一系列抑佛、毁佛政策，至庾冰辅政，代成帝诏令“沙门应尽敬王者”。朝臣主张不一，慧远便著《沙门不敬王者论》5篇，朝贵又致力宏护，寺院阶层从此获得特权，建康佛教盛极一时，慧远也成为中国早期佛教史上最杰出的护教者。

慧远早年于儒道学说都有根基，21岁依道安出家，对般若性空深造有得。道安襄阳被劫，分散众徒。慧远离开道安，后入庐山东林寺，率众行道，使用佛像，倡导禅定。他以优雅脱俗的举止、非凡的智慧赢得人们的尊重，不久即被比作襄阳时的道安。东林寺也在以后的几个世纪都扮演着重要角色。没有文献表明慧远此后离开过庐山，但当时的显要权贵并未因慧远希冀自己远离俗世而放弃和他的来往。刘裕在和卢循作最后一次激战时路过庐山，居然不忘派遣使者给慧远送去钱米什物。更耐人寻味的是，卢循作为当时的叛军首领，此前北伐反抗朝廷时，也上庐山拜访过慧远，并与慧远畅谈良久。刘裕深知此事，并向慧远修书致敬。慧远一生都没有改变这种无为、平等的态度，这让庐山僧团逃过了桓玄残酷的“沙汰之劫”。

慧远身处山林，标榜清流，写下了大量弘法护教性质的书信、文章，力图在内容、语词、文风上通俗化。这使佛教最终渗透到了社会的各个阶层，成为中国文化不可分割的组成部分。

南朝各代的统治阶级及一般文人学士大都崇信佛教。宋文帝常和慧严、慧观等论究佛理，孝武帝信任僧人慧琳，使他参与政事，被称为“黑衣宰相”。梁武帝起初崇奉道教，即位第三年，亲自制文发愿，舍道归佛。建大寺，造佛像，办斋会，重译事。邀著名的扶南译师真谛东来，与僧伽婆罗等一起翻译。梁武帝极力倡导大乘经的断肉禁食，这改变了汉代以来僧徒食三净肉的习惯，对后世影响很大。武帝长子昭明太子萧统、三子简文帝、七子元帝，也都好佛。不久侯景事变，寺塔被毁，僧徒被杀，建康佛教一时衰微。

南朝佛教一般偏尚玄谈义理，出现了各种不同的学派，如以讲习、研究《涅槃经》为主的涅槃师，以发挥《成实论》思想为主的成实师，以钻研《阿毗昙心论》为主的毗昙师，以弘扬《十地经论》为主的地论师，以研习《楞伽经》为主的楞伽师，以阐发《摄大乘论》义理为主的摄论师等。这些师说，为隋唐时佛教宗派的最终成立奠定了基础。南朝寺院尼僧甚多。宋代从西土东来的译人，就有罽宾的佛陀什、昙摩蜜多、求那跋摩，西域的畺良耶舍、伊叶波罗，印度的僧伽跋摩、求那跋陀罗等。中土的译人，有西凉的智严，凉州的宝云、沮渠京声，幽州黄龙的昙无竭（法勇）等。在实修方面，只是宋初曾一度有盛传禅法的风气，宋末以后，禅法即衰，传戒持斋等佛事渐兴。在刘宋的前半期，佛典翻译已相当发达；到了齐梁二代，佛教虽更隆盛，译事反倒逊色；进入梁末陈初，战祸相续。真谛在颠沛流离之间，开创摄论学派，留下众多重要典籍，从此南北摄论师辈出。佛典翻译文学到了这一时期，对于一般文学的影响更大，谢灵运、颜延之、沈约、萧统、徐陵等，都能轻松自如地运用佛典的理趣、风格及故事入诗文。佛寺、造像、佛画在南朝也较为常见，只是限于天然地形环境，凿窟造像之风不及北朝之盛。

2. 北方佛教之发展

约公元310年起，整个北方就置于异族统治之下。佛教宣扬的没有华夏之别、正朔相承之类的观念，尤其是神不灭、因果报应、三世轮回等学说，对少数民族入主华夏更有辩解作用。所以这些地区的大多数统治者，都希望通过提倡佛教来为自己的政权歌功颂德，巩固统治基础。正是由于这些异族统治者与佛教的紧密联系，北方的佛教既作为社会现象又作为教义理论，形成其特有的形式，走出一条特有的道路，产生出与佛教信仰进入中国中部和南部贵族社会完全不同的景象。特别是二秦的佛教，在中国佛教史上占据极为重要的地位。前秦建都长安，其地处于与西域往还的要冲。苻坚凭借天时地利，竭力罗致高僧，试图将佛教控制在自己可以利用的范围，为苻氏皇权服务。尤其是当时享有盛誉的释道安、鸠摩罗什和竺僧朗等人，他都迫切地想收为己用。道安、罗什不仅是一代高僧，而且学识渊博、道德高尚，是先进文化的承载者、社会公共道德品行的楷模，通过他们可以最有效地维护社会道德，而苻氏家族和其所统治的北方社会恰恰缺乏这样的人才。所以在苻丕攻下襄阳时，苻坚就因曾师事佛图澄的道安和襄阳名士习凿齿落入自己手下备感欣慰。释道安、习凿齿等人的北上，形成了北方佛教迁移到中原大地后的支脉，为关陇玄风的兴盛注入了活力。道安极富文学才华，历史知识扎实，对金石颇有研究。他宣讲佛法，组织佛典传译，制定僧尼赴请、礼忏等行仪轨范，创编经录，疏注众经，提出了关于翻译的理论。此外他还决定了沙门以释为姓。在道安的众多高足中，就有南方佛教领袖慧远。

后秦弘法，尤盛前秦。当年苻坚出兵西域，就被人质问礼聘龟兹高僧鸠摩罗什有何目的。姚兴出兵凉州时，罗什已被苻坚的大将军吕光迎到凉州，再被姚兴请到长安，奉为国师，入西明阁和逍遥园从事翻译。罗什广究大乘，尤精于般若性空的教义。四方义学，顿时群集长安。少年时即到姑臧（今甘肃武威）从罗什受业的僧肇，最悟罗什的中观性空缘起思想。在长安从事翻译的，还有弗若多罗、佛陀耶舍、昙摩耶舍等，他们有的传《法华》，有的传《涅槃》，有的传《成实》。姚兴以罗什弟子为职，管理僧尼的各种事务。

罗什译出大量经典，传播龙树思想，使般若学说走上独立的道路。就翻译质量而言，无论是语言、内容的准确性、文采等诸多方面，罗什融冶华梵的翻译都是前所未有的。后世将罗什的翻译称之为“新译”，将之前的翻译通称为“旧译”，可见罗什是开创了中国翻译史新纪元的。

北方少数民族政权大力弘扬佛教，佛教对消解各少数民族间的互相猜忌、增进汉族与少数民族的合作，起到了十分有益的作用。

进入北朝时期，少数民族统治者大多具有汉文化钦慕心理，也想利用佛教收揽人心。这为佛教的发展提供了条件。出于历史的因缘际会，佛教得以与儒、道二教共同汇集于中原地区。

魏拓跋氏从道武帝和晋室通聘后，即信奉佛教。道武帝本人览佛经，见沙门。高欢迁孝静帝到邺都，洛阳诸寺的僧尼也随同移邺。邺都臣民多随便舍宅地立新寺。西魏宇文泰则提倡大乘，尝命沙门昙显等依经撰《菩萨藏众经要》及《百二十法门》，作为讲述的资料。由于诸帝奉佛的影响，朝野风从，民间经官私得度出家为僧者日多。也因战争频繁，百姓多假称入道以避徭役。太武帝因道士寇谦之、司徒崔浩的进言，于太延四年（438 年），令 50 岁以下的沙门还俗，以充兵役。又禁止官民私养沙门。后因对盖吴的内乱用兵，怀疑僧徒与内乱有关，下令焚毁经像，诛杀长安及各地沙门。这是中国佛教史上三武一宗灭法之始。但随之而来的却是佛教的大兴。孝文帝迁都洛阳后，即大力推广佛教。洛阳原来只有十数所庙宇，后来竟达千余所。集居庙宇的僧侣极多，从西域来的就达千人以上，菩提流支为首席。流支是印度菩萨世亲的四传弟子，永平元年（508 年）携大量的梵本经典来洛阳，其中有世亲的《十地经论》，这是世亲对经典《十地经》的解释。流支译出此论后，当时佛学界竞相传习，逐渐形成了“地论师”一说。

北朝在中国佛教文物方面，留下不少宏伟的遗迹，特别是石窟。昙曜于兴安二年（453 年）请文成帝在平城西武州山开凿石窟 5 所，建立佛寺，称为灵岩。后来献文帝、孝文帝也相继开凿许多石窟。北齐开凿的响堂山石窟，以刻经洞、释迦洞、大佛洞三大窟为中心，其中刻经洞是北齐特进骠骑大将军唐邕所刻。窟壁所镌刻的石经，是房山石经的先驱。著名的龙门石窟（在洛阳城南伊阙龙门山），也是此时所营造。

第四节　灭佛运动与佛道关系

一、南北朝时期的寺院经济与灭佛运动

佛教从两晋开始，变得越来越兴盛，与之伴随的是寺院经济的发展甚至是极度膨胀。西晋时沙门竺法乘投靠竺法护做了沙弥，竺法护不仅道行为世人所认可，而且非常富有。有一次竺法护答应一次性向长安豪门借出资财二十万钱，足见其富有程度。当时的寺院参与经济活动，除从事农业外，还从事商业、手工业和占卜、医病等活动，这些经济活动的盈利远远超出了寺院的日常支出及僧侣生活开支的需求，已经以聚敛资财为主要目的了。据记载，东晋时遁入佛门者不乏贪婪无度营求资财之人，与一般的农民、商人、医生、投机者、方士没有区别。

佛教的快速传播使寺院经济急剧膨胀。根据《广弘明集》的记载，到北齐武平年间（570—576 年），几乎所有的良田都被寺院占有。据《南史·郭祖深传》的说法，梁武帝时，首都附近有寺庙 500 多座，都很宏伟壮丽，其中的僧尼约有 10 余万，至于下层郡县，寺庙与僧尼的数量更难以统计。寺院经济实力增加的同时，僧侣中

也出现了分化，高级僧侣成为寺院地主，出现了寺院地主经济。

南北朝时，对寺院经济推动最大的是佛教的“国教化”，南朝梁国就把佛教定为国教。梁武帝天监三年（504 年）颁布了一道崇佛诏，其实际作用就是以国家机器的权威确定了佛教的崇高地位。他还身体力行，在位期间四次舍身，让大臣们向寺院捐巨资将自己赎回。这些举措使得人人趋向佛门，出家僧尼的数量暴增。从北魏太延四年（438 年）到北魏末年（528 年）的 90 余年时间里，佛教僧尼人数从几千增加到 200 多万。南朝宋时有佛寺 1913 处，僧尼 36 000 人；齐时有佛寺 2015 处，僧尼 32 500 人；梁时佛寺达 2846 处，僧尼达到惊人的 82 700 人。僧尼除了拥有财富，还蓄有大量奴婢以供驱使。

寺院地主经济虽然是地主阶级经济的一部分，但它注定与世俗地主经济有着不可避免的竞争性。二者之间的矛盾冲突是不可避免的。

魏晋南北朝时期，寺院地主经济取得了与世俗地主经济同等的地位，二者对土地、劳动力以及其他财物展开了争夺。史书上记载南朝宋时的王僧达，官至中书令，也封了侯，向西台封富有的沙门索要钱财，不满意，便派人抢劫了寺内的一个僧人，抢得数百万钱。这个例子比较极端，但是，大部分世俗地主成员对寺院地主阶层怀有不满，基本上是可以确定的事实。其次，由于寺院经济得到特许，可以不纳税，在一定程度上动摇了国家的财政基础。此外，寺院由于受到崇高的礼遇，随着经济实力的膨胀，寺院也成为游离于地方政权之外的独立王国，在某些情况下成为难以控制的一股政治力量，大有割据之势。据统计，北魏孝文帝至宣武年间的 12 次农民起义中，僧侣领导的占 6 次之多。正因为如此，自北魏时期起，先后出现了几次灭佛运动。我国佛教史上的“三武一宗之厄”即指此事。具体来说，指北魏太武帝拓跋焘、北周武帝宇文邕、唐武宗李炎以及后周世宗柴荣所发起的四次大规模禁佛、灭佛运动。

北魏太武帝先后发动两次灭佛运动，都与政治有关。第一次是因为宗教卷入了政变，遂于太平真君五年（444 年）对巫、道、佛均进行禁灭。第二次在太平真君七年（446 年），因为佛教参与了盖吴领导的反魏起义，太武帝进一步推行苛虐的废佛政策。北周武帝灭佛则是出于经济上的考虑，灭佛之后，老百姓赋役减轻了，国家的财税收入增加了，军事力量也变强了。

二、佛道争论与混融

佛教刚传入中国的时候，人们对它的理解并不完整，也不准确。佛教文化对于当时的中国人来说，是一种全新的文化。为了传播这种异于本土文化的佛教文化，当时的人们采用的方法就是文化转译，即借助于已有的文化因素来理解未知的文化因素。相传第一部阐释佛教义理的中文著作是三国孙吴人牟融所写的《理惑论》（也称《牟子》），他对于佛的理解是：“恍惚变化，分身散体，或存或亡，能小能大，能圆能方，能老能少，能隐能障”，可以“蹈火不烧，履刃不伤，在污不染，在祸无殃。欲行则飞，坐则扬光”。我们知道，这种写法与真正的佛陀相去甚远，而与中国道家的写法有些类似，如《庄子》一书中写藐姑射之山的神人：“藐姑射之山，有神人居焉。肌肤若冰雪，淖约若处子，不食五谷，吸风饮露，乘云气，御飞龙，而游乎四海之外。”对于佛法的理解，牟融则把它想象成中国道家所说的“道”，说佛法“导人致于无为，牵之无前，引之无后，举之无上，抑之无下，视之无形，听之无声，四表为大，蜿蜒其外，毫厘为细，间关其内”，佛法的目的就是引导人走向“无为”，这不是道家又是什么？

东汉时已产生佛道之争，如发生过迦摄摩腾与诸道士论难之事。南北朝时期道教理论体系确立，已足以与佛教抗衡，佛道之争进入白热化阶段。

北魏孝明帝正光元年（520 年），朝廷召集清通观道士姜斌与融觉寺僧人昙无最辩论佛、道二教先后。姜斌引用《老子开天经》，认为佛是老子的侍者。昙无最引用《周书异记》、《汉法本内传》等，认为佛出生在老子之前。据传昙无最驳倒了姜斌，又证明了《开天经》是伪作。孝明帝大怒，打算处姜斌以死刑，经西域三藏法师菩提流支苦谏，才得以赦免，改为流放。

北齐文宣帝天保六年（555 年），文宣帝召集沙门与道士辩论，道教败北，于是命令道士削发为僧。

北周武帝天和四年（569 年），武帝召集百官、道士、沙门、名儒 2000 余人，讨论儒、释、老三教位次，皇帝最后判定以儒教为先，道教为次，佛教为后。

北周武帝建德二年（573 年），朝廷再次召集群臣及沙门道士等论辩三教先后，以儒教为先，道教为次，佛教居后。还有一种说法是，由于名僧僧昄、僧猛、静蔼、道积等人据理抗争，终未确定三教位次。北周武帝时进行过好几次儒道佛的论争，每次都相当激烈。

从本质上来讲，佛道的论争最终并没有分出高下，而是起到了意想不到的作用，一方面促进了佛教的传播，另一方面使道教不断从佛教中汲取营养，变成一个体系更加完整的宗教。尤其是南梁的陶弘景，作为道教发展史上一个举足轻重的人物，他吸取了一些佛教的东西，将其融合在道教之中。像道教中建造像、立庙宇、设仪范等，大部分是从佛教中借鉴而来的。

道教吸收佛教始于东晋中叶。东晋杨羲所撰《真诰》就是借鉴了佛教的《四十二章经》。此后一直到南朝，很多佛教术语逐渐出现在道教的理论之中，如“十方”、“三业”、“三界”、“因缘”、“地狱”等，涅槃轮回、因果报应等佛教思想也被改造成道教的内容。东晋末年面世的《灵宝度人经》中出现了佛教济度他人的思想，此经后来成为道教的重要经典。《太上洞玄灵宝真一劝诫法轮妙经》是道教经典，认为今世的果都是前世的因导致的，今世如果多行善，来世就会有富贵之报。

晋宋之际，许多佛教戒律也被照搬到此时问世的道教三洞四辅（《道藏》中对经书的分类名称）诸经中，其中五戒、八戒、十戒等与佛教戒律条款完全相同。与此同时，道教的道馆制度也在兴起。道馆是道士们集体活动和生活的场所，道馆在财产占有、赋税力役免除方面，与佛教寺院相类似。

在与佛教的论辩中，道教也逐渐完善了自己的神仙谱系。南朝顾观和陶弘景做出的努力最大。陶弘景作《真灵位业图》，首次建立了一个完整的道教神仙谱系。据说陶弘景在茅山立佛、道二堂，隔日礼拜，曾经向昙鸾大师学佛教的《观无量寿经》。陶弘景在《真诰》中认为存在仙、人、鬼三个世界，而且这三个世界是可以相通的，人为善则成仙，为恶则成鬼，这一说法与佛教的“神不灭”和“轮回”思想非常类似。

从现存的北朝道教造像中，也不难看出佛教的痕迹。北周武帝保定二年（562年）李昙信兄弟所造的道教神仙像都带佛像痕迹，如造像中的莲花、火焰纹、大背光等装饰纹样，还有四足座、莲花座和飞天、狮子、供养人等因素也与佛教类似。

第五节 南北朝艺术与科学

在整个南北朝期间，由于边疆民族内迁、北方人群南下，造成文化大交流及混成，儒学一统的局面被打破，玄道佛兴起，文化与学术研究都呈现出多元格局。音乐、舞蹈、绘画、雕塑、书法乃至园林建筑——尤其是诗歌，在这一时期都发生了重大的变化。反映各种社会状况的史书，在此时期盛行。画论、画史也建立起来，如南齐谢赫的《画品》提出绘画品鉴六法，其中的“气韵生动说”被历代画评家奉为绘画艺术的最高水准。南、北对峙一定程度上造成了文化发展的不平衡，东晋南朝文化之繁荣远远超出十六国北朝之文化。南北文化艺术也彰显出自己的特色，如南方以绘画为主，北方以雕刻塑像为主。北朝诗歌模仿南朝的痕迹相当明显，总的说来，南方清绮，北方质朴。北方文化对南方文化的影响，主要是在文学和佛学两方面。

一、文学

文学理论的发展引人注目，有几个节点值得注意。三国时期曹丕的《典论·论文》提出“文气说”，揭示了文学作品风格与作家才性之间的关系，同时对文学的形式与内容进行分析。西晋陆机所撰《文赋》对文学创作的过程进行描述，提出了创作冲动、文学想象以及灵感论等内容。这一时期文学理论最有代表性的作品是齐梁时期刘勰的《文心雕龙》，该书是古代中国第一部内容成熟、体系完整的文论著作，具有划时代的意义。钟嵘《诗品》是我国现存最早的诗论著作，使诗学从文学理论中独立出来，建立了独立的诗学体系。

《文心雕龙》的精华内容集中于创作论和批评鉴赏论两个部分。在创作论部分，刘勰辨析了文质关系，讨论了艺术构思（即“神思”），区分了不同的文学风格，并提出了风骨论。在批评鉴赏论部分，他指出了在批评鉴赏过程中容易犯的几种错误，如“贱同而思古”、“崇己抑人”、“信伪迷真”等，认为要客观而全面地开展文学批评，必须多阅读文学作品，树立正确的批评态度，掌握“六观”（“观位体”、“观置辞”、“观通变”、“观奇正”、“观事义”、“观宫商”）的文学批评方法，从而发现作品的特色。

钟嵘是南朝人，其《诗品》大约写于梁武帝时期。全书将两汉至梁代122位诗人分为上、中、下三品进行评论，每品一卷，每卷前面有序，这些序集中反映了钟嵘的诗歌批评理论。钟嵘认为，诗歌的本质就是表达人们有感于外物而引起的性情，真正的诗歌应当有“滋味”，有审美价值，诗歌最高的美学追求应该是追求自然，不以卖弄学问为高。

在文学理论迅速发展成熟的同时，文学创作实践也在发展。南北朝文学是乱世文学。敏感的文人在战乱中最容易感受人生的短促、生命的脆弱、命运的难卜、祸福的无常以及个人的无能为力，从而形成文学的悲剧性基调，以及作为悲剧性基调之互补的放达，后者往往表现为及时行乐或沉迷声色。繁复曼衍的清商艳曲婉转悠扬，这样的崇尚与渡江之后世家大族、贵戚达宦的优雅奢华之风是极为合流的。这种创作风气一直延续到初唐，到“四杰”和陈子昂才有了根本的改变。

齐梁两代有两个值得注意的文学现象。一是诗体发生了重大变革。周颙发现汉语的四声，沈约将四声的知识运用到诗歌的声律上，并与谢朓、王融共同创立了“永明体”。他们试图建立比较严格的声调和谐的诗歌格律，并且在词藻、用事、对偶等方面做了许多新的探索。这为唐朝近体诗的形成做了必要的准备。但诗风绮靡、严苛声律的齐梁诗歌往往被认为是“竞一韵之奇，争一字之巧”的形式主义泛滥的靡靡之音，齐梁诗歌声韵的精谨与辞藻的丰赡并未得到认同，相反却屡被质疑其束缚了真情实感的表达。二是在皇帝和太子周围聚集了一批文人，形成三个文学集团，分别以南齐竟陵王萧子良，南梁萧衍、萧统，以及南梁萧纲为中心。创作活动的群体参与，虽可以在互相切磋中提高艺术技巧，但也容易导致取材和风格的趋同性。西晋末年，在士族清谈玄理的风气下，产生了玄言诗，东晋玄佛合流，更助长了它的发展，以至玄言诗占据东晋诗坛达百年之久。刘宋初由玄言诗转向山水诗，谢灵运是第一个大力写作山水诗的人，他把自然界的美景引进诗中，使山水成为独立的审美对象。他的创作不仅把诗歌从“淡乎寡味”的玄理中解放出来，而且扩大了诗歌题材，增强了诗歌的艺术技巧和表现力，开启了南朝一代新的诗歌风貌。继陶渊明的田园诗之后，山水诗标志着人与自然进一步的沟通与和谐，标志着一种新的自然审美观念和审美趣味的产生。鲍照的乐府诗，唱出了广大寒士的心声，于诗歌艺术的探索与创新也有十分积极的意义。南北朝时的文人不仅要适应战乱，而且要适应改朝换代，一人前后属于两个朝代甚至三个朝代的情况很多见，由南入北的也不在少数。如庾信在梁代末年北上，促进了南北文风的交流，他自身也成为南北朝文学的集大成者。北朝文学不乏佳作，如《水经注》、《洛阳伽蓝记》和《颜氏家训》等。北魏末年与北齐时期文学的成就，也一样引起南朝文人的注意。

二、佛教艺术

佛教对南北朝艺术产生了巨大的影响，最重要的体现在绘画和雕塑两个方面。

三国吴国的曹不兴是有史料记载的最早的佛像画家。佛教在三国时期经由僧人支谦和康僧会传入江南，相传康僧会入吴传授佛法时，带有印度佛画的范本，曹不兴以此为蓝本，创作了佛像绘画。西晋卫协的画作中也有一部分是佛教作品。对于佛教绘画影响最大的当数南梁时期的画家张僧繇。

梁武帝对于佛法的推行不遗余力。在他统治期间，佛教非常兴盛，不仅寺庙多，而且僧人众多。在此环境中，张僧繇也受到格外的器重。他创作的佛像风格被称为“张家样”，对后代影响很大。“张家样”与此前流行的陆探微“秀骨清像”风格完全不同，人物形象比较丰腴，面部短圆，色彩艳丽。他在线条运用上创造了用洗练笔法表现人物神情的“疏体”，这种风格对唐代吴道子的影响很大。张僧繇没有作品传世，现存《北齐校书图》（宋摹本）和山西太原的娄睿墓壁画能体现出张僧繇首创的“张家样”的大体风格。他的画作写实性较强，且具有较强的立体感。传说他曾在一乘寺画凹凸花，因立体感强，后来人们把一乘寺改称为凹凸寺。

曹仲达是北齐画家，来自中亚曹国（乌兹别克斯坦撒马尔罕一带）。他创作的“梵象”很有名，往往以稠密的细线表现衣服巾身的皱褶，好像刚从水中出来一般，被誉为“曹衣出水”、“曹家样”。这一风格实际源自印度笈多朝造像。在遗存的艺术作品尤其是雕塑品中，时时可以见到“曹衣出水”的生动形象。“曹家样”概括了佛教艺术最初传入的几个世纪中外交融的艺术风格。

南北朝的佛教壁画也蔚为大观，现存的石窟壁画以北朝的克孜尔石窟与敦煌莫高窟最为有名。克孜尔石窟位于新疆拜城县，有236个洞窟，其中70余窟壁画保存完好。创作时间大致从公元4世纪后半期一直延续到七八世纪。石窟一般是主室门壁上方画说法图，二壁画佛传故事，券顶上在许多菱形的区划中画佛本生故事和譬喻故事，甬道及后室（或后甬道）画涅槃、焚棺、分舍利等。这里的壁画在创作时没有用白色打底，而是直接在泥壁上作画。颜料中既有能起到覆盖作用的不透明颜料，也有透明的颜料。着色时采用平涂的烘染，水分在墙壁上自然晕散。这种“湿画法”，也称凹凸画法，史学界认为，它是古代龟兹国人留给后世的一朵壁画奇葩。

敦煌莫高窟建于前秦时期，其中北朝窟内四壁上层及顶部或平棋（犹今之天花板）画飞天及天宫伎乐，下层为药叉（即夜叉，佛教中的一种鬼道众生）等，中部除千佛外，主要画说法、本生和因缘故事。南北朝时期中原混乱，民众生活于苦难之中，佛教宣扬苦海轮回、当世忍辱、求得来世成佛的思想为民众所接受，因此壁画中盛行本生、本缘故事画。本生是巴利文“Jataka”的意译，表现释迦所述前世因缘故事，常以前生为国王、王子、婆罗门、商人以及弱小动物的遭遇为比喻，突出施舍、仁义等思想，宣扬忍辱牺牲、舍己为人的苦行。北朝壁画常以红、白、蓝、绿等浓烈的原色为基调，给人以庄重深沉的感受。

佛教雕塑艺术也是南北朝时期重要的艺术形式。十六国时期的雕塑在甘肃敦煌莫高窟和永靖炳灵寺还有保留，但数量不多。进入南北朝时期，北方各国或新开凿，或在原有石窟增建，出现了一批比较有代表性的佛教雕塑艺术作品。比较有代表性的石窟有：甘肃敦煌莫高窟、甘肃天水的麦积山石窟、山西大同的云冈石窟、河南洛阳龙门石窟、河南巩县石窟、山西太原天龙山石窟、河北邺城响堂山石窟、河南安阳灵泉寺石窟等。

敦煌莫高窟中存有南北朝时期创作的彩色泥塑。由于莫高窟地处砾岩层，沙质疏松，不宜雕凿，所以泥塑成为必然的选择。这一时期的泥塑，既有以圆塑（离开墙面独立制作的塑像）形式制作的佛和菩萨的造像，也有装饰性的影塑（背面粘贴于墙上，正面凸起且高于壁面的浮雕，主要用以衬托主像圆塑）和高浮塑（凸出于墙面较高的雕塑）。塑像的人物形象体现出中原文化与西域文化相结合的特点。佛与菩萨塑像端庄肃穆，恬静内省。一般说来，泥塑比石雕易于刻画，表现效果也更为细腻，但莫高窟的彩塑多采用石雕手法，色彩敷设多用土红、石绿、石青、白、黑等颜色，显得沉着朴实。染色方法既有单色平涂，也有多色叠染。莫高窟彩塑基本上横跨北朝时期，能够反映出北朝雕塑艺术发展的轨迹。

麦积山石窟艺术作品种类较多，有泥塑、石雕、绘画，其中泥塑占比较大，石雕也有优秀的作品。从北魏至北周时期的洞龛占了现存麦积山全部洞龛的70%以上，可以说，麦积山石窟雕塑是魏晋南北朝泥塑艺术的集大成者。莫高窟的彩塑经过历代修缮，已非原貌，但麦积山石窟基本保留了原貌，能准确反映魏晋南北朝时期的雕塑艺术风格。该石窟中北魏时期的造像艺术风格可分为粗犷健壮和秀骨清像两种，前者受到西域艺术风格的影响，健美而庄重；后者受到南朝艺术风格影响，形体修长清瘦、线条流畅自如，显得幽静而秀丽。西魏作品在手法上更为简练概括，雕塑形象俊美潇洒，淡化了宗教艺术的神秘感，富有世俗生活情趣。北周时期的作品造型敦厚、风格简练，人物形体饱满，下巴渐趋丰满，表情生动自然，衣服纹饰更加简洁。从总体上来说，麦积山石窟仍然体现出中印文化交融的艺术特点。

云冈石窟依山而建，是北魏时期由皇室经营的第一座大型石窟，在魏晋南北朝雕塑艺术史上占有重要地位。该石窟可分为一期、二期和三期。第一期的石窟受龟兹石窟的影响，其造像面相丰圆，身短而丰硕，或袒或半裸上身，衣纹细腻，风格与莫高窟和麦积山石窟相似，能看出明显的来自外来文化的影响。二期造像则更为中国化一些，人物造型雍容，面相清秀，配饰奇特，意境深远。人物装束有的与南朝士大夫相同，体现出南北艺术风格融合的特点。三期多为中小型的石窟，雕塑风格中少了一二期那种宏大的气势，造像趋于瘦削，衣服的线条也趋于繁缛，更多地出现了民间的内容和民族艺术风格，富于生活情趣。

北魏孝文帝迁都洛阳，云冈石窟随之衰落，龙门石窟获得发展的机会。魏晋南北朝时期的雕塑造像约占龙门石窟总造像的三分之一。龙门石窟雕塑题材内容简明集中，大都突出主像；造像所体现出来的宗教神秘色彩越来越淡薄。在选择性地吸收、融化外来艺术的营养之后，龙门石窟发扬中国古代雕塑与绘画艺术传统，写实能力大为加强，使得外来艺术手法被熟练地融合于中国传统之中，艺术上更为成熟。

此后，河南巩县石窟、山西太原天龙山石窟、河北邺城响堂山石窟、河南安阳灵泉寺石窟等先后得到了发展，它们代表着北朝晚期的雕塑艺术风格。巩县石窟造像刚强健美的风格大大减弱，造像面容丰满慈善，没有多少神秘感。从天龙山石窟开始，出现了追求雕刻艺术美的倾向，佛教雕塑艺术美超越宗教意义成为首要因素。从响堂山石窟开始，佛教雕塑开始变得丰圆适度、温和写实，以前那种深目高鼻与秀骨清像的雕塑风格趋于消失。

南北朝时期佛教艺术的发展，其本质是借助于宗教传播的契机，中原艺术与外来艺术之间的大碰撞和大融合，在此基础上形成新的艺术风格，对后来中国艺术的发展起着承前启后的作用。

三、史学

南北朝继承了汉代以来设官修史之制。南朝宋设著作官（宋齐梁陈时官名及分职屡有更改），负责纂修国史（本王朝史）及帝王起居注。南齐始有国史与前朝史之分。北魏、北齐、北周等比较稳定的北方政权设有修国史的著作郎之职（北周称为著作上士、中士）。其中北魏设著作官及起居令史，使修史官与起居官逐渐分职。北齐始设史馆（或称史阁），为专门修史机构，影响中国日后的官方修史制度。西魏、北周亦设著作官制度。南北诸朝又有大臣监修史书。此外，南朝梁时始行编修梁武帝、梁元帝的“实录”，是为唐代开始一朝接一朝修实录之滥觞。纪传体断代史书在南北朝史学仍占一席之位。官修的有沈约《宋书》、萧子显《南齐书》、魏收《魏书》等，私修的有范晔《后汉书》等。记述寺院建筑的有杨衒之《洛阳伽蓝记》。地理类著作方面，以郦道元《水经注》为南北朝集大成之作。少数民族历史亦因五胡各族建割据政权而深受重视，成就较高的有崔鸿《十六国春秋》。

南北朝的注史之学，具代表性的有裴松之《三国志注》。裴注着重资料搜集、补充史实，不再局限于音训及解释史文，对中国的注史方法产生相当影响。裴松之对史料相互考异，日后史家有所继承，如司马光撰《资治通鉴考异》。裴注里又有对前代史家的评论，这推动了中国史学批评的发展。

四、科学技术

南北朝时期虽然宗教盛行，但是科学的精神仍然在发展，其中最具有代表性的莫过于范缜的《神灭论》。范缜写作《神灭论》缘于南北朝时争论很久的一个话题：人死后灵魂是否还存在？《神灭论》一文很有逻辑性，第一部分论述形与神的关系，认为神形相即，二者共生共灭，不能相离；第二部分认为神形本质是相同的，只是名称不同，就像刀刃之于锋利；第三部分认为人因为有智慧才异于木石；第四部分认为形的区别决定了神的区别；第五部分说明聪明的人是由于其天赋之身体即有过人之处；第六部分说明讲神灭的目的在于破除报应之说，以打击佛教的势力。以范缜为代表的“神灭论”观与宗教争论有关，姑且不论其正确与否，这种思想说明，在当时宗教昌盛之际，仍然有人对世界进行了理性的思考，其中的科学精神上承东汉，不绝如缕。正由于如此，南北朝时期在科学技术方面也取得了不小的成就。

南朝宋人祖冲之，从小对天算有兴趣。他在科学上有三大成就：一是在张衡、刘徽的基础上，将圆周率数值精确计算到小数点后 7 位数字。二是在天文历法方面，他是世界上第一个将“岁差”数值记入历法运算之人，他还将闰月规则修整，这是唐代之前最好的方法。三是在机械方面，制造出指南车、木牛流马、千里船（即脚踏轮船）与水力运转的水碓磨。祖冲之平生著作丰富，天文方面有《上大明历表》、《驳议》，数学方面有《缀术》、《九章术义注》。

郦道元从小志于地理学研究。由于当时地理著作不够完备，所以他在各地做官之际进行实地考察，然后以《水经》为蓝本，完成《水经注》。《水经注》为陆地水文地理著作，他以水道为纲，详细描绘其本身性质与周边环境，为中国古代地理学做出杰出贡献。

贾思勰为北魏农学家，家境较为富裕。他面对当时的天灾人祸及连年饥荒，主张重视农业，并以齐民谋生为己任。他所写的《齐民要术》在中国及世界的农学史上均占有重要地位。《齐民要术》以当时黄河中下游地区特别是山东地区为重点，描述当时农业生产概貌，并介绍中国传统农业细耕和经营方法，以及包括食品加工技术在内的农业科技。

【知识卡片】

国史之狱

平北凉后，北魏太武帝拓跋焘欲使自己统一北方的赫赫武功载入史册，责成崔浩领秘书监，主编北魏国史《国书》。作为主编，崔浩负责全书的“损益褒贬，折中润色”（《魏书·崔浩传》）。《国书》修成后，著作令史闵湛和郗标劝崔浩把它刊刻在石碑上，公布于众。来往行人阅后议论纷纷。拓跋焘因此囚禁了崔浩及秘书监郎吏诸人，并处以极刑，同时毁了全部石碑。崔浩所在的清河崔氏、姻亲范阳卢氏、太原郭氏、河东柳氏皆遭灭族之灾，与案件有关的秘书监官吏尽夷五族。这是北魏历史上的一次文字大狱。

崔浩是东汉以来儒家大族经西晋末年五胡乱华后留居北方的代表人物。儒家修史，一贯采春秋笔法。拓跋部统治者对《国书》内容的愤怒，指责崔浩暴扬国恶，可见国史之狱实是汉文化与拓跋部文化长期冲突的集中爆发，也表明拓跋部统治者在汉文化影响下，已在不自觉地用汉文化的伦理、道德、价值观念来规范自身的文化和政权。崔浩死后，北魏一代史学衰微，史官视修纂北魏前期历史为畏途。

宇文泰创建府兵制

府兵制是中国古代兵制之一，“府兵”这一名称由来已久，本泛指军府之兵，东晋时就有北府兵。西魏府兵不是南北朝军制的沿袭。为了与东魏抗衡，大统十年（544 年），宇文泰仿拓跋部早期八部制创建府兵制。府兵制共设八柱国大将军，实际领兵官为六柱国，各领一军；六柱国下，各发二大将军；每大将军，又各设二开府；每开府下，又各设二仪同；以下还有大都督、帅都督、都督等领兵官。每仪同领兵千人，开府领兵 2000，大将军领兵 4000，柱国大将军领兵 8000，总兵力近 5 万人。宇文泰自己为柱国大将军，为西魏军队的实际统帅。任命西魏宗室、广陵王元欣为柱国大将军，但仅挂虚名，并无实权。八柱国和十二大将军的设置，是宇文泰高明的一招。宇文泰设置八柱国，将各派系的首领由单纯的军事首领上升到西魏朝廷的政治贵族，提高了他们的政治地位，满足了他们由边疆镇将跻身于开国元勋的政治野心。同时又在他们中间形成相互牵制的态势，分割了他们的势力。

府兵制最重要的特点是兵农合一。府兵平时为耕种土地的农民，农隙训练，战时从军打仗。府兵参战武器和马匹自备，全国都有负责府兵选拔训练的折冲府。府兵全家可以免除赋役。宇文泰借用氏族部落的血缘纽带来组织府兵，使官兵之间蒙上了一层宗族的亲密色彩，提高了府兵的战斗力。府兵制经北周、隋至唐初期而日趋完备，唐太宗时期达到鼎盛，天宝年间停废，历时约 200 年。

颜之推《颜氏家训》

颜之推是南北朝时期著名思想家、教育家、诗人、文学家，一生历仕四朝，饱尝离乱之苦，却怀忐忑之虑。他洞悉南学、北学的短长，深知南北政治、俗尚的弊病，所以虽无赫赫之功，也未列显官之位，却因一部《颜氏家训》而享千秋盛名。

《颜氏家训》是极为成熟的家庭教育著作，始作于北齐，成书于隋朝。全书上下两卷 20 篇，体制宏大，内容广博。开篇“序致”说明了撰写家训的宗旨和目的。具体涉及“教子”、“兄弟”、“治家”、“风操”、“慕贤”、“勉学”、“文章”、“名实”

等19个方面，是颜之推对自己一生有关立身、处世、为学经验的总结。颜之推以人本主义的终极关怀和社本主义的经世致用相交织的哲学观，对儒学、文学、佛学、历史、文字、民俗、社会、伦理等都提出了独到的见解，历代统治者对此都非常推崇。全文语言流畅，风格朴实，对后世影响深远。

【阅读搜索】

吴均《与朱元思书》 庾信《哀江南赋序》 陶渊明《归去来兮辞》《西洲曲》《世说新语·任诞》

【思考题】

1. 南北朝时期的南北文化，在“南秀北雄”的基本风格下，还有什么异同？
2. 阐述北周统一北方的决定性因素。
3.《文心雕龙·知音》分析文学鉴赏困难的原因有哪几个方面？
4. 体会《哀江南赋序》语言的音乐之美。

第十二章　隋

【学习目标】

1. 了解隋朝的基本情况。

2. 了解隋朝三省六部制与科举制及其对后世的影响。

第一节　隋朝历史文化概说

公元 581 年，隋文帝杨坚终于统一中国大部分领土，建立隋朝。隋代有 3 帝（隋文帝、隋炀帝及傀儡皇帝杨侑），时共 38 年。“隋室虽祚短运促，然其国计之富足，每为治史者所艳称。自汉以来，丁口之蕃息，仓廪府库之盛，莫如隋。”① 隋朝进行了一系列的体制改革，试图修正以往政治弊端。在政治制度方面，确立三省六部制，以巩固中央集权制度；为弱化士族垄断仕官、选拔优秀人才，确立科举制度并形成基本操作雏形；建立政事堂议事制度、监察制度、考绩制度，以强化政府机制，影响到唐朝与后世的政治制度；经济上采取“大索貌阅”和“输籍定样”等户籍管理措施，以增加财政收入；修建大运河以及驰道，建立大兴城和东都，兴建长城保护归附外族，目的是巩固位于关中的隋朝对北方地区、关东地区与江南地区的掌控，促进各地经济、文化的交流。外交方面，隋朝的兴盛使得当时的高昌、倭国（即日本，时为飞鸟时代）、高句丽、新罗、百济甚至于内属的突厥等国都吸收隋朝的文化与典章制度。

一、隋文帝杨坚时期

杨坚（541—604 年），弘农华阴（今陕西华阴）人。其父杨忠是北周重臣，杨坚在北周袭父爵为隋国公，其妻独孤氏出身于北方非汉族中势力最大的门第，其女为北周宣帝皇后，此特殊身份将他卷入权力斗争的顶端。580 年，宣帝死，静帝年仅

① 钱穆:《国史大纲》（上册），商务印书馆，1996 年版，第 376 页。

8岁，不能亲理政事，杨坚乘机总理朝政，都督内外军事，除掉周室诸王。公元581年，他废除静帝，由隋国公一跃而为隋王，建立隋朝，改元开皇，完成中国历史上常见的外戚"摄政—篡权"的途径。

为了王朝的长治久安，隋文帝即位伊始，进行一系列政治改革：废除九品中正制，建立三省六部制，将权力收归中央；简化地方行政机构，设郡县两级制度，整顿吏治；任用贤能，在关陇本位政治体制的基础上，与山东的政治社会文化体系融合，以北齐体制变更西魏以来的关陇旧制，废六官，还依汉魏之旧；废除"周天元"宇文谟的酷刑，行新律《开皇律》等；大力发展农业，重申均田令，颁布新的田令；军事上采用远交近攻的策略攻败突厥，形成了一个强大的帝国王朝；户籍方面大索貌阅，整顿户籍，建输籍之法，依样定户，抑制豪强，减轻人民负担；采取有效的措施统一货币。隋文帝持政期间，外羁縻突厥豪强，内修政事，以致立国不足20年，经济繁荣。其经济发展的高速度，令人惊叹，史称"开皇之治"。

二、隋炀帝杨广时期

隋炀帝杨广（569—618年），隋文帝杨坚次子。杨广聪慧好学，但次不当立，苦心经营十余年，得到杨素、宇文述、郭衍等人帮助，以仁孝之名获得母亲独孤氏的信任，加上太子杨勇肆意任性失宠被废，终被立为皇太子。仁寿四年（605年），隋文帝病逝，晋王杨广继位。

隋炀帝"慨然慕秦皇、汉武之事"，在隋文帝基础上对官职、法制、户籍、地方行政等进行改制，继续推行三省六部制，修订《大业律》，统一度量衡，兴办科举、创立进士科，兴办教育、恢复州县学、推崇儒业，三教并重、扶持佛教和道教，整理图籍，"为帝前后近二十载，修撰未尝暂停，自经术、文章、兵、农、地理、医、卜、释、道乃至蒱博、鹰狗，皆为新书，无不精洽"①，编有大型类书《长洲玉镜》及《区宇图志》，以加强南北文化交流与统一融合。他在位前期，生活节俭，百姓能够承受徭役，仓廪充实，这也是隋朝最为繁盛之时。但隋炀帝力图在最短时间内完成所有政治抱负，将大兴工程的做法全部付诸实施，营建东都、广筑离宫、掘天堑、置关防、开凿大运河、巡游江都、三征高句丽等，奴役百姓数百万，最终致使"耕稼失时"，民不聊生，成为苛暴之政。"隋之毒民亟矣，而其殃民以取灭亡者，仅以两都六军宫官匠胥之仰给，为数十年之计，置雒口、兴雒、回雒、黎阳、永丰诸仓，敛天下之口食，贮之无用之地，于是粟穷于比屋，一遇凶年，则流亡殍死，而盗以之亟起，虽死而不恤，旋扑旋兴，不亡隋而不止。"②

隋王朝从最初统一中国，国计之富达到顶峰，却短祚而亡，这一直是后来历史学家分析的重点，李唐更是将其作为执政的镜子。

① ［宋］司马光：《资治通鉴》，京华出版社，2003年版，第1829页。
② ［清］王夫之：《读通鉴论》（第6册），中华书局，1975年版，第1488–1489页。

三、隋朝灭亡

隋炀帝亲征东夷高句丽，连续三次大规模长途远征，均以失败告终，海内耗尽、徭役剧增，反抗暴政的起义相继而起，隋王朝也由极盛转变为败亡。高句丽之役成为隋朝历史的转折点，也成为隋炀帝备受诟病之处，是其一生荣辱的转折点。

突厥、日本、百济都与当时隋朝保持了良好的关系。但在大业三年（607 年），隋炀帝于塞外启民可汗帐见到高句丽使者，警觉之余，采用了裴矩的建议，让高句丽使者回国向国王传话，但高句丽王高元却与隋断绝往来。当时已有东都洛阳和大运河，征讨条件基本具备，于是隋炀帝决定亲征讨伐，向四夷发出震慑信号，以求建立“地广三代，威震八纮”的政治文化圈。

大业七年（611 年），隋炀帝公开诏书，以“不遵臣礼”为由征伐高句丽，结果高句丽军占据地利，顽强抵抗，隋军损兵折将，百万之众溃不成军。败绩不仅使“圣人可汗”大丢面子，而且劳民伤财造成了国内政治动乱，反抗起义此起彼伏。

大业九年（613 年），隋炀帝一意孤行，再次御驾东征，攻打高句丽，甚至一度将高句丽围攻。但没有料到的是在后方督运粮草的礼部尚书杨玄感举兵造反并进逼东都，隋炀帝不得不令各路军回还平叛，征讨高句丽再一次受挫。

第三次亲征是为挽回面子之举。此时举国困弊，隋炀帝下诏征高元入朝，再次遭到拒绝，隋炀帝拘留高句丽使者，下令将帅整装严备，第三次举兵问罪辽左。

隋炀帝征高句丽，并非侵略，无非令其臣服，但战败却导致隋朝的灭亡。从三次战役看，高句丽制胜原因是准备充足、苦战不屈以及灵活运用战术。隋军的战斗力虽有压倒性的优势，总战不胜的原因大致总结如下：一是高句丽地形险恶有利于防守，气候多变，作战期只有冻期已过雨季未到的两三个月时间，作战须速战速决，否则损失惨重。高句丽因熟悉地形及备战充分，牵制住了围攻的军队，直至严冬到来后迫使他们撤退。二是从隋都到高句丽战场路途遥远，士兵长途劳顿后无心无力作战。三是隋朝弱势的水军与高句丽良好的海防无法抗衡。

隋炀帝亲征高句丽，从政治军事的角度来看都是有合理性的。隋朝时高句丽立国已四五百年，在东北亚局部建立了霸权，能西联突厥，又曾南结陈朝，有“狼顾燕垂”俯瞰中华之势，这也是中原政权讨伐高句丽最为重要的内在驱动力。后来唐太宗征讨高句丽便是一证。但隋炀帝过于急切地想建立丰功伟业，超出了百姓承受徭役的限度，“他希望历史会肯定他的执政以及他追求豪华壮观的欲望，这就使他的判断力不能发挥出来。那种骄奢淫逸的作风只能使阿谀奉承之辈得势，而他周围确有这样一批人，这对他是致命的。远征高句丽——这种企图的目的我相信是合理的，即便是传统的——随着每次的失败，却使他越来越着迷，而着迷对于拥有最高权力的专制君王及其统治的人民来说往往是致命的”[①]。

大业十三年（617年）五月，李渊、李世民父子在太原起兵，迅速袭占京师长安，胜利后，李渊尊杨广为太上皇，立代王杨侑为帝。618年，江都兵变，炀帝被杀，李渊废除隋恭帝杨侑，称帝建唐，隋王朝至此灭亡。

隋朝是中国历史上最漫长的大分裂时期之后的统一的国家政权，创建了中央集权，建立起南北融合的共同文化意识。后来唐帝国的结构及生活的各个方面，都是隋朝为之提供雏形，为之发展提供可能性。而最终把南方的文化与北方的吏治结合成更合理的政权的，是唐太宗李世民。

第二节　隋朝的制度文化建设

一、隋代科举制度

六朝时代，用九品官人法选拔官吏，九品中正制巩固门阀却阻塞寒门人才入仕。隋文帝旨在恢复汉代的察举制，既有举荐，也有考试，对考试人员出身未有任何设限，对其历史文化和儒家文化素养则有要求。科举制的创造性应用在于“分科举人”，“开科取士”，考中者得以入仕。后来也设置并形成了相对稳定的一些选拔科目，如秀才科、进士科、明经科等。科举制度的选拔期限是每年一次，选拔对象有明确规定，“工商不得入仕”、“九品以上官者，不在选举之限”；应举者必须由地方州县或朝廷高级官员举荐；分科选举、吏部考试、分级录取等都有比较详细的规定。

隋朝的科举制度与前朝相比，是阶段性的变革，吸取了多种选拔制的积极成分，如重视乡贡、文化考试、分科选举等。它从制度上打破门第、地域、年龄限制，提供了一个公平竞争、优者做官的机会，为充分选拔人才提供了条件，也缓和了社会矛盾。“学而优则仕”的思想对社会教育与文化发展产生强烈的导向作用，刺激各种办学活动迅速开展，这在当时不能不说是很大的进步。

但隋朝终因时间短暂，很多具体的选拔措施未能完善，战乱不断又导致财政投入不足，应举的人数很少便是明证；加之监督机制不健全，各种徇私舞弊乃至违法乱纪的腐败现象产生，严重损害了科举制的严肃性。科举制经过唐朝的发展健全后，一直沿用到清朝，被西方学者誉为世界上最早的文官考试制度。科举制度使中国古代社会的政权性质发生了根本性的改变，为一些有才华的平民阶层的读书人提供了一个较为公平的竞争环境和充满希望的上升通道，使平民阶层加入到国家的管理机构中，过去的贵族政权也由此演变成一个君主专制下的平民政权。

---

① ［英］崔瑞德：《剑桥中国隋唐史》，中国社会科学出版社，1990年版，第147页。

二、三省六部制

从中央官制来说，秦汉时期以三公九卿掌管国家政务，经魏晋南北朝的演变与发展，在隋朝建立三省六部制（见表2）。改变原来官级的名称、“恢复汉魏旧制”的命令，透露出隋朝有雄心使自己成为一个比南北朝割据政权更伟大的堪比汉魏的统一政权。

表2 三省六部制

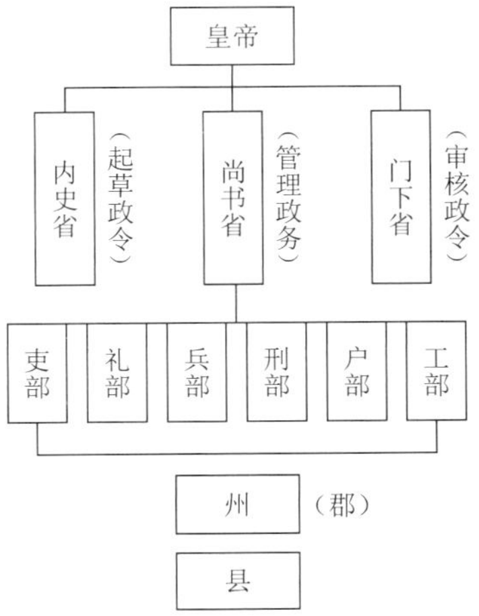

三省：中央政府设立内史省（中书省）、门下省、尚书省。

内史省是决策机构，门下省是审议机构，尚书省是行政机构，三省的长官都是宰相。“中书取旨，门下封驳，尚书奉而行之”，即凡是国家大政方针，先由内史省研究，做出决定，再由门下省审核，如有差失，可以驳回。尚书省则执行中书省和门下省通过的政令，成为“事无不总”的中枢行政部门。尚书省的长官是尚书令，副长官是仆射。

六部：下设吏部（掌管官员铨选）、礼部（掌管礼仪）、兵部（掌管军事）、刑部（掌管刑法）、户部（掌管户口钱谷）、工部（掌管营建）。六部分工明确，统管全国的政治、经济、军事等各个方面。

这种制度总结了秦汉以来的统治经验，使封建官僚机构形成了完整严密的体系，分工明确，提高行政效率；宰相的权力被一分为三，一方面联合执政，起到了集思广益的效果，另一方面分散相权，相互牵制，改变了秦汉以来丞相“一人之下万人之上”、权力过大的局面，也防止外戚或个别大臣专权篡位，加强皇权集中，有利于巩固最高统治者的地位。三省六部的中央政治体制，经过唐朝的改进，一直沿用到清末，是一个了不起的创制。

三、改革府兵制

府兵制是一种兵农合一、寓兵于农的兵役制度，起源于北魏，完善于北周、隋，盛于唐太宗时期。隋文帝杨坚继承西魏、北周以来的府兵制后，对其进行了一系列重大改革：建立健全府兵组织系统，中央设十二卫府，扩大府兵范围和实力；改革军民分籍制度，实行兵农合一；士兵总称卫士，使其具有禁卫军性质。通过改革，府兵制日趋完善。改革后的府兵，在统领上还是分为十二个卫分领，但是卫分领的权力只限于监督在京城驻扎的府兵。十二卫还分别设置大将军，总体对皇帝直接负责，受皇帝控制。

隋文帝认识到南北朝时期连年内战给被征入伍的人及家庭带来的苦难，哀叹任意动员兵力的弊病，于开皇十年（590年）颁布“凡是军人，可悉属州县，垦田籍帐，一与民同，军府统领，宜依旧式”[①]的法令，府兵平时在家乡耕作劳动，农闲时接受军事训练，自备兵甲，一旦征战，则临时从各地征召而来，朝廷临时指派军官负责指挥打仗，事毕后返回家乡，将帅则解除兵权。这样一来，不仅有利于农业生产，增加政府的赋税，扩大兵源，节省了大量的养兵费用，减少了军人拥兵专擅或割据的可能性，加强了京城官员对军队的社会控制力量，尤其是皇帝本人的军事调遣力量。府兵制在隋文帝与隋炀帝时期得到了充分完善，成为唐代府兵制的原型。

四、“大索貌阅”的户籍制

黄仁宇在《中国大历史》中指出，从公元前[②]一直到20世纪，中央政府能向每个农民直接征税的，中国是世界上唯一的国家。

隋文帝在开皇三年（583年）推行“大索貌阅”的清查户口政策，用以整顿户籍和赋役。“阅其貌以验老小之实”，即根据户籍登记的年龄，核对每个家庭成员的实际形貌，确定信息是否属实，并将查验的任务下放到地方，由地方官每年亲自实地查验户口、年龄、疾状（健康状况）等。同时制定严厉的惩罚制度，“户口不实者，正长远配”，“大功以下，兼令析籍，各为户头”[③]，清查逃避徭役租调者，以免影响国家财政收入和对劳动力的控制。结果，朝廷的户籍当年就增加了44.3万丁，164余万口。

同时推行“输籍之法”（由宰相高颎提出），即在“大索貌阅”的基础上，以北齐、北周旧制为基础，制定户籍新法，把人口按照年龄区分为：

黄——3岁以下；

小——3—10岁；

中——11—17岁；

丁——18—60岁；

老——60岁以上。

① ［唐］魏徵等：《隋书》，中华书局，2011年版，第35页。

② 原文未指明具体时间，应指秦汉中央集权体制建立之后。

③ 吕思勉：《隋唐五代史》（中），北京联合出版公司，2014年版，第530页。

根据家庭的具体情况，制定缴纳标准，从轻定额，编制成“定簿”，根据标准定户上下，依等纳税。每年正月，地方官负责在乡里挨户制定标准，作为征发差役、确定税额的依据，如有家室的丁男，每年服徭役20日，缴纳租粟3石、绸绢2丈、棉3两。这样既查清了户口和纳税定额，同时地方官员也不能营私舞弊，且政府所定赋税少于世家大族对属民的盘剥，便可将世家大族荫庇的民户吸引出来，自愿充当国家编户。这样一来，既增加了国家的财政收入，防止了地方豪强和官僚勾结，也有利于国家对劳动力的控制，极大地推动了社会的发展。

唐代继承隋法，将大索貌阅加以完善并制度化，成为通过户籍管理向人民征调赋役的常规性行政政策。

第三节　隋朝的艺术

隋朝虽然短暂，但在书法、文体、雕塑、绘画等各个方面都更好地融合了南北方的特征，为形成盛唐文化艺术奠定了基础。

关于隋朝书法，沙孟海先生曾评价道：“隋代只有短短三十七年，但这一时代的书法艺术，上承两晋南北朝因革发展的遗风，下开唐代逐步调整趋向规范化的新局。这一过渡时间，是我国中世纪书法史上的一个大关键。”[①] 隋朝的书法，书风巧整兼力，不离规矩，既有东晋南朝书法的疏放，又有北朝书法的遒劲有力。隋朝书法基本上分为四种类型：平正和美、峻严方饬、浑厚圆劲、秀朗细挺，基本上形成了初唐时期的书法风范。

魏晋以来，文章主要是“竞骋文华，遂成风俗”。隋朝主张文章的写作要去除华丽的修饰，讲求实用。隋朝在开皇四年（584年）下诏改革文体，主旨是提倡“公私文翰，并以实录”。事实上，唐宋古文运动的思想先河可追溯至此。隋朝出现的著名文学家有卢思道、薛道衡和杨素等。

因为政教的关系，隋朝绘画仍以人物或神仙故事为主，特殊的是山水画逐渐发展成为独立的画科。展子虔的《游春图》被认为是山水画正式的始祖。

隋朝时间较短，雕塑艺术基本上没有定型。从总的倾向来说，隋代继承了北朝晚期的时代特点，在题材、塑造形式和彩绘等方面做了很好的探索，基本上也以佛教雕塑为主，向富丽华美和健壮丰腴方面发展。雕塑形式上，开始出现了圆雕，人物面部造型出现了方脸、圆脸、笑脸等；衣服的花纹开始出现了华丽感。佛教彩塑形象开始出现世俗化、本土化的倾向，形体比北朝的高大、丰满、厚重，多面带微笑、庄严慈祥，基本形成了秀骨清像、潇洒飘逸的仪容，为唐代更为灿烂的雕刻成就拉开了序幕。艺术成就主要体现在敦煌莫高窟、麦积山石窟和云门山石窟。

① 沙孟海：《沙孟海论书丛稿》，上海书画出版社，1987年版，第223–224页。

隋朝是外来佛教中国化过程中比较重要的时期。魏晋南北朝是佛学在中国的“传译吸收期”，隋唐则是“融通蜕化期”。隋朝佛教综合南北体系，有新的宗派建立。

鉴于北周武帝宇文邕禁佛带来的社会不满情绪，隋文帝杨坚建隋之初便振兴佛教。隋炀帝也非常崇尚佛教，曾自称为“先菩萨弟子”，拜智顗为师，并扶植南方佛教天台宗，终于使得天台宗最早成为独立的佛教宗派。天台宗起于南朝，融合了南北佛教各家，智顗大师独创方便法门的“三谛圆通”之说，树立起不同于印度佛教的具有中国特色的新宗派，这标志着真正意义上的中国佛教的诞生。

对隋朝皇帝而言，佛教是其巩固统治权的工具之一，也就是辅助性的统治工具。儒家传统是以礼仪和象征的说法来使杨坚成为天子的，而佛教则有上苍赐福的理想统治者的意味，许多佛教活动都突出了文帝作为理想君主和佛教捍卫者，向佛门大量施舍和对臣民乐善好施的君主形象。隋炀帝也被尊为菩萨的代理人，成为“菩萨天子”。

在此期间，佛教的文学艺术也得到极大传播。隋代运用佛典入诗文、绘画较多，寺庙建造宏伟，隋代的石窟艺术也有很大成就，如敦煌千佛洞等等。

【知识卡片】

隋唐大运河

由于我国西高东低的地形限制，缺乏南北走向的航道，隋炀帝于公元605—610年陆续开凿以洛阳为中心的贯穿全国的大运河：

通济渠——从洛阳西苑引瀔水、洛水入黄河，由黄河沿线的板渚进入汴水，再由汴水进入淮水沿线的盱眙；

邗沟——由山阳（淮安）抵达江都（扬州），进入长江；

江南河——由京口（镇江）抵达余杭（杭州）；

永济渠——引沁水至黄河，东入卫河，北至涿郡（北京）。

大运河以洛阳为中心，北通涿郡（今北京），南达余杭，总长2700多公里，水面宽50多米，窄的地方也有30—40米，把由西向东的五大水系——沽水（海河）、河水（黄河）、淮水（淮河）、江水（长江）、浙江（钱塘江）——互相连接，形成一个完整的四通八达的水运体系，是世界上开凿最早、航程最长、最雄伟的一条人工运河。

大运河的建成，将南方的经济中心与北方的政治中心连接起来，促进了南北经济文化交流。修建运河役使了几百万人民，因徭役过重而导致隋末农民起义大规模爆发，使隋炀帝备受史家贬斥。但不可否认的是，大运河造福了后代子民，唐代的繁荣在很大程度上可以归因于它继承和改善了这一运河体系。

三游江都

隋炀帝三游江都，是想通过讲求威仪，以皇帝至高无上的尊严威慑江南，显示九五之尊的丰功伟绩，以稳固江南统治。

第一次南巡江都是从大业元年九月到大业二年三月（605—606 年）的半年时间，随行人员中有中原硕学鸿儒及僧尼道士，在江都对典章文物、制礼作乐特别重视，以文化联络来巩固南北政治的统一。纳陈后主第六女陈娲为贵人，以政治联姻来疏通隋皇室与南朝人士的感情。第二次巡游江都是在大业五年（609 年），隋炀帝在对江南水乡交通状况调查研究之后决定开挖江南运河。此次南巡有称藩臣服的外来使者，以炫耀国力的昌盛。但却未曾见高句丽使者的到来，甚至诏见都被置之不理，激起隋炀帝君臣的极大不满，隋炀帝开始为征讨高句丽做准备，随后下达了亲征高句丽“亏失藩礼”的诏文。大业十二年（616 年），王朝岌岌可危，隋炀帝乘新制成的龙舟前往江都，劝谏者被杀，无人敢言。后农民起义大爆发，连关陇贵族集团也放弃了他。

三游江都的奢华浪费是惊人的。劳民伤财，怨声载道，“海内财力此时竭”（白居易《隋堤柳——悯亡国也》）的形容是不为过的。隋朝国力此时已经到了崩溃的临界点。

赵州桥

赵州桥又名安济桥、大石桥，横跨河北赵县洨河，由匠师李春主持建于隋朝大业年间（605—617 年），是世界上现存最古老的敞肩石拱桥，比欧洲早 700 多年。

赵州桥设计科学，开创敞肩式拱桥以及四小拱独特设计。创用坦拱式桥型，其拱券高度（拱矢）为 7.23 米，远小于圆弧半径，石拱跨度大（37.02 米），这样桥洞像一张弓，可减缓桥的坡度，使桥面较为平坦，便于通行。这一石拱券由 28 道各自独立的拱券纵向并列砌置，便于施工与修补，又采取从拱脚向拱顶逐渐收分，以及加用护拱石、钩石、铁拉杆和腰铁等技术手段，防止外倾和增强各拱券间的横向联系，使整个拱券形成为一个坚实的整体。这样大跨度的坦拱，对桥台水平推力很大，而桥台又是由厚度仅为 1.5 米左右的排石垒成，建造难度极高。李春还在主拱两肩各建两个小拱，增加过水面积，利于泄洪，减弱洪水对桥身的冲击，节约石料，减轻重量，提高桥的承载力和稳定性，造型美观。

1400 年来，赵州桥经历过数百次洪水和多次严重地震等自然灾害的考验，两边桥基下沉水平差仅 5 厘米。1961 年，赵州桥被国务院列为第一批全国重点文物保护单位。1991 年，美国土木工程师学会将此桥认定为世界第 12 处“国际土木工程历史古迹”，并赠送铜牌立碑纪念。

【阅读搜索】

杨广《江都宫乐歌》

【思考题】

1. 隋朝灭亡的主要原因是什么？
2. 如何评价隋炀帝？

第十三章 唐

【学习目标】

1. 了解唐朝的基本情况。

2. 了解唐朝文学的艺术成就及佛教在唐朝发展及禅宗的形成过程。

第一节 唐朝历史文化概说

唐朝与汉朝并称为中国历史上的两个黄金时代。唐出现了“贞观之治”、“开元盛世”的鼎盛时期。

李渊在隋炀帝的皇室身居要职，曾在隋炀帝第二次远征高句丽时，承担监管向东北前线送军需之责。由于隋王朝靡费无度、滥征徭役等原因，李渊在公元617年阴历五月兵变成功，隋炀帝幼孙杨侑被立为傀儡皇帝（称隋恭帝）。公元618年废帝，李渊登基成为新王朝的开创皇帝，后称唐高祖，改年号为武德，将大兴城易名长安。唐高祖的功绩在于建立了初唐的制度和政治格局，为后来的贞观之治奠定了基础。

唐太宗李世民通过发动军事政变夺取帝王之位，唐高祖成为太上皇。他早期确实是非常自律的皇帝，礼贤下士，善于听取不同意见，作风节俭等等，成为史官眼中近乎完美的儒家理想的皇帝。唐太宗统治晚期，由于帝国实力强大，对自己统治之术的自信，独断专横、自负和浪费也就不可避免了。

唐高宗李治作为唐太宗的继承者，在各位元老大臣的掌控下一直“端拱无言”，这导致武曌继位，成为中国历史上唯一的女皇帝。公元684年废黜中宗和公元690年建立周朝这两件事始终没有获得当时及后世历史学家的认可。为了获得某种政权合法性，武则天相继推行了一系列改制措施。首先改变了政体的外表象征，旗帜改为了紫饰金色，官员也将穿戴不同的官袍和佩戴不同的标志；将洛阳定为神都，皇宫名称定为“太初”；盛赞黎民的厚德，厚赏年迈之人，救济贫困和宽恕几种犯罪；尝试解决当时施政中的几大问题，如贪污成风、规避赋税和徭役等。从某种意义上讲，武则天是真正继承了唐太宗治国遗产的皇帝。事实上，当时即有人对武后的评价相当正面，如陈子昂作《大周受命颂四章》，对武则天称颂有加；唐中宗认为她具有治国方略，开创了新的历史局面。武则天当政时，其政策对国内经济有很大的促进作用，对技术和艺术的交流、贸易的增长都起到了积极的作用。但武氏家族成员及其宠幸小人卖官鬻爵的行径、浮华炫耀的生活作风及灾难性的干政行为导致神龙政变，公元705年武则天退位，唐中宗时期开始。

李隆基登基成为皇帝之后，建立了一个政绩彪炳、安定繁荣的开元盛世。但晚年倚重李林甫、杨国忠，吏治腐败，中央政权逐渐削弱，镇守各地的边将形成割据势力。天宝十四年（755年），安史之乱爆发。唐玄宗像惊弓之鸟率领其随从从京师向西南逃亡，这一过程后来成为许多绘画和诗歌的题材，最为著名的便是白居易的《长恨歌》，杨贵妃成为人们泄愤的替罪羊和牺牲品。但在当时社会最令人震惊的是，权倾天下的皇帝在一夜之间逃难离开京城，这也成为唐朝后期世人对朝廷不信任情绪和严厉批评的来源。

唐宪宗试图重新进行中央集权化，并且在战争及税收政策上做出了非常有益的尝试，但因暴毙而终止。随之，唐朝政治中出现的最大问题是上层官僚的内部政治斗争，最为著名的便是"牛李党争"。"牛李党争"主要代表人物是牛僧孺和李德裕，争论的过程是个人恩怨公开化，最终是官员随着集团领袖的得势失势而大换班，造成政策的极度不连贯，削弱了唐朝统治力量。

唐朝成就了中国历史上疆域辽阔、经济繁荣、国力强盛的帝国时代，但依然未能逃脱灭亡的命运，主要原因有宦官专权、藩镇割据和朋党之争，加上农民起义。这里主要谈一下藩镇割据。藩镇原本作为中央的地方行政机构，保障中央王朝的生存，维持国家机器的正常运转，但安史之乱后藩镇手握重兵，成为地方实力派。等到唐朝末年农民战争爆发的时候，藩镇的性质发生了根本性的变化，或在农民战争中保存实力，或借机脱离朝廷自成王国，成为瓦解李唐王朝统治的因素，出现了"无藩不反"的局面。唐朝末年黄巢、王仙芝等各地农民起义之所以能持续十年之久，也与此有着很大的关系。辉煌一时的唐王朝结束了将近300年的统治，终告灭亡。

第二节　唐诗与盛唐气象

源远流长的中国古代诗歌，到了唐代出现高度繁荣的局面，成为中国历史上一个诗歌的高峰。主要体现在五个方面，一是诗歌体制的完备，二是诗歌创作的普及化，三是诗歌题材广泛、气象阔大，四是诗歌艺术水平的高度发展，五是诗歌批评理论的发展。

一、诗歌体制之完备

中国古代的诗歌，按一般的说法可分为古体诗和近体诗。在唐代人看来，从

《诗经》到南北朝的庾信，都算是古代，这一时期的诗歌形式比较自由，没有固定的格式或标准，就被称为古体诗。近体诗则是指唐代开始流行的诗体，它有韵脚、平仄、对仗等方面的限制。我们今天所习见的律诗和绝句就是近体诗的主要形式。

近体诗是在诗歌发展的过程中不断完善起来的。南朝齐永明年间，周颐著《四声切韵》，提出汉字有平、上、去、入四声。沈约与谢朓、王融、范云等人在诗歌创作实践中，总结出一套五言诗的声律禁忌，后人称之为“八病”，即平头、上尾、蜂腰、鹤膝、大韵、小韵、旁钮、正钮。在“四声八病”理论的指导下，被称为“永明体”的新诗体逐渐形成，比较著名的代表诗人是谢朓（约464—499年）。“四声八病”标志着人们对汉字的声韵有了进一步的认识，并积极将这一理论成果应用到诗歌创作实践中，为后来产生近体诗奠定了基础。

发展到唐代，人们认识到“四声八病”的弊端，将其改造为较简便的“粘对律”，并最终演化成“平仄律”。近体诗中的五言律诗是由初唐时期的宋之问和沈佺期完成定型工作的。他们提出诗歌除讲究声律和对仗外，还应该遵循平仄相粘的规律。七言律诗是在五言律诗的基础上，经过沈佺期、宋之问、杜审言、李峤等人的创作实践而逐渐定型的。

近体的格律诗充分利用了汉字的音韵特点，使诗歌具有韵律之美，是汉诗发展到高峰时期的特殊形式。近体诗根据字数多少，可分为五言和七言，一首四句的称为绝句，八句的称为律诗，这样就有了五言绝句、七言绝句、五言律诗、七言律诗几种基本的形式，也有多于八句的，称为长律或排律。无论是绝句还是律诗，都是一韵到底，押平声韵（古绝可押仄声韵），偶数句必须押韵，奇数句一般不押韵，首句可押韵，也可以不押韵。律诗中间两联一般要求对仗，首联和尾联可以对仗也可以不对仗，但没有四联全对仗的律诗。此外，近体诗在用字方面还有平仄的要求。平仄就是声调。在古代汉字有四个声调，分别为平、上、去、入。古代汉字的平声，就是四声中的平声，仄声指四声中的上、去、入三声。现代的平，就是阴平和阳平，仄就是上声和去声。在近体诗的写作过程中，为了让句子读起来抑扬顿挫，要求平声字和仄声字相间出现，一联之中，上句和下句平仄相对，就是上句中平声的位置，下句中相应位置就要用仄声，反之亦然，当然押韵的情况要除外。律诗还有粘对的规则，即上一联第二句的第二字与下一联第一句的第二字平仄要保持一致，就是全诗第二句与第三句、第四句与第五句、第六句与第七句的第二字要相粘。除了这些规则外，近体诗在声韵上还有不少避忌，此处不再一一叙述。

二、诗歌创作的普及

有唐一代，诗歌创作非常活跃。在近三个世纪岁月里创作的诗歌，遗留至今的大约有5万多首，蔚为大观。根据《全唐诗》收录的情况统计，共有诗人2873人。而在唐代，实际创作诗歌的人数要远远多于这个数字，其中包括练习诗歌创作但最终籍籍无名者，创作出有价值的作品但因历史原因而散佚或失传者。唐代诗人来自于社会各个阶层，既有威加海内的皇帝和权势显赫的达官贵人，也有贫寒的士子，甚至方外之人也有诗作传世。性别上以男诗人居多，女诗人也有不俗的作品。

《全唐诗》收录了唐代11位帝王的诗作4卷。唐代总共有皇帝21人，半数参与了诗歌创作。在历代皇帝诗作中，唐代的帝王诗无论是从比例还是从数量上来讲都算是比较多的。唐代帝王的诗歌，由于大环境的影响，其总体艺术水平也较高。帝王的提倡和践行形成了“上和下畅”的局面，对于唐诗创作起了推波助澜的作用。

根据相关考证，唐代总共出现过207位女诗人，这一数量是空前的。从艺术成就上来讲，她们也许无法与当时的诗歌巨擘相提并论，但其独特的身份与地位却是无可替代的。唐代女诗人中，艺术成就较高的有四位，分别是李冶、薛涛、鱼玄机、刘采春。人们习惯上称她们为“唐代四大女诗人”。她们以女性特有的视角，诗意地审视生活和人生，使唐代诗歌的整体创作更加饱满。

此外，唐代约有僧侣诗人365人，存诗4598首。所以唐代诗坛有一个非常特别的诗人群体——诗僧。他们在诗坛有一些名望，他们的作品多集中在中晚唐时期。由于身份和生活范围所限，他们的诗歌往往反映寺院情趣、自然风景、佛教义理等。比较有名的有灵一、护国、清江、法振、灵澈、皎然、贯休、齐己等人。其中以皎然为代表的诗僧，不仅进行诗歌创作实践，而且在诗歌理论上颇有建树，其《诗式》、《诗评》、《诗议》对诗歌创作理论进行了探讨。唐代诗人中道士也有很多，如司马承祯、吴筠、范尧佐、杜光庭、吕岩等，他们的诗作约有450多首。

唐朝在制度上也对诗歌创作进行鼓励。唐代科举制度的科目有几十种，但是被人们重视且经常开考的主要科目有明经和进士。这两个科目最初都只是试策，即经义或时务，后来有所变化，进士侧重诗赋，明经侧重帖经和墨义。帖经是针对经书的填空题，墨义是针对经义的笔试，这两种形式的考试只需要勤学记忆即可应对。相比之下，诗赋考试难度则高得多，需要天禀诗才才可以。因此考中进士科比较难，“三十老明经，五十少进士”的说法讲的就是这种情形。尽管难度很高，但是把诗赋纳入国家性的科举考试范围，对于诗赋创作的刺激是可想而知的，激活了全民诗赋创作的热情和潜力。《旧唐书·杨绾传》记载杨绾在给唐肃宗的奏疏中说：“幼能就学，皆诵当代之诗；长而博文，不越诸家之集。递相党与，用致虚声。《六经》则未尝开卷，《三史》则皆同挂壁。”[①] 抛开价值性的评判不说，科举试诗赋对当时风气影响之大可见一斑。

唐代还盛行一种行卷风气，应举者在考试前把所作诗赋写成卷轴，经过显贵推荐，投送给主试官，以此博取名气，为应试加分。这种行卷风气，所投送的作品一般为能够展现作者才华的文学作品，以诗赋、传奇为主，客观上也鼓励了诗歌的创

① ［后晋］刘昫等：《旧唐书》，中华书局，1975年版，第3430页。

作。像杜牧、皮日休等人的行卷中皆有大量的诗歌作品。

三、诗歌题材广泛，气象阔大

每个时代诗歌的题材范围都有所不同。像六朝时期，文人诗歌虽然在形式上得到了长足的进步，但是题材一般比较狭窄，集中在玄言、田园、山水、女性美等方面，风格柔靡。初唐时期的诗歌受六朝的影响，题材范围也比较狭窄，但是变化也在这一个时期发生。“初唐四杰”王勃、杨炯、卢照邻和骆宾王率先扩大了诗歌的题材范围，把诗歌从狭隘的宫廷转移到广大的市井，从狭窄的台阁转移到广阔的山川和边疆，也将个人强烈的个性和思想感情灌注到诗歌之中。此后，唐诗的题材范围不断扩大，社会生活的方方面面几乎都被收罗到诗歌之中来，盛唐时期的阔大气象也在诗歌中得到了充分的展现，唐诗的精神实质尽在于此。

袁行霈先生认为盛唐诗歌可以分为前后两期，盛唐气象在前后两期的表现是不同的。“在前期，盛唐气象主要表现为：投身社会和参与政治的热情，高度的自信和自尊。后期，李林甫、杨国忠等奸相当政，这时盛唐气象主要表现为：敏锐的洞察力，暴露社会矛盾的勇气，对国家的责任感，以及对社会危机即将到来的忧虑。”他认为盛唐气象还表现在以下方面：“首先是面向外部世界。初唐诗歌的发展脉络是从宫廷御用的路线转向个人抒情的路线，这是很大的进步。如果只是沉溺于个人感情的纠葛之中，而不能面向外部世界，那还是很有局限的。盛唐诗人既不用诗去讨好帝王，也不把诗当成只供个人玩赏的小摆设，而是把一己之情融入普遍性的主题之中。这普遍性的主题就是社会政治主题，希望尽自己的力量创造出长治久安的局面”；“其次是表现新的体验。盛唐诗歌的题材都是旧有的，无非是感遇、咏怀、咏史、山水、田园、离别、闺怨、边塞、从军、宴饮等等。明代张之象《古诗类苑》收有1472位诗人的28 245首诗，占《全唐诗》的五分之三。此书按题材分为39类，没有哪一类前代未曾写过。可见盛唐诗人的贡献并不在开拓了新的题材，而在于他们就原有的题材，找到并表现了新的体验”；“第三是大眼光、大格局。初唐以精细为美，盛唐以阔大为美”。[①] 袁行霈对于唐代诗歌中所表现出来的盛唐气象还是独具眼光的。

四、唐代诗歌的艺术成就

唐诗的分期以初唐、盛唐、中唐、晚唐四分法影响最大。需要注意的是，这种划分不是历史意义上的，而是文学意义上的。初唐时期最为著名的诗人是初唐四杰，刘希夷有闺帷之作，上官仪有婉媚之体等；盛唐时期有李白的飘逸、杜甫的沉郁、孟浩然的清雅、王维的精致、储光羲的真率、王昌龄的声俊、高适、岑参的

① 袁行霈：《盛唐诗歌与盛唐气象》，《高校理论战线》，1998年第12期，第34–35页。

悲壮等；中唐时有韦应物的雅淡、刘长卿的开旷、柳宗元的超然复古、韩愈的博大其词、李贺的鬼怪等；晚唐时期则有杜牧的豪纵、温庭筠的绮靡、李商隐的隐僻等。其中艺术成就最高、对后世影响比较大的有王维、王昌龄、高适、岑参、李白、杜甫、元稹、白居易、李贺、李商隐等诗人。

王维（700—761 年），字摩诘。他的诗歌创作成就很高，著名的《九月九日忆山东兄弟》是他 17 岁时的作品。王维擅长于写五律、五绝、七绝等诗体。王维对后世影响最大的是山水田园诗。他创作的山水田园诗语言洗练、精准，朴素中蕴含着润泽华彩，富于音乐韵律之美，营造了优美的意境。王维的诗歌创作丰富和发展了中国古典诗歌的抒情艺术，对后人产生了深远的影响。

王昌龄、高适和岑参三人在唐代的边塞诗上都比较有成就。王昌龄擅长七绝，其《出塞》（秦时明月汉时关）被后人誉为压卷之作。高适的诗以古体见长，他的七言歌行气势雄浑，意象鲜明，淋漓酣畅，《燕歌行》是其代表作。岑参是唐代边塞诗人中的主力，他的代表作有《白雪歌送武判官归京》、《轮台歌奉送封大夫出师西征》、《走马川行奉送封大夫出师西征》等。他的边塞诗想象丰富，以豪放之笔描绘异域奇特风光，为盛唐边塞诗中一绝。

李白（701—762 年），字太白。他是中国古代诗歌中一个符号式的人物，也是居于中国古代诗歌艺术宝塔塔尖的诗人。他的诗歌无论是写作技巧还是精神气象，都是盛唐气象的典型代表。他性格狂傲，向往自由，藐视权贵，具有理想主义与浪漫主义的精神气质。他的七言歌行《将进酒》、《行路难》、《蜀道难》、《梦游天姥吟留别》、《宣州谢朓楼饯别校书叔云》等脍炙人口，千古传诵。《静夜思》、《送孟浩然之广陵》、《早发白帝城》、《望庐山瀑布》、《赠汪伦》、《登金陵凤凰台》等也是历久弥新的名篇。李白的诗飘逸豪放、浪漫雄奇、自由抒写，与屈原隔着历史的时空遥遥相对，是中国诗歌史上的高峰之一。

杜甫（712—770 年），字子美。他与李白是唐代诗歌史上并立的两座高峰。杜甫一生颠沛流离，穷困潦倒，但是这丝毫没有影响他的政治热情，所以忧国忧民的情怀和对政治理想的追求是他诗歌中最重要的主题。他的诗篇以现实主义的手法，记录了唐代的社会生活，被后人称为“诗史”。他非常注意诗歌语言的锤炼，“语不惊人死不休”是他在诗歌创作上的追求之一。他各种诗体都有作品流传，尤其是律诗创作达到令人难以超越的炉火纯青的境界。“三吏”、“三别”、《兵车行》、《丽人行》、《秋兴八首》、《羌村三首》、《自京赴奉先县咏怀五百字》、《北征》、《茅屋为秋风所破歌》、《望岳》、《春望》、《登高》、《春夜喜雨》、《登岳阳楼》、《旅夜抒怀》、《闻官军收河南河北》等都是被后人推崇备至的名篇。他的诗风，被后人总结为“沉郁顿挫”。清代叶燮《原诗》中的论述，足以说明杜甫在中国古代诗坛上的地位：“杜甫之诗，包源流，综正变。自甫以前，如汉魏之浑朴古雅，六朝之藻丽秾纤、澹远韶秀，甫诗无一不备。然出于甫，皆甫之诗，无一字句为前人之诗也。自甫以后，在唐如韩愈、李贺之奇奡，刘禹锡、杜牧之雄杰，刘长卿之流利，温庭筠、李商隐之轻艳，以至宋、金、元、明之诗家，称巨擘者，无虑数十百人，各自炫奇翻异，而甫无一不为之开先。”[①]

元稹和白居易的诗歌创作重写实、尚通俗，风格比较接近，历来被合称为“元白”。元稹（779—831 年）字微之，他是新乐府运动最先的倡导者，主张诗歌要反映时事，要像汉魏乐府那样起到“补察时政”、“泄导人情”的作用。元稹的《行宫》、《上阳白发人》、《遣悲怀》、《离思》等作品较为有名。白居易（772—846 年），是唐代存诗数量最多的诗人，现存诗近 3000 首。他的主张与元稹接近，强调诗歌的政治与社会作用，他创作的“讽喻诗”很好地体现了他“文章合为时而著，歌诗合为事而作”的主张。他的《秦中吟》10 首、《新乐府》50 首、《卖炭翁》、《杜陵叟》、《买花》、《轻肥》、《新丰折臂翁》都很有名。这些诗意思浅显，揭露和同情下层百姓生活惨状的倾向鲜明。《长恨歌》与《琵琶行》被归入“感伤诗”，它们代表了白居易在诗歌创作上的最高成就。

李贺（790—816 年），字长吉。他的诗作通过奇异怪诞的想象，新颖幽僻的语言，营造了一个色彩斑斓的意象世界，《南园》、《李凭箜篌引》、《天上谣》、《梦天》等均是其传世名作。

李商隐（813—858 年），字义山。在诗歌史上他与杜牧并称小李杜。他的诗歌善于用典，对仗精当，含蓄委婉，华美朦胧。《锦瑟》、《无题》、《夜雨寄北》、《贾生》、《乐游原》都非常有名。

唐代诗坛在艺术上取得卓越成就的诗人还有很多，如孟浩然、韩愈、柳宗元、刘禹锡、杜牧等，限于篇幅，此处不再一一叙述。

第三节 儒学复兴与古文运动

魏晋南北朝以来，佛教以迅猛之势传播，严重地动摇了汉代确立的儒学正统地位。到了唐代，这一情形并未得到明显改观。

唐代佛教发展与流行的标志性事件就是玄奘取经。在玄奘之前，也有不少僧人前往天竺取经，并且翻译佛经。但是由于佛经原典用梵文写成，翻译难度很大。魏晋南北朝时期翻译的佛典，到了唐代读起来就出现了很多问题，由于理解的不同而产生了很多派别。玄奘潜心佛学，除了在国内游历学习佛学之外，他为了弥合各家学说、取得真经，步行经过河西走廊，经过今天的土耳其、阿富汗等地区，行程数万公里，到达天竺。他在天竺学习了近 20 年，回到了长安，带回佛经 657 部。唐太宗不仅热情迎接，而且为他筑塔（即今之大雁塔）存放经文。普通的百姓对他也是

① ［清］王夫之等:《清诗话》，中华书局，1963 年版，第 569-570 页。

拥戴有加。据说他取经回来的时候，长安百姓都前去迎接，甚至连市场都歇业了。玄奘的成功不仅是因为他带回了不少佛教典籍，更在于此后他对于这些典籍所做的翻译工作。在前后近20年的时间里，玄奘和弟子们总共翻译出75部经、论著作，数量之多，令人叹服。这对当时佛教的传播起到了很大的推动作用。唐代不仅各州都建有官方寺庙，而且由官方委派的僧官进行管理。宫廷中也设立了诵读、讲经、斋会、行道的内道场，很多僧侣由此从山林走向城市，甚至进入宫廷。

除佛教方兴未艾之外，道教的地位也发生了变化，比以前更为流行了。

道教尊奉的老子姓李，而唐代皇室也姓李，所以唐代皇室追认老子为祖，道教得到格外重视，变成了“本朝家教”。唐高宗把老子封为“太上玄元皇帝”，唐玄宗把《老子》列入科举考试范围，唐武宗甚至招揽道士为朝廷大员。道教因此也得到了很大的发展。首先，道教学者、道教典籍大幅度增加，道教理论不断完善和发展。唐玄宗时，中国历史上第一部道藏《开元道藏》应运而生。其次，道教科仪有了比较系统的发展。在南北朝道教科仪的基础上，有些道教学者对这些科仪进行了统一和规范化，对后世产生了较大的影响。再次，一些道教派别产生和发展。内丹道开始兴起，茅山派和楼观派发展比较兴盛，天师道也开始复兴。在这一大环境下，全国各地盛行兴建道教宫观的风气，道教宫观不仅数量多，而且规模宏大，有些甚至可以与皇家宫殿相媲美。

武则天称帝，对于儒家所倡导的社会伦理秩序也产生巨大的冲击。按儒家正统的观念来说，天尊地卑、男尊女卑、阳在阴上、各安其位是正常的社会秩序和伦理秩序。但是武则天称帝本身就是以女性之身号令天下，天下男子都成为女性的臣僚；传统上不参与政治生活的女性也在这一时期活跃于政治舞台之上。这不仅是对已经边缘化的儒家伦理秩序的挑战，而且是一种颠覆。虽然武则天在位时，儒家的治国之道仍然存续，但是其最具有根本性的权威已经荡然无存了。

唐玄宗所做的一件事情非常具有代表意义，能够说明当时思想界多元并存的情况。他以皇帝的身份为《孝经》、《道德经》和《金刚经》作注，无疑是把这三部经书看作最重要的经典，也就是说儒家、道教、佛教在官方都得到了同等的认可，曾经作为立国正统思想的儒家学说不仅失去了独尊地位，而且似乎在外来的佛教面前失去了本土文化的优势地位。

这种现象引起了一些知识分子的忧虑。张说、张九龄遂提倡文教礼乐，改革政治；杨绾提出借鉴古代察举孝廉的制度来改革科举制度。但是这些措施有的施行效果不佳，有的则未付诸实施。这种在知识分子中不断积累的儒家道统危机感此后仍在持续增加，直到找到出口。转机出现在唐代宗到唐宪宗时期。到唐宪宗时期，韩愈（768—824年）已经有了相当多的仕途经历，做过监察御史、国子博士、太子右庶子、刑部侍郎等职务，社会地位较高，同时他在文坛上也奠定了自己的地位，具有一定的号召力。此时，他举起了复兴儒学的大旗。他在《原道》一文中分析了儒学衰微的历史原因："周道衰，孔子没，火于秦，黄老于汉，佛于晋、魏、梁、隋之间。其言道德仁义者，不入于杨，则归于墨；不入于老，则归于佛。"[①]意思就是说从孔子以后，占据社会意识形态核心地位的不是黄老之学，就是佛教。就算是有人提起儒家学说，也不是正统，而是用其他学派或教派的理论来解释的。这段话虽然不是完全客观，但是其所概括的现象的确是大量存在的。

从西汉时期董仲舒提出"独尊儒术"的立国策略开始，儒学在意识形态中形成了垄断地位，理论、教育与治国方略实现了完全的统一，这对于国家的长治久安与社会的持续稳定是非常重要的。此后数百年间，儒学失去正统地位，国家也四分五裂。到了唐代，虽然完成了国家统一，但是意识形态领域内的分歧和纷争依然存在，意识形态理论、教育和治国方略之间存在着较大的矛盾。韩愈看到了这一点，并且为此做出了自己的努力。他借排挤佛教的机会，高举复古的旗帜，力图恢复儒学的正统地位。

首先他力排佛教，即历史上所谓的"辟佛"。他认为佛教对社会有害，佛教诱民入教，不纳税赋，削弱国力；社会精英一入佛教，不问世事，造成人才浪费；皈依佛教的人越多，老百姓需要供养的人就越多，负担就越重。他还认为，佛教对国家有害。他经过对比发现，凡是特别迷信佛教的君主寿命都不长，国家存续的时间也短。

其次，韩愈在辟佛的时候以儒家理论作为思想素材和思想武器。他重申儒家所主张的夷夏之辨，认为佛教本是夷狄之人的宗教，不是中国本来的东西。现在把夷狄之人的宗教置于传统的儒家学说之上，显然是用落后文化改造先进文化，是不恰当的。他认为儒家积极入世，重视血缘宗亲，可以保证人类社会的生息、繁衍和发展，而佛教欲使人们遁入空门，对人类社会繁衍发展不利。韩愈还从《小戴礼记》中抽出《大学》一篇进行阐释，奠定了宋代儒学的基础。他在《原道》中云："传曰：'古之欲明明德于天下者，先治其国；欲治其国者，先齐其家；欲齐其家者，先修其身；欲修其身者，先正其心；欲正其心者，先诚其意。'然则古之所谓正心而诚意者，将以有为也。今也欲治其心而外天下国家，灭其天常，子焉而不父其父，臣焉而不君其君，民焉而不事其事。"[②]意思是说，古人正心诚意是为了治国，为了天下，而现在像佛教为了修养心性而抛弃家国天下，违反人的天性，怎么行得通呢？陈寅恪先生评论道："《原道》此节为吾国文化史中最有关系之文字，盖天竺佛教传入中国时，而吾国文化史已达甚高之程度，故必须改造，以蕲适合吾民族、政治、社会传统之特性，六朝僧徒'格义'之学（详见拙著支愍度学说考），即是此种努力之表现，儒家书中具有系统易被利用者，则为《小戴记》之《中庸》，梁武帝已

① ［唐］韩愈：《韩愈全集》，上海古籍出版社，1997 年版，第 120 页。
② 同上书，第 121 页。

作尝试矣。（隋唐三二经籍志经部有梁武帝撰《中庸讲疏》一卷，又私记制旨中庸五卷。）然《中庸》一篇虽可利用，以沟通儒释心性抽象之差异，而于政治社会具体上华夏天竺两种学说之冲突，尚不能求得一调和贯彻，自成体系之论点。韩愈首先发见《小戴记》中《大学》一篇，阐明其说，抽象之心性与具体之政治社会组织可以融会无碍，即尽量谈心说性，兼能济世安民，虽相反而实相成，天竺为体，华夏为用，韩愈于此以奠定后来宋代新儒学之基础，韩愈固是不世出之人杰，若不受新禅宗之影响，恐也不克臻至此。又观退之寄卢仝诗，则知此种研究经学之方法亦由退之所称奖之同辈中人发其端，与前此经诗著述大意，而开启宋代新儒学家治经之途径者也。”①

其三，韩愈辟佛的目的是要重新树立儒学的正统地位。他认为经过秦朝浩劫，经典残缺，孔孟之道已经断绝，杨墨之道横行。汉代儒生对于经典修修补补，不得要领，实质在儒学理论上不进反退。他极力推尊孔孟之道，想以区区一己之力，力挽狂澜，恢复儒学的正统地位。《原道》一文就体现出他的这种努力：“夫所谓先王之教者，何也？博爱之谓仁，行而宜之之谓义。由是而之焉之谓道。足乎己无待于外之谓德。其文：《诗》、《书》、《易》、《春秋》；其法：礼、乐、刑、政；其民：士、农、工、贾；其位：君臣、父子、师友、宾主、昆弟、夫妇；其服：麻、丝；其居：宫、室；其食：粟米、果蔬、鱼肉。其为道易明，而其为教易行也。是故以之为己，则顺而祥；以之为人，则爱而公；以之为心，则和而平；以之为天下国家，无所处而不当。是故生则得其情，死则尽其常。效焉而天神假，庙焉而人鬼飨。曰：‘斯道也，何道也？’曰：‘斯吾所谓道也，非向所谓老与佛之道也。尧以是传之舜，舜以是传之禹，禹以是传之汤，汤以是传之文、武、周公，文、武、周公传之孔子，孔子传之孟轲，轲之死，不得其传焉。荀与扬也，择焉而不精，语焉而不详。由周公而上，上而为君，故其事行。由周公而下，下而为臣，故其说长。’”②

韩愈的复古主张，当时并没有改变社会思想的主流趋势。他向朝廷进献《谏迎佛骨表》，结果被贬到偏远的潮州做刺史。他无法撼动权力与已经形成的思想观念的结合体，但是这并不意味着他的主张彻底失败了。韩愈的本意是想以自上而下的方式恢复儒学的正统地位，但最后的结果是上面行不通，只能走下层路线。这就是权力的触角无法直接抵达的文坛风气，其结果就是历史上非常有名的“古文运动”。

当时文坛弥漫着自南北朝以来形成的重视对偶、声律、典故、词藻等形式的骈体文，华而不实，不适用于表达复杂的思想和理论。改革文风，就成为精神复古的必然要求。在韩愈之前，萧颖士、李华、元结、独孤及、梁肃、柳冕等人已经提出过宗经明道的主张，并尝试使用散体作文。到了韩愈，他高举“复古”的旗帜，提

① 陈寅恪：《金明馆丛稿初编》，生活·读书·新知三联书店，2001 年版，第 322–323 页。
② ［唐］韩愈：《韩愈全集》，上海古籍出版社，1997 年版，第 120–121 页。

倡形式自由灵活的古文来宣传自己的政治主张和儒家思想。他的主张得到了柳宗元等人的大力支持和社会上的广泛响应，逐渐成为一次文坛上风起云涌的“运动”。韩愈等人提出文章要“载道”、“明道”的口号，这里所谓“道”，就是指儒家之道，指儒家的思想理论。韩愈和柳宗元都主张文章明道的重要性，但在对于道的看法上有一定的区别，比较之下，韩愈倡导的道更注重儒家的理论体系和伦理规范。文章要“载道”、“明道”，就必须重视作者自身品德修养，重视作者内心的真情实感，写作时要以两汉和两汉以前的书为标准，“务去陈言”，要有独创精神。他们不提倡文采斐然而内容荒谬的作品，反对盲目地厚古非今。

古文运动虽名称为“复古”，实际是唐代的一次文学革新运动，它有力地推动了唐代散文的发展，并影响到后代的文学发展。

晚唐时期，古文运动趋于衰落，重视文章形式美的不良文风又重新抬头。北宋时期，以欧阳修等人为代表的一些文坛精英，极力推崇韩、柳，在唐代古文运动之后，又掀起一次新的古文运动。他们反对晚唐以来的不良文风，提倡继承韩愈的道统和文统。他们也进行了大量的创作实践，写作大量平易晓畅、言之有物的散文，把文风扭转到一个健康的道路上。欧阳修（1007—1072年）散文内容充实，形式多样。无论是议论还是叙事，都是有为而作，有感而发。欧阳修的创作使散文的体裁更加丰富，功能更加完备。他的散文名篇《秋声赋》、《醉翁亭记》极具意境，成为名垂千古的范文。北宋散文在风格上丰富多彩，几位大家均具有各自鲜明的艺术个性。就整体倾向而言，北宋散文平易畅达、简洁明快，更加贴近生活。从宋朝开始，古文成为用途最广的散文文体，以古文为主、骈文为辅的文体格局得以确立，历元、明、清而没有太大变化。后人把唐代的韩愈、柳宗元和宋代的欧阳修、曾巩、王安石、苏洵、苏轼、苏辙等在散文创作上做出突出贡献的八人合称为“唐宋八大家”，把唐代和宋代的两次古文运动称之为“唐宋古文运动”。

第四节　唐朝的对外文化交流

随着国力的强盛，唐王朝与外部的交往不断增加。唐朝与外国的文化交往分陆路和海路两条路线进行。陆路交通主要有经甘肃、青海、新疆到达中亚、中东及东欧的沙漠丝绸之路，由西藏经尼泊尔到达印度的道路，由漠北通往西域的草原丝绸之路，由西南地区通往印度的西南丝绸之路。海路主要指通往南海和日本、朝鲜的几条线路。唐朝通过这些交通线，与诸多国家建立了联系，互通使节，一方面把大唐的文化影响扩大到域外，另一方面也吸收了诸多域外文化因素，使唐朝文化呈现出兼容并包、丰富多彩的特点。

一、唐王朝的对外交往及文化影响

唐王朝与诸多国家都有着友好的交往，通过陆路向西与粟特诸国（帕米尔以西的西域古国）、吐火罗诸国（阿富汗北部），向西南与天竺诸国，更远与波斯、大食和拜占庭等国都有交往，通过海路与南海诸国、日本、新罗等有着极其密切的联系。

唐朝的文化艺术对以康国为首的粟特诸国产生了重要的影响。20世纪中叶，在苏联康国故城发掘出的壁画与敦煌莫高窟唐代壁画风格相似。在粟特诸国一些遗址的壁画中，还出现了发源于中土的乐器排箫。唐朝与以吐火罗国为首的吐火罗诸国交往也相当密切。据不完全统计，这些国家曾向唐王朝派遣使节80余次。说到文化交流与影响，唐王朝与天竺国交往最为密切。玄奘取经促进了源于印度的佛教在中国的进一步传播，玄奘所写的《大唐西域记》记载了他在取经途中亲历和耳闻的138个西域国家或城邦的情况，详细记录了当时各地的地理、交通、气候、物产、民族、语言、历史、宗教、政治、经济、文化、风俗等各方面的情况，对了解和研究古代中亚、南亚的历史，尤其是重建印度古代历史具有重要的参考意义。唐朝还派出官方使节王玄策先后两次出使印度，促进了唐朝和天竺在思想文化方面的了解和交流。王玄策把中国的《道德经》和唐朝的画工带到了天竺。根据唐朝文献的记载，佛教不仅从印度传入中国，而且还出现了从中国倒流回印度的现象。这种现象就出现在唐代，最为典型的当属玄奘译成梵文的《大乘起信论》在天竺的传播。还有不少求法僧人把中国的佛典带往印度。

萨珊波斯（即萨珊王朝）的金银器对唐朝的金属制造业产生了重要的影响。唐代的金银器中，萨珊风格明显，装饰纹样中也多保留有萨珊风格。一些入唐的波斯人也具有很高的汉文化修养，较有代表性的是李珣。李珣是生于中土的波斯人后裔，也是少数取得进士资格的胡人。他以诗词创作知名，《琼瑶集》是已知最早的词人专集，现已散佚。

大食帝国与唐朝接触也颇为密切，中国的造纸术大约就是在唐代通过大食传入西方的。杜环的《经行记》虽已散佚，但是留下了唐朝与大食等阿拉伯国家交往的确切证据。来到唐朝的大食人也很多，有的汉文化修养很高，李彦升是唯一一个获得唐朝进士资格的大食人。大食的伊斯兰玻璃器也被带入中国，目前多有出土。最重要的是，伊斯兰教也大约在唐朝传入中国，杜环《经行记》中对伊斯兰教义已经有所涉及。伊斯兰教的传入，是唐代对外文化交流史上一个非常重大的事件。在我国现有的56个民族中，信仰伊斯兰教的民族约有10个。

唐朝与拜占庭（东罗马帝国）也有比较密切的交往，在高加索已有唐朝的丝绸、汉文书籍出土，在新疆、陕西、河南等地的唐代墓葬中，也有东罗马帝国的金币出土。

根据唐人段成式《酉阳杂俎》中的记载，唐朝通过海路可能最远与非洲诸国有交往，埃及的福斯塔特城就有唐代陶瓷残片出土。唐朝时登州、扬州、明州、泉州和广州作为重要的对外贸易窗口，得到了极大的发展。在南海诸国中，与唐朝交往较多的国家有林邑、真腊、骠国、诃陵、室利佛逝诸国。这些国家都有使节访唐，与唐朝有贸易往来，有些还是从唐到天竺的中转站。

唐朝与东邻日本的文化交往至为密切，对日本文化的发展产生了极大的影响。日本派遣留学生来唐朝学习，并且邀请唐朝各类人才赴日传授，使唐朝文化在哲学思想、文物制度、文学艺术、天文历算、医学、建筑等各个领域对日本产生了强烈的影响。时至今日，在日本人的衣食住行、风俗娱乐等方面，仍然能够看到唐文化的遗存。在唐代中日文化交流过程中，日本方面涌现出众多以吉备真备和空海为代表、以学习唐朝文化为己任的留学生和学问僧，中国方面也出现了以鉴真和尚为代表、以传播唐朝文化为使命的各界专业人士。

日本曾多次向唐朝派出遣唐使，每次派遣的使团少则百来人，多则七八百人。这些人中除了留学生和学问僧之外，还有一些工匠和其他领域的专业人士。遣唐使中的留学生大多数被安排在国子监，系统学习中国古代经典和唐代典章制度，学习时间在十年以上，有些甚至长达二三十年。这些留学生对于唐朝文化了解较深，回国后对传播唐文化做出了重大贡献。事实上，唐朝文化对日本社会的各个方面都产生了重大而深远的影响。日本大化革新（645 年）之后，在国家政权组织形式、经济制度和教育制度方面，全面模仿唐朝。教育制度上仿照唐朝国子监制度，设置大学寮，开设明经、纪传、明法、书道、算道、音道等六学，学习内容以大经（《礼记》、《左传》）、中经（《毛诗》、《周礼》、《仪礼》）、小经（《易经》、《尚书》、《公羊传》、《穀梁传》）为主，由此可见唐文化对当时的日本影响之深。

唐朝也有东渡日本的传播文化者，鉴真和尚就是其中最为杰出的代表。鉴真先后经过 11 年的努力，6 次尝试，才成功到达日本。他把佛教的戒律制度带到了日本，成为日本律宗的开山祖师。同时他还把与佛教有关的其他文化成果，如医药、雕塑、绘画、书法、建筑等，也带到了日本，对于日本相关领域的发展起到了推动作用。

唐朝与新罗的关系也很密切。新罗派遣大量的留学生来唐朝学习，常住唐朝的留学生经常在百人以上。唐朝科举制度中专门针对留学生设立了“宾贡科”，通过宾贡科及第的，以新罗留学生人数最多，至今姓名犹可考见的有 20 余人，加上姓名不可考的，总人数当数倍于此。新罗国的教育内容，以《周易》、《春秋左氏传》、《文选》、《礼记》、《论语》、《孝经》、《毛诗》、《尚书》等为主，唐文化影响之深可见一斑。

二、兼容并包的盛唐艺术

唐朝是当时的文化输出大国，通过与各国的交往，对外部世界产生了深远的影响。与此同时，唐朝文化也吸取了来自于外部世界的诸多因素。外来的文化因素与本土文化相结合，成为本土文化的激活因子。唐代繁荣的艺术，既是历史的积淀，也是外来文化刺激的结果。

在中国古代历史上出现过许多盛世，如“文景之治”、“康乾盛世”等，但都没有像盛唐那样的音乐文化繁荣的景象。唐代音乐表演大都集器乐、歌舞为一体，所以后来的研究者将其归为“唐大曲”。将盛唐音乐艺术推向高峰的唐朝帝王非唐玄宗莫属。唐玄宗进一步扩充了皇家乐署管理机构，除原有的太常寺设立的鼓吹署与大乐署之外，又增加了梨园、教坊，大大提高了俗乐的地位。梨园中人也号称“皇帝梨园弟子”。在此期间，培养了许多出色的艺人，选平民女子有姿色者入宫教习琵琶、三弦、箜篌等乐器，宫廷宴乐更为繁盛。唐玄宗对原来的宫廷音乐做了许多重大改革，最著名的便是调整了原来的九部乐，改十部乐为坐部伎、立部伎及雅乐部。大量外国乐曲传入中国，唐代乐工在吸收外来乐调的基础上，制成了唐代的额燕乐、清乐、西凉、高昌等十部乐曲。

思想的开放及对外文化的交流等原因，使舞蹈成为宫廷及民间艺术生活的重要部分。唐朝出现了乐舞的许多种类，如软舞、绿腰、霓裳羽衣舞、健舞、胡旋舞、宫宴舞、七部伎、九部伎等；涌现出公孙大娘、杨贵妃、张云容等舞蹈名家。《霓裳羽衣舞》是唐朝歌舞的集大成之作，由唐玄宗作曲，安史之乱后失传，被南唐李煜和大周后补齐，后被烧毁，直到南宋年间姜夔发现商调霓裳曲的乐谱十八段，遂保存在他的《白石道人歌曲》中。此曲描写了唐玄宗向往神仙而前往月宫见到仙女的神话，音乐、舞蹈、服饰都着意表现虚无缥缈的仙境和舞姿婆娑的仙女形象。全曲共 36 段，分散序、中序和曲破三部分。散序为前奏曲，是自由节奏的散板，由磬、箫、筝、笛等乐器独奏或轮奏，不舞不歌；中序是慢板的抒情乐段，中间也有慢转快的几次变化，按照乐曲节拍边歌边舞；曲破是全曲的高潮，以舞蹈为主，乐音铿锵，速度由慢到快到急拍，结束时转慢，舞而不歌。白居易曾赞叹道：“千歌万舞不可数，就中最爱霓裳舞。”相传此舞为杨贵妃所表演，原舞现已失传，现在的表演大多是根据文字记载或者敦煌壁画的某些舞姿再创而成的。

唐代乐舞中有很多非常流行的异族歌舞，如唐中宗和唐玄宗都很喜欢的“泼寒胡戏”，按照张说的说法是“裸体跳足，盛德何观，挥水投泥，失容斯甚”[①]，和汉族的歌舞风格相去甚远，所体现出来的观念也迥然不同，但是仍然能受到欢迎。开元时期流行的“合生”歌舞，往往以王公或王妃等上层社会的人物为描写对象，与传统的上下尊卑、为尊者讳的传统完全不同，但是仍然赢得了上自王室下至闾巷的广大民众的喜爱。

唐朝绘画在继承汉魏优秀文化成果的基础上，融合了印度等西域外来绘画的元素，取得了长足的发展。唐朝绘画的题材与形式都具有极大的开放性，涌现出了许

① ［后晋］刘昫等：《旧唐书》，中华书局，1975 年版，第 3052 页。

多不同类型的代表画家，如初唐和盛唐时期的人物画家阎立本、尉迟乙僧父子，盛唐时期寺观壁画的代表画家吴道子，描摹仕女生活情态的画家张萱、周昉，花鸟画之画鹤名家薛稷，花鸟画之祖边鸾，山水画家李思训，鞍马畜兽画家韩幹等，共同造就了唐代绘画的繁荣。

以人物画为例，绘画艺术主要是融合南北风格的艺术追求。阎立本奉唐太宗之命，将房玄龄、杜如晦等24位开国功臣的形象绘在了凌烟阁上，这是绘画艺术开始由观念向现实的转变。《历代帝王图》中13位古代帝王肖像，结合了南派“疏体”画注重写神的风格，也吸收了北派“密体”画对细节的追求。阎立本的传世名作《步辇图》记录了贞观十五年（636年）唐太宗李世民会见吐蕃使者禄东赞的重大历史事件，唐太宗雍容大度的气魄、禄东赞谦卑有礼的神态都被刻画得生动传神。后来顾闳中的《韩熙载夜宴图》主题是表现韩熙载放纵不羁的夜生活，作品以人物众多见长，细节逼真，跳舞者的姿态、弹琴者的动作、观赏者的神情皆栩栩如生，整个构图比例也更加井然有序。

更为重要的是，各国文化交流是多元的也是双向互动的。外域的绘画技巧与风格也促进了唐朝绘画艺术的完善与成熟。如尉迟跋质那和尉迟乙僧父子是来自于阗的贵族，他们将源于印度的绘画技法“凹凸画法”传播到长安，这种异于中原传统的独特铁线描、设色侧重晕染的方法对唐朝画风产生了极大的影响。凹凸画法影响了后来唐代山水画大师吴道子，宋苏轼《书吴道子画后》评析说，“道子画人物如以灯取影，逆来顺往，旁见侧出，横斜平直，各相乘除；得自然之数，不差毫末”①，融会贯通之后成为大师。

梁思成在《中国雕塑史》中说，“玄宗之世为中国美术史之黄金时代。开元间，玄宗励精图治，国泰民安，史称盛世。帝对于诗画音乐尤有兴趣，长安遂成艺术中心，梨园音乐，首帝创始。唐代美术最精作品诒皆此期作品，李林之诗，龟年之乐，道子之画，惠子之塑，皆开元天宝间之作品也。”② 其中的惠子，就是杨惠之，据说曾参与制作长安、洛阳许多雕塑，写成《塑诀》一书，被誉为“塑圣”，千手观音便是其首创。唐朝时期的雕塑以佛像为主，尤其是石窟佛像，佛像的阴柔美在此一时期达到极致。女性婉约美和温文尔雅的姿态、饱满的造型、柔美的曲线制作及包容博爱的形象特点，这是其他朝代所没有的，龙门石窟的佛像便是最好的展现。唐代敦煌莫高窟是佛教雕塑规模最大的地方，雕塑表情丰满，宁静祥和，有些雕塑佛像接近普通人的形象与服饰，民间化、世俗化的倾向特别明显。唐三彩俑可说是中国古代写实雕塑的高峰，釉色主要以褐黄、土红、翠绿为主，夹杂以白、蓝、红、淡青和黑等色彩，造型精致，釉色斑斓。题材以人物、马、骆驼等为主，在传统彩塑

---

① ［宋］苏轼:《苏轼集》，陶文鹏、郑园编选，凤凰出版社，2006年版，第303页。

② 梁思成:《中国雕塑史》，生活·读书·新知三联书店，2011年版，第134页。

的基础上，造型逼真，生活气息浓厚，色彩自然，富丽堂皇，体现了大唐盛世的风范。

第五节　佛教的中国化之旅

唐朝的佛教承接汉魏以来数百年的发展结果，演绎成为不同的宗派，如天台宗、禅宗等，这两派可谓是纯粹的中国佛教。

一、禅宗的兴起与发展

禅宗从义理上而言，是中国化的佛教，是佛教传入中国后与儒学、玄学的结合，最终成为中国佛教的代表。汤用彤形容为“盖谓灵山会中，如来拈花、迦叶微笑，即是付法”[①]。迦叶为印度禅宗的始祖，通过禅宗的秘密相传，至二十七祖般若多罗授法于菩提达摩。菩提达摩于梁武帝时来华，被认为是中国禅宗的初祖。达摩传法于慧可，慧可传法于僧璨，僧璨传法于道信，道信传法于弘忍，弘忍传法于慧能，慧能因此被称为禅宗六祖，与神秀一并成为南北二宗。

禅宗的修法理念强调直觉感悟，强调凝思寂虑，在某种意义上是超越传统二元对立思维的非理性、非逻辑的思维模式，达到随缘任运的生活态度，追求物我两忘的精神境界，形成淡泊自在的审美情趣。这重铸了华夏民族的人生哲学，丰富了传统哲学的理性思维，陶冶了文人学士的审美观念，可以说影响了整个知识阶层，向社会全面渗透，成为中国传统文化的一部分。

“得传法衣”的故事发生在神秀与慧能之间。弘忍法师的两个弟子分别作了谒颂，已为上座的神秀所作“身为菩提树，心如明镜台。时时勤拂拭，勿使惹尘埃”，与慧能所作“菩提本无树，明镜亦非台。本来无一物，何处惹尘埃”相比，后者更能深契心性常清净的旨趣。五祖弘忍密诏慧能，为其言说《金刚经》并密授法衣，成为禅宗六祖。

《坛经》便是根据六祖慧能言行而编录的，也是唯一被称为“经”的由中国僧人撰述的佛经，成为禅宗的宗经宝典。《坛经》对中国佛教思想的内在理路和构架的影响特别巨大，主要是将学佛与实际生活结合起来，认为佛理就在生活之中，反对离开现实世界去寻求佛法；学佛除了跟随老师学习，还要自学，即“自度”；强调个人积极思考的重要性，只有“圣者心动”，才能达到一定的境界。《坛经》对心性问题的讨论直接下启宋明理学的开端，形成其心性本体论的建构，儒家学说在此产生了重大的自我转变与突破，中国传统哲学完成了一次重大的转折。同时，“顿悟”的思维方式也对中国艺术产生影响，如诗歌、书画等特别注重“意境”、“气韵”，注重内

① 汤用彤：《隋唐佛教史稿》，江苏教育出版社，2007年版，第148页。

心体验，追求言外之意和象外之象。

但慧能之后，其理论被某些流派发展得有些远离本意，过多强调顿悟，语言也过于强调玄机，在理论上未能有更深入的研究和更好的建树，却在方法上不断翻新，将佛家理念推向了“窄而深”的发展方向，逐渐演变成一种神秘主义，走向奇诡乖戾之途。

二、“礼佛”与“灭佛”

佛教在唐朝的盛衰、势力的消长，更多地取决于帝王的态度。唐太宗对佛教的兴趣是与身为皇帝的国家利益相一致的。他非常明白佛教对国家的作用，所以给予佛教以有限的庇护，让僧徒在宫中行走，做佛事、办法会、为国家祈福等。但同时，他也清楚地表示了控制佛教寺院活动的决心。首先是重刑处罚为逃避赋税的非法出家手段，然后将道士在国家主持的一切典礼上置于僧徒之上，另外还颁布了“道僧格”，规定僧徒除接受“毗奈律”（佛教戒律）的宗教约束之外，还必须服从于这一官方管制僧徒行为的世俗法律体制。

唐太宗时期出现了中国佛教史上的伟大人物玄奘（？—664 年），公元 629 年离开中国，在印度生活 17 年，后回到中国开始译经工作，毕生共翻译佛经 73 部，1330 卷。其弟子后来也都致力于佛教的传播工作。玄奘法师对促进唐朝佛教的发展功不可没。

唐高宗在公开场合对佛教态度虔诚，但实际上十分冷淡。唐高宗对道教术士表现出了极大的热情。在封禅大典之后，老子有了更为显赫的新头衔。道教奉旨建了道观，道士被置于宗正寺的管理之下，以正式承认皇室与老子原本姓李之间虚构的亲缘关系。同时，道家经典《道德经》被列为科举考试的必考科目，与儒家经典不分上下。

武曌出身于虔信佛教的家庭，那些希望接近皇帝的佛教徒显然把她看成是赞助人和保护人。武后也是宗教建筑的主要赞助人。她当皇后时，主持在龙门石窟凿刻了大量的佛像，废除了太宗关于在宗教仪式上重道轻佛的诏令。武后取得最高权力之后，最终把佛教立为国教。

晚唐时期，唐代宗将自身兴趣从政治转向了佛教，深受不空和尚的影响。为了回报代宗的虔诚，不空经常代表皇室和国家做法事，祈愿免除灾难，并翻译与政治有关的经文。佛教教务和唐朝政府之间又一次空前紧密地结合在一起。

唐宪宗元和十四年（819 年），敕迎佛骨于陕西法门寺，盛况空前。韩愈上表谏成为最大的反对者，他认为朝廷应政修民安，佛教害政。后唐穆宗、唐尊宗、唐文宗依然例行法事，但信奉道教的态度已经非常明显。会昌年间，唐武宗改革积弊，即位之后毁法活动开始。但唐武宗于会昌六年（846 年）去世，唐宣宗即位后又宣布恢复佛寺。这一动荡带来的社会不安已经无法弥补，佛教的衰落也就由此而始。

【知识卡片】

《唐律疏议》

唐太宗对继任者的遗训之一就是修订唐律，使其行政法规适应当时的形势。唐高宗在任期间很好地完成了这一任务。高宗永徽二年（651 年），以长孙无忌为首组成的组织奉命将修订好的新版律、令、格、式奏报给皇上，阴历九月开始向全国颁布新法。这部经过全面修订的新法，成为唐代最重要和影响最大的律令之一，被称之为《永徽律疏》。次年，唐高宗又组织了法律专家编写能用于法制教育的详细的刑法官方注释，最终形成《唐律疏议》，在公元 653 年阴历九月完成并呈送皇帝，之后经过小修改，便在几个世纪中一直是刑法的权威性注释。

唐高宗为了使得这部法典更适合当时的形势而做出了系统的努力，包括将当时诏令版本的格编成法典，并对式（执行法律时的详细规定）进行了局部的修改。665 年官署的名称全部变动之后，高宗又命刑部对格与式进行修改。676 年又下令对法律进行系统的修改，直到 677 年完成。高宗去世后的 685 年又进行了一次修订。

陆羽与《茶经》

陆羽（733—804 年），名疾，字鸿渐、季疵，号桑苎翁、竟陵子，唐复州竟陵（今湖北天门）人。自幼颖悟好学，成年后学问渊博，擅长诗文，生性清高，淡泊名利。安史之乱中，陆羽隐居在浙江苕溪（今湖州），经过亲自调查、实践、总结和研究，完成了中国第一部也是世界上第一部茶书《茶经》。《茶经》分上中下 3 卷，共 10 篇。“一之源”考证叙述茶的起源及性状；“二之具”记录采茶制茶的工具；“三之造”描述茶叶的种类以及相关的采制方法；“四之器”记载煮茶、饮茶的器具；“五之煮”描述烹茶的方法以及对水质的要求；“六之饮”记载饮茶的风俗和品茶的方法；“七之事”整理有关茶叶的掌故及药用效果；“八之出”列举茶叶产地，评价不同地域茶叶的优劣；“九之略”指茶器使用中的变通之法；“十之图”将茶叶采制饮用的过程绘成图画，悬诸茶室，供品茶者玩味。《茶经》把茶叶的采制与饮用从日常生活中提炼出来，升华为一种具有审美功能的文化活动，对推动古代中国茶文化的发展起开创性的作用。茶叶在唐朝以前多用以入药，自陆羽后，饮茶者日渐增加，茶叶成为中国民间的主要饮料，茶文化也成为中国文化的一个重要组成部分。陆羽因此被后人尊为中国的茶圣、茶神和茶仙。

【阅读搜索】

张若虚《春江花月夜》 王勃《滕王阁序》 柳宗元《小石城山记》
韩愈《谏迎佛骨表》

【思考题】

1. 唐朝诗歌繁荣的原因是什么?
2. 诵读《春江花月夜》，从诗歌赏析的角度谈谈自身的感受。
3. 如何看待禅宗对唐代文学、书画及日常生活的影响?
4. 唐朝的对外文化交流对周边国家产生了怎样的影响?

第十四章　五代十国

【学习目标】

1. 从五代十国的递嬗与分立，了解唐末分裂因素与历史意义。
2. 认识五代十国时期，书法、绘画、佛教与雕塑艺术的融合与发展。
3. 了解五代十国时期的雕版印刷为书籍的大量印刷奠定基石。

第一节　五代十国历史文化概说

五代十国（907—979 年），是指从唐朝末年到宋朝初年的一段分裂割据时期。在这短短的 73 年中，中原地区相继出现了梁、唐、晋、汉、周等五个希望能继承大统的朝代，但最终都无力控制全局，维持时间最长的后梁也只是存在了 17 年的时间。因为这些国号都曾经被使用过，为了区分这些同名朝代，史家多在这几个国号前加一个“后”字，史称“五代”。而在这五个中原王朝力量所不及的地方，有十余个地方势力先后据地为王，分别为前蜀、后蜀、吴、南唐、吴越、闽、楚、南汉、荆南、北汉等，史称“十国”。此一阶段是个大混乱大破坏的时期，大小统治者激烈混战，使得社会经济、文化受到极为严重的冲击。

五代十国后期，统一趋势不断加强，最终后周柴荣十年征战，为北宋最终统一北方奠定了基础。公元 960 年赵匡胤黄袍加身，胁迫周恭帝禅位，夺取皇位，逐渐平定了南方各国，又经过十余年的南征北战，攻灭了后周藩镇的抵抗，消灭了荆南、后蜀、南汉、南唐等割据政权，结束了自安史之乱以来 200 多年的封建混战的局面，中国统一。

一、五代政权之递嬗

公元 907 年，朱温篡唐建立后梁，成为历史上的梁太祖。后梁改革了晚唐的一些弊政，奖励农耕，减轻租赋，基本上统一了黄河中下游地区。但是当时外部多国并立，梁与晋连年作战，内部政权交接也导致内乱不断，朱温最终死于其子朱友珪之手。

公元 923 年，盘踞在太原的晋王李克用之子李存勖灭后梁，建立后唐。后唐经明宗李嗣源改革、扩张与整顿，人民生活比较安定。后唐时期的疆域面积是五代十国所有国家中最大的，国力强盛。但是外部契丹族渐渐兴起，不断骚扰边境，为了应对契丹，后唐委派李嗣源女婿、同是沙陀族的石敬瑭为河东节度使兼侍中，镇守河东防御。

公元 936 年，石敬瑭勾结契丹，把燕云十六州割让给契丹，契丹协助石敬瑭灭了后唐，建立后晋，石敬瑭成为契丹人的儿皇帝。后晋建国后，一直处于动荡状态，境内多处发生叛乱，石敬瑭因此订立许多惩处性的法律，并设立多种毒刑。后来后晋与契丹关系恶化，双方战事不断，后晋元帅杜重威和李守贞暗中勾结契丹，后晋皇帝石重贵被迫投降，全家被契丹俘虏，后晋灭亡。

契丹人定都开封，建立了辽。同年太原留守、河东节度使刘知远在太原称帝，建立后汉，利用契丹在中原烧杀所引起的不满，趁机收复中原，定都开封。后汉是五代十国中享祚最短的，仅仅存在了 4 年时间。

后汉隐帝被郭威所杀，951 年郭威篡后汉建后周。郭威采取了一些改革措施，减轻了刑罚和税赋。郭威死后，帝位由其养子柴荣继承，是为周世宗。周世宗是一位非常有作为的皇帝，他推行改革，整顿吏治，严明军纪，国力增强。经过苦心经营，周世宗打算逐步统一天下，先后发动了与北汉、辽、后蜀、南唐的战争，并取得了胜利。此后，周世宗又发动北伐收复燕云十六州，不幸事业未竟而病亡。周世宗死后，继承帝位的恭帝柴宗训年仅 7 岁。第二年（也就是 960 年），后周大将赵匡胤借抵抗北汉和辽国军队之机，发动陈桥兵变，建立北宋，五代结束。

五代历时 53 年，有八姓称帝（后梁、后晋、后汉各一姓，后唐三姓，后周二姓），共 14 位皇帝。后梁和后周的皇帝是汉族人，后唐、后晋、后汉的君主是沙陀族（源自吐谷浑）人。

二、十国兴亡

十国（事实上不止十国）兴亡更为纷繁复杂。

前蜀由王建建立。王建趁镇压黄巢起义之机，占领四川、重庆、陕西汉中等地，被唐封为蜀王。公元 907 年，王建称帝，国号蜀（917 年改为汉，第二年又改为蜀），史称前蜀。王建建国后，继续北进，占领了今甘肃秦安、陕西凤县、甘肃成县、康县等地，疆域扩大到大散关（今陕西宝鸡界内）。唐末时局动荡，蜀地相对平静，投奔蜀地的人口较多，王建对于其中有才能的知识分子多予以重用，著名诗人韦庄就被王建任命为宰相。但前蜀的政治并不清明，宦官干政，统治集团内斗严重，卖官鬻爵、贿赂腐败成风。王建的继承者王衍奢侈荒淫，耗费了大量的财力和人力，导致百姓赋税繁重。公元 925 年，后唐庄宗李存勖发兵攻蜀，王衍投降，前蜀亡。

李存勖灭前蜀后，任命孟知祥为西川节度使。公元 932 年，孟知祥杀东川节度使董璋，占据了东川地盘。后唐被迫任命孟知祥为东、西川节度使，封为蜀王。公元934年，孟知祥称帝，国号蜀，史称后蜀。孟知祥的继承者孟昶也很荒淫，但是由于蜀地独特的地理条件，他在位期间，战事较少，社会经济也有所发展。公元965年，北宋出兵攻打后蜀，孟昶投降，后蜀灭亡。

吴由杨行密创建。杨行密出身行伍，杀了自己的上级军官，占据了庐州，后来成为唐淮南节度使，占据淮南、江东的大片地区（包括今江苏、安徽、江西、湖北的一部分）。公元902年，被唐封为吴王，建都广陵（即扬州）。杨行密安抚召集流民，奖励农桑，使江淮一带社会经济有所恢复。吴丞相徐温收徐州人李知诰为养子，改名徐知诰。杨行密的继承者杨溥多无才能，天祚三年（937年）时政权被徐知诰所夺，吴国遂亡。

徐知诰夺取了吴的政权后，建都金陵，改名为李昪，定国号为唐，史称南唐。南唐建国后，与邻国保持了较为和平的关系，战事相对较少，采取保境安民的治国方略，因此社会生产逐渐恢复并迅速发展。南唐是五代十国时期百业兴旺、文化艺术繁荣的一个时期，江北流亡知识分子多落脚于此，使它在文学、美术、书法、音乐等方面都取得了卓越的成就。李昪的儿子李璟在位时期，战事较多。南唐先后灭了闽国和楚国，疆域扩大，成为南方十国中国力最强大的国家。

与此同时，北方的后周也越来越强盛，不可避免地与南唐发生了冲突。后周数次入侵南唐，夺取了南唐的江北之地，南唐对后周称臣，自此国力一蹶不振。李璟的儿子李煜是著名的词人皇帝，多沉迷于酒色之间，无心政事。向北周称臣纳贡，导致国内赋税沉重，民怨不断。北宋开宝七年（974年），赵匡胤发兵进攻南唐。第二年，宋军攻占金陵，李煜请降，南唐灭亡。

吴越国的创建者钱镠曾经镇压过黄巢之乱，官至镇海、镇东节度使，后来并吞浙东，同时占有两浙，号吴越国王。吴越相对弱小，大部分时间向中原王朝纳贡称臣，以此来抗拒较为强大的吴和南唐。吴越国当时战事较少，社会相对安定，农业和手工业都得到了不错的发展。北宋太平兴国三年（978年），钱俶应宋太宗赵光义的邀请，把全家迁往北宋都城开封，献出了吴越国所有的土地，吴越国灭亡。

闽国由王审知所创建，王氏经营福建长达60年。由于王审知是光州人，在王氏统治期间，长淮一带的移民移入并散布于福建各地。公元945年，闽国被南唐所灭，领土被南唐和吴越瓜分。

马殷以湖南为中心建立了楚，统一了该区域内的割据势力，政治环境相对安定，社会经济有所发展。公元951年，楚被南唐所灭。楚灭后，南唐军队被楚将刘言所败，刘言统治了楚土，后刘言被部下杀死，周行逢父子先后统治湖南，北宋建隆四年（963年）为北宋所灭。

楚国以南的地区是刘龑建立的南汉政权。南汉定都在番禺（今广州），初定国号为大越，后改为汉，史称南汉。南汉与北境的楚和西边的南诏交好，国内形势较为稳定。公元970年，北宋攻打南汉，南汉后主刘鋹投降，南汉灭亡。

存在于今湖北西部重庆东部的国家为荆南，由高季兴创建。高季兴被后梁封为荆南节度使，后唐时被封为南平王，正式建国。高季兴死后，后唐追封他为楚王，所在荆南也被称作北楚。荆南是五代十国时期最小的国家之一，但其处于南北交通要冲，常常利用地理优势，劫掠南方诸国给北方梁国的贡俸。荆南先后有5位皇帝，享国40年。公元963年，被北宋所灭。

北汉是十国中唯一地处北方的国家，由后汉高祖刘知远的弟弟刘崇创建。后汉隐帝时，刘崇官至河东节度使、太原尹，他预见了后汉政权的危机，便提前做了军事和财政准备。后汉灭亡后，刘崇占据河东十二州称帝，定都太原，国号汉，史称北汉。北宋太平兴国四年（979年），北汉亡于北宋。

三、五代十国政治与经济

五代十国是一个战乱频繁、政局动荡的时代。这种乱局实际上是唐代节度使制度与藩镇政治导致的结果。在政治上，各国的政权架构与管理制度基本上是在唐朝制度的基础上有所损益，大的方面表现出统一性，但在细节上又各行其是，多有迥异。

五代各国一般一如隋唐，设有三省六部、主管财政的三司和主管军事的枢密院。十国诸国具有和五代各国相仿的政权架构。由于篇幅所限，以下论述多以五代为例。

三省六部源于隋唐，三司制度也是从唐朝演化而来。唐代初年，掌管中央财政的机构是尚书省户部，下设四个直属部门，称为四司：户部、度支、金部、仓部。这四司主要掌管土地、人口、钱谷、贡赋。唐代中期后，盐铁转运、度支、户部演化成为独立的财赋机构。盐铁转运司掌管食盐专卖以及铜铁矿冶，度支统筹财政支出，户部司则掌全国农田和户籍统计、赋税征收、货币发行等。其中以盐铁转运司地位最为显赫。五代时的三司与唐代三司相比有较大的变化，三司由宰相一人主管，并设置了三司使。实质性的变化体现在三司职能的变化，因这一时期战乱导致的军需问题比较突出，三司的主要职能中多了与军事相关的事务。大致而言，三司主要掌管以下方面的事务：征收或减免赋税，管理盐酒事务；负责军队粮饷、军需供应；管理马政事务；参与管理营田事务；管理国库及官员俸禄等；掌管祭祀所需钱物；参与其他军国事务、司法事务等。三司虽然是集中管理财政的机构，但是财政权力并未完全得到统一，地方政府仍然拥有一定的财权。

枢密院也产生于唐代中后期，五代时期得到较大的发展。枢密院的前身是唐代贞观年间的政事堂。当时的政事堂是三省长官议事的地方，后来在政事堂下又设立了吏房、枢机房、兵房、户房、刑礼房。枢机房又称枢密房，掌管皇帝的重要机密文件，其职能相当于保管文书档案的办事机构。到了唐代宗永泰年间，出现了枢密使的官职，以宦官充任。由于掌管文书的上传下达，地位特殊，再加上宦官势力的膨胀，到了唐宪宗时期，枢密院已发展为上、下两院，权力也一扩再扩。到僖宗、昭宗朝，宦官兼掌枢密院和军权，可以任意废立和杀害皇帝。五代梁时改枢密院为崇政院，改用文人，机构也有所扩大。当时崇政使的主要职责是顾问参谋。后唐又改崇政院为枢密院，并起用武人郭崇韬为枢密使，兼行中书事，领镇、冀州节度使，封赵郡公。诸多的恩宠加于一身，郭崇韬权势显赫，连宰相也不得不趋附于他。后来任枢密使的安重诲也是武人，深得皇帝宠幸，权力远远超过宰相。后晋时期又重新任用文士为枢密使，枢密使由宰相兼任。此时的枢密院权力不及前代，宰相兼枢密使的实权往往不及手握重兵的节度使。后汉从郭威开始，枢密使可以兼任节度使，枢密使的权力达到顶点。后汉枢密使有郭威、杨邠，其中最著名者是后来做了后周开国皇帝的郭威。正是由于枢密使郭威的权力达到无以复加的地步，所以才能够逼隐帝逊位，建立后周。后周建立后，郭威任用自己的亲信王峻、郑仁诲为枢密使。此时的枢密使也兼任节度使，权力较大。

五代十国时期，南北经济发展上表现出很大的不同，南方经济更为发达一些。究其原因，既有历史的原因，也有地缘因素。

从历史上来讲，南方经济发展的基础要优于北方。自中唐安史之乱以来，北方地区受到战乱影响，人口向南方迁徙，促进了南方经济发展。从地缘上来讲，由于南方气候温暖湿润，物产丰富，以农业为主的经济也深得其利，经济起步快，发展迅速。同时，由于长江天险阻隔，南方远离北方少数民族，较少受到侵扰，稳定的环境有利于经济发展。在五代以前，南北统一，南方地区必须分摊北方由于战争和自然灾害所导致的减产、歉收、损失等，长期担负着较大的经济负担。五代十国时期，南北割据，财政独立，南方各国虽然有时也纳贡称臣，但是总体经济负担比过去要轻很多，更容易实现经济繁荣。

南方各国经济发展各有特色。蜀地农业、工商业较为发达；江南两淮农桑、茶叶、水利与商业贸易较有特色；湖广则依靠卖茶和通商，运茶到北方进行贸易。可以说，这一时期，南方已完全成为全中国的经济中心。

南北经济发展不平衡，对文化的发展产生了极大的影响。如前所述，五代十国时期，江南和巴蜀两个地区富庶安定，不仅为文化发展提供了物质条件，而且为流亡文人学士提供了避难容身之所，非常有利于文化的发展。有利的条件再加上统治者和贵族的爱好与提倡，江南和巴蜀的文化发展兴盛，成为当时中华文化的中心。

第二节　五代十国的文化与科技

五代十国虽然政局变换频繁，但承唐余绪，文化与科技方面还是有所发展，有些领域比之于前代出现了新的变化，具有开创性的意义。这一时期的成就主要集中在史学、书法、雕塑、诗词、绘画、天文、医学、印刷等方面。在史学上，出现了《旧唐书》、《开元天宝遗事》、《唐摭言》、《中朝故事》、《金华子》、《北梦琐言》等具有影响力的著作，虽然良莠不齐，但是其史料价值是毋庸置疑的。五代十国南方地区的雕塑艺术也较为发达。雕塑作品多为佛教题材，印塔与摩崖像较为流行。此外墓室雕饰也有一定的成就。这一时期的书法艺术在宋代相关章节会提及，此处暂时略去。

在这一时期，能够继承历史、创新发展、成为时代主题的主要是词、绘画和印刷术。

一、词的兴起

五代十国时期，诗与词都有所发展，但是诗与唐代相比差距颇大，词作为一种新的文学体裁则得到了长足的发展，引人瞩目。

词在中唐之后就已经渐次兴起。隋唐以来出现了一种新兴的音乐，是中国传统音乐与外来音乐互相融合的结果，词就是配合这种新兴音乐的一种歌词。一开始，词只是在民间传唱，语言比较俚俗。后来文人参与到词的创作之中，使词出现了新的面貌。文人最开始写的词，主要供歌女们演唱之用，和诗歌、散文走的是不同的路子，和“文以载道”的主张没有什么关系。正是因为如此，它才得到广泛的喜爱。

词是一种不同于诗的新体裁，在美学上表现出不同的风貌。用王国维的话来说，“词之为体，要眇宜修。能言诗之所不能言，而不能尽言诗之所能言。诗之境阔，词之言长”①。叶嘉莹先生说：“从形式上，词是比诗更多变化，更精微的，更纤巧的，更曲折的。”“它（词）的平仄都有严格的限制，跟古诗的自由无定格不一样，跟律诗那种平仄对偶的整齐格式也不一样。所以，词就算句子是整齐的，你读起来，它一样有一种抑扬错落的音乐性的感觉。”在内容上，“词大都是写男女的爱情相思离别，为了配合这种歌唱的场合和歌唱的人物的歌女，自然写的是比较柔婉的细腻的女性的美。”②

五代时后蜀赵崇祚选录唐末五代词人作品编成《花间集》，总共收录 18 人 500 首词作。这 18 人是温庭筠、皇甫松、和凝、孙光宪、韦庄、薛昭蕴、牛峤、张泌、毛文锡、牛希济、欧阳炯、顾敻、魏承班、鹿虔扆、阎选、尹鹗、毛熙震、李珣。除温庭筠、皇甫松、和凝、孙光宪外，其余词人都是蜀地的文人。他们的词风大体相近，文字富艳精工，内容多写旅愁闺怨、悲欢离合的男女燕婉之情，从而被后世称为花间派，这一称呼是准确而有概括性的。花间派的代表人物是温庭筠和韦庄。

温庭筠是第一个着力于词的创作也比较有成就的人，他的创作使词从民间流行升华为一种独立文体。温庭筠诗词俱佳，词更胜一筹，被誉为花间派鼻祖。他的代表词作有《望江南》2 首、《菩萨蛮》14 首、《更漏子》6 首、《酒泉子》4 首、《杨柳枝》、《南歌子》、《河渎神》、《诉衷情》等。其词善于创造意境，能选取富有特征的

① 王国维：《人间词话新注》，滕咸惠校注，齐鲁书社，1986 年版，第 41 页。
② 叶嘉莹：《唐宋词十七讲》，北京大学出版社，2007 年版，第 13–16 页。

景，营造特定的艺术境界，从而表达出人物细致入微的情思。他的词含蓄，耐人寻味，声律谐调，文采与声情俱佳。历来有人讥评温词过于柔婉，有学者评价说："词本来是娱乐性的艺术，有偏重风月艳情的习惯，而温庭筠把它更推进了一步。同时，由于温庭筠颇有些贵游才子的风流浮浪习性，对以女子为主的描写对象的心灵缺乏深切细致的理解，而常常以观赏的态度描摹她们的体态、衣饰及一些外在举止。而且，像玉钗、翠钿、眉黛、蕊黄这一类对女性装饰的描述，在许多作品中反复出现，看起来色泽明艳，细读之后，却觉得单调而缺乏韵味。当然，也有一些是写得很不错的。"[①] 就当时的条件来说，温庭筠不失为一位杰出的词人，在词的发展史上应该占据重要的位置。

韦庄与温庭筠齐名，并称"温韦"。他的词与温词内容相类，但艺术风格上有一定的差别。他的词不像温词那样富艳华赡，而是善用白描笔法，感情表达流畅清新，富于抒情性。前人评价他的词"语淡而悲"，是很有见地的。这种风格与他的诗歌创作关系甚密，"他的诗歌接近白居易，语言流畅平易，而不太使用艳丽的色彩。这种习惯用到词里来，自然显得与温庭筠一流诗人所写的词具有不同风格。他不长于'状物'即通过描摹景物来烘托气氛，而长于在描述对象心理、情感的过程中直接呈露意旨，因而他的词就比较多地运用结构疏朗、意脉流畅的白描方式"[②]。韦庄顺应词的发展潮流，与温庭筠一起，扩大了词的创作阵营，丰富了词的艺术风格。

除花间派词人外，五代十国时期，词的另一个创作中心在南唐，主要代表人物有冯延巳、李璟和李煜父子，有人称之为二主一相。

冯延巳是南唐的重臣，他的词继承了花间词的传统，同时又有所突破和创新。同样是表现爱情相思，他的词却多有人生短暂、生命有限、时光易逝的感叹，透出一种时间意识和生命忧患意识。生命忧患意识是诗歌的常见主题，在汉代乐府诗中表现得最为明显。冯词将这种意识引入词的创作之中，在逻辑上也是必然的，认识到生命的短暂，必然导致及时行乐的观念产生，而爱情的欢乐与幸福就是及时行乐的内容之一。爱情与生命短暂的感叹两相对比，突出了爱情之可贵、爱而不得之苦闷，使表现爱情的词作蒙上了一层忧伤的轻纱。冯词继承花间派的传统，但在内涵和意境上有所深化。

李璟是南唐的第二位皇帝，他生性喜欢阿谀奉承，生活奢侈，用兵无度，算不上一个好皇帝。但他爱好文学，具有较高的文学艺术修养。正是他的爱好，使词在南唐得到了绝佳的发展机会。他的词富于感情，少雕琢，清新脱俗。惜其存词较少，只有 5 首。

李煜是李璟的儿子，也是南唐的最后一位皇帝。李煜笃信佛教，爱惜百姓，开

① 章培恒、骆玉明主编:《中国文学史》(中)，复旦大学出版社，1996 年版，第 275 页。

② 同上书，第 279 页。

科取士，总体上要比他的父亲强，但仍然不是一位有能力的皇帝。李煜不但爱好文学，而且极具艺术天赋，书法、绘画、诗词方面都有所长。他的词分前后两期，前期词主要反映承平的宫廷生活和男女情爱，有花间派的习气，但艺术上却胜一筹；后期词则主要表达亡国后客居异乡的深哀巨痛，成就要比前期高出许多。他的词意境优美，能把自身的惨痛遭遇转化为一种具有普遍意义的人生悲剧性感受，感情更有深度。他的词作语言自然精练，极具表现力和概括性，能通过比喻将抽象的感情形象化。王国维把温庭筠、韦庄和李煜做了比较之后说："温飞卿之词，句秀也。韦端己之词，骨秀也。李重光之词，神秀也。"① 以此句来认知温、韦、李三人词作艺术水准之高下，甚为恰当。李煜后期的亡国遭遇，使他的词与花间派词作截然区别开来，所以历来论者认为，他最大的贡献在于开拓了词的题材范围。用王国维的话来说，就是"词至李后主而眼界始大，感慨遂深，遂变伶工之词而为士大夫之词"②。这种变化并不是李煜有意识的创新，而是现实原因导致的，是个人艺术才华与从未有人写过的题材相结合的必然结果。"应该说，李煜前后期词在艺术上是有一致之处的，即它以动态的呈露为词的意脉，因而使词显得流畅连贯；它以抒情为词的目的，因而词中不多用辞藻；它的意象选择得很精心，常能与情感表现融为一体；它的结构设计也很巧妙，能使词的感情基调鲜明突出。但是，前期词题材比较陈旧，语言上受唐五代词人影响较多，而且有些并非出自切身体验，所以不易深入。后期词则发自内心，写的是从未有人写过的作为亡国君主的故国之思，而词中流露的，又主要是追惜年华、感慨人事变迁无情、哀叹命运等容易引起普通人共鸣的情绪，因此艺术感染力大大加强；更由于他采用了唐五代词人少用的白描手法，以清新的语言写情，因而形成了他独特的风格。"③

二、绘画

五代十国介于文化发达的唐宋之间，虽然只有短短六七十年时间，且政权更迭不断，但是文化依靠自身的惯性在发展，使唐宋之间的文化既相承接，又发生了转折。以绘画艺术来说，这一时期出现了中原、西蜀和南唐三个中心，其发展情况各不相同。中原地区是唐王朝的统治中心，本来文化就比较发达，所以在五代时期的绘画继承了唐人绘画的优良传统，佛教壁画仍然保持活跃。西蜀和南唐地区的统治者比较爱好绘画，并设立了画院，所以绘画艺术极为繁荣。南唐绘画繁荣期已接近北宋，题材风格与中原和西蜀相比已有较大差别。另外值得一提的是地处西北一隅的敦煌，莫高窟的壁画绘制仍在进行之中，并有了一定的起色。

五代时期比较活跃的画家人数众多。中原地区有擅长画佛道人物的胡翼、赵岩、

① 王国维:《人间词话新注》，滕咸惠校注，齐鲁书社，1986 年版，第 91 页。
② 同上。
③ 章培恒、骆玉明主编:《中国文学史》(中)，复旦大学出版社，1996 年版，第 287 页。

刘彦齐、王殷、朱繇、张图、跋异、韩求、李祝、王仁寿，擅长画山水的荆浩、关仝，擅长宫室画的郭忠恕以及花鸟画家于竞、厉归真；西蜀有擅长画佛道人物的贯休、高道兴、高从遇、房从真、石恪、蒲师训、赵德玄、赵忠义、阮知诲、阮惟德，山水画家姜道隐，花鸟画家滕昌、黄筌、黄居宝；南唐佛道人物画家有曹仲玄、王齐翰、高太冲、顾德谦、周文矩、顾闳中，山水画家有董源、巨然，花鸟画家有钟隐、徐熙、唐希雅、丘庆余，宫室画家有卫贤、朱澄等等。

与此同时，绘画理论著作也有不少，北宋郭若虚《图画见闻志》中记载了《画山水诀》、无名氏《梁朝画目》、僧仁显《广画新集》、辛显《益州画录》、无名氏《江南画录》以及徐铉《〈江南画录〉拾遗》等多种理论著作，可惜这些著作现已散佚，仅存荆浩《笔法记》(或题为《画山水录》、《山水受笔法》)一篇。

1. 人物画

五代时期的人物画无论是宗教神话、历史故事还是文人生活、仕女题材，比之于唐代，手法更为成熟，更注重表现人物神情与人物心理，更为传神。工笔设色和水墨写意的画法都有所发展。佛教人物画从唐代开始出现世俗化的发展倾向，至此时更为明显。这一时期人物画的代表人物是周文矩和顾闳中。

周文矩，句容（今江苏句容）人，曾任南唐画院翰林待诏。擅长画冕服、车器、人物，尤擅仕女，其画题材多为宫廷或文人生活。他善于观察各种人物，体会并把握其内在和外在的特征，塑造的人物特点鲜明，辨识度很高，能达到形神兼备的艺术境界。他在绘画上创造了独特的“战笔”画法，即使用细劲的线条、颤抖的笔法绘画，尤其适合表现衣服纹路。现藏于故宫博物院的《重屏会棋图》和藏于美国弗利尔博物馆的清人摹本《琉璃堂人物图》为其代表作品。

顾闳中也是南唐画家，他唯一的传世作品是藏于故宫博物院的《韩熙载夜宴图》。此画以连环长卷的方式再现了南唐名臣韩熙载家举行宴会的场景。全图分为五个部分，第一部分是众人倾听琵琶演奏的场面，第二部分是舞蹈场面，第三部分是韩熙载在内室休息的情形，第四部分是韩熙载欣赏音乐的场景，第五部分是韩熙载挽留宾客的情景。此画除了布局精巧、线条准确灵动、设色雅丽外，最重要的是对人物神态与情绪的把握十分到位，达到了图形传神的艺术效果，是我国古代人物画杰出的代表作品。

2. 山水花鸟画

五代山水画与唐代相比，能曲尽不同地理环境下的自然风貌，并营造出一种深妙的意境。这一时期山水画有“荆关董巨”四大家的说法，荆浩和关仝是北方山水画派的代表人物，董源和巨然是江南山水画派的代表。

荆浩，字浩然，沁水（今山西沁水）人，五代后梁画家。他开创了以描写大山大水为特点的北方山水画派。描绘庐山景色的《匡庐图》是他的代表作之一。据说，荆浩继六朝谢赫提出人物画“六法”之后，提出了山水画的“六要”，即气、韵、思、景、笔、墨，使“‘气韵生动’这一产生于六朝、本是人物画的审美标准，便推广和转移到山水画领域来了。它获得了新的内容和含义，终于成为整个中国画的美学特色：不满足于追求事物的外在模拟和形似，要尽力表达出某种内在的风神，这种风神又要求建立在对自然景色、对象的真实而又概括的观察、把握和描绘的基础之上”①。《匡庐图》结合了“高远”和“平远”的构图方法，勾、皴、染三种笔法并用，不仅使巍巍峰峦与山野幽谷自然地渐次展开，而且将全画幽深缥缈的境界烘染出来，使其犹如生活、人生的环境与氛围。

关仝，长安（今西安）人，早年曾向荆浩学习。他的作品多画秋山寒林、村居野渡等。他的画笔法简洁，设景少而精，但是气势宏伟，意境悠长。他同时也是北宋初年的重要画家，在北宋初与李成、范宽并称。他传世的画作有藏于台北故宫博物院的《关山行旅图》与《山溪待渡图》。

董源，字叔达，钟陵（今江西进贤西北）人。他生活在江南，所以其山水多画江南景色，表现出江南水草丰茂、杂树掩映的特点。他用笔疏淡，多画疏林远树、陂陀起伏、土山戴石，绝少奇崛斩峭之笔。其山水画中的人物则近于工笔，设色浓厚。他画山石多用“披麻皴”法，即用皴笔线条状如麻披散而错落交搭。他的代表作有藏于台北故宫博物院的《龙宿郊民图》、藏于上海博物馆的《夏山图》、藏于辽宁博物馆的《夏景山口待渡图》、藏于故宫博物院的《潇湘图》、藏于美国大都会博物馆的《溪岸图》。

巨然，江宁（今江苏南京）人，在江宁开元寺为僧。他师承董源，擅长于画山水，画作风格比董源更为雄秀奇逸。代表作有藏于台北故宫博物院的《秋山问道图》、藏于上海博物馆的《万壑松风图》、日本斋藤氏所藏《山居图》与藏处未详的《溪山图》。

五代花鸟画有两个派别，分别以黄筌和徐熙为代表。唐代兴起的重视活禽生卉的写生画法，至此时被发扬光大并得到了发展。

徐熙，金陵（今江苏南京）人。擅长画花草树木、飞禽游鱼、蔬菜瓜果，多有“野逸”之趣。其真迹今已无存。

黄筌，成都人，北宋初年入宋代画院。他多画宫苑珍禽，画风工整饬丽，具有一种“富贵”之气，深得上流社会的喜爱。代表作品有藏于故宫博物院的《写生珍禽图》卷。

三、雕版印刷

中国印刷术的发展源头甚为悠久，至五代时期才兴盛起来。

大约在晋代，随着纸与墨的出现与普及，印章也开始流行。在更早时期的汉代

① 李泽厚：《美的历程》，天津社会科学院出版社，2001 年版，第 279 页。

就有刻石经的记载。汉灵帝时期，蔡邕书六经文字于石碑，让刻工镌刻，立在太学门外。此后，雕刻石经时有出现。但那时刻石经的目的不是为了印刷，而是因为石碑不易磨灭，有利于经文的保存。虽与印刷无关，但是人们为了使石经内容传播，借鉴印章的原理，发明了刻石碑的方法。这种方法与印刷类似，为印刷术的最终发明提供了思路上的启发。

关于雕版印刷的缘起，有几种说法。有人认为起于隋代，也有人认为起于唐代。陈登原认为雕版印刷比较可靠的起源应该在唐代，“但唐季已有雕版之说，则可谓颠扑不破者尔”①。至迟在中唐时期，雕版印刷术已经流行。

制作雕版的程序如下：先在纸上按设计好的布局和规格书写文字，再把写好字的纸反贴在刨光的木板上，然后让刻工根据文字刻出阳文反体字。印刷时在雕好的版上涂好墨，把纸铺于其上，用棕拂刷使纸与雕版紧密接触，之后将纸揭起，即为印刷好的成品。雕版在制版时需要经过书写、镌刻等耗时耗力的工序，但是印版一旦制成，印刷效率比之前的抄写要高出许多，尤其便于大量印刷，有利于书籍和知识的传播。我们现在所能看到的最早的标有年代的雕版印刷实物，是在敦煌发现的印刷于 868 年的唐代《金刚经》，印制工艺非常精美。后又发现可能刻印于唐朝武后时期的《无垢净光大陀罗尼经》，经文内有几处“武后制字”字样。868 年（唐咸通九年）刻印的《金刚经》中除文字外，还印有插图。此部《金刚经》刻版娴熟，墨色厚重，可证当时雕版印刷技术已经成熟。

五代十国时期，朝廷开始主持编印儒家经典，雕版印刷进入极盛时期。此时的雕版印刷形成了官刻、家刻和坊刻三大系统。官刻是由官府组织人力和资源进行刻印工作，刻印的多为儒家经典。在五代十国时期，从后唐开始，历经四朝，用 20 余年时间完成了《五经文字》、《九经字样》等书籍的刊刻。这在当时来说，的确是一项浩大的文化出版工程。家刻是指由个人出资，在家完成的刻印工作。家刻的内容多为先辈父兄的作品。后蜀宰相毋昭裔私人出资刻印了《文选》、《初学记》、《白氏六帖》等，功不可没。这是以他私人的财力完成刊刻，他的功劳自然也不在冯道之下。坊刻是指书坊以盈利为目的的刻印工作，刻印的多是实用性强、销量大的作品。坊刻的鼎盛期出现在宋代。当时雕版印刷比较繁荣的地点多在政治和文化中心，以开封、成都和杭州最为有名。

后唐长兴三年（932 年），宰相冯道等奏请依石经文字，刻《九经》印版，广颁天下。至后汉干祐元年（948 年），《周礼》、《仪礼》、《公羊》、《穀梁》仍未有印版，国子监奏校勘镂版。后周广顺三年（953 年），尚书兼国子判监事田敏进印版“九经”书、《五经文字》、《九经字样》各 2 部 130 册。这就是最初的监本《九经》，是用四朝力量、历时 20 余年完成的一项大的出版工程。唐时写本经传，字画不一，有今传

① 陈登原：《中国文化史》（下册），商务印书馆，2014 年版，第 556 页。

众多抄卷可证。至开成石经出，经文始有定本；至监本《九经》出，注文始有定本。这是学术史上意义深远的大事。当时兵祸频仍，可以想见要持续地刻书印刷是很困难的事。

雕版印刷是印刷术发展的早期阶段，它为宋代活字印刷术的发明积累了经验，打下了基础。

【知识卡片】

长乐老

五代时期，政权更迭频繁。在这样一个乱世，却有一个历仕数君的人物，他的形象多属于负面，如毫无廉耻、奸臣之尤等等。他一生不得罪任何人，在政坛上一帆风顺，苟活到老，这个人便是冯道（882—954年），自称“长乐老”。这样一个特殊人物，自然惹来许多批评。对他批评最多的是宋代的欧阳修。欧阳修在编写《新五代史·冯道传》时，对冯道历仕数君、担任宰相的行为，用“无廉耻”三字来评价。但是，若考虑到冯道所处的时代，用现代的眼光来看，则有了截然不同的评价。后世史学家受民主思想的熏陶，多认为冯道是忠于国而非忠于君，所以他可以一直待在政治中枢，在不同朝代持续为官。此外，冯道任后唐宰相时，利用雕版印刷术刻印《九经》，对于典籍的传承也有重要贡献。

【阅读搜索】

《花间集》 李煜《虞美人》 欧阳修《新五代史·冯道传》

【思考题】

1. 五代十国政治社会混乱的根源为何?
2. 五代十国期间南北方社会文化发展有何差异?

第十五章　北　宋

【学习目标】

1. 了解北宋政权的高度中央集权性质与内忧外患的状况。

2. 了解科举的意义及对后世中国的影响。

3. 了解宋代政治的特点。

4. 了解北宋文学中的文化内涵及欧阳修、黄庭坚、柳永和苏轼在各文学领域中的成就。

第一节　北宋历史文化概说

一、北宋开国与高度中央集权

北宋起于公元960年宋太祖赵匡胤陈桥驿兵变，黄袍加身，登基建国。此后依据先南后北的方针，进行了近20年的战争，灭南平、后蜀、南汉、南唐、吴越和北汉等割据国，基本上将中原和南方统一，结束了唐末以来的分裂割据，形成了中国历史上北宋与强辽对峙局面。北宋传9帝，于1126年（钦宗靖康元年）亡于金，共167年。

唐中叶至五代，藩镇割据，枝强干弱，中央受制于地方军阀，终酿成军阀拥兵自重、五代十国割据混乱局面。鉴于此，赵匡胤采取偃文抑武政策，并采取了一系列措施，加强中央控制地方的力量，将军权、财政与行政权收归中央政府。自此，一个高度中央集权的政府及政治体制出现在中国历史上。其后的明清两朝在此基础上，将高度中央集权体制进一步完善。

首先，军权收归中央。宋王朝在兵制上，将军队分为三级，最高为（中央）“禁军”，次为“厢兵”、“乡兵”。宋朝强化（中央）禁军，将禁军的选练、建制、驻守、出征、行军、作战等一切权力集中于中央；地方兵权虽归各州，但用文臣管州事，“厢兵”、“乡兵”实为“禁军”之附庸。在整个宋朝的军制上，军中武将受制于文臣，并用内臣（即宦官）挟制将帅。至此，彻底杜绝了武将拥兵自重、对抗中央的局面。

其次，建立高度中央集权的新官制。在地方官制上，行政分三级：路（相当于唐朝的“道”）、州（府、军、监）、县。各州县由中央直接派出朝官做知州、知县，各州又设通判官与知州共同处理州事，并监督知州的行动，互相牵制；各路、州设转运使，处理各地方财政。乾德三年（965 年）颁发诏令，要求各州经费除地方支用外，全部金帛都运送京师；中央从新及第的进士中选派人员到各州做司寇参军，掌管各州刑法，并派使臣到各地审理案件；中央官制分列为政事、军务和财政三大系统，相互平行，各由皇帝直接统属，另设御史台司监察；兵权、行政权、财权、司法权脱离了地方军权（藩镇）之分割集中到中央，并进一步集中于皇帝。一个中央集权的新官制建立起来了。

【知识卡片】

杯酒释兵权

宋太祖登立皇位，得于兵士拥立，是五代以来兵士拥立皇帝的第四次。这使宋太祖感悟到军人操政之危险。建隆二年（961 年）太祖与赵普定策，宴请禁军宿将石守信、高怀德、王审琦、张令铎、赵彦徽等，乘醉说：“如果不是靠你们的力量，我不会有今天。但做天子也太艰难，不如做节度使快乐。我整夜都睡不安稳！”石守信等说：“陛下怎么说这个话！现在天命已定，谁还敢有异心！”太祖说：“你们虽没有异心，一旦部下把黄袍加在你们身上，想不干，能行吗？”石守信等人惶恐，请太祖指一条生路。太祖便委婉诱导他们交出兵权，出守藩镇，多买良田美宅，为子孙创下永久的家业。还可多养些歌儿舞女，每日饮酒取乐，以尽天年。这样，君臣之间互不猜疑，上下相安。石守信等人大悟，第二天便上表假称有病，要求解除兵权。太祖欣然同意，罢免了他们的军职。开宝二年（969 年），太祖以同样方法罢免了王彦超、武行德、郭从义等各藩镇的节度使。至此，禁军与藩镇的兵权都集中到了皇帝手里。

活字印刷术

活字印刷术是起源于古代中国的一种印刷方法，先制成单字的阳文反文字模，按照文稿挑出需要单字，按顺序排列在字盘内，然后涂墨印刷。印刷工作完成后，可以将字模拆下重复使用。与雕版印刷术相比，活字印刷术字模利用率高，制版速度快，大大提高了印刷效率，对文化发展与文化传播起到了重要的推动作用。北宋庆历年间，毕昇（约 970—1051 年）发明了泥活字印刷技术，比德国人约翰内斯·古腾堡的活字印刷术早约 400 年。到了元代，泥活字被木活字所代替，排字方法上也出现了转轮排字法。

二、庆历新政和王安石变法

宋朝自开国时即注重养士，至真宗时，士大夫“以天下为己任”的精神，已成读书人的共识，最典型莫过于名臣范仲淹的名言“士当先天下之忧而忧，后天下之乐而乐”，乃为北宋士大夫政治理想的精神命脉所在。

这种以天下为己任的政治理想，促使北宋士大夫在政治上有一种强烈的变革思想。有代表性的主要有王禹偁的“五事”、宋祁的“三冗三费”、范仲淹的“新政”、文彦博的“省兵”、王安石上万言书、司马光上三札等。司马光、文彦博等所主张的只是局限于财用的节省和官兵的裁减升降，也就是基本上维持现状，不作更大的改革。较为激进的范仲淹，也还是着重于官僚机构的整顿。王安石所提出的是另一种主张，即从他所说的“大法”上着眼来变革法度，包括不是单纯地用官员升降的办法，而是以加强法治来整顿吏治；不是单纯地主张节省，而是以“理财”来增加国用；改革的方向也不是仅限于官兵，而且指向了社会上的大地主、大商人那些兼并之家。以王安石为首的变法派和司马光、文彦博等保守派，两种改革主张的对立也在逐渐形成。

宋朝改革变法的实施前后共两次，一为仁宗庆历年间范仲淹为相时的新政，一为神宗熙宁年间王安石为相时的变法。

1. 庆历新政

庆历三年（1043 年），仁宗任用范仲淹为参知政事，富弼、韩琦为枢密副使，要他们条列当时急务。九月，范仲淹奉诏条陈十事，为明黜陟、抑侥幸、精贡举、择长官、均公田、厚农桑、修武备、减徭役、覃恩信、重命令。范仲淹的十事，大致可分三类，前五事属于澄清吏治，中间三事属于富强的问题，最后两事属于前八事的运用。范仲淹的意见，大致是欲求对外，先整理内部；欲求强兵，先务富民；欲行富民之政，则先从澄清吏治下手。宋仁宗完全接受了范仲淹的建议，颁行全国，号称“新政”。只是修武备一事未能付诸实行。然而新政的推行，触犯了官僚权贵的利益，遭到了他们的强烈反对。范仲淹被罢免，富弼被指为范仲淹朋党，也被罢免，韩琦上书谏罢富弼、范仲淹，不准，被迫出朝，知扬州。新政前后只一年左右，便告失败。

2. 王安石变法

事实上宋朝变法的需求依然存在，范仲淹新政失败不到 30 年，又有王安石变法。宋神宗即位后，于熙宁二年（1069 年）任王安石为参知政事，开始变法。熙宁二年二月，经神宗与王安石商讨，为实行变法而设立了一个专门机构——制置三司条例司，作为变法整体制度设计的全权责任机构，负责变革旧法，制定新的财政经济政策，颁行新制，以通天下之利。其变法措施主要为均输法、青苗法、免役法、市易法、方田均税法等。

（1）均输法：让各转运使将应当送往开封的物品在当地出卖，而买得在京城不易到手的货品牟利。均输法是从增加朝廷的“国用”出发，侵犯了“富商大贾”敛财的利益。一些朝官从大商贾利益出发，群起反对。

（2）青苗法：即政府在栽种禾苗的季节贷款给农民，秋收之后还款时附加 20% 利息。青苗法的主要用意是迫使富户出息，并从地主富户手里夺取高利贷剥削，以期富民兴邦。农田水利法与青苗法相互为用，鼓励各地开垦废田、兴修水利，朝廷既可得利，农民亦可稍稍得益。青苗法由于部分地夺取了富人放高利贷的利益，因而比“夺商贾之利”的均输法遭到保守派官员更为强烈的反对。

（3）免役法：因宋朝衙门里有些差使不由招募而得，为在民间差派，并由其担负财政责任，如有差失须由服役之人出资赔补。王安石主张由民间普遍输钱助役，其人员则公开招募。

（4）市易法：一是向商人收购或出售货物，二是向商人贷款。两项办法原来都是由大商人操纵取利。市易法把这两项从大商人手里收归朝廷。

（5）方田均税法：基于全面的土地测量，以每边 5000 尺为一方，内中又按土地之肥瘠分作五等，以便按出产量征税。

在这些主要变革措施中，王安石还实行了保甲法，并对科举进行改革，以培养人才为变法服务。

王安石的变法由于侵害了大地主、大商贾的利益，遭受利益集团的疯狂反扑，终归于失败，但还是收到了一定的成效。制置三司条例司成立仅一年三个月，即裁省冗费 40%，国库收入日增，使国力较前大为加强。熙宁中王安石执政期间，王韶击败吐蕃，又复河湟之地，章惇讨平江南蛮，赵高数征交趾等，都是宋开国以来少有的军事胜利，一度扭转了真宗、仁宗朝的被动局面。自熙宁三年至熙宁九年（1070—1076 年）的 6 年间，全国共兴修水利 10 793 处，受益民田 36 万多顷，公田 1915 顷。熙宁年间，各地还开发了大量的淤田，方田均税法丈量出大量隐漏的田产，为宋王朝增加了大量税收。科举和教育方面的改革，使王安石的革新思想得到比较广泛的传播，直到北宋末年，王安石的学说仍在太学中留有相当大的影响。

王安石变法在中国历史上是一个大题目，几个世纪以来对他的评价褒贬不一，迄今仍是一个国际性的学术问题。对于变法的最终失败，学者见仁见智，其中以钱穆观点较为公允。钱穆先生认为：“安石的最大弊病，还在仅看中死的法制，而忽视了活的人事。依照当时的情况，非先澄清吏治，不足以宽养民力。非宽养民力，不足以厚培国本。非厚培国本，不足以遽希武功。安石的新政，一面既忽略了基本的人的问题，一面又抱有急功速效的心理。在国内新政措施全无头绪的当日，却同时引起边衅，对外便觊开疆用武。因此更是加意聚敛，而忽略了为国家的百年长计。”①

① 钱穆：《国史大纲》，商务印书馆，1994 年版，第 578–580 页。

三、新旧党争和北宋灭亡

宋代士大夫保守，好放言高论，仁宗时有识之士已觉察到国内的隐忧，认为非改革无以图存。持此有识之士，尤以南方士人最为活跃，最激进者为范仲淹，因而先后被贬三次。范仲淹与宰相吕夷简之间的斗争，开宋代党争之风。神宗熙宁间，因王安石新政，党争再起。反对者大都为深具众望的官宦文人，如韩琦、司马光、欧阳修、苏轼等等。王安石唯有晋用吕惠卿、曾布、章惇、韩绛等新人，予以抗衡。有时双方只是书生意气之争。王安石当权时免除了很多反对派的职务。由于新旧两党更迭执政，王安石曾两度退职，新政时行时废，臣民无所适从。甚至在王安石的支持者和反对者都死了以后，党争仍持续不绝，新旧党争前后共50余年，对北宋的政治造成很大的负面影响。

王安石变法主要是想富国强兵，吕惠卿以下只是专攻聚敛，以获取皇帝的信任。蔡京刻剥民财、竭全国物力，助长徽宗奢侈浪费，激起各地民变。宋徽宗政和五年（1115年），辽朝统治下的女真族首领阿骨打（完颜旻）在混同江边建立金国，随即南下攻辽。宋与金于宣和二年（1120年）结成“海上之盟”联合灭辽。女真金国对宋早有虎狼之心，金兵于1122年攻克辽国南京（今北京市），于1125年分两路南下，挥师深入宋境，围攻宋都汴梁（今开封市）。宣和七年（1125年），徽宗无法应付局面，急忙禅让天子之位给儿子钦宗赵桓去对付，自己则当太上皇。钦宗靖康元年（1126年），金兵攻占首都汴京，掳徽宗、钦宗和大部分皇族、后妃、官吏及逾十万首都百姓北去，史称“靖康之耻”。至此，北宋灭亡。

第二节　宋代科举与文官政治

北宋是从五代十国的杀伐中走出来的。唐末以来藩镇割据、武夫跋扈的状况，让新的统治者们不得不进行认真的思考。宋太祖赵匡胤“杯酒释兵权”就是这一思考的直接结果——削弱武官在政权中的地位，以保证政权的稳定性。为了保证国家政权机构的正常运转，北宋建立伊始，就确立了重视文官的传统，逐步建立了有别于前朝的文官政治系统。

宋太祖赵匡胤曾立下“不杀士大夫”的誓言，宋太宗赵光义对知识分子也比较宽容。王夫之总结了宋代的历史，得出结论：“终宋之世，文臣无殴刀之辟”[①]，的确是实事求是的。

一、科举制度的成熟与重文风气的养成

重视知识分子的第一件事就是要做好甄别选拔的工作。五代十国时期，有些国

① ［清］王夫之：《宋论》，舒士彦点校，中华书局，1964年版，第6页。

家也继续开科考试，但是由于政局动荡，没有形成常例，而且国家之间制度差异很大。北宋刚一建国，就恢复了科举考试，打开了知识分子通过正常途径通往仕途的大门。

北宋的科举制度在继承唐代科举制度的基础上又有所改革。主要体现在以下几个方面：

第一，取消了“公荐”制度。“公荐”在唐代被称为“通榜”，也就是举荐制度，是由朝廷权贵向主考官举荐。这种举荐往往不是根据考生的实际水平来进行的，有可能水平高的得不到举荐，水平相对低一些的反而有可能获得举荐。这种制度显然破坏了科举考试的公平性。宋太祖废除了“公荐”制度，违者将依法从重处罚。

第二，实行回避制度。回避制度当时被称为“别头试”，要求考生若与考官有亲属关系，必须另置考场应考。这种回避制度在唐代也有，但范围不广，也没有形成制度。宋代则完全以诏令的形式予以施行，后来省、州、县各级考试都实行了这一制度。

第三，实行“锁院制度”，即现在所说的隔离制度。主持科举考试的官员一旦确定，就被封闭在贡院之中，与外界切断联系。

第四，开创“殿试”制度。唐代科举考试只有地方州、县的发解试和中央尚书省礼部的省试两个级别，北宋初年沿用了这一制度。但是开宝六年（973 年）的李日方知贡举舞弊案暴露出这种两级考试制度的漏洞，宋太祖由此定下了皇帝亲临殿试的制度，以求改除两级考试制的弊端。通过殿试的考生被称作“天子门生”。这种制度由于皇帝的参与，有效地抑制了权贵子弟的灰色晋升。

第五，“糊名”制度，即今天所说的密封制度。“糊名”制度在唐代就曾实行，但被武则天叫停。所谓“糊名”，就是将试卷上的考生姓名、籍贯、家世等信息封贴起来，又叫“弥封”。这种制度有利于考官公平阅卷。到宋仁宗年间，州一级的考试也实行了“糊名”制度。

第六，誊录制度。誊录制度是在科举考试举办过程中逐渐探索出来的，以防止考官辨识考生笔迹。大中祥符八年（1015 年），朝廷专门设置了誊录院，参加殿试考生的卷子一律由专人抄录，之后才交由考官审阅。此后，地方考试也逐渐实行了誊录制度。

第七，严肃考试纪律，实行严格的搜身制度。为了防止考生携带作弊资料，进场前会有专人对考生进行严格的搜身，连靴底都不放过。同时考场内兵卫环列，监视严密。

这几方面的改革，使科举考试制度从制度建设和实施操作方面都达到了相当高的水准，有力地遏制了考试中的营私舞弊现象，为下层知识分子们公平竞争创造了条件。据统计，《宋史》所载的 1953 人当中，由平民入仕的高达 55% 以上。

第八，考试科目的改革。王安石主导的科举改革，将诸科并入进士一科，废除了诗赋、帖经、墨义考试，改试“经义”、论策，规定殿试只试千字以上的一道策文。

与此同时，从宋太宗时代开始，朝廷就有意识地增加科举取士的规模。宋太宗初年，就把取士的规模从每年30人增加到109人，为原来的3倍。据记载，此后“连放五榜，通取八百余人”[①]。根据统计，北宋时期取士总人数达到6万多人，平均每年达到360人，比之前之后的朝代都要多。

科举取士制度的变革，反映的是一种重视知识、重视文化的思潮正在形成。这种思潮的主导者正是皇室。除了宋太祖、宋太宗对知识分子比较宽容外，其后宋真宗更是格外优待读书人。宋真宗还未即位时，就请著名的儒者邢昺讲授《尚书》等经典，即位后，经常请人举行讲座。更有意思的是，他曾经请来冯元、查道、李虚己、李行简等几个德行学问俱佳的儒生，不设礼仪，穿着便服，一起论说笑谈，直到疲倦才散去。也就是说，一些在当时有影响力的知识分子，已经成为皇室的座上宾，文人地位的提高由此可见一斑。

二、宋代的文官政治

随着科举取士规模的不断扩大，越来越多的读书人进入官僚体系，势必出现机构和职位不能满足越来越多的人员的矛盾。为了解决这一矛盾，宋代在继承隋唐官制的前提下，也进行了相应的调整。

宋代实行的是中枢官制，其特点是把一个官员职位的职责分成好几份，分别由几个人来掌管，借此削弱各级长官的权力。如此一来，有的官职就变成了有名无实的虚职，并不负责具体事务，只是领取俸禄。换句话说，就是国家出钱养着一些工作非常清闲的官僚而已。这些虚职的官僚往往带有安抚或照顾的意思，一类是在统一五代十国过程中留用的各国旧官僚，保留他们的官衔，发给薪俸，但一般没有实权；另一类是照顾宗室、外戚、勋旧的，也是只给官位和俸禄，没有实际的职责。宋朝对宗室、亲信弟子非常照顾，随意授官，比如皇朝宗室男孩7岁便可以授予官阶，有的甚至刚一生下来就有官阶，并领取俸禄；宗室之外的其他人员也会由于各种原因得到荫补官。

当时，仅有“官”的官员是没有实权的，有“差遣”或“职”的官员才有实权。例如左右仆射、六部尚书、侍郎、大夫、郎中、员外郎、卿、少卿等，作为官阶的名称之后，就不再拥有这些官位里的含义，不再包含与官名相应的具体职责或权力了。这些官名只是用来区别品秩、俸禄、章服和序迁的，被称为正官、本官、阶官或寄禄官。在这个官制体系中，差遣才是官员所担任的实际职务（又称“职事

① ［宋］叶梦得:《石林燕语》，李欣校注，三秦出版社，2004年版，第103页。

官”），拥有实权。差遣名称中常带有判、知、权、直、试、管勾、提举、提点、签书、监等字眼，比如知县、参知政事、知制诰、直秘阁、判祠部事、提点刑狱公事之类，但像县令、安抚使等职事官并不带上述字眼。“职”，一般指昭文馆、史馆、集贤院和秘阁中的官职，如大学士、学士、待制等，相当于高级文臣的荣誉头衔，也没有什么实际的职权。后来馆职被撤销，新设秘书省职事官，秘书监丞、著作郎以下也被称作馆职。官阶和差遣的升迁原则不同，官阶按年资升迁，按官阶领取俸禄，而差遣则是根据实际需要和官员的能力进行调整。

从更宏观的方面看，宋代的行政架构也比以前变得复杂，这种结构上的复杂化扩大了官僚体系的规模和容量。

先看地方政权。秦代和汉代初年地方政权只有郡、县两级，唐代地方政权也只有州府和县两级。此外还有中央派驻地方的监督机构，如汉代的刺史和唐代的观察使、节度使。宋太宗至道三年（997年），对地方政权机构做了调整，在州府之上多设置了一级政权——“路”。每“路”设有四个行政长官，分别是帅（安抚使，掌管军事）、漕（转运使，掌管财政）、宪（按察使，掌管司法）、仓（常平使，掌管救济），这四位长官互不隶属，都直接向皇帝负责。宋太祖时全国有15“路”，后来增加到18个，又增加到23个，数量越来越多。

再看中央机构。中央机构的设置也多有重叠，职责不清。清代王士禛评论宋代中央官制时说：“宋初至元丰以前，官制最为繁猥，六部九寺皆为空官，特以寄禄秩、序班位，而别以他官判职事。如兵部事归枢密院，户部、工部归三司。设审官院、三班院，流内铨判吏部之事。设判礼部、判贡院，判礼部之事。设判审刑院及详议官，判刑部之事。又有使，有权使，有权发遣使之名。他如太常归判司礼院，太仆归群牧司，鸿胪归客省之类。官自官，职自职，名实舛互。”[①] 这只是针对宋代一个时段的评论，其他时段也大体相类。

经过宏观结构和微观岗位的调整，宋代官僚体系容纳了大量的知识分子。据统计，唐太宗时曾经精简中央机构，由2000多人减至634人，而相比之下，宋仁宗时代中央机构的官员已超过17 000人，是唐太宗精简之前的8.5倍，但北宋的疆域只有唐朝的一半左右。

宋代大量的文官，造就了一个高素养的知识型的文官集团。这个文官集团中的大多数人饱受儒家经典熏陶，以天下安危为己任，其中敢于直言面谏皇帝的文臣，也明显多于其他朝代。所以，他们形成了一种带有儒家道统色彩的软性道德规范力量，这种力量虽然处于王权之下，但是又是王权无法完全控制的。这个文官集团除了在王权的领导下操纵国家机器外，还对王权起到了规范和制约作用，能执守儒家的治国思想，及时警告统治者以正道治国，防止出现治国理政上的重大偏差。纵观

① ［清］王士禛：《四库家藏·池北偶谈》，山东画报出版社，2004年版，第41页。

两宋300年，虽然有小规模的农民起义，但从未发生过全国性的农民大起义，这与宋代文官政治所起的协调、规约作用是不无关系的。

当然，文官政治的弊端也是显而易见的。庞大的官僚机构和众多的官员，导致国家财政支出巨大，直接加重了普通百姓的负担。职权分散，导致行政效率低下。还有人认为，文官政治导致了两宋军事上的失败。这其实是个难以论证的问题，因为中原政权的战斗力与北方少数民族政权的战斗力存在结构性的差异，缺乏比较的前提。

第三节　文化生产与文化总结

由于宋代文人地位提高，官僚机构中的闲职较多，同时朝廷对待知识分子的态度比较开明，使得终宋一代拥有宽松的言论和思想环境。这种有利条件促进了宋代的文化生产，具体表现为知识文化成果爆发式地增长。这些成果中有很大一部分是对以前时代从历史文化方面进行总结，最主要的成果体现在类书和史学方面。

一、类书编纂蔚然成风

宋代类书的编纂蔚然成风。所谓类书，其作用相当于工具书，就是把各种材料加以辑录，按门类、字韵等进行编排以备查检的大型资料性书籍。结合《宋史·艺文志》所载类书进行综合判断，宋代成书的类书约在80部左右，数量极多，后人常有“宋代四大类书”的说法。但是由于对类书的看法不尽相同，这里不采用这种说法，仅列几种非常有代表性的例书以见当时编纂之盛。

《太平御览》全书共1000卷，是保存古代佚书最为丰富的类书之一。《太平御览》初名《太平类编》、《太平编类》，后改名为《太平御览》，由北宋时李昉、李穆、徐铉等学者奉诏编纂，全书编纂前后共经历7年（977—983年）时间。全书博采群书，进行分类整理和辑录，总共分为55部550门。书中共引用古书1000多种，保存了宋以前已经亡佚的大量文献资料，弥足珍贵。比如农事方面的书籍《范子计然》、《氾胜之书》虽然原书早已失传，但通过《太平御览》，我们仍然可以了解两书的部分内容，从而对两千多年前的农业生产情况有大概的了解。崔鸿的《十六国春秋》是记述南北朝历史的重要史书，此书在司马光编纂《资治通鉴》时似已散佚，但是《太平御览》中保存了此书480多条资料。《太平御览》还保存了汉唐时期西域及海南诸国多种古地理书的片断，如书中引用的《吴时外国传》是三国孙吴时中郎康泰所撰。康泰和朱应通奉命出使南海诸国，将所见所闻编成《吴时外国传》。由于《太平御览》保存古籍众多，历来被研究者们所重。此书在编纂中也存在一些问题，主要是引用资料重复、错漏、不一致等，但瑕不掩瑜，其文化价值和史料价值仍然是很高的。

《太平广记》是由宋代李昉、扈蒙、李穆、徐铉、赵邻几、王克贞、宋白、吕文仲等 12 人奉宋太宗之命编纂的类书，此书基本和《太平御览》同时编纂，所以叫作《太平广记》。全书共 500 卷，按主题分 92 大类，大类下面又分 150 多小类。其内容取材于汉代至宋初的野史小说及释藏、道经等和以小说家为主的杂著，收录得最多的是小说，神怪故事所占比例最大，所以有人把它看作宋代之前的小说的总集。许多唐代传奇作品和六朝志怪，有赖于《太平广记》的收录而得以保存。书中最为珍贵的是杂传记 9 卷，我们今天能看到的《李娃传》、《柳氏传》、《无双传》、《霍小玉传》、《莺莺传》等传奇名篇，多数依靠此书才得以存世。另外，收录在其他类别的《古镜记》、《李章武传》、《离魂记》、《柳毅传》、《任氏传》、《南柯太守传》等，都替后世保存了最早的版本。《太平广记》对于后世文学的影响很大。宋代以后的话本、杂剧、诸宫调等有很多都是从《太平广记》中选取题材，加以改编和演绎。

《文苑英华》是北宋时官修的文学类书，由李昉、徐铉、宋白及苏易简等 20 余人共同奉诏编纂。该书编纂时间晚于《太平广记》和《太平御览》，编成以后又经过数次修订和校订。全书 1000 卷，其上限承接《文选》，起自萧梁，下讫晚唐五代，收录了 2000 多名作家近 2 万篇文学作品，其中大部分是唐代人的作品。这些作品按体裁分为赋、诗、歌行、杂文、中书制诰、翰林制诰等 39 类，每类之中又按题材分出子目。由于该书保存了不少有价值的文献资料，对于校勘唐人的诗文集以及当时的史实有重要的参考价值。

《册府元龟》是一部以历代君臣事迹为主要内容的类书，全书也有 1000 卷。最初此书被命名为《历代君臣事迹》，编纂工作完成后，宋真宗改名为《册府元龟》。“册府”意指存放大量书籍之处，“元龟”原本是占卜用的大龟，引申为可资借鉴的往事。此书由宋真宗时王钦若、杨亿等人奉诏编辑，历时 9 年而后完成。全书分帝王、闰位、僭伪、列国君、储宫、宗室、外戚、宰辅、将帅、台省、邦计、宪官、谏诤、词臣、国史、掌礼、学校、刑法、卿监、环卫、铨选、贡举、奉使、内臣、牧守、令长、宫臣、幕府、陪臣、总录、外臣等 31 部，1104 门。部前有“总序”，门前有“小序”。书中所列事迹起自上古，晚至五代，晚唐五代史料尤多。所引用的资料以史籍为主，有时也引用经、子类书籍。该书引用的佚书没有《太平御览》多，但保存其中的史料对于宋代以前的史料校勘工作有着重要的价值。

宋代大型类书的编纂都集中在北宋时期。到了南宋时期，类书编纂虽然规模不如北宋，但此风犹在。《山堂考索》也叫《群书考索》，不同于《太平御览》和《册府元龟》由官方主持修纂，它是一部由南宋章如愚私人编纂的类书。章如愚早年曾登进士第，步入仕途，后因忤逆权贵，退而讲学。《山堂考索》全书共 212 卷，分 46 门。其最大的特色在于不仅引用了经史百家之书，而且加以论断，改变了此前类书编纂的规则。由于是私人编纂，规模略小，但是其搜采、考据、论断工作都做得较为周密细致。

《玉海》是由南宋王应麟私修的一部类书，全书共 200 卷，分天文、地理、官制、食货等21门。此书是当时应博学宏词考试之用而编，所以辑录的资料集中在典章制度和吉祥善事，资料来源广泛，经史子集都有采撷。书中不仅提供了相关的文献资料，还提供了代表这些文献来源的图书目录。此书从体例上看是类书，从内容上看又像一部政书，是一部专论历代文物典章制度沿袭变革之书。书中所涉宋代史事，有许多已不见于其他史志，具有比较高的史料价值。

二、史学鼎盛

宋代也是史学非常发达的时期，出现了一大批非常重要的史学著作。这些史学著作有的沿用旧体例，有的则新创体例，有的为官修，有的为私修，各种史书并行不悖，争奇斗艳。这种盛况反映出宋代知识分子心系天下兴亡、总结成败得失的胸襟气度和历史意识。

首先，前代史的修撰非常兴盛。宋初，薛居正等人参照《三国志》的体例，编撰了《五代史》(后来被称为《旧五代史》，以别于欧阳修所撰《五代史记》)。宋仁宗时，欧阳修撰成《新唐书》，加以“新”字，以别于五代后晋刘昫所撰《唐书》(即《旧唐书》)。欧阳修也不满于薛居正修撰的《五代史》，又重新修撰《五代史记》，后来被称为《新五代史》，该书是自唐代设馆修史以来，唯一一部私人修撰的正史。宋代出现的史学著作较多，除上述作品外，较重要的有北宋司马光主编的《资治通鉴》、王溥所撰《唐会要》和《五代会要》、路振所撰《九国志》，南宋徐天麟所撰《西汉会要》和《东汉会要》、袁枢所撰《通鉴纪事本末》以及《南唐书》(《南唐书》有三种，分别为胡恢、马令和陆游所撰，胡书今已亡佚)等。两宋之际郑樵修撰纪传体通史《通志》，宋元之际马端临修撰《文献通考》，则是典章制度类通史的重要著作，它们与唐代的《通典》并称“三通”。

在前代史的修撰上，有几点值得注意：第一，多人同修一史的现象比较突出。如欧阳修继薛居正之后重修五代历史，胡恢、马令、陆游都修了南唐史。后修史者往往与前面修史者对历史有不同的思考和看法，他们从新的角度去审视历史，并不是简单的重复，除了史料的增减之外，更重要的是他们对于历史重新解读的精神。第二，新的修史体例不断涌现。除了继承旧的修史体例外，宋代人还创造了新的修史体例，比如司马光主编的《资治通鉴》，开创了编年体通史的体例。《资治通鉴》全书共294卷，300万字。记载了从周威烈王二十三年(前403年)到五代后周世宗显德六年(959年)的历史，跨越16个朝代，包括秦、汉、晋、隋、唐等统一王朝和战国七雄、魏蜀吴三国、五胡十六国、南北朝、五代十国等其他政权。它采用逐年记载的方法，叙述了共1362年的历史。北宋王溥开创了辑录前朝典章制度原文献资料的会要体。南宋袁枢撰成《通鉴纪事本末》则开创了纪事本末体。纪事本末体是按事件为单元的修史体例，把同一事件的材料融汇在一起，每一历史事件独立成篇，各篇按时间顺序编写，以完整反映历史事件的全过程，补充编年体与纪传体之不足。第三，发展出独创性的修史方法与原则。司马光在修撰《资治通鉴》时提出了“宁失于繁，勿失于略”的修史原则，同时在修撰过程中发展出“考异”的做法，即罗列针对同一史实的不同材料，说明取舍的原则。由此可见，宋代知识分子在史学撰述和研究方面不仅有见地，而且具有极大的创新精神。

其次，当代史的修撰也呈现出繁荣景象。南宋李焘所撰《续资治通鉴长编》是继《资治通鉴》之后的第一部断代史，原书980卷，现仅存520卷。此书在修撰时继承了司马光的修史体例、原则和方法。此书花费了李焘40年的时间，是中国古代卷帙最庞大的私修编年史，对研究辽、宋、西夏等历史具有极其重要的参考价值。此外，宋人修撰的当代史还有《三朝北盟会编》和《建炎以来系年要录》。《三朝北盟会编》是宋人徐梦莘所编，全书250卷，采用编年体例。书中会集了宋徽宗赵佶、宋钦宗赵桓、宋高宗赵构三朝有关宋金和战的多方面史料，以年月日为序进行编排。《建炎以来系年要录》为李心传所编，此书继承李焘《续资治通鉴长编》的体例，记述了建炎元年（1127年）至绍兴三十二年（1162年）共36年政治、军事、经济、文化等各方面的情况，也记录了金太宗完颜晟、金熙宗完颜亶、金海陵王完颜亮三代的史事。

第三，方志的修撰达到空前的水平。比较有名的有《太平寰宇记》、《元丰九域志》、《东京梦华录》、《武林旧事》、《梦粱录》等。《太平寰宇记》由乐史撰于宋太宗太平兴国年间（976—983年）。该书继承了唐李吉甫《元和郡县图志》的体例，记述了宋初十三道范围的全国政区建置，记录了各州府的沿革、领县、州府境、四至八到、户口、风俗、姓氏、人物、土产及所属各县的概况、山川湖泽、古迹要塞等。幽云十六州当时虽然没有纳入北宋版图，但是书中也有叙及。除了十三道，还有29卷专门叙述“四夷”（即中国周边各族）。《太平寰宇记》取材广泛，考证精详，资料出处明晰，它所引用的书籍现多已不存，所以它对研究自汉到宋，特别是唐与五代十国的历史，提供了大量的珍贵资料。该书在唐代《元和郡县图志》体例的基础上，新增了风俗、姓氏、人物等门，开启了人文与地理相结合的撰述方式，对后代影响巨大。《元丰九域志》是北宋中期由王存、曾肇、李德刍修撰的地理总志。全书分10卷，从东西南北四京开始，依次记述了23路，最后还记载了省废州路、化外州和羁縻州；每路下的分路记载所属府、州、军、监及其距京里程、四至八到、主客户数、土贡、领县数和名称；每县下又详细列述距府州方位里程、所领乡数、镇堡寨名目以及名山大川。该书篇幅虽然只有《太平寰宇记》的二十分之一，但是内容仍然很翔实，为研究古代自然地理和经济地理提供了很多非常具体的史料。《东京梦华录》为宋代孟元老所著，是追忆北宋都城东京开封城市风俗人情的著作，其内容无所不包，涉及京城的外城、内城、河道、桥梁、官署衙门布局及方位、街巷坊市、店铺酒楼，以及朝廷朝会、郊祭大典、当时汉族婚丧习俗、饮食起居、岁时节令、歌舞曲艺等众多内容，是研究北宋都市状况的一部极其重要的历史文献古籍。《武林旧事》是宋代周密所撰，该书追忆了南宋都城临安的朝廷典礼、山川风俗、市肆经纪、四时节物、教坊乐部等情况，其中较有特色的是“诸色伎艺人”和“宫本杂剧段数”门，前者包括演史、杂剧、影戏、角觝、散耍等55类以及521位艺人的姓名或艺名，后者著录的280本杂剧剧目是非常珍贵的文学、戏曲研究资料。吴自牧所撰《梦粱录》也是一部介绍南宋都城临安城市风貌的方志类作品，全书20卷，涉及当时临安城的岁时节日、河道桥梁、宫观建筑、官府衙门、山湖溪洞、祠堂寺院、市井坊肆、人物物产、曲艺民俗等内容。

第四，史学研究出现了新领域。金石学是宋代史学新开辟的领域，大致相当于今天的考古学。欧阳修的《集古录》是金石学的开山之作，也是现存最早研究石刻文字的专书。南宋洪适《隶释》和《隶续》是集录汉魏石刻文字专书。

以上所列都是众多著作中较有代表性的，实际著作的数量要多得多，限于篇幅，不能一一列举。

第四节　宋诗新变与宋词绽放

北宋的士大夫在政治上和学术上都具有强烈的使命感，十分重视诗文的政治教化功能。韩愈“文以载道”的思想到北宋被给予了高度的重视。周敦颐率先提出了“文所以载道”的新命题，更加强调“道”的第一性。

北宋的经史文人对国家和社会具有强烈的责任感和忧患意识。文学作品，尤其是被视为正统文学样式的诗文，反映社会、干预政治始终是主题。他们以国家天下为己任，密切关注国家的隐患，载道文章是用来修齐治平，而非歌功颂德。此外，北宋的思想控制比唐代严密得多，又不断发生激烈的党争，士大夫因诗获罪的情况屡有发生，所以北宋作家在表达个人抱负时，相当拘谨、收敛。他们的作品严谨、平实、细密、深沉，很难有唐人那种天马行空、气冲斗牛的昂扬气概。

儒释道三教合一的思潮，使北宋人把自我人格的完善看作是人生的最高目标，把一切事功看作人格修养的外部表现，所以士大夫的文化性格倾向理智、平和、稳健和淡泊。他们对传统的处事方式进行了整合，将积极参政、承担社会责任和追求个性自由、保持宁静心态有机结合。还有，北宋经史文人认为个人的努力和贡献是整个传统或整个阶层中的一部分，应当受到理性和道德的制约，所以，北宋文人的个体意识不像唐人那样张扬。他们的诗文不像唐代那样情感强烈，但思想的深度则有所超越，不追求高华绚丽，而以平淡细密中蕴藏“士弘道”之美为艺术极境。

北宋文人的审美情趣也发生了很大的转变。北宋的禅宗以内心的顿悟和超越为宗旨，有轻视行善、诵经等外部功德之弊端。与此同时，北宋的儒学也发生了类似的转变，把儒家《中庸》、《孟子》的心性之学发展到极致。所以，北宋的士大夫多采取和光同尘、与俗俯仰的生活态度。随之而来的是宋人审美态度的变化。宋人审美将世俗与典雅打通，他们认为，审美的关键在于心灵是否具有高雅的品质和情趣，而不在于对象高雅凡俗。审美情趣的转变，促成了北宋文学无物不可入诗的传统，雅俗之物经北宋文人心灵陶融，无不显现出北宋经史文人高雅的审美情趣，这在北宋诗歌中尤为明显。

一、北宋诗歌概说

从整个诗歌史来看，宋诗与唐诗是一脉相承的。例如，诗歌在题材和语言上趋于明白通俗，描写平凡、琐细的日常生活，并采用俗字俚语。这种趋势是从杜甫开始的，中唐韩愈、白居易、孟郊、贾岛及晚唐皮日休、罗隐等人对此又有所发展，宋代诗人沿其流而扬其波。又如在诗歌中发议论，也是从杜甫、韩愈开始，在晚唐杜牧、李商隐的诗中已屡见不鲜，入宋以后则发展成为诗坛的普遍风气。宋代诗人充分汲取了唐诗的营养，对唐诗有因有革，终于创造出与唐诗双峰并峙的宋诗。在题材开拓方面，宋诗向日常生活倾斜，琐事细物，都成了宋人笔下的内容。比如苏轼曾咏水车、秧马等农具，黄庭坚多咏茶之诗。有些生活内容唐人也已写过，但宋诗的选材角度趋向世俗化，比如宋人的送别诗多写私人的交情和自身的感受，宋人的山水诗则多咏游人熙攘的金山、西湖。所以宋诗所展示的抒情主人公形象，更多的是普通人，而不再是盖世英雄或绝俗高士。这种特征使宋诗虽然缺乏唐诗的浪漫精神，但具有平易近人的特点。

北宋诗坛整体风格追求的是以平淡为美。他们所追求的“平淡”，实指一种超越了雕润绚烂的老成风格，一种炉火纯青的美学境界。这种平淡表现在不同诗人身上，又展现出他们各自不同的特点，比如梅尧臣平淡、王安石精致、苏轼畅达、黄庭坚瘦硬、陈师道朴拙等等。苏轼和黄庭坚是北宋诗人特征的典型代表，二人并称“苏黄”。唐诗和宋诗，是诗歌史上双峰并峙的两大典范。宋以后的诗歌，虽然也有所发展，但大体上没能超出唐宋诗的风格范围。

在北宋诗歌史上，大家迭出，尤以黄庭坚诗歌最能显现北宋诗歌的精妙。

黄庭坚（1045—1105 年），字鲁直，号山谷道人，又号涪翁，洪州分宁（今江西修水）人。23 岁进士及第后，历官叶县尉、国子监教授、校书郎、著作佐郎、秘书丞、涪州别驾、黔州安置等。

黄庭坚流传下来 1900 多首诗。他的诗歌特点是文人气和书卷气特别浓厚。他的诗歌创作微妙而深刻，展示诗人内心的情感律动，书卷气与生活情趣融为一体，这正是宋诗别开生面的奇绝之处。黄诗不论长短，往往都包含多层含义，章法回旋曲折；运用修辞手段，善于出奇制胜，尤善以常见字词组成新奇意象；声律奇峭，句中音节常规常被打破，律诗中多用拗句。黄诗以鲜明风格特征而自成一体，被时人称为“黄庭坚体”或“山谷体”。苏轼称黄庭坚诗文：“瑰伟之文，妙绝当世；孝友之行，追配古人。”到了北宋末南宋初，追随黄庭坚的诗人逐渐形成了一个声同气应的江西诗派。

二、北宋词概说

宋初百余年间，国内比较安定，生产持续发展，经济高度繁荣。丰富的都市生活，滋生了各类以娱乐为目的的文艺形式，说话（唐宋时期民间艺人讲说故事的艺术形式，相当于近世的说书）、杂剧、影剧、傀儡戏、诸宫调等艺术形式迅速兴起和发展，而词则成为宋代最引人注目的文学样式。在词史上，宋词占有无与伦比的巅峰地位。

宋太祖用物质享受笼络官员的做法影响南北两宋。官员们既有丰厚的俸禄满足奢华生活的需求，这种生活又可以避免朝廷的疑忌，于是纵情享乐之风盛行。宋代的官员大多是有高度文化修养的士大夫，他们的享乐方式通常是轻歌曼舞、浅斟低唱。地位高的士大夫大多蓄养家伎，地位低的官员也有官伎提供歌舞娱乐。歌台舞榭和歌儿舞女成为士大夫生活中的重要内容，滋生于这种土壤的词因此异常兴盛。

宋代文人的人生态度也有利于词的兴盛。宋代文人大多融社会责任感和个性自由为一体。他们用诗文来表现有关政治、社会的严肃内容，词则用来抒写纯属个人私生活的委婉情愫。这样，诗文和词就有了明确的分工：诗言志，词娱情。这种分工在北宋尤为明显。由于词被看作是用于抒写个人情愫的文体，很少受到“文以载道”思想的约束，因而文人可以比较自由地抒写旖旎风情，词体也因此能够保持自身的特性，取得独立的地位。

此外，词是宋代尤其是北宋社会文化消费的热点。由于都市的繁荣，娱乐场所也需要大量的歌词，士大夫的词作通过各种途径流传于民间，更有一些词人直接为歌女写词。如柳永常常出入秦楼楚馆，“教坊乐工，每得新腔必求永为辞，始行于世。于是声传一时”。北宋中后期的秦观、周邦彦，也都为歌女写了不少词作。社会对词作的广泛需求，刺激了词人的创作热情，也促进了词的繁荣和发展。随着词体的发展和创作环境的变化，宋词并不是一味满足尊前筵下、舞榭歌台的需要。如苏轼的词作，自抒山川浩气，便不再与歌儿舞女有关。但就其整体而言，宋词的兴盛与宋代都市的繁荣和文化娱乐业的发展密切相关。

北宋词流派众多，名家辈出，最具代表性的词人当属柳永和苏轼，他们分别是“婉约派”和“豪放派”的杰出代表。而晏殊、欧阳修、秦观等也取得了突出的成就。

三、柳永及其对宋词的创新

柳永（987？—1053？年），初名三变，字景庄，后改名永，字耆卿，建州崇安（今福建武夷山）人。仁宗景佑元年进士。先后做过一些地方小官，后官至屯田员外郎，世称“柳屯田”。

正如宋诗直到欧阳修等人登上诗坛才显示出独特的面目一样，宋词到柳永手中才发生了重大的变化。在两宋词坛上，柳永是创用词调最多的词人。他现存 213 首词，用了 123 种词调。尤其是他创作了慢词 87 调 125 首，从根本上改变了唐五代以来词坛上小令一统天下的格局，使慢词和小令两种体式平分秋色，齐头并进。词至柳永，体制始备。柳永不仅从音乐体制上改变和发展了词的声腔体式，而且从创作方向上改变了词的审美内涵和审美趣味，即变“雅”为“俗”，着意运用通俗化的语言表现世俗化的市民生活情调，并在题材上朝着自我化的方向拓展。此外，柳永词还多方面展现了北宋繁华富裕的都市生活和丰富多彩的市井风情。柳永在词的语言表达方式上也进行了大胆的革新，充分运用显示生活的日常口语和俚语，创造性地运用了铺叙和白描的手法。同时，他善于巧妙利用时空的转换来叙事、布景、言情，而自创出独特的结构方式。作为第一位对宋词进行全面革新的大词人，柳永对后来词人影响甚大。北宋中后期，苏轼和周邦彦各开一派，而追根溯源，都是从柳词分化而出，犹如一川中分，分流并进。

四、苏轼及其多方面的艺术、技艺成就

苏轼（1037—1101 年），字子瞻，号东坡居士，眉州眉山（今四川眉山）人。父苏洵、弟苏辙都为北宋散文大家。苏轼少年时得到父母悉心指导，22 岁中进士，26 岁又中制科优入三等（宋代的最高等），入仕后有用世之志。他为人坦荡，讲究风节，有志于改革朝政且勇于进言。由于注重政策的实际效果，他在王安石厉行新法时持反对态度，当司马光废除新法时又持不同意见，结果多次受到排挤打击。苏轼对人生的苦难，对加诸其身的迫害及一切变故，以儒家的坚毅精神、老庄的超越态度以及禅宗的平常心对待，从而达到了蔑视丑恶、消解痛苦的人生境界。这种执着于人生而又超然物外的生命蕴含着坚定、沉着、乐观、旷达的精神，因而苏轼在逆境中照样能保持浓郁的生活情趣和旺盛的创作活力。

苏轼的散文在北宋与欧阳修、王安石齐名，而文学成就最高。在诗歌上，他与王安石、黄庭坚、陈师道等人一起将宋诗艺术推向了高峰，并从总体成就上实现了对同时代诗人的超越，成为最有影响力的宋代诗人。而就一种文体自身的发展而言，苏词的历史性贡献超过了苏文和苏诗。

苏轼继柳永之后，对词体进行了全面的改革，最终突破了词为“艳科”的传统格局，提高了词的文学地位，使词从音乐的附属品转变为一种独立的抒情诗体，从根本上改变了词史的发展方向。苏轼首先在理论上破除了诗尊词卑的观念，提出“诗词一体”，为了使词的美学品位真正能与诗并驾齐驱，又提出了词须“自是一家”的创作主张。扩大词的表现功能，开拓词境，是苏轼改革词体的主要方向。他将传统的表现女性化的柔情之词扩展为表现男性化的豪情之词，将传统上只表现爱情之词变革为表现性情之词，使词像诗一样可以充分表现作者的性情怀抱和人格个性及对人生的思考。在两宋词风转变过程中，苏轼是关键人物。强化词的文学性，弱化词对音乐的依附性，是苏轼为后代词人所指出的“向上一路”。后来的南渡词人和辛

派词人就是沿着此路进一步发展的。

苏轼在文、诗、词三方面都有极高的造诣，堪称宋代文学最高成就的代表。而且苏轼的创造性活动不局限于文学，他在书法、绘画等领域的成就都很突出，对医药、烹饪、水利等技艺也有所贡献。苏轼典型地体现着宋代的文化精神。苏轼的作品在当时就闻名遐迩，在辽国、高丽等地广受欢迎。在后代文人心目中，苏轼是一位天才的文学巨匠，同时他还以和蔼可亲、幽默机智的形象留存在后代普通人民心中。

美国汉学家费正清认为从 7—12 世纪，唐宋文明超过了欧洲文明。如果说唐代文明以武功兴盛和对外开放为特征，那么宋代文明则以经济繁荣和文化昌盛而著称。北宋结束了唐末五代以来长期纷乱割据的局面，为在战乱中几近凋敝的经济、文化的恢复和发展提供了良机。虽然面对强邻，北宋无法重建如汉唐般东亚霸主的地位，但是与中国其他朝代相比，北宋提供了一个相对和平稳定的社会文化环境。此时，生产力得到了一定程度的恢复，农业、手工业、商业皆飞速发展。都市繁荣，新兴的市民阶层开始走上社会舞台。朝廷和民间皆优礼文人、敬重知识，激发出灿烂辉煌的文化成就。理学、文学、绘画、瓷艺、版书、史学、科技等领域皆人才辈出，成就非凡。毋庸置疑，北宋是一个令后世中国人深感骄傲的伟大时代。

【阅读搜索】

《宋史·太祖本纪》 北宋第一谏臣　司马光《与王介甫书》
王安石《答司马谏议书》

【思考题】

1. 谈谈宋代文官政治的特点及其影响。
2. 北宋文学展现了哪些文化内涵？

第十六章　南　宋

【学习目标】

1. 了解南宋时期的社会变化。
2. 掌握《四书章句集注》在中国文化史上的地位和作用。
3. 了解两宋理学的基本观点和理论。
4. 了解辛弃疾、陆游对后世中国文化的影响。
5. 了解宋代书画艺术及其对后代的影响。

第一节　南宋历史文化概说

一、南宋历史概述

整个南宋的历史是在与金国和蒙古（元）不断的和议与战争中度过的。

1115 年，完颜阿骨打建立金国，宋徽宗联金灭辽。灭辽战争中，宋军失利。辽亡后，宋付巨额赎金换回燕京等地。逐渐壮大的金国有觊觎宋朝之意，两度出兵南下侵宋。宋钦宗靖康二年（1127 年），金人攻陷汴京（今河南开封），掳走徽宗、钦宗以及皇室成员和大臣千余人，史称“靖康之变”，北宋从此灭亡。

在“靖康之变”中得以幸免的康王赵构（宋徽宗赵佶第九子），被金国所立伪楚皇帝、降金宋臣张邦昌（后来被杀）在舆论压力下立为皇帝。靖康二年（1127 年）五月一日，赵构在南京应天府（今河南商丘）即位，改元建炎，他就是南宋的首位皇帝宋高宗。

南宋建立之初，局势仓皇不定。金国以张邦昌被废为名继续南侵，南宋朝廷南迁至长江以南。之后金国又立刘豫为帝，国号齐，史称“伪齐”。绍兴八年（1138 年），南宋正式建都临安（今浙江杭州），建康改为留都。在金国南侵的同时，南宋也进行了北伐，宗泽、岳飞、韩世忠、吴玠等抗金将领指挥的军队在黄河流域都有胜绩。

韩世忠、岳飞等人率军英勇斗争，阻止了金兵南下。建炎三年（1129 年）秋的黄天荡之战中，在韩世忠的率领下，宋军以八千人围困十万金兵 48 日。最后金军用火攻，才得以脱身北返。金军在建康又被岳飞打败，从此再无意渡江南侵。

高宗怕军人在抗金过程中羽翼渐丰、难以掌控，也怕救回徽钦二宗后自己帝位不保，于是起用主和派秦桧为相，与金和谈。1138年宋金初次议和，南宋以纳贡称臣为代价，拿回包含北宋都城在内的河南、陕西之地。1140年金人撕毁和约南侵，夺取开封。金军在南宋军民抵抗下，不断失利。岳飞收复了黄河以南一带。在此局势大好之际，高宗下令岳飞班师回朝，一雪靖康之耻的愿望竟成幻影。1141年，南宋与金达成“绍兴和议”，两国以淮水—大散关为界。南宋割让部分被岳飞收复的失地，且每年向金进贡数量不菲的白银和丝绢。岳飞等人也成为和议的牺牲品，宋高宗以杀岳飞等人为代价换回了生父徽宗和生母韦氏的遗体。

绍兴三十二年（1162年）高宗退位，由赵昚即位，是为孝宗。孝宗有意收复中原，他改革朝政，为岳飞平反，起用主战派，内政有所起色。但北伐事业以失利告终。隆兴二年（1164年）宋金签订和议，宋金关系改为叔侄关系，金为叔，宋为侄，宋向金割地赔款。

后孝宗让位于其子赵惇，也就是光宗。光宗即位不久就患了精神疾病。1195年，其子赵扩即位，是为宁宗，改元庆元。宁宗智商低下，朝政先后被韩侂胄和史弥远两名权臣把持。韩侂胄在清除异己之后，为了笼络人心而贸然北伐，失败。金人以此为借口与南宋签订“嘉定和议”，两国关系改为伯侄关系，宋继续向金输贡。

1214年，南宋中止向金纳贡。宁宗之后，赵昀即位为理宗。理宗在史弥远死后实施了一系列改革措施，腐败的朝政有所改观。

金国在日益强盛的蒙古威胁之下，国势日蹙。蒙古与金都遣使至南宋，寻求联盟。南宋最后答应了蒙古联蒙灭金，以雪国耻。1234年，金在蒙古和南宋的夹击下灭亡。但南宋在联合蒙古族灭亡金国后，面临比金更强大的蒙古的威胁。

1234年，宋理宗想趁蒙古北撤、中原空虚之际出兵收复中原，结果被蒙古军队伏击，损失惨重。此次军事行动为蒙古南侵提供了很好的借口，但在章梦飞、曹友闻、王坚、章翔、孟珙、孟瑛、余玠、张钰等人率领的宋军抵抗之下屡次受挫。

景定五年（1264年）赵禥即位，是为度宗。度宗喜好声色犬马，贾似道因此擅权，朝政败坏。

1267年，忽必烈下令攻打南宋的重镇襄阳，权臣贾似道向皇帝隐瞒战事。襄阳守将吕文德及吕文焕坚守城池6年。1273年，襄阳城失陷。1274年，度宗去世，其子赵㬎即位，此时南宋朝廷已几近瘫痪。1275年，元军攻克安庆、池州，长江防线失守。此后常州、平江失守，元军在常州一带进行了惨绝人寰的大屠杀。1276年，元军攻陷临安，赵㬎投降。赵㬎的哥哥赵昰和弟弟赵昺逃出临安，先后被陆秀夫、文天祥和张世杰等人拥立为皇帝，在元军追击下流亡于南方沿海。崖山海战失败后，宋军战力全失。1279年，陆秀夫身负年仅8岁的幼主赵昺跳海殉国，一同跳海自尽的还有皇族800余人及一些忠臣。至此南宋彻底灭亡。时至今日，广东省深圳市南山区仍有宋少帝陵寝。

【知识卡片】

黄天荡之战

建炎四年（1130年），金兀术征南宋，宋高宗渡海南逃。金兀术率军焚烧临安城，纵容士兵抢掠，所得物资甚多，不能陆行，遂取道秀州、平江、常州，沿运河而行。行军至镇江，为浙西制置使韩世忠所阻。金军水战失利，难以渡江，最后被堵在了黄天荡（今江苏南京东北江边）。黄天荡是条死水港，金军多次突围，均未能成功。后听说有老灌河故道可以通秦淮，于是派军占领，开凿河渠数十里，得以逃往建康（今江苏南京），但遭到韩世忠水师阻拦不能过江。福建人王某向金兀术献策，舟中填土，上铺平板，等到无风的时候出击。韩世忠的海舟庞大，无风不能行动，可以发射火箭以败之。金兀术依计而行，韩世忠军果然大败，退还镇江，金兀术才得以渡江北归。韩世忠以八千兵抗拒金兵十万之众，坚持48日之久，最后虽然失败，但是金军从此不敢轻易渡江，南宋都城临安和半壁江山得以保全。

二、南宋文化概述

南宋政治上有两个突出的特征：一是与北宋一样，推行“强干弱枝”的集权措施，推行加强中央集权的方略。得益于此，虽然外患不断，但国内局势比较稳定。二是出现“皇帝与士大夫共治天下”的局面。具体表现有二，首先是取士范围更宽，科举登第者多数是平民。其次，权相制度得以建立，出现了“言相不言君”的现象，皇帝趋于虚位化。南宋时期中央官僚机构已从三省并为一省，宰相的私宅成为朝廷决策的中心。权相制度弥补了皇帝怠政之不足，维护了朝政的运作和稳定。但是权相制度对士人阶层凝聚力不够，控制力不能渗透到基层政权，也给当时的社会带来隐伏的危机。

经济上，全国经济中心由过去的黄河流域转移到长江流域。

由于南宋政权南迁，南方农业得到了长足的发展，“苏湖熟，天下足”的谚语，即体现当时苏州、湖州等地的农业实力，与农业相关的棉花和蚕丝纺织业也得到长足的发展。同时土地买卖盛行，兼并与贫富分化也在加剧。

南宋的制造业也有很大的进步。南宋的官窑、龙泉窑所制瓷器精美绝伦，是中国青瓷烧制史上高水平的代表。景德镇已发展为全国有名的制瓷中心。由于地处江南，交通运输多用船只，造船业也随之发展起来，泉州、广州等地都是当时的造船中心，能制造大型远航海船。

南宋奉行的是农商并重的政策，商人的地位得到了较大的提高。杭州和成都成为发达的商业中心。商品交易规模巨大，商税和专卖收益超过农业税的收入。纸币代替铜钱开始大量流通，因使用地域的不同，有“交子”和“会子”两种。

南宋几乎所有的对外贸易是经由海上丝绸之路，主要港口有泉州、广州和明州，东达日本、朝鲜，西至非洲一些国家。

南宋文化氛围比较宽松，文化艺术较为发达。文化上最大的特色就是新儒学——理学思想诞生。与此同时，各学派互争雄长，形成了继春秋战国之后中国历史上的第二次“百家争鸣”的盛况，为塑造富有中国特色的文化品格起到了很大的作用。南宋文学也很发达，作家作品数量均超过北宋，而且形成了有别于北宋的特点。主要的文学成就表现在诗词和小说方面。宋代也是中国中古时期绘画艺术的高峰。这一时期的山水画带有明显的南方地域缥缈柔和的特征，与北宋时期的山水画形成了鲜明的对比。勾栏瓦舍是当时民间艺术的演出场所，在戏剧发展史上具有重要的地位。一个瓦舍中可有一个至多个勾栏，勾栏中的演出从早到晚、从春至冬，全年无歇。当时大的勾栏可容数千人。据估算，当时杭州城里每天的戏剧观众可达2~5万人。

第二节　两宋理学

宋代理学是隋唐以来呈没落之势的儒学的复兴，它是在儒学汲取佛、道两家哲学理论的基础上形成的，其探讨的根本问题就是道德问题的哲学化、抽象化和真理化。

一、北宋理学

北宋初年，孙复、石介、胡瑗较用力地倡导儒学，揭开了理学的序幕。其后周敦颐、邵雍、张载与二程（程颢、程颐），对这一时期理学的发展做出了很大的贡献，史称“北宋五子”。

理学研究的核心问题，用钱穆先生的话来说，就是“‘以天地万物为一体’者，此北宋以来理学家精神命脉之所寄也”①。达到“仁者浑然与物同体”是北宋儒学做人和治学的一个重要课题，“仁”是儒家思想中带有根本性的道德范畴，如何达到这种“仁者浑然与物同体”的目的，宋明理学家采取了内向与外向两种治学路线。围绕着这两种路线，北宋儒学在什么是体以及心与物的关系问题上，展开了长期持久的讨论。

二程（指程颢和程颐）之前，宋儒治学，一般倾向于先向外探究天地万物变化的道理，明白此理后，再与天地合德，达到“与物同体”的境界。如周敦颐（濂溪）所著《太极图·易说》：“二气交感，化生万物。万物生生，而变化无穷焉。惟人也，

① 钱穆：《国学概论》，商务印书馆，1997年版，第236页。

得其秀而最灵。形即生矣，神发知矣，五性感动而善恶分，万事出矣。圣人定之以中正仁义而主静，立人极矣。故圣人与天地合其德，日月合其明，四时合其序，鬼神合其吉凶。君子修之吉，小人悖之凶。故曰立天之道，曰阴与阳，立地之道，曰柔与刚，立人之道，曰仁与义。”① 在这段论述中，“圣人定之以中正仁义而主静”并非天地之德，而是人们在探索和实践中逐渐确立起来的法则。这种法则外在于天地之德，而又契合于天地之德，圣人立命之道与天地之道并行不悖。

张载（横渠）也喜欢从天道角度去阐述人道：“天道四时行，百物生，无非至教；圣人之动，无非至德，夫何言哉！天体物不遗，犹仁体事无不在也。”② 天道与仁道在张载这里仍然是不同的，它们只是具有某种相似的结构和性质。但是天道与仁道在他这里已经有了交叉。他认为，人既具有天地之性，又有气质之性。天地之性是人和物的共同属性，也是善的来源。气质之性是指每个人的个体的特殊性，如性格差异、才能差异等等都是。气质之性是人性中恶的来源，人们要克制气质之性，回到天地之性，从而达到善的境界。

如何去除气质之性以返天地之性呢？张载提供了两条路线，一是“穷理尽性”，一是“尽性穷理”。“穷理尽性”即探究外界知识以达成个人德性，“尽性穷理”则是相反的过程。在张载这里，达到善的境界既可以经由从事理到人性的外向途径，也可以经由从内在心性到外在天地之理的内向途径。

周张二人在学术思想上，都有从天道推人道的共同点。钱穆评价认为，二人是以工夫为凑合：“盖濂溪、百源、横渠，皆不免悬空探索，造一宇宙缘起、人物本原之理，而以工夫为凑合。”③ 钱穆认为程颢（字明道）则鞭辟近里。

程颢治学，主张向内认识心中之“仁”，无须向外界探索，便可达到与万物同体的境界。他这里的“仁”是与万物同体的，“义”、“礼”、“智”、“信”都属于“仁”的范畴。“学者须先识仁，仁者，浑然与物同体，义、礼、智、信皆仁也。识得此理，以诚敬存之而已，不须防检，不须穷索。若心懈则有防，心苟不懈，何防之有？理有未得，故须穷索，存久自明，安得穷索！此道与物无对，大不足以明之。天地之用，皆我之用。孟子言‘万物皆备于我’，须反身而诚，乃为大乐。”④

程颢与此前周、张二人的根本性不同，在于摒弃了外向穷索天地然后才能与天地合德的道路，而是从内在的与天地同体的“仁”出发，并将此“仁”推及万物。程颢从人固有的良知良能中，发掘出至高至善的“仁”，并由此“仁”出发推广到天地万物，以明天地之理。这样，一个人修养自身和究天地之理的过程就统一起来了。他提出“天者理也”、“只心便是天，尽之便知性”、“心是理，理是心”，反映的就

① ［宋］周敦颐：《濂溪志（八种汇编）》，王晚霞校注，湖南大学出版社，2013年版，第25–26页。
② ［宋］张载：《正蒙注译》，喻博文注译，兰州大学出版社，1990年版，第39页。
③ 钱穆：《国学概论》，商务印书馆，1997年版，208页。
④ ［宋］程颢、程颐：《二程集》，中华书局，1981年版，第16–17页。

是这种以内向探求为手段的“穷理”与“尽性”的统一。

程颐（字伊川）是程颢的弟弟。在心与物、心与理之间的关系问题上，二人思想有许多相通之处。程颐提出“性即理”的观点，主张穷理尽性。他所主张的穷理尽性，从根本原则和终极目标上仍然是“浑然一体”、“合内外之道”，与程颢差别不大。但他更重视向外探索事物之理，以及深思事物之理。例如，“问：‘致知先求乎四端，如何？’曰：‘求之性情，固是切于身，然一草一木皆有理，须是察。’”[①] 他不但主张探求外物之理，而且认为要多方探求，要多识。“凡一物上有一理，须是穷致其理。穷理亦多端：或读书，讲明义理；或论古今人物，别其是非；或应接事物而处其当，皆穷理也。或问：‘格物须物物格之，还只格一物而万理皆知？’曰：‘怎生便会该通？若只格一物便通众理，虽颜子亦不敢如此道。今日格一件，明日又格一件，积习既久，然后脱然自有贯通处。’”[②]

后世学者一般认为，程颢开王阳明心学之先河，而程颐则对朱熹产生了极大的影响。

二、南宋理学

南宋虽然偏安一隅，但其学术在承继北宋的基础上，又有很大的发展。理学的集大成者朱熹就是这一时期的代表人物，两宋理学在他手里宣告完成，对元代以后的社会产生了极大的影响。与朱熹齐名的陆九渊，见解与朱熹多不相同，明代王守仁（别号阳明）继承发展其学说，成为“陆王学派”。

1. 朱熹理学及其《四书章句集注》

朱熹（1130—1200年）字元晦，婺源（今江西婺源）人，学者称晦庵先生，谥文，又称朱文公，世尊称朱子。

朱熹早年出入佛道，31岁时正式受学于程颐的三传弟子李侗，专心儒学。朱熹是理学的集大成者，其思想成为中国元代以后官方意识形态，并成为朝鲜和日本江户时期的官学。后人称他的学问“致广大，尽精微，综罗百代”。据《四库全书》的著录统计，朱子现存著作共25种，600余卷，总字数在2000万左右。这还是不完全的统计。《晦庵集》是他理学思想的最后集结。

朱熹师承二程，在二程“格物穷理”之外，加进“读书明理”，提出读书一项功夫，从而补救了程门教法之偏。这是他的一大贡献。他的另一大贡献，在其为宋代理学建立了一个新传统。他把周敦颐、张载和二程并尊，确认周敦颐是二程所师承。后人连同朱熹称为濂、洛、关、闽，奉为宋理学之正统。如是遂把程氏洛学规模扩大了。周敦颐、张载宇宙论形而上学的部分，与二程的心性修养功夫会合融合，加上朱熹的读书法，三流交汇，宋理学臻于完整。他在古代学术传统上的更大贡献，

① ［宋］程颢、程颐：《二程集》，中华书局，1981年版，第193页。
② 同上书，第188页。

在其退《五经》而进《四子书》，并修《四子书》与《近思录》，使它们成为他手里的“六经”。他热衷教育，重兴白鹿洞书院，迎接四方来学，远较二程规模扩大精实；其身后由门徒据平日问答编撰的《朱子语类》140卷，共分50目，其门类之广博、讨论之精详，至可惊人。

朱熹理学思想内容大致如下：

他根据周敦颐《太极图说》，加进邵雍关于先天、后天的见解，变成先天一“理”化成后天的“气”之万变，又继承二程“理一分殊”之说，形成了“理在气中”的宇宙论。朱熹讲学，重在“分殊”，同时教人莫忘背后统一的最高原理——“理”，这是他思想体系中最显著的精神之处。

对于“性”，朱熹认为“许多理散在处为性”。他承接张载“气质之性”与“义理之性”之说，认为“性非气质则无所寄，气非天性则无所成”。他认为人生一落到气质，他的性已不善，不是陷溺于人生以后之一切环境而始有不善。其所求为“义理之性”，其所重则在后天更甚于先天。

对于心与情，他说：“性者心之理，情者心之动，心者性情之主。”又说：“合如此是性，动处是情，主宰是心。”则心为主宰，人心自己要如此的便是性，性静则为理，性动则为情。

以上是朱熹的本体论。在方法论上，朱熹全侧重在心。在宇宙论上他提出“理绝不同”的观点，在人生论上他又提出“先说心后说性”的观点，即先居敬，再穷理。朱熹的穷理是要从人生界一直推扩到宇宙界，穷到宇宙中原始的统一的最高原理之所在。而落实到人身便见性，性之作用发露便是情。所以一切功夫与方法，全要偏重在心上。但他不认为有所谓心体，因为体只属于性与理，所以要注重外面的事物，使一切落实。

朱熹首次将《礼记》中的《大学》、《中庸》与《论语》、《孟子》并列为四书，并为其作注，其内容分为《大学章句》、《中庸章句》、《论语集注》和《孟子集注》，后人合称为“四书章句集注”，简称“四书集注”。朱熹几乎用了毕生精力研究四书，《四书章句集注》是朱熹重塑孔孟形象、发挥儒家精神、宣传理学道义的最简要、最普及、最权威的一部教科书，集儒家学说之大成，也是朱熹儒学体系的基础。《四书章句集注》自南宋宁宗起，被历代封建统治者所推崇。宋以后，元、明、清三朝都以《四书章句集注》为学官教科书和科举考试的标准答案。从此，理学成为官方哲学，占据着封建思想的统治地位，而《四书章句集注》作为理学的重要著作，也被统治者捧到了“一句一字皆为真理”的高度，对中国封建社会后期思想产生了深远、巨大的影响。

2. 陆九渊的心学

陆九渊（1139—1193年）字子静，学者称象山先生，书斋名“存”，世人称存斋先生，抚州金溪（今江西抚州市金溪县）人。与理学家朱熹齐名，史称“朱陆”，是宋明两代心学的开山祖，被后人尊称为“陆子”。明代王阳明发展其学说，成为中国哲学史上著名的“陆王学派”，对近代中国理学产生了深远影响。

陆九渊于乾道八年（1172年）中进士，时年已34岁，一生做过县主簿、国子正、敕令所删定官、知荆门军（辖今湖北荆门、当阳两县）等职。他中进士时已负盛名，初到临安，慕名从游者极众。他每诣城邑，环坐率二三百人，无地容纳，有时需群聚到寺观里演讲。这种既不同于胡瑗以来的书院讲学也不同于二程般私家朋友讲习的面向社会群众的公开演讲，为宋代讲学开出一新生面。他的日常生活极富情趣，处理事务也极为妥帖。他说：“平居或观书，或抚琴，佳天气则徐步观瀑。至则高诵经训，歌《楚辞》及古诗文，雍容自适。”又说：“凡事莫如此滞滞泥泥”；“内无所累，外无所累，自然自在”；“风恬浪静中，滋味深长”。

陆九渊官位不算显要，学术上也无师承，但他融合孟子“万物皆备于我”和“良知”、“良能”的观点，以及佛教禅宗“心生”、“心灭”等论点，提出“心即理”的哲学命题，形成一个新的学派——“心学”。天理、人理、物理只在吾心中，心是唯一实在，“宇宙是吾心，吾心便是宇宙”。心即理是永恒不变的，“千万世之前，有圣人出焉，同此心同此理也；千万世之后，有圣人出焉，同此心同此理也”。人同此心，心同此理。往古来今，概莫能外。陆九渊认为治学的方法，主要是“发明本心”，先立其大，即立志，以此大心临物，察物不为物累，不必多读书外求，“学苟知本，六经皆我注脚”。

【知识卡片】

鹅湖之会

南宋淳熙二年（1175年），吕祖谦为了调和朱熹“理学”和陆九渊“心学”之间的哲学理论分歧，使两人的观点“会归于一”，出面邀请陆九龄、陆九渊兄弟和朱熹在鹅湖山（今江西上饶铅山）鹅湖寺相会。那一年朱熹46岁，陆九渊37岁。列席旁听者有学者百人以上，朱、陆双方的朋友和门生弟子都参加了。

在这场大辩论中，双方“相与讲其所闻之学”。朱熹侧重“道问学”，认为治学的方法，最好是居敬和穷理，二者相互把持运用。陆九渊、陆九龄侧重“尊德学”，力主发人之本心。双方争议了三天，辩论非常热烈。陆九渊兄弟略占上风。但谁也不能说服谁。最后未明定结果。象山门下朱亨道有一段记载：“鹅湖讲道……论及教人，元晦之意，欲令人泛观博览而后归之约，二陆之意欲先发明人之本心，而后使之博览。朱以陆之教人为太简，陆以朱之教人为支离，此颇不合。”

此次鹅湖之会，首开书院会讲之先河，是南宋思想史上一次重要的民间学术集会，双方所述的思维理路与学术主张虽大异其趣，但这种君子和而不同、周而不比的学术争鸣，却为后人所敬仰。后代的理学家为纪念朱、陆双方的辩论，建立了鹅湖书院。后人为纪念鹅湖之会，于此立四贤堂，设吕祖谦、朱熹、陆九渊、陆九龄四个人牌位，及一个题为“顿渐同归”字样的匾额。

第三节 书院发展与士绅阶层的扩大

经过北宋文官政治多年的培育，官僚集团内部的知识集团成长起来，成为国家政治生活中的中坚力量。那些因为各种原因没有进入官僚集团或者是退出官僚集团的知识分子，人数众多，其中优秀人才也不少。他们在民间或著述、或办学，以自己独有的方式诠释着知识分子的社会责任与文化担当。民间知识分子力量的兴起有两个显著的标志，一个是以传道为目的的书院不断涌现，另一个是士绅阶层的形成与发展。

一、书院的发展与发达

书院制度初创于唐代。唐玄宗开元十二年（724 年），在洛阳建立了丽正书院，主要职责是收集、整理全国各种图书典籍，撰写国史时政，奏献筹策建议，举荐治世良才。这所官办书院职责比较庞杂，兼有藏书、研究、举贤多种职能。后来又把丽正书院改名为集贤殿书院，其功能没有变化。书院虽然发源于官办，但很快便转入民间。开元年间曾经担任过集贤院学士的徐安负，退休后在浙江龙游修建了自己收藏图书、读书治学的地方，取名为九峰书院。从玄宗年间到唐朝灭亡，有资料可查的书院约有 30 多家。这些书院基本上都是私人兴办的。这一时期的书院，还是纯粹意义上的教育场所，大部分是私人读书治学之地，有些书院也收徒讲学、教育子弟，带有部分教育功能。五代十国时期，战乱使官办的教育机构受到严重破坏，因此民间私人兴办书院之风兴起。当时河南的太乙书院、江西的梧桐书院和匡山书院、广东的天衢书院可为代表。这一时期书院数量虽然不多，规模也不大，但是却在悄悄转型，逐渐成为私立的教育机构。

到了宋代，书院数量增多，非常发达，书院完全转型为纯粹的民间教育和学术研究机构。后来随着书院的不断发展，朝廷也将书院纳入官办的教育体系，向各州各派出一名具有一定资历的书院山长。

宋代书院制度的发达不是偶然的，是各方面因素综合促成的。主要的原因有以下几个方面。第一，书院是作为官学的补充体系而存在的。宋代科举规模日益扩大，民间对教育资源的需求非常迫切，而遭受战乱破坏的官办教育资源不能满足日益增长的民间教育需求，从而催生了书院的兴起。第二，宋代理学虽然兴起较早，然而直到南宋后期，才得到官方的认可。在取得官方认可之前，约有 200 多年的时间，理学一直在民间传播。理学家们采用讲学方式宣扬理学，理学自然而然地与书院结合起来。如周敦颐曾在濂溪书院讲学，程颐在洛阳建立伊皋书院，张载曾在百泉书院讲学等等。书院制度促进了理学的传播，理学也推动了书院制度的发展。第三，雕版印刷术已经普及，使得承载文化知识的书籍印刷成本降低，印刷数量大增，为书院的教育教学活动提供了物质基础。

书院在北宋初年就形成了自己的特点，不仅教授知识，而且探讨学问。“在不少书院中，教师不仅讲学，同时也从事学术研究，著书立说。如罗靖讲学的梧桐书院，李觏讲学的盱江书院，杜子野授徒的鹿冈书院，都同时进行学术研究，着力于著述。唐至北宋，江南的书院，并无科举名额，因此，书院本身不能直接给学徒以进身的资格。尽管不少人求学的最终目的离不开‘登科’和‘入仕’，但在书院中，生徒闻风而至的直接目的则往往是求取学问。有的求经书之义理，有的探辞章之奥秘，也有的学经世致用之术，有的攻《易》，有的学《春秋》，有的研究《诗》、《书》。师生相互切磋，质疑问难，探究学问。这种风尚也是一般官学所没有的。”①

宋代书院数量很多，现择有特色有影响的予以简单介绍。

1. 白鹿洞书院

白鹿洞位于江西九江庐山东北玉屏山南的虎溪岩背后，得名于唐代。唐代李渤曾在此读书，得官后对此地进行了营建。南唐在此创办过与国子监齐名的“庐山国学”。北宋初年，宋太宗赐《九经》等书籍给白鹿洞书院，书院地位得以提高，获得地方官员支持，从而得到了较大的发展。该书院发展的顶峰时期在南宋。南宋淳熙六年（1179 年），理学宗师朱熹在江西九江做官，亲临书院，看到书院破败景象，责令官员进行修复，并自任洞主，聘请教师，招收学生。当时非常有名的哲学家陆象山也曾到过白鹿洞书院讲学。朱熹还从书院的管理入手，对书院进行改革。他制定了《白鹿洞书院揭示》，其性质相当于学习和教学规范，其中提出的博学、审问、谨思、明辨、笃行的学习原则和不为博取功名利禄的教学原则，为塑造书院独立的学术教育品格提供了有力的支撑。白鹿洞书院的办学模式一度成为后世办学的范本，影响巨大。

2. 岳麓书院

岳麓书院位于湖南长沙湘江西岸岳麓山东面山下。唐末五代智璇等二僧在此建立了延揽读书人的学舍，成为岳麓书院的前身。北宋开宝九年（976 年），潭州太守朱洞在学舍的基础上建成岳麓书院。大中祥符八年（1015 年），宋真宗召见岳麓书院山长周式，并赐予“岳麓书院”匾额。岳麓书院在此时期非常兴盛，从学人数不断增加，建筑规模也日益扩大。南宋时期，岳麓书院从战火中恢复后，由张栻主持。张栻反对把书院教学目的定位在科举利禄之上，要以培养传道济民的人才为根本办学目的。乾道三年（1167 年），岳麓书院举行了有名的“朱张会讲”，即朱熹与张栻

① 李国钧等:《中国书院史》，湖南教育出版社，1994 年版，第 50 页。

的论学。朱张会讲之后，岳麓书院名声大振。绍熙五年（1194年），朱熹颁行《朱子书院教条》，对书院进行整顿，岳麓书院再次进入兴盛时期。1275年元兵攻破长沙，岳麓书院被焚。岳麓书院几百学生参与战斗，城破后大多自杀殉国。

3. 应天府书院

应天府书院位于河南商丘城南，是宋代唯一处于闹市的书院。该书院的前身为五代十国时杨悫、戚同文创办的睢阳学舍。大中祥符二年（1009年），当地人曹诚出资将睢阳学舍改造成书院，收集书籍，广招学生，并请求将书院转为官学。朝廷批准了书院入官的请求，并赐名为“应天府书院”。书院的官学化，应天府是较早的一家。当时书院教授的经典较杂，有《诗》、《书》、《礼》、《易》、《乐》和《墨子》、《道德经》、《春秋》等。从1026年范仲淹主持应天书院开始，书院发展进入鼎盛时期。范仲淹在书院除教授《艺文》和《易经》两门课程外，还对书院进行了改革。书院开设的课程以“学以致用”为原则，提倡培养经济之才与专业人才，重视德才兼备的选拔人才的原则。庆历三年（1043年），应天府书院升格为南京（指应天府）国子监学，与东京（今开封）、西京（今洛阳）的国子监并列。范仲淹进一步改革当时的教育系统，改革当时崇尚辞赋的浮浅学风，将教育教学的重心转移到经义、时务和实际方面来。神宗熙宁二年（1069年），王安石变法，应天府书院实行“三舍法”，把学生分为上舍、内舍、外舍三等，规定外舍生必须升入内舍，内舍生必须升入上舍，上舍生成绩优异者直接授官。通过这种改革，彻底把书院变成了一个选举官员的场所。北宋末年，金人南下，皇室南迁，应天府书院毁于战乱，此后废弃近250年。

4. 嵩阳书院

嵩阳书院位于河南登封城北3公里处峻极峰下，因在嵩山之南（山南为阳），所以被称为嵩阳书院。五代以前，这里先后建有嵩阳寺和嵩阳观，五代时改建为太乙书院，宋初改名太室书院，宋仁宗景祐二年（1035年）改名为嵩阳书院。宋代理学的“洛学”创始人程颢、程颐兄弟曾在此讲学，使书院名声大振。司马光、范仲淹、韩维、李刚、朱熹、吕海等也曾在此讲学。有宋一代，嵩阳书院是儒家学说传播的重要基地。明末，嵩阳书院毁于兵火。

5. 石鼓书院

石鼓书院位于湖南衡阳石鼓山。唐代隐士李宽结庐读书于石鼓山上，成为石鼓书院的前身。宋初，宋太祖赵匡胤赐名“石鼓书院”。宋至道三年（997年），当地人李士真拓展书院并开设讲堂，招收弟子，石鼓书院迈上发展的道路。景祐二年（1035年），宋仁宗赐匾“石鼓书院”。石鼓书院两次得到皇帝关注，其地位迅速上升，发展也日益兴旺。当时有多名儒学名人来此讲学，如文学家苏轼、理学鼻祖周敦颐、理学大师朱熹和张栻等。朱熹作《石鼓书院记》，张栻亲书韩愈《合江亭》诗和《石鼓书院记》，立碑于石鼓书院内，号称“三绝碑”。仁宗庆历四年（1044年），石鼓书院成为衡州路的官办学府。石鼓书院也有著述流传。戴溪为石鼓书院山长时，与诸生讲《论语》，辑成《石鼓论语问答》3卷。南宋开庆元年（1259年），石鼓书院毁于兵火。

6. 茅山书院

又名金山书院，由处士侯遗于北宋天圣二年（1024年）在江苏句容的茅山创建。侯遗在此教授生徒十余年。南宋咸淳七年（1271年），书院搬迁到金坛县顾龙山山麓。茅山书院历史记载较少，书院内有先贤祠，祠中奉有多位宋代名儒。

宋代书院数量众多，有着一些共同的特征。第一，基本上以儒学或理学为教学的主要内容，成为宋代理学重要的传播地；第二，不单纯是教育机构，而且兼有学术研究的功能；第三，风气开明，多实行讲会制度，允许不同意见之间展开讨论争鸣，师生关系非常融洽；第四，除经义之学外，重视经世致用能力的培养；第五，大部分书院得到官方不同程度的支持。

发达于宋代的书院制度在元明清时期仍在发展。在明代，书院往往是私人开设，没有纳入官办教育体系。一些引领时代思潮的思想家或政治家利用书院宣传自己的理论和主张，与朝廷提倡的正统学说分庭抗礼，遭到官方的限制和打击。清朝则把书院教育作为国家正统教育体系的组成部分，导致书院教育出现了诸多的弊端，丧失了活力，发展停滞。

二、士绅阶层的扩大

宋代实行的文官政治，使进入官僚体系的知识分子人数大增，而试图进入官僚体系但最终未获成功的知识分子更是遍布城乡郊野，人数大大多于前代。在知识分子中，人数最少的当属身居高位或享用高禄的那一部分，其次是中下层的小官僚，人数最多的则是在野的那一部分，这三部分人形成了一个金字塔形的结构。

知识分子人数的增加在一定程度上改变了社会结构。按照葛兆光先生的说法，“由于士绅阶层人数的增多以及它们在社会中权力的膨胀，在世袭贵族时代结束后，重新构建和形成的宗族聚落，使士绅作为国家与个人之间的中介，他们由于考试、仕宦、荫封等等途径，在地方上成为领袖，在与国家的协调中，他们也促进着国家的法律制度、道德伦理、文明观念的扩张，不过同时也在抵抗着国家对于民众个人的直接统治，有时成为民众利益的代言人，对抗着国家无限膨胀的权力”[①]。

士绅阶层在国家与民众之间所充当的中介作用，在宋代主要表现为士绅使文明从国家政治权力中心向民间传播的辐射作用，辐射的主要内容仍然是以传统道德为核心的礼法制度。在一定程度上说，士绅阶层代替国家实现了部分文明教化功能，与此同时，也使士绅阶层取得了一定的声望与权力。士绅的权力名望和教化行为都

① 葛兆光：《中国思想史》（第二卷），复旦大学出版社，2015年版，第244页。

是借助于以宗族为中心的社会结构来实现的。一方面，部分士绅在宗族或基层社会树立了极高的威望，从而拥有了一定的决断权；另一方面，士绅阶层通过家规、族规、乡约、童蒙读物、通俗教育读物等，试图建立基层社会的生活原则。

族规乡约并不始自宋代，但宋代出现的族规乡约不仅数量多，而且影响范围广。司马光的《居家杂仪》，吕大钧撰、朱熹修订的《增损吕氏乡约》，朱熹的《家礼》，袁采的《袁氏世范》，是宋代族规乡约中较有代表性的。

《居家杂仪》讲述的是家族日常生活中应该遵循的基本礼仪。首先，提出做家长要遵守礼法，树立榜样，管理好家族的经济事务。其次，重申长幼有序的原则，强调家族中卑幼必须服从于家长，比较详细地规定了儿子侍奉父母和长辈的行为准则。夫妇关系的处理，必须服从于父母的意志。第三，强调男女有别的观念，确立了相关的行为准则。第四，较为详细地叙述了家族生活中的礼仪。第五，确立子女教育的具体方法步骤，早期教育主要以儒家经典为主，同时区分了儿子和女儿的不同教育方法。第六，确立仆妾的礼仪。《居家杂仪》篇幅不长，但所涉及的日常生活礼仪与行为规范却很具体明确，可以说是一部家庭生活的礼仪指导书。

《增损吕氏乡约》最初的作者是北宋学者吕大钧兄弟，原名为《蓝田公约》。这个乡约的四大内容是德业相劝、过失相规、礼俗相交、患难相恤。所谓德业相劝，就是指邻里乡亲之间要相互劝勉，为善去恶，以成诸事。过失相规是指对于犯错者要以乡约进行规诫。礼俗相交则是指乡里生活中相互交接的礼仪。患难相恤指遇乡约所规定的灾难，入约之人要伸出援助之手，相互帮扶。南宋时，朱熹据此编写了《增损吕氏乡约》，使之声名大噪，影响力大增。《增损吕氏乡约》并没有发明新的道德准则，只是将原来适用于家族的一些规约礼仪进行变通，扩大了适用范围，以加强基层社会的自治与自律。

朱熹的《家礼》一书共分 5 卷，分别是通礼（日常之礼）、冠礼、昏（婚）礼、丧礼和祭礼。这五部分的内容是朱熹根据当时社会习俗、参考古今家礼而撰成，司马光《居家杂仪》的内容也被纳入其中。《家礼》中涉及祠堂、丧服、土葬、忌日、入殓等具体的仪式。《家礼》通过一些具体的礼仪来体现抽象礼法，使抽象的理论化的礼法变得通俗化、体系化，便于民间操作，产生了巨大的影响。

《袁氏世范》共 3 卷，涉及“睦亲”、“处己”、“治家”三方面内容，非常详尽。“睦亲”主要讲父子、兄弟、夫妇、妯娌、子侄等各种家庭成员关系的处理原则。“处己”讲个人修养，主要是立身、处世、言行、交游之道。“治家”提供了持家兴业的经验之谈。《袁氏世范》一书既继承了儒家“修身”、“齐家”的传统，同时又重视现实世界中的人情与人性，具有很强的现实操作性。

在童蒙读物方面，吕本中的《童蒙训》，朱熹的《童蒙须知》，吕祖谦的《少仪外传》，程端蒙、董铢的《程董二先生学则》，真德秀《家塾常仪》等，是童蒙读物的代表作。

《童蒙训》又称《吕氏童蒙训》，共3卷，书中以作者的曾祖父吕公著、祖父吕希哲、父亲吕好问为主线，记载人物言行。书中人物言行，大多合于儒家经典。《童蒙训》的编撰目的有二，一则宣扬祖宗德业，二则教育后学子弟，这两方面结合起来，就是儒家孝道的核心。

《童蒙须知》分衣服冠履、言语步趋、洒扫涓洁、读书楔子、杂细事宜等目，对儿童生活起居、学习活动、道德行为、礼节礼仪等方面均作了详细规定。

《少仪外传》取《礼记·少仪》作书名，内容包罗先贤言行、立身行己和应世居官之道，体例与朱熹《小学》大体相当。

《程董二先生学则》相当于现在的学生守则，提出居处必恭、步立必正、视听必端、言语必谨、容貌必庄、衣冠必整、饮食必节、出入必省、读书必专一、几案必整齐、堂室必洁净、相呼必以齿、相接必有定等行为准则。

《家塾常仪》专门为乡塾教学活动而作，与《程董二先生学则》颇相似，主要提出了学生的坐立言动、衣服冠履、视听容貌、饮食揖让等行为规范。

另有一类通俗读物，是针对为数众多的非知识阶层的，如《劝农文》、《谕俗文》、《劝孝文》、《劝学文》等。这类读物也以传播儒家的道德观念为首要任务，语言通俗易懂，易于被大众理解和接受。这类读物的编写者往往是当时的知识精英或者理学领袖。

通过以上诸多文书，可以看出宋代规模不断扩大的士绅阶层的社会担当。他们大部分虽然未进入官僚体系，但并不安于独善其身，而是试图通过修身、齐家、治国、平天下的路径，来实现更大更宏伟的社会理想。他们的努力方向与国家政权所期望的方向是一致的，但是比国家机器以惩罚为主的形式更为柔和一些，对于消解国家政权与民众的对立起到了很大的作用。

第四节　南宋文学

从北宋末年开始，更强大的金、元相继崛起，铁马胡笳不但骚扰边境，而且长驱南下，直至倾覆宋室江山，在中国建立了非汉族统治的新朝。在长达一个半世纪的抗金、抗元斗争中，爱国主题成为整个文坛的主导倾向。山河破碎的形势、和战之争的政局，是任何作家都无法回避的现实。即使是以婉约为主要词风的姜夔、吴文英，也在词中诉说中原沦亡的哀愁。而崇尚隐逸的“四灵”和行谒谋生的江湖诗人，则写过不少忧国的篇章。其中，最能体现时代精神的是陆游、辛弃疾等英雄志士的激昂呼声。正是他们的作品，把爱国主题弘扬到前所未有的高度，从而为南宋文学注入了英雄主义和阳刚之气。以陆诗、辛词为代表的南宋文学，反映了当时的社会现实和人民心声。

一、词

1. 南宋词概说

靖康之难后，金人的铁蹄改变了词人的生活和创作倾向。民族的屈辱、山河的残破和民众的苦难，促使他们自觉地接受苏轼的词风，为救亡图存而呐喊呼号，并日益贴近社会现实生活，去表现战乱时代民族、社会的苦难忧患和个体理想失落的压抑苦闷。南渡词进一步拓展了词体抒情言志的功能，加强了词的时代感和现实感。

“中兴”词人以辛弃疾、姜夔等为代表。辛派词人将词体的表现功能发挥到了最大限度，词不仅可以抒情言志，而且可以同诗文一样议论说理。从此，词作与社会现实生活、词人的命运和人格更紧密相连，词人的艺术个性日益鲜明突出。他们不仅“以诗为词”，而且“以文为词”；词的语言也大量融入诗文中的语汇，空前地解放了词体，增强了词作的艺术表现力，最终确立了词体与五七言诗歌分庭抗礼的文学地位。姜夔等词人另成一派，其贡献主要在于对传统婉约词的表现艺术进行改造，建立起新的审美规范，从而与辛派词形成双峰对峙的局面。

南宋末词坛没有多少实质性的进展。

2. 李清照的词论和创作

巾帼词人李清照（1081—1151？年），号易安居士，济南章丘（今山东章丘）人。她的横空出世，使南渡词坛绽放出奇异的光彩。

李清照在理论上确立了词体的独特地位。她在前人提出的词“自有一种风格”的基础上，提出了词“别是一家”的理论，意指词是与诗不同的一种独立的抒情文体，对音乐性和节奏感有更独特的要求，既要“协律”又要“可歌”。如果说苏轼从诗词同源的渊源论角度提高了词体的地位，那么，李清照则是从词的本体论出发进一步确立了词体独立的文学地位。

在创作上，李清照生动地展现了她的生命历程和情感历程。她的一生既享受过幸福，也饱经苦难。靖康之难前，闺房绣户是她的生活世界，美满的婚姻爱情是她主要的人生理想。她这一时期的词一半是对丈夫的钟情，一半是对自然景物的热爱。她的爱情词的一大特点是苦涩的离愁中含有夫妻双方心心相印和彼此眷恋的幸福感，写景词则反映出女词人情怀的博大与仁慈。靖康之难后，由于国破夫亡，受尽劫难和折磨，她的词境也发生了变化。她晚年的代表作《声声慢》描写人间的孤独和人生的乏味，词境由明亮轻快变成了灰冷凝重。

李清照善于选取日常生活中的环境、行动、细节来展现自我的内心世界。她善于用最平常最简练的生活化的语言，精确地表现复杂微妙的心理和多变的情感流程，而语言一经她提炼熔铸，就别开生面，精妙清亮，风韵天然。

李清照是中国文学史上创造力最强、艺术成就最高的女性作家，她的出现也改变了男子一统文坛的传统格局。

3. 辛弃疾和辛派词人

辛弃疾（1140—1207年），字幼安，号稼轩，山东历城（今山东济南）人。22岁时，他在金统治的北方，曾拉起两千人之众投奔耿京的抗金队伍，后又以五十名骑兵直奔五万之众的金兵营地，生擒叛徒并疾驰送到建康处死，表现出了非凡的胆略勇气。他深谋远虑，智略超群，26岁时向孝宗上奏《美芹十论》，31岁敬献《九议》，从审势、察情、观衅、自治、守淮、屯田、致勇、久任、详战等方面，指陈任人用兵之道，谋划复国中兴之计。41岁在湖南创建飞虎军，时人比之为“隆中诸葛”。平生以气节自负、以功业自许的辛弃疾，南归后本来希望拥军万夫，横戈杀敌，但自隆兴元年（1163年）符离之役失败后，南宋甘心向金称臣、纳贡求和，使得辛弃疾请缨无路、报国无门，转而在词坛上开疆拓土，将本该用以建树“弓刀事业”（《破阵子》）的雄才来建立词史上的丰碑，空前绝后地把自我一生的人生经历、生命体验和精神个性完整地表现在词作中。

辛弃疾确立并发展了苏轼所开创的“豪放”一派，与苏轼并称为“苏辛”。辛弃疾词中的意象，除唐五代闺房绣户和青楼酒馆、北宋与文士日常生活官场生活相关的意象和自然山水意象，以及南渡初年出现的与民族苦难社会现实生活相关的意象之外，创造出战争和军事活动意象，使词的意象群又出现了一次大的转换，词的女性柔婉之美最终让位于血性男子的力度美和崇高美。辛弃疾拓展词境的另一个层面是对农村田园生活和隐逸情趣的表现。在唐宋词史上，唯有辛弃疾展现过如此丰富多彩的乡村图景和平凡质朴的乡村人物。在词的表现手法上，辛弃疾在苏轼“以诗为词”的基础上，进而“以文为词”，表现方式千变万化，风格上嬉笑怒骂、亦庄亦谐，皆成佳篇，俱臻妙境。在两宋词史上，辛弃疾的作品数量最多，成就、地位也最高。就内容境界、表现方法，以及语言的丰富性、深刻性、创造性和开拓性而言，辛词都是空前绝后的。

与辛弃疾大致同时的词人如陆游、陈亮等，或传其衣钵，或与其词风相近。这一辛派词人群体把词的创作推向高峰。

二、诗歌

1. 南宋诗歌概说

出生于靖康前后的诗人，由于山河破碎的动荡时势及自小受到诗坛风气转变的影响，最终以全新的艺术风貌取代了江西诗派在诗坛上的主流地位。之后，诗坛上激昂悲壮的歌声逐渐减弱，而吟风弄月、投谒应酬之作日益流行。然而要求抗敌御侮的主题一直不绝如缕，到了南宋末还一度成为诗坛主流，使宋诗放射出最后一束光辉。

2. 陆游及其诗歌创作成就

陆游（1125—1210年），字务观，号放翁，越州山阴（今浙江绍兴）人。他出生的第二年逢靖康之乱，随父离开中原南归，从小立下了“上马击狂胡，下马草军书”（《观大散关图有感》）的壮志，一生时刻盼望着有杀敌报国、收复中原的机会，直到临终仍在绝笔诗《示儿》中谆谆嘱咐儿孙：“死去元知万事空，但悲不见九州同。王师北定中原日，家祭无忘告乃翁！”陆游与众多南宋诗人不同的是，即使是在收复中原毫无希望时，他仍然坚持夙志，大声疾呼抗敌复国，不愧是南宋爱国诗人最杰出的代表。

陆游的诗风宏肆奔放，与他建立奇功的宏伟抱负、爱国忧时的炽烈感情、不拘小节的狂放性格相适应，也最契合时代的脉动。他的诗作，流传至今的有 9400 多首，内容几乎涵盖了当时社会生活的各个方面，其中最重要的是爱国主题和日常生活情景的吟咏。他的爱情诗虽然数量很少，但却是古代爱情诗中不可多得的精品，在爱情主题已基本上从诗歌转移到词中的两宋，它们尤其值得重视。

陆游的爱国诗歌，对南宋后期诗歌产生了积极的影响，对后世产生了深远的影响。特别是清末以来，每当国势倾危时，陆诗往往成为鼓舞中华民族反抗外来侵略者的精神力量。陆游写山水景物和书斋生活的诗篇，因描写细腻生动、语言清新优美，也颇受明清诗人的喜爱。陆诗中对仗工丽的联句常被用作书斋或亭台的楹联。

第五节　以“尚意”为主线的两宋书画艺术

佛教进入中国以后，禅宗对中国文化的发展影响颇大。“在唐五代，士大夫与禅僧的交往还只是个别现象，进入宋代以后，士大夫逐步与禅僧建立起普遍的、多方面的联系。如对禅宗人生观的推崇、对各种禅学形式的喜好，以及直接参与禅宗《灯录》和《语录》的编撰，这一切都对禅宗的发展起着重大影响。”[①] 不仅士大夫对禅宗的发展起到影响作用，反过来，禅宗文化对士大夫的精神风貌也产生了影响，禅宗注重个人内心感悟的主张很快被士大夫所接纳，并且影响了宋代的艺术形态。在书法和绘画领域时隐时现的“尚意”主张，即与禅宗文化有着紧密的关联。

一、由唐至宋的书法艺术

魏晋南北朝时期，书法艺术得到了长足的发展。唐代社会承平，文化政策开放，再加上科举考试的要求以及帝王的喜好，书法艺术盛极一时。

初唐时期书法艺术的代表人物是“唐初四家”，即欧阳询、虞世南、褚遂良和薛稷。欧阳询的书法学二王，又杂糅北魏石碑的峻峭，字体险劲而瘦硬，当时颇负盛名。曾有高丽国派使者至唐，求取欧阳询的书法作品。现位于西安碑林的《九泉宫醴泉铭》是他的代表作。虞世南师从当时的著名学者、擅长文字学和书法的顾野王，

① 魏道儒：《宋代禅宗文化》，中州古籍出版社，1993 年版，第 42 页。

幼年曾以王羲之的七世孙智永为师。他的书法被人评价为姿荣秀出，韵度不凡，清朗潇洒如玉树临风，且气力内沉，圆穆凝重。褚遂良是欧阳询的好友。他工于隶书，其书法柔劲险媚，中年以后则多婉约华美的意趣。薛稷是名臣魏徵的外孙，其书法风格和褚遂良较为接近，显得瘦劲妍美。

中唐时期的书法大家主要有张旭、怀素和颜真卿。张旭和怀素最擅长的是狂草。狂草自由奔放，随兴书写，最能代表唐人的精神。人们把张旭和怀素合称为“颠张醉素”。他们的狂草在自由奔放之中却有着规矩法度，草而不乱，意在法先，意到法随。颜真卿是北齐颜之推的后裔，他初学褚遂良，后又学张旭。他的楷书气势磅礴，结体凝重平稳，匀称大度，于朴素之中散发着锋芒与风度。颜真卿的楷书标志着唐代书法已摆脱魏晋余绪，形成了自己独特的个性。他最为著名的《多宝塔碑》现位于西安碑林。

晚唐时期书法创新较少，只有柳公权成就稍大。柳公权书法具有王羲之书法的筋骨，又具有颜真卿书法的结体，刚劲之中含有华媚。后人将他的字称为“柳体”，与颜真卿的“颜体”并称“颜筋柳骨”。柳公权最著名的作品是现藏于西安碑林的《玄秘塔碑》。

五代时期书坛较为冷落，著名的书家有杨凝式、李煜、徐铉、王文秉、李鹗、贯休等人。杨凝式是这一时期书法艺术的代表人物，他的代表作是行书《韭花帖》、狂草《神仙起居法》和《夏热帖》。他初学欧阳询、颜真卿，后学王羲之、王献之，形成雄逸奔放、朴茂雄浑的书写风格，直追晋唐书法大家。杨凝式在书法上是承唐启宋的重要人物，渐开书法艺术“尚意”的传统。

宋代的书法艺术总体上不如唐代发达。宋书坛有几个特点值得注意：一是“尚意”的风气比较流行，所谓“尚意”，就是指书法的抒情作用渐为人们所重视；二是帖学流行且以二王为宗，宋太宗赵光义命人刻成《淳化阁帖》，赐予大臣，后来此帖转相翻刻，与真迹距离越来越远，有人认为正是帖学导致了书坛的不景气；三是“趋时贵书”的不良风气，士子为了能顺利登第，往往学主考官的字体，使得书法水平每况愈下。

宋代书法称得上大家者，有蔡、苏、黄、米四大家以及宋徽宗赵佶。蔡襄是宋代四大家中唯一擅写楷书的，他的书法学习王羲之、颜真卿、柳公权，浑厚端庄，雄伟遒丽。苏东坡说：“欧阳文忠公论书云：‘蔡君谟独步当世。’此为至论。言君谟‘行书第一，小楷第二，草书第三，就其所长而求其所短，大字为小疏也’。天资既高，辅以笃学，其独步当世，宜哉！”[①]欧阳修和苏轼都非常推崇蔡襄的书法成就，可见其当时在书坛的地位。在书法技法上，蔡襄也有所创新，他模仿飞白的方法，用

① ［宋］苏轼：《苏轼文集·论君谟书》//曹宝麟：《中国书法史·宋辽金卷》，江苏教育出版社，1999年版，第66页。

散笔写草书，被称为飞草。他的主要作品有《蔡襄尺牍》、《郊燔帖》、《蒙惠帖》、《陶生帖》等。

苏轼的书法师法多家，自晋至五代诸名家多有汲取。他在书法创作上蔑视成法，提倡传神，积极创新，张扬个性。他有诗云："我书意造本无法，点画信手烦推求。"清人据此将他的书法理论归纳为"尚意"。"什么是'意'？'意'就是内心感受和丰富联想。那么'尚意'也就特别注重作者的主观情感的作用，也就格外追求创作心态的自由。'尚意'在宋代大行其道，它作为一种文艺思潮，盛行于包括书法在内的一切文化领域。这一现象的产生，有着禅宗思想逐渐为士大夫普遍接受并成为文艺创作的指导方针的社会背景。在书法方面，身为对'尚意'进行竭力鼓吹并建立起比较完整的理论体系的人，苏轼是功绩卓著的。"① 他的书法作品风格淳古，气度安闲，藏巧于拙，富有神气。代表作有《黄州寒食诗帖》、《罗池庙碑》、《赤壁赋》、《丰乐亭记》等。

黄庭坚擅长行草书，楷书也自成一家。他的书法理论主张深受苏轼影响，具有禅宗超脱的意趣。"他的行楷书法，脱胎于南朝的《瘗鹤铭》及王羲之、颜真卿，写得既笔画圆劲，态新意足，又逸气旁溢，恣纵淋漓。""他的狂草书则取法怀素，可又比怀素来得点画扎实，结体多姿，从而把唐以来的积极浪漫主义狂草书法，推向了一个新的顶峰。"② 黄庭坚的行书代表作有《松风阁诗》、《黄州寒食诗题跋》等，草书代表作品有《李白忆旧游诗》、《刘禹锡竹枝词》和《花气熏人诗》等。

米芾，字元章，宋徽宗时召为书画学博士。他在书法上颇有理论创见，对唐人书法很不以为然，认为大部分都是"一笔书"，过于重视法度，不够潇洒自然。其论书观点多见于《海岳名言》一书。他对二王书法的学习尤为用心，《宋史》本传说他临写王献之的作品，可以达到让人不辨真假的地步。他的楷、草、隶、篆、行各体都有很高的造诣，以行书最为优胜。他用笔迅疾，自称"刷"字，痛快淋漓，兴味、力量、体势都能达到上佳境地，深受时人推崇。据说，他的字无论大小，都被时人视为珍玩。由于他运笔太快，有些作品中的字表现出跳动的态势，失于自由散漫。米芾的书法对后代产生了很大的影响，模仿的人很多，其中比较有名的有明代祝允明、徐渭，清代王铎等人。他的书法作品存世较多，较有代表性的有《蜀素帖》、《紫金砚帖》、《论书帖》、《多景楼诗册帖》、《珊瑚帖》、《研山铭帖》、《三帖卷》、《向太后挽词》、《寒光帖》等。

宋徽宗赵佶是一位昏聩的皇帝，但艺术天分极高，非常热爱书画艺术。他命文臣编辑了《宣和书谱》、《宣和画谱》、《宣和博古图》等书。他的书体早年学薛稷、黄庭坚、褚遂良诸家，融会贯通，形成风格独特的"瘦金体"。"他把硬毫的弹性和

① 曹宝麟：《中国书法史·宋辽金卷》，江苏教育出版社，1999年版，第110页。
② 洪丕谟：《中国书法史话》，上海教育出版社，1990年版，第152页。

提按动作强调到突出的地位，极力夸张每一个字的结构美和中宫内收、四面开张的造型，筋骨劲挺，灵动别致。明陶宗仪《书史会要》说：‘徽宗行草正书，笔势劲逸，初学薛稷，变其法度，自号瘦金书，意度天成，非可以以形迹求也。’”[①] 由于其用笔劲挺，笔画如钢丝盘空，又似匕首切刀，故后代学习工笔画的人多学其运笔。《草书团扇》、《牡丹诗册》是其代表作品。

二、宋代绘画艺术

宋代的文官政治使得知识分子得到了空前的礼遇，画家们也能够均沾雨露，使得绘画在前代的基础上有了极大的发展。有学者认为宋代是中国绘画史上的黄金时代，将之比作东方的文艺复兴，不无道理。

1. 民间绘画与宫廷绘画极度繁荣

宋代绘画的繁荣，从民间和宫廷两个方面都可以得到验证。

民间出现了一批技艺高超的职业画家，其画作进入商品流通领域。在一些文化发达的大都市，出现了专门从事画作买卖的行业。如当时极为繁华的汴京大相国寺每月举行数次的庙会上，就有买卖图画和书籍的摊点；南宋时期的临安夜市，有出售画好的扇面的；至于悬挂字画美化居室、店堂也成为风气。一些画家得到市场的认可，其作品也在市场上热销。如北宋时善画“照盆孩儿”的刘宗道、善画建筑物的赵楼台、善画婴儿的杜孩儿等。一些雕版印刷的书籍中也有插图，刻绘十分精美。绘画与商业的结合，给画家提供了创作动力，促进了绘画的繁荣。

宋代的统治阶层也非常重视绘画，他们继承了南唐、西蜀的传统，设立翰林图画院，招揽和培养宫廷所需的绘画人才，画院规模空前扩大。“宋太祖统一天下，供职于南唐、西蜀及梁之诸画家，纷纷先后来归；于是所谓翰林画院者，益加扩大。其官秩名称，亦远比西蜀南唐为多，除翰林待诏，图画院待诏，图画院祇候外，尚有翰林应奉，翰林画史，翰林入阁供奉，图画院艺学，御画院艺学，图画院学生，画学谕，画学正等。”[②] 宋代很多皇帝对绘画都有兴趣，最为突出的是宋徽宗赵佶。他本人文化修养高，书画技艺俱佳。所以他非常喜欢网罗画家，扩充画院，搜访名画，直接推动了宫廷绘画的繁荣。他亲自主持画院，在绘画理论上以“形似”和“法度”为主导思想，北宋宣和画院追求精工细刻的画风在南宋绍兴画院得以继续发展。可以说，两宋的宫廷绘画是追求高度写实的，有的美术史家将其称为“东方写实艺术的巅峰”，是很有道理的。客观地讲，宫廷画家的绘画水平还是很高的，他们创作出了一批绘画精品。如郭熙的《早春图》、《关山春雪图》，张择端的《清明上河图》、《西湖争标图》，王希孟的《千里江山图》，李唐的《采薇图》、《万壑松风图》，马远的《踏歌图》、《水图》等。

---

① 滕西奇编著：《中国书法史简编》，山东教育出版社，1990年版，第136页。
② 潘天寿：《中国绘画史》，团结出版社，2006年版，第121–122页。

2. 文人画得到极大发展

萌芽于唐代的文人画，在北宋中后期得到迅速的发展。宫廷画作的纯写实方法，使画家的情志泯然不见，画家有沦为“画工”的倾向。文人画的理论正是针对此种现象而提出的。“文人画是相对于工匠（职业画家）画而言的，参与者都是文人士大夫阶层中的人。由于他们以业余时间从事绘画创作活动，使用的工具比较简便，也不用心去仔细描摹对象的各种细节，因而发现了绘画中单纯而抽象的美，逐渐形成了一种新的画风。”① 第一个比较全面地阐明文人画理论的是苏轼，他提出了“士人画”的概念，认为“观士人画，如阅天下马，取其意气所到。乃若画工，往往只取鞭策皮毛槽枥刍秣，无一点后发，看数尺许便倦。汉杰真士人画也”②。与书法上推崇“尚意”一样，苏轼借助于“士人画”的概念，同样把“意气”提到了突出的地位。

苏轼在绘画创作上，也是在“写意”的理论指导下进行实践的。他的《枯木怪石图》超越了事物的自然状态，直逼胸次。他的这幅画与文同的《墨竹图》共同开创了“枯木竹石”的文人画题材。文人人物画方面，则有李公麟在继承传统基础上发展而来的白描画法。白描画法重线条不重色彩，更加强调运笔，体现出一种抽象的审美情趣。山水画也出现了以简代密的风格转变，南宋米芾父子独创的“米点皴”及米有仁的《云山戏墨图》标志着这一转变。所谓“米点皴”是指用饱含水墨的横点，密集点于山形之上，泼墨、破墨、积墨并用，以表现江南山水烟树迷离的景象。这种山水画法对元明清的文人山水画产生了巨大的影响。“故神宗、哲宗间，文同、苏轼、米芾等出以游戏之态度，草草之笔墨，纯任天真，不假修饰，以发其所向；取意气神韵之所到，而成所谓墨戏画。其画材多为简笔水墨之林木窠石，梅兰竹菊，以及简笔水墨之山水、人物等，已开明清写意派之先声。”③ 此外，当时文人画题材还有仲仁、杨无咎的墨梅和赵孟坚的水仙等。在文人画创作上较为著名的画家有燕肃、晁补之、宋道、宋迪、蔡肇、张舜民等。

绘画的收藏、品评和延纳画家作画成为上层文人士大夫的新风尚。在画作上题字咏诗、表达情怀者渐次增多，开了书画题跋的新天地，将书法艺术与绘画艺术有机地融为一体，增加了绘画的表现力。

文人画的兴起，也使得绘画理论得到了很大的发展。如欧阳修认为绘画要表现萧条淡泊的情怀，陈与义主张不求形似只求意足的理论，苏轼提出以“意气”为主的观点，都具有代表性。这些理论主张在内涵上具有相似性，即更为重视画作所表达的感情意绪，而相对忽视绘画的写实性。这一时期绘画理论著述也大量问世，为后代研究宋代绘画留下了重要的文献资料。“宋代之论画，远比唐代为盛。其原因

① 杨新、杨丽丽：《中国绘画史话》，湖南美术出版社，1998 年版，第 58 页。

② 《元丰题跋·东坡题跋（一）》卷五《跋宋汉杰画》// 王云五主编：《丛书集成》，商务印书馆发行，1935–1937 年。

③ 潘天寿：《中国绘画史》，团结出版社，2006 年版，第 149 页。

一为有宋学术思想之发达，致成绘画理论之勃起。二为宋代绘画，几全转入文人之手，文人之能绘画者，每以其经验理想之所及，发为文章，钩玄摘要，无不言之有物。故有宋论画之著作，传世者，不下二三十种之多。关于鉴赏及收藏者，则有米芾之《海岳画史》，李荐之《德隅斋画品》，宣和敕撰之《宣和画谱》，周密之《云烟过眼录》等。关于史传及品第者，则有黄休复之《益州名画录》，刘道醇之《圣朝名画评》、《五代名画补遗》，郭若虚之《图画见闻志》，邓椿之《画继》等。关于作法等之论述者，则有饶自然之《绘宗十二忌》，沈括之《图画歌》，韩拙之《山水纯全集》，郭思之《林泉高致集》等。关于题跋者，则有董逌之《广川画跋》等。关于专门论著及图谱者，则有董羽之《画龙辑议》，宋伯仁之《梅花喜神谱》，赵孟坚之《梅竹谱》等。”①

3. 宋代绘画概况

为了便于把握，这里把宋代绘画的发展分为四个发展阶段。

一为五代遗风阶段。北宋初年的百余年间，原属西蜀和南唐的一些画家，与中原地区的画家一起集中到了首都汴京，绘画沿着五代时期所开创的发展道路继续前进。这一时期画院画作风格仍然以黄筌的富贵体为规范，山水画则非画院所长，以院外画家成就最高。此一时期，山水画名家有李成、范宽、许道宁等人，他们继承、发展和丰富了荆浩、关仝开创的北方山水画风。相比之下，由于政治文化中心北移，五代时期以董源、巨然为代表的江南画派影响不大。

二是“尚意”新风阶段。这一时期属于宋代的绘画风格已经酝酿形成，表现在多个方面。从绘画技巧方面来说，以李公麟为代表的鞍马人物画，发展了白描的绘画技法，表现出文人士大夫的艺术情趣；以郭熙为代表的山水画，发展了宋初北方山水画，更多地表现出山水的幽情与美趣；以崔白为代表的花鸟画，突破了院内黄氏体制的规范，画风更为生动自然，情态与野趣兼具。追求意气的文人画在这一时期也逐渐形成，其代表人物为苏轼、文同。

三是画院繁荣阶段。宋徽宗赵佶和高宗赵构统治时期，宋代宫廷画院最为繁荣，画院云集了不少优秀的画家，如以画马画雁著称的马贲，开创南宋山水画新风的李唐，擅长画人物风俗画的张择端，青年山水画家王希孟，善画花鸟翎毛的韩若拙、孟应之、薛志，善画婴儿、货郎的苏汉臣等人。此时内府藏画甚富，从徽宗命人编纂的《宣和画谱》中就能看出当时宫廷的收藏情况。

四是南宋阶段。南宋时期绘画中最值得注意的是山水画风格发生了变化，以刘松年、马远、夏圭等人为代表，他们的山水画更重视剪裁和布局，善于利用大片留白来突出形象，使画风变得更为含蓄简洁，意境优美。在画法上，唐代李思训所创的斧劈皴法在山水画上得到了运用，且多线条粗阔的大斧劈皴法。历史故事画及风

① 潘天寿:《中国绘画史》，团结出版社，2006年版，第154–155页。

俗画也有佳作出现，如李嵩所作的《宋江三十六人像》、《服田图》、《四迷图》、《观潮图》等。

宋代绘画是中国绘画艺术发展的高峰，对后代绘画艺术的发展产生了重要的影响，元明清绘画中的风格样式及理论大多可在宋代绘画中找到根据。宋代的文人画到了元代，被推向空灵的写意。除赵孟頫提倡师古、力图纠正宋代文人画用笔纤弱的弊病之外，元代画坛的四大家，即黄公望、吴镇、倪瓒、王蒙，在绘画思想和审美情趣上继续发展了宋人写意的画法，追求“逸笔草草，不求形似”的绘画风格，直接影响了明、清两代的绘画发展。

【知识卡片】

宋代五大名窑

自战国晚期开始，中国的瓷器烧制技术不断进步，烧制的瓷器也越来越精美。宋代以前，在瓷器烧制业中占主流地位的是青瓷。青瓷表面施有以铁为主要着色剂的青釉，一般在还原气氛中烧制而成，釉色呈现出深浅不一的青色。在唐代及唐代以前，烧制青瓷最负盛名的是越窑。越窑的制瓷技术在唐代达到了炉火纯青的地步，陆龟蒙写诗赞美越窑的瓷器：“九秋风露越窑开，夺得千峰翠色来。好向中宵盛沆瀣，共嵇中散斗遗杯。”到了宋代，越窑逐渐衰落，各地相继出现了一批名窑，其中最著名的莫过于世人所称道的“五大名窑”。通常情况下，宋代五大名窑是指汝窑、官窑、哥窑、钧窑、定窑。汝窑居五大名窑之首，在今河南省宝丰县大营镇清凉寺村，宋时属汝州。汝窑的称谓一般是指官汝，即被收编为烧制御用瓷器之后的汝窑。汝窑瓷器胎体较薄，釉层丰厚，多呈天青色，釉面有很细的开片。瓷器通体上釉，底部有芝麻大小的支钉痕迹，造型上则比较优雅而庄重，工艺精湛。汝瓷传世很少，非常珍贵。宋代官窑分北宋官窑和南宋官窑。北宋官窑因烧造时间不长，窑址无考。南宋利用南迁的工匠在临安（今杭州）设立了“修内司”官窑和“郊坛下”官窑。人们习惯上把北宋官窑称为“旧官”，把南宋官窑称为“新官”。“旧官”瓷器要比“新官”瓷器厚重。宋代官窑表面装饰较少，胎色铁黑，釉色粉青，由于底足露胎无釉和口沿部挂釉较少的缘故，出现了“紫口铁足”的艺术效果。哥窑窑址不明，亦有紫口铁足的特征，也有人认为哥瓷非宋代烧造，而是属于元代。哥瓷的装饰以开片为主，釉上布满大大小小的裂纹。大的裂纹颜色深，呈铁黑色，被称为“铁线”；小的裂纹颜色浅，呈金黄色，被称为“金丝”。“金丝铁线”使素净的釉面产生了超乎人力的装饰之美。钧窑一般指钧官窑，窑址在河南禹州市（当时称钧州）。钧瓷属于青瓷，但它除了青色，还有天蓝、月白、玫瑰紫等颜色。钧瓷最明显的特征是釉在烧制过程中由于氧化、还原反应所发生的“窑变”，这种窑变非人力所能控制，所以人们常说“钧瓷无双”。同时，由于钧瓷施釉较厚，在烧制过程中由于加热、冷却、开片等综合因素的影响，会形成“蚯蚓起泥纹”的艺术效果。定窑在今河北曲阳，是宋代五大名窑中唯一烧造白瓷的窑场。定瓷釉色属于暖白色，润泽的白色中微微透出黄色。表面装饰较多，综合运用印花、刻花、划花等技法，精美繁丽。元朝赞扬定窑瓷器“定州花瓷瓯，颜色天下白”。宋代除五大名窑之外，像龙泉窑、耀州窑等窑场也各有特点，制瓷水平较高。景德镇也以烧影青瓷出名，逐渐走上了制瓷的历史舞台。

【阅读搜索】

《西铭》《白鹿洞书院揭示》 朱熹《朱子家礼》

【思考题】

1. 谈一下对南宋王朝偏安一隅形势的认识。
2. 二程为什么要讲“识仁”？
3. 谈一下对朱熹、陆九渊理学的领悟。
4. 南宋词坛与北宋词坛相比，有什么新的发展？
5. 宋代书画艺术精神的主线是什么？

第十七章　辽、金、西夏

【学习目标】

1. 了解辽、金、西夏和北宋、南宋的关系。

2. 了解南北对峙时期北方文化艺术的发展情况。

第一节　辽、金、西夏历史文化概说

一、辽国历史简述

北宋的东北是契丹国，后改国号为辽。契丹属蒙古语系，活跃于中国北部地区已逾300年，成立了半汉化的辽国，北宋建国时，契丹辽国已建国53年。辽国的建立，将中国北部大部分地区统一在一个强大政权之下，使北方民族得以结束纷争，致力于经济文化发展。在文化信仰上，辽国崇信佛教。在政治上，辽统治者努力将契丹习俗与汉习俗相融通，经过长期努力，到辽哲宗时，辽律与汉律渐趋于一致。982—1031年，耶律隆绪在位期间，辽朝国力发展到顶峰，疆域万里，东至西伯利亚、长白山陆地尽头，西至阿尔泰山，北至今内蒙古克鲁伦河，南至河北南部的白沙沟。辽国至12世纪开始腐朽衰落，在政治经济上野蛮压迫女真人，激起了女真人的强烈反抗。1125年，宋金联手大败辽军，辽国灭亡。辽国政权共存210年，历9位帝王。辽国皇族耶律大石率军西迁，到今新疆一带和中亚建立西辽政权，存续到1218年被蒙古所灭。

二、西夏历史简述

北宋西北还有一个强大的西夏王国。西夏不是单纯的野蛮人，他们组织的半汉化国家在唐朝时即活跃于宁夏甘肃等区域，当它在400年后与宋抗衡时，一个汉化的政府早已存在。西夏文以藏语为基础，重要的佛家经典、儒家经典早已翻译成书。

西夏是11世纪初由党项族在我国西北建立的大夏政权，史称西夏。宋朝建立后，党项李氏表示归附宋室，但仍保持原割据局面。1032年（宋仁宗明道元年），党项首领李德明死，其子李元昊立。元昊为人强悍、深谋远虑，继位后仿效唐宋制度，在政治、军事与习俗上进行了一系列的改革，加强了西夏王权的力量。1038年元昊正式即皇帝位，国号大夏，并要求宋朝正式承认他的皇帝称号。至此，一个军事强悍的西夏出现在宋朝的西方。

在文化上，由于西夏处于东西交汇之处，故其文化为汉族文化、草原文化以及西域文化融合体，尤以佛教文化为盛。西夏尊佛教为国教，且教派众多，创造了辉煌的佛教艺术。敦煌莫高窟佛教艺术是其典型代表。

在军事上，西夏党项人尚武勇猛、顽强凶悍。元昊一方面保留了原有的部落兵制，另一方面又从各部落精选骁勇善战的武士5000名，充当西夏军之主力。由于西夏所处地势艰险及战马速度快机动性强，故在与宋、辽对抗中，西夏军屡胜辽军，宋朝军队更是败多胜少。

三、金国历史简述

女真起源于东北地区的松花江流域，渔猎、畜牧、农业三种经济形态兼而有之。11世纪时就已知用牛和铁犁耕种。初期女真人与契丹人关系密切。契丹建国以后，女真曾向辽进贡，后来成为辽的附庸。除辽之外，女真与高丽、北宋都维持一定的关系，其中一项最具关键性的往来便是马匹的买卖。在文化上，女真也受到上述三者的影响。

辽天祚帝对女真统治暴虐，女真首领完颜阿骨打于辽天庆四年（1114年）起兵，大败辽军于混同江。次年正月正式建国，国号大金，建元收国，是为金太祖。当年八月，又攻陷黄龙府（今吉林农安）。辽朝闻讯动员举国之力，号称78万大军大举伐金。阿骨打激励三军，士气大盛，此役辽军大溃。短短三年，金已控有今松江、合江、吉林、辽宁等省之地。1120年，女真金国攻下辽之上京临潢，继而攻取中京大定府、西京大同府。此时宋朝童贯当政，定下联金灭辽之计，派员与金缔结“海上之盟”，共同夹击辽朝。1125年天祚帝被俘，辽亡。

辽被灭后，金以宋无法履行盟约为由，不肯将燕京交还宋朝。在双方往来过程中，金已了解宋军虚实，于是将侵略目标转向宋朝。1127年，金军掳徽钦二帝、诸王、嫔妃、公主、群臣等驱之北行，北宋亡。

1234年，女真金国为（南）宋蒙联军所灭。

第二节 辽、金、西夏的文化和艺术

一、辽朝文化与艺术

辽朝的文化和艺术与宋代相比，要逊色不少。但是他们固有的文化与汉族文化相结合，也在一定程度上出现了文化繁荣的景象。

辽朝使用契丹语，但在辽国境内，契丹语和汉语都在使用。辽朝人除用契丹语进行文学创作外，也使用汉语进行文学创作。好几位皇帝都能作诗文，如圣宗、兴宗、道宗等。其中道宗文学修养最高，能为诗赋，风格清新雅丽，意境深远，留有诗文集《清宁集》。另有宗室耶律倍、道宗皇后萧观音等都有文学才能，能为诗文。辽朝境内的汉人杨佶、李瀚也分别留有诗文集《登瀛集》、《丁年集》。

在史学方面，辽朝继承中原政权修史的传统，设置国史院并置史官，编撰《起居注》、《日历》和《实录》，其中多次编撰的实录类史料，为后人编撰《辽史》提供了重要的依据。对于《史记》、《汉书》、《五代史》等汉语史学著作，辽也进行翻译并颁行。

辽政权建立后，佛教逐渐取代契丹人早期所信仰的萨满教，成为比较流行的宗教。辽兴宗、道宗时期，由于上层的提倡，佛教非常兴盛，甚至出现了贵族之家捐出家宅房舍修建寺院、让儿女出家皈依佛教的情形。后来，还出现了类似于南北朝时期的情形，一些僧人被授予各种封号和官爵，取得了很高的社会地位，佛教势力大盛。不过，虽然佛教非常流行，但是辽朝在治国方面却采用了儒家的学说。在上京建有孔子庙，在官吏选拔和个人修养方面也多以儒家的道德内容为准则。这一局面的出现，一方面是由当时汉族文化固有的合理性和先进性决定的，另一方面也有赖于仕辽汉族官员的大力推动。如枢密使、监修国史室昉，侍读学士马得臣，枢密使马保忠等，都对推广儒家文化做出了不懈的努力。

辽朝也涌现出大量优秀的绘画作品。东丹王耶律倍和著名画家胡瓌、胡虔父子艺术成就较高，其作品多被收入宋朝的内府。耶律倍多画契丹风格的狩猎场面，画中人物多为契丹贵族，牵黄擎苍，全副武装，画中的马亦精神十足。其作品流传至今者有北京故宫博物院所藏《射骑图》和流传到美国的《人骑图》、《射鹿图》。胡瓌也善于画马，画中草原部落的各种风物，栩栩如生。其画作流传至今的有北京故宫博物院所藏《卓歇图》。此外，胡瓌之子胡虔、辽兴宗、耶律璟履（耶律防）、耶律题子、萧干、秦晋国妃萧氏、汉人陈升、常思言、吴九州等也都善于作画。

佛教的流行也促进了辽朝境内雕刻艺术的发展。辽人雕刻可分为石雕和砖雕两种。现存的几座石窟可为代表。真寂寺石窟、开化寺石窟、灵峰院千佛洞石窟和大同云冈石窟中都保存有辽代雕刻的佛像，其中以真寂寺的雕刻艺术水平最高。

二、金朝文化与艺术

与宋对峙的几个少数民族政权中，金朝在文化方面受汉文化影响最深，其文化发展水平也较高。金朝推行汉化政策。金朝中期以后，女真人采用汉姓、穿着汉服的现象越来越普遍，朝廷也难以禁止，女真汉化呈现加速发展的态势。

女真人信萨满教，但在金朝立国时期，儒、道、佛都得到广泛的传播，理学也得到一定的传播。金朝的统治者在治国方面采用了儒家思想。值得注意的是道教在这一时期出现了新的发展，出现了全真教、大道教和太一教等新兴派别。金朝在文化方面最值得注意的是文学，这一时期出现了新的形式，也出现了成就斐然的大家。

金灭北宋时，俘虏了一大批北宋的伶官。到了金世宗、金章宗时期，与音乐关系密切的院本杂剧开始兴起，先后产生了《刘知远诸宫调》和《西厢记诸宫调》两部颇有影响的作品。诸宫调兴起于北宋时期，是一种有乐器伴奏的说唱文学形式，因用多个宫调轮递演唱，故称诸宫调。《刘知远诸宫调》是现存诸宫调刻本中最早的一部，存有 12 则，演绎了五代时后汉高祖刘知远的发迹故事，以及其妻李三娘磨房产子的种种经历，从中可以看出五代时期社会的动荡、分化。该剧艺术风格朴素自然，浑厚遒劲。元代南戏《白兔记》即脱胎于此。

《西厢记诸宫调》又称《董西厢》，作者是大约生活在金章宗时期的董解元。解元是当时对读书人的敬称，非其人本名。《西厢记诸宫调》是中国文学中较长的韵文作品之一，代表着宋金时期说唱文学的最高水平。从题材上讲，《董西厢》是王实甫《西厢记》之前写崔莺莺与张生爱情故事艺术水准最高的作品。崔莺莺与张生的爱情题材来源于唐代元稹的小说《会真记》（又名《莺莺传》），这则悲剧故事讲的是负心的张生始乱终弃，伤害和侮辱了一往情深的崔莺莺。宋代人在文学创作中涉及此题材时，往往对张生进行谴责，对崔莺莺寄予深厚的同情。这种感情倾向为后来崔张故事的再创作定下了基调。此后出现过多部以崔张爱情故事为题材的舞台剧本，但除了《西厢记诸宫调》和王实甫的《西厢记》，都没有流传下来。董解元的《西厢记诸宫调》时间较早，为王实甫的创作奠定了坚实的基础。

董解元的《西厢记诸宫调》对崔张故事进行了大幅度的改编，将一出悲剧改成了大团圆结局的喜剧。大致情节如下：书生张珙赴京赶考，途经普救寺，偶遇已有婚约在身的相国千金崔莺莺，二人一见钟情。叛军孙飞虎率军包围普救寺，欲强娶崔莺莺为妻。情急之下，崔母许诺能解兵围者可以娶莺莺为妻。张珙下书白马将军，兵围得解。但崔母事后反悔，不愿将女儿嫁给穷书生张珙。崔莺莺决意反抗母亲意旨，在机智的婢女红娘帮助下，张珙与崔莺莺成功幽会。崔母对此非常恼怒，力逼张珙赴京赶考，不得功名休见莺莺。张珙一举及第，衣锦荣归，终于与崔莺莺结成良缘。

《西厢记诸宫调》结构宏大，情节曲折，主线清晰，不仅写出了故事的发展变化，而且通过人物之间的矛盾塑造人物性格。张生和崔莺莺被作者塑造为勇敢追求爱情的人物形象，他们的抗争、追求都让人耳目一新。红娘也一跃成为一个不可或缺的角色，她身上充满底层人物的智慧，同时又有帮助他人的侠肝义胆，非常具有活力。此剧具有很高的艺术水准。

金代文坛上出现了不少有成就的作家，如赵秉文、杨云翼、李纯甫、元好问、李俊民、王若虚、辛愿、麻九畴、术虎邃、王元粹、麻革、段克己、段成己等。但有金一代，足以与前朝后代大家相提并论者非元好问莫属。

元好问（1190—1257 年），字裕之，号遗山，太原秀容（今山西忻州）人。他在诗、文、词、曲方面都有着不俗的成就。诗歌方面，他以“丧乱诗”闻名，这些诗是他在金朝灭亡前后写的，如《岐阳》3 首、《壬辰十二月车驾车狩后即事》5 首、《俳体雪香亭杂咏》15 首、《癸巳五月三日北渡》3 首、《续小娘歌》10 首等。这些诗无论是反映国破家亡的内容还是沉郁悲歌的艺术风格都可以上接杜甫，是杜甫之后“诗史”的再现。《岐阳》（之二）中写道：“百二关河草不横，十年戎马暗秦京。岐阳西望无来信，陇水东流闻哭声。野蔓有情萦战骨，残阳何意照空城。从谁细向苍苍问，争遣蚩尤作五兵。”诗中饱含深挚的感情，悲愤苍凉，充满家国忧患。元好问的写景诗清新雅致，自然质朴，又不失豪气。如《游黄华山》：“湍声汹汹转绝壑，雪气凛凛随阴风。悬流千丈忽当眼，芥蒂一洗平生胸。雷公怒击散飞雹，日脚倒射垂长虹。骊珠百斛供一泻，海藏翻倒愁龙公。”全诗雄壮磅礴，自然传神。元好问的诗集奇巧与自然质朴于一体，是金元时期的诗歌大家。他本人对诗歌创作也极为重视，临终之际让人在自己墓碑上只题“诗人元好问之墓”七字，其对诗歌的重视程度及对自己诗歌创作成果的肯定由此可见一斑。

元好问也是金代作词最多的词人，其词兼有婉约、豪放两种艺术风格。词的内容以反映现实、寄情山水、吊古伤时等为主。他的词之所以成就高，是因为与其诗歌有着相通之处，即内涵深厚，寄慨遥深。元好问也创作散曲，今存散曲 9 首。他不仅写旧曲，也创制新曲，在散曲创作方面自成一家。

元好问的《续夷坚志》是属于小说类的作品。此志模仿南宋洪迈《夷坚志》，继承了自《列子》和《搜神记》以来的志怪传统，记载了自金世宗大定年间（1161—1189 年）至蒙古国蒙哥汗（即元宪宗，1251 年即大汗位，在位 9 年）期间的耳闻目见，其中多有荒诞不经之事，既是志怪，又有一定的社会批判意味，具有一定的艺术价值和思想价值。此书为研究当时的地理、历史、自然科学也提供了一定的史料参考。在文学理论上，元好问也颇有建树，他的《论诗三首》、《论诗三十首》、《与张仲杰郎中论文》、《校笠泽丛书后记》等，以诗歌的形式论述了汉朝以来的各种诗歌风格与重要诗人。他论诗提倡“自然”，主张真情，反对生硬晦涩、罗列典故的诗歌创作方法。

女真贵族官员也多有创作汉诗的，如豫王完颜允成有诗歌集《乐善老人集》，猛安、谋克也努力学诗。金朝的书画、音乐等艺术门类也非常发达，成就不亚于辽朝。

三、西夏文化艺术

西夏与辽和金在文化上有类似之处，一方面采取兼容并蓄的态度，在本民族文化的基础上，大力吸收外族文化，尤其是汉族文化与藏族文化；另一方面，佛教比较流行，产生了不少与佛教相关的文化艺术成果。

西夏文化与辽金文化的不同之处，有两点值得注意。一是法律制度。西夏王朝法律制度较为完备，《天盛改旧新定律令》是多种法典中最有名的一部，原有 20 卷，今存 19 卷。它吸收了唐律和宋律的精华并进行创新，是一部公开印行的法典。如果说《宋刑统》是第一部公开印行的法典，那么它就是第二部。同时，它也是第一部用少数民族文字印行的法典，在我国法律法制史上具有重要的意义。二是西夏王陵。西夏王陵又称西夏陵，位于宁夏银川市西，西傍贺兰山，东临银川平原，被人们称为“东方金字塔”。这一陵区分布着 9 座帝王陵墓和 140 多座王公贵族的墓葬，规模宏大。建筑风格别具一格，既有党项族的文化特色，同时也体现出汉族文化和佛教文化的影响。它与唐宋陵寝建筑既有继承关系，又有不同之处。西夏王陵的单体建筑风格多样，不追求统一，具有丰富多变的艺术气质；增加了碑亭、角台等建筑元素；在陵墓建筑中使用了大量的琉璃构件和玻璃材料等。值得一提的是西夏王陵的石刻，题材多样，如有石望柱、石像生、碑刻、人像石座、石马、莲花柱础等，采用了圆雕、浮雕和线雕等手法；在艺术风格上，既有唐墓石刻深沉厚重的力度和宋陵造像的细腻严谨，又时不时透露出民族特色。

西夏文学成就甚少，无可论列者。

【阅读搜索】

元好问《论诗绝句三十首》

【思考题】

1. 你认为辽、金、西夏的文化和以两宋为代表的汉族是什么关系？
2. 试比较辽、金、西夏三朝在文化艺术上的特点。

第十八章　元

【学习目标】

1. 了解元朝中外文化交流情况。
2. 了解蒙古文化与中原文化的异同。

第一节　元朝历史文化概说

元朝从建立国号开始，一共 11 位皇帝，历时 98 年。

一、元朝的建立

蒙古族是室韦各部落的后代。大约在 9~11 世纪，其中的一支蒙兀室韦西迁至斡难河、克鲁伦河和土剌河三河的上源一带，称为合木黑蒙古。蒙古的氏族部落，先后都受到辽和金的统治。随着金朝的衰落，蒙古氏族逐渐脱离金国政权的统治。1204 年（金泰和四年），铁木真统一了蒙古高原各蒙古部落。此后铁木真被推举为“成吉思汗”，在漠北建立政权，国号蒙古。

蒙古汗国本属游牧民族，人人皆能骑射，军队战斗力很强。日常多以牛羊肉为主食，军队粮草运输方便迅速，行军速度极快。所以在短短的 30 多年间，攻城略地，横扫欧亚大陆。从 1218 年开始，先后灭掉西辽、中亚花剌子模、西夏、金、大理等国，还招降了吐蕃。其军事行动范围空前广大，向西曾一度逼近东欧腹地。

1260 年，忽必烈在汉人地主阶级及部分蒙古宗王的支持下称大汗，推行汉法，招致其他蒙古汗国的不满，爆发内战。在内战中，其他汗国先后脱离控制而独立。

1271 年，忽必烈称帝，建国号大元，次年建都于大都。元朝是中国历史上面积最大的王朝。

二、元朝政治与元朝的灭亡

依靠强大的作战能力统一中国的元世祖忽必烈，其战争惯性并没有因为元朝的建立而停息，而是继续开展对外军事行动。此后，元朝曾两次攻打日本、两次攻打安南（今越南北部）、两次攻打缅甸，先后将高丽、缅甸、台城、安南等地变成元的属国。在国内，为了加强对汉族人民的统治，元朝统治者将国民分为四等，即蒙古人、色目人（西夏、回回、西域等地人口）、北方汉人、南方汉人，汉人的地位极低，基本上沦为供蒙古人与色目人驱使的对象。

元朝建立以前，蒙古族以游牧为主，生产力较低。自忽必烈以来，受汉族文化的影响，元朝统治者开始提倡农业，以农业生产代替畜牧生产，元朝的经济有了长足的发展。

经济的繁荣使元朝统治者的生活逐渐奢靡起来，同时蒙古贵族之间权力之争也日趋激化。从1308—1333年的25年中，元朝先后经历8代皇帝，平均每位皇帝在位时间3年多，由此可见当时朝廷内部斗争之激烈。在权斗的过程中，元朝统治者也施行了一些有利于社会发展的措施。元武宗时期设立了尚书省，印行至大银钞；元仁宗在位期间，裁减冗员，整顿朝政，推行以儒治国的政策；其后继承皇位的元英宗继续推行这一政策；元文宗大兴文治，设立了奎章阁学士院，编纂《元经世大典》，成为元代一部重要的记述典章制度的巨著；元惠宗在位期间，废黜了把持朝政的伯颜，1343年下令修纂《辽史》、《金史》、《宋史》三史。

元朝后期，为了供给皇室和贵族日益奢侈的生活花费，老百姓承担的赋税越来越重，尤其是地位较低的汉族人民受压迫程度最深。因此，汉族人民以各种形式起来反抗元朝的统治。1352年，河南赵丑厮、郭菩萨领导农民起义；第二年，刘福通领导红巾军起义，席卷整个中国。起义军中出现了一批优秀将领，朱元璋、陈友谅、张士诚等人所领导的部队实力最为强大。在1356—1359年，朱元璋不断扩充自己的势力，并在六七年的时间里先后消灭了陈友谅、张士诚的力量，统一了江南的半壁江山。1367年，朱元璋开始北伐。他以“驱除胡虏，恢复中华”为口号，在大将徐达、常遇春等人的辅佐下，于1368年攻陷元大都，结束了元朝的统治。

元朝的统治确立了我国版图的大致范围。自元末直到清朝中后期，中国的疆土在此基础上一直未发生太大变化。

第二节　文化交流与语言文学的演进

一、对外交往及民族文化交流

元朝以及四大汗国等政权建立后，消灭了东亚、中亚和西亚地区曾经林立的政权，消除了人为的经济、文化交流壁垒，同时元代统治者实行鼓励通商的政策，这一切都形成了有利于各民族文化交流发展的环境，开创了中华各民族文化全面交流融合的新局面。

元朝建立后实行较为开放的政策，吸引了来自波斯、伊拉克、阿速、康里、叙利亚、摩洛哥、高丽、不丹、尼泊尔、印度、波兰、匈牙利、俄国、英国、法国、意大利、亚美尼亚、阿塞拜疆、阿富汗等国的诸多人士会聚中国，其中有些人还进入政府机构任职。这是历史上第一次外国人较为全面地了解中国，增强了元帝国在国际上的影响力。

除了外国人“走进来”，元朝人同时也走向了世界。元朝人通过海路到达非洲海岸，通过陆路到达西欧，极大地增进了中国人对外部世界的了解。记载境外见闻的典籍大量涌现，如《岛夷志略》、《西游记》、《西游录》、《北使记》、《西使记》、《真腊风土记》、《异域志》等。

随着经济交往的增加、人员的流动，国家和地区间的双向文化交流大大加速。中国的火药、指南针、印刷技术传入阿拉伯和欧洲；阿拉伯的医学、天文学、农业技术，欧洲的数学、金属工艺，南亚的雕塑艺术等传入中国。元代青花瓷的出现是这一时期中外文化融合具有标志性意义的事件。从南宋末年开始，景德镇的工匠们已经探索出使用瓷石加高岭土制作瓷器的二元配方。使用这种方法制作出来的瓷质地洁白细腻，强度高，是中国瓷器制造史上一次里程碑式的变革。蒙古人比较重视手工业技术，在向中亚攻城略地的过程中，虽然很多时候采取屠城战术，但是对于工匠却格外开恩，通常的做法是把他们俘虏后押往国内。当时，中亚的沙漠民族崇尚以金属钴为主要原料的蓝色调，这一带的工匠被俘虏后，把钴蓝颜料和相应的绘画技法带到了中国内地，与中国固有的制瓷技术相结合，产生了神奇美丽的青花瓷。青花瓷是以瓷石和高岭土按一定比例烧制成胎，在胎上用钴蓝颜料绘制图案，最后再上一层透明的釉。白色与蓝色的结合，产生了一种宁静、悠远的意趣。青花瓷在之后的数百年间，成为中国和欧洲贸易最主要的商品之一。

各民族的文化呈现出交相融合的情形，兹简要列举如下。蒙古族文字产生于这一时期；北方游牧民族历史上第一部用本民族文字撰写的历史著作《蒙古秘史》诞生；在中国封建王朝历史上，元朝政府官员的民族成分最为复杂；《辽史》、《宋史》和《金史》是二十四史中仅有的由多民族史家共同编修的史籍；儒家经典著作被翻译成蒙古文出版，北部、西南偏远地区出现了传授儒家文化的学校；首次出现了由朝廷批准成立的少数民族语言文字教育机构，蒙古、契丹、女真和色目人中间涌现出一大批汉文著述家；藏传佛教在中原得以传播；海南黎族的木棉种植和纺织技术传入内地，推动了中国棉纺业的发展。更值得注意的是，民族的融合也在悄然发生，契丹、女真、党项等民族逐渐融入蒙古族、汉族和周边其他民族之中。

二、八思巴文字的创制与汉语的新变

元朝是统一的多民族国家，境内有汉、蒙古、畏兀儿、回、吐蕃、党项、契丹、女真、瑶、苗、僮、白人、罗罗、金齿百夷等民族。各民族都有自己的语言，有的民族还有自己的文字。其中影响最大的当属汉语和蒙古语。

蒙古族原来没有文字，采用刻木记事的办法。成吉思汗灭乃蛮部，俘获畏兀儿人塔塔统阿，此人精通畏兀儿语，成吉思汗便让他用畏兀儿文字拼写蒙古语。在蒙古统一中原之前，畏兀儿体蒙古文是蒙古族的官方语言。忽必烈称帝后，任用藏传佛教萨迦派领袖八思巴为国师，让他制作蒙古新字。新的文字系统于至元六年（1269 年）制成、颁行，规定凡是以皇帝名义发布的文书均使用八思巴文。第二年，八思巴文被推广到宗庙祭祀文书。至元八年（1271 年），中央政府部门部分文书被要求用八思巴文书写。元朝统治者还采取设立学校、设立管理机构乃至强迫命令的方式，大力推广八思巴文字。

八思巴创制的文字是一种拼音文字，其字母主要由藏文字母改制而成，最初有 41 个字母，在译写其他语言时又会增补必要的新字母。今天所见到的八思巴文字字母，最多可达 56 个。八思巴文字是为记录蒙古语而创制的，但是它又可以用来记录多个民族语言，具有一定的通用性。人们除了用它来记录蒙古语外，还记录过汉语、藏语、梵语、维吾尔语。八思巴文字对元代汉族社会产生了不小的影响。对汉族百姓而言，学会八思巴文字，就有可能进入官府从事文字翻译工作，甚至由翻译职位进入仕途，意味着多了一条入仕的途径。据现有史料来看，元朝担任翻译职位的人，以汉人和南人居多。当时一些汉族人对八思巴文字的掌握达到了非常精通的地步。陇西人李师尹对八思巴字的掌握与蒙古人不分伯仲。

八思巴文字作为一套蒙古文字，也有比较明显的缺点。它主要利用类似汉字的方体字形拼写蒙古语，一个方体字拼写一个音缀，致使词语割裂，不易识读。与此相反，畏兀儿体蒙古文以词为单位构字，更便于识记。元朝灭亡后，八思巴字逐渐被弃用，畏兀儿体蒙古文经过一些改革，仍然在蒙古社会长期使用。

作为官方文字的蒙古语与当时使用人数最多的汉语在官方文书中并行，精通汉语的士人要想入仕，学习蒙古语成为必不可少的一个环节。蒙汉两种语言因此出现了相互影响的情形。由于蒙古语是官方文字，在政治生活中处于优越地位，所以不少汉人以会说会写蒙古语言文字为荣。人们在交谈中夹杂蒙古词汇，成为一种流行的社会风气。在元代的杂剧和散曲中，常有蒙古语词汇出现。如关汉卿《邓夫人苦痛哭存孝》："米罕整斤吞，抹邻不会骑。弩门并速门，弓箭怎的射。撒因答剌孙，见了抢着吃。喝的莎塔八，跌倒就是睡。若说我姓名，家将不能记。一对忽剌孩，都是狗养的。"其中"米罕"是蒙古语"肉"的音译，"抹邻"是"马"的音译，"弩门"是"弓"的音译，"撒因"是"好"的音译，"莎塔八"是"喝醉"的音译，"忽刺孩”是“贼”的音译。杂剧中的这些蒙古语词汇说明，不少蒙语词汇已经为当时的汉人、南人观众接受并熟知。而且，一些蒙语词汇深入人心，一直流传下来，并成为汉语的一部分。如现在汉语中“把势”（也作“把式”）即从蒙语 baqshi 一词而来，系该词的音译，而 baqshi 来源于汉语的“博士”一词。这是蒙汉两种语言相互之间往复影响的一个典型例子。此类的词还有车站的“站”、“胡同”等。

在蒙汉两种语言的翻译过程中，还出现了一种蒙语硬译的文体，不顾汉语固有的语法规律和用语习惯，直接从蒙古语原文进行机械翻译，是一种采用当时汉语口语语汇、遵循蒙古语语法和句法的奇怪文体。这种硬译的文体原本只限于政府文书、皇帝诏令，后来影响渐次扩大，出现了一些采用这种文体的其他书面作品。如畏兀儿人贯云石的《孝经直解》、理学家吴澄的《经筵讲义·帝范君德》，都带有蒙语硬译文体的影响。硬译文体对于汉语来说，最重要的特点就是摆脱了文言文的束缚，以口语化的形式进行表达。受此影响，以白话文解说经典的，还有元代前期的理学大师许衡的《朱文公大学直说》、《唐太宗贞观政要直说》。郑镇孙《直说通略》是一部用白话写成的简明通史。至于杂剧散曲中的口语化情形就更多了。

汉字笔画复杂，书写不便，对于蒙古人来说，识记更为困难。民间很早就将某些复杂的汉字加以简化，或者用同音字来代替。元代简化字更加流行。据统计，元刻本《元典章》中出现的简化字不下四五十个，其中多数与现在的简化字相同，如“粮”、“断”、“听”、“体”、“旧”、“变”、“炉”、“籴”、“粜”、“与”、“议”、“尽”、“蛮”、“宝”、“园”、“碍”等。元代简化字数量可观，使用普遍，多数简化字已相当规范。但是需要注意的是，这些简化字的使用多见于下层民众之中，在社会上层和文人中间并不多见。

三、俗文学的兴盛

历来的宫廷文化都以雅文化为主体，而元代宫廷则比较青睐发源于民间的俗文化。元代宫廷崇尚杂剧，演员的选拔、剧本的编撰，一时也成为盛事。由于宫廷崇尚的缘故，民间对于杂剧的好尚之风也日渐兴起。也就是说，元代杂剧的兴盛和元代上流社会的提倡关系极大。

在民间，杂剧的演出比较常见。宋金以来城镇中的勾栏、瓦肆是杂剧演出的重要场所。元代政权出于保障农业生产的目的，曾制定过禁止学习、传播、演出杂剧的法令。但是由于民间演出之风极盛，屡禁难止。

元杂剧又称北杂剧、北曲，是在金院本和诸宫调的直接影响之下，融合各种表演艺术形式而成的一种完整的戏剧形式。元杂剧剧本一般由四折戏组成，有时再加一个楔子。楔子是为了交代情节或贯穿线索，在全剧之首或折与折之间加进去的一小段独立的戏。元杂剧以北方音乐为基础，每一折用一个套曲，每一个套曲一般都连缀同一宫调的若干支曲牌组成。杂剧的角色分为旦、末、净、杂。旦是女性人物，末是男性人物，净是地位低下的喜剧性人物，杂是除以上三类以外的演员。元杂剧一般是一人主唱或男、女主角主唱。一般来说，一剧中一人主唱到底，但也有少数剧本随着剧情的发展，主唱人物会有所变化。用来叙述情节、塑造人物的对白和独白称为宾白。唱和宾白以外的动作，称为科介。

杂剧演出的兴盛催生了一批优秀的职业演员。演员在元代的地位比较低贱，根据当时的法律不能和普通百姓通婚，只能自相婚配。杂剧演员中，女演员所占比例并不小。当时知名的女性杂剧演员有南春宴、国玉第、平阳奴、李娇儿、张奔儿、荆坚坚、米里哈、天然秀等，其中米里哈为回回演员。一些知名演员（如珠帘秀）和当时的官僚士大夫也有往来。

杂剧作家更是名家辈出。元朝后期钟嗣成的《录鬼簿》记录了152位杂剧和元曲作家，散曲作家多为上层士大夫，杂剧作家多为职位卑微的下层知识分子。这些人一如宋代时的习惯，大多结成专门的写作班子，号称“书会”。

关汉卿、白朴、马致远、郑光祖历来被人们称为元曲四大家。其中成就最高的当属关汉卿。关汉卿是一位熟悉勾栏伎艺的戏曲家，元代前期杂剧界的领袖人物。他娴熟地运用元代杂剧的形式，在塑造人物形象、处理戏剧冲突、运用戏曲语言等方面都有杰出的成就。《窦娥冤》自始至终把戏集中在窦娥身上，先写她悲惨的身世，继之展开她和流氓地痞的冲突，再集中写贪官污吏对她的压迫，最后写她的复仇抗争。《单刀会》在正面展开关羽与鲁肃的冲突之前，先以两折的篇幅用乔公与司马徽烘托关羽的英雄气概，使关羽未上场已有先声夺人的强烈效果。在《望江亭》、《拜月亭》、《西蜀梦》等剧里，出色的心理描写为塑造人物形象增色不少。关汉卿一生创作了60多部杂剧。他的悲剧《窦娥冤》可以与世界级的悲剧相比肩。1958年，关汉卿被提名为“世界文化名人”。

据钟嗣成《录鬼簿》著录，白朴写过15种剧本。他的剧本题材多出自历史传说，剧情多为才人韵事。现存的《唐明皇秋夜梧桐雨》，写的是唐明皇与杨贵妃的爱情故事;《鸳鸯间墙头马上》描写的是女性李千金冲破封建礼教的束缚、自择配偶的故事。前者是悲剧，写得悲哀怛恻，雄浑悲壮；后者是喜剧，写得起伏跌宕，热情奔放。这两部作品，历来被认为是爱情剧中的成功之作，对后代戏曲的发展具有深远的影响。

马致远有杂剧15种，现存7种。最著名的作品是《汉宫秋》，该剧以西汉昭君和亲故事为题材，在民族矛盾的背景下描写了汉元帝与王昭君的爱情悲剧，细节多为虚拟，但结构精巧，辞藻华美，叙事真切感人。马致远的杂剧以抒情见长，具有鲜明的艺术感染力，曲辞文采斐然，脍炙人口，历来深受人们推崇。

郑光祖著有杂剧18种，今存《倩女离魂》、《㑳梅香》、《王粲登楼》、《伊尹扶汤》、《周公摄政》、《三战吕布》、《无盐破连环》、《老君堂》等8种。其中《倩女离魂》是他的代表作。该剧是一部爱情剧，取材于唐传奇《离魂记》，对明代汤显祖的

《牡丹亭》有一定的影响。其创作风格以文采见长。

除上述公认的元曲四大家外，王实甫的创作也颇为耀眼。王实甫有杂剧 14 种，今仅存《西厢记》、《丽堂春》、《破窑记》3 种。《西厢记》在元杂剧中具有极高的地位，它规制宏大，共 5 本 21 折。在唱词的安排上，突破了只能由正旦或正末一人主唱的模式，有些折出现数人并唱的形式。该剧取材于唐代元稹的传奇小说《会真记》，叙述书生张珙和崔莺莺的恋爱故事。全剧以充足的篇幅，展开复杂多变的情节，描摹人物细腻的思想感情，戏剧冲突多元，结构紧凑，文字优美，是中国文学史上的不朽作品。

其他取得一定成就的杂剧作家还有乔吉、杨显之、纪君祥、高文秀、李直夫、郑廷玉等。

有些杂剧作家同时也作有散曲。散曲在元朝被称为“今乐府”或“大元乐府”，起源于宋金时期的市井小曲，同时受到北方民族音乐的影响。与宋词相比，元散曲的长短句变化幅度更大，语言上也较多地采用俗语、口语词汇，本色自然。散曲用韵与诗词不同，是以金元时期北方口语为基础的流行音韵。与词分上下两阕不同，散曲的基本单位一般是一阕，可通过套数变为几阕或十几阕，表现力更加丰富。

散曲作家比杂剧作家分布的社会层面更广泛，既包括社会下层的杂剧作者、书会才人、教坊倡优，也有社会上层的达官显宦。关汉卿、白朴、马致远、张可久、乔吉、张养浩、刘时中、睢景臣等都是元代取得较高成就的散曲作家。这些散曲作品风格多样，大体来说，前期的散曲大都带有从民歌俚曲脱胎出来的明显痕迹，朴素质直；后期的作品则趋于规范化和讲求形式美。

四、传统文学的概况

除了俗文学，元代传统的雅文学也有值得注意之处，主要集中在诗歌方面。

第一，元初的遗民诗。元初遗民诗的创作区域主要集中在原南宋的统治范围内。影响最大的有两个诗社——汐社和月泉吟社。汐社的主要人员有谢翱、王英孙、林景熙、唐珏、郑朴翁、方凤、吴思齐等，主要活动地在会稽，后来也发展到桐庐等地，活跃期约在 1287—1296 年。其诗作主要吟咏抗元战争、追思抗元英雄、表达故国之思，曾刊刻了《汐社诗集》，今已不传。

月泉吟社由吴渭主持成立，成员主要有方凤、吴思齐、谢翱等，与汐社成员基本相同。1286 年，月泉吟社以“春日田园杂兴”为题，征诗于四方，经过三个月时间的征集，共征得 2735 卷诗歌，作者遍布浙、闽、赣、桂、苏等地，经过评选，选出 280 人诗作结集印刷，现存《月泉吟社诗》一卷。其中大多数作品表达了故国之思、富贵如浮云、遁世避祸的思想，有些诗则比较单纯地描写了田园乐趣。现摘录方赏的一首诗如下：“绕畦晴绿弄潺湲，倚仗东风却黯然。往梦更谁怜秀麦，闲愁空自托啼鹃。犁锄相踵地力尽，花柳无私春色偏。白发老农犹健在，一蓑牛背听鸣泉。”

第二，少数民族诗人诗作不断涌现。随着宋金以来文化融合的进一步加强，一批少数民族诗人进入诗坛，主要有耶律楚材父子、萨都剌、迺贤等。耶律楚材属契丹之后，曾仕于金，后转仕元。金代文化昌明，耶律楚材自小就受到良好的汉文化教育。在仕元期间为蒙古建国做出了重要贡献，对推动蒙古贵族接受汉文化起到重要的作用。他的诗歌现存600余首，部分诗中描绘了奇丽壮阔的西域风光，独树一帜。他最擅长的是律诗，其律诗韵律流畅工稳，风骨劲健，境界开阔，情调苍凉。如《和移剌继先韵》："旧山盟约已愆期，一梦十年尽觉非。瀚海路难人去少，天山雪重雁飞稀。渐惊白发宁辞老，未济苍生曷敢归。去国迟迟情几许，倚楼空望白云飞。"耶律楚材次子耶律铸有诗集《双溪醉隐集》，诗歌成就不及其父。

萨都剌为回族（一说为蒙古族）人，一生创作了800多首诗词，其中有描写景物的山水诗，有抒写宫廷生活的诗，有怀古伤今的诗，也有诉说个人和社会不平的诗。他最优秀的作品当属山水诗、宫词和丽情乐府。如描写江南山水的《过嘉兴》："三山云海几千里，十幅蒲帆挂烟水。吴中过客莫思家，江南画船如屋里。芦芽短短穿碧沙，船头鲤鱼吹浪花。吴姬荡桨入城去，细雨小寒生绿纱。我歌水调无人续，江上月凉吹紫竹。春风一曲鹧鸪词，花落莺啼满城绿。"又如《芙蓉曲》："秋江渺渺芙蓉芳，秋江女儿将断肠。绛袍春浅护云暖，翠袖日暮迎风凉。鲤鱼吹浪江波白，霜落洞庭飞木叶。荡舟何处采莲人，爱惜芙蓉好颜色。"辞清意婉，深得晚唐李商隐和李贺笔法。其反映现实和怀古的诗作也有一定的成就。

迺贤是深受中原文化熏陶和影响的西域人，生活在元末，能持守儒家品节，报效朝廷。从他的诗作中，能看出他对身处苦难中的百姓怀有同情之心。他很推崇丘处机劝阻成吉思汗杀生的举动，因而钦慕道家，迷恋于服食外丹。在传世的180余篇诗作中，吟咏道家的约十分之一。他的五言短篇流丽妥帖，七言长句流畅明晰，近体五七言精缜而华润，又善以长篇述时事，故亦有"诗史"之称。

少数民族诗人的诗歌创作颇有成就，说明宋元以来，少数民族的汉化不断加速，这是元代不同民族间文化融合的一个主要方面。

第三，汉族优秀诗人的成就也不能忽视。首先值得一提的是元诗四大家：虞集、揭傒斯、杨载、范梈。他们的诗歌典型体现出当时流行的文学观念和风尚，所以备受时人称誉。上述四人的诗歌在题材内容上大致相同，艺术风格也比较接近。明代胡应麟认为他们共同的特征是"雄浑流丽"，个体之间差别不大，多模拟古人成规，较少创新。与宋人相比，少一些古淡的韵味，多一些华丽的文采。

元诗四大家首推虞集。他擅长律诗，其五律和七律格律严谨、意境浑融、风格深沉。例如七律《挽文山丞相》："徒把金戈挽落晖，南冠无奈北风吹。子房本为韩仇出，诸葛宁知汉祚移。云暗鼎湖龙去远，月明华表鹤归迟。不须更上新亭望，大不如前洒泪时！"全诗形式严整，感慨深沉，具有很强的艺术感染力。

杨载的七言歌行劲健雄放，律诗则以谐婉见长。范梈的歌行风格豪放超迈又流畅自如，其五律颇有杜诗沉郁凝练之风。如《京下思归》："黄落蓟门秋，飘飘在远游。不眠闻戍鼓，多病忆归舟。甘雨从昏过，繁星达曙流。乡逢徐孺子，万口薄南州。"揭傒斯的诗风格清婉流丽，部分诗篇则质朴无华，别有寄托。如《秋雁》："寒向江南暖，饥向江南饱。莫道江南恶，须道江南好。"此诗晓畅易懂，但寄寓颇深，暗讽蒙古统治者既掠夺江南财富又歧视江南人的现实。

王冕也是值得一提的元朝著名诗人。他出身贫寒，一生贫困。性格孤傲，蔑视权贵。他诗如其人，有着明显的个性特色。其诗歌内容主要有以下四个方面：同情劳动人民疾苦，揭露元朝统治阶级的暴政，反映民族矛盾，表现钦崎磊落、孤傲正直的胸襟。明代刘基曾经对王冕的诗作过评价，认为其诗正直而不流于急切，质朴而不流于粗俗，豪放而不流于虚妄，奇特而不流于怪异，丰富而又不失准则，诗中充满了忠君爱民的情怀和"去恶拔邪"的志向。

杨维桢号铁崖，是元末有名的诗人，一时被推为文坛领袖。杨维桢的诗歌中最具特色的是被称为"铁崖体"的古乐府诗，这些诗多以史事与神话为题材，诡异谲怪，曾被人讥为"文妖"。其诗好用比兴，奇思妙想，《西湖竹枝词》通俗清新，和者甚众。现录三首以见其诗风。《相思》："深情长是暗相随，月白风清苦苦思。不似东姑痴醉酒，幕天席地了无知。"《鸿门会》："天迷关，地迷户，东龙白日西龙雨。撞钟饮酒愁海翻，碧火吹巢双猰貐。照天万古无二乌，残星破月开天余。座中有客天子气，左股七十二子连明珠。军声十万振屋瓦，排剑当人面如赭。将军下马力排山，气卷黄河酒中泻。剑光上天寒彗残，明朝画地分河山。将军呼龙将客走，石破青天撞玉斗。"《西湖竹枝歌》（其一）："苏小门前花满株，苏公堤上女当垆。南官北使须到此，江南西湖天下无。"

第三节　文化：冲突与迁变

一、蒙汉文化冲突与科举废立

蒙古族在入主中原之前，尚处于游牧状态，无论生产方式还是文化方面都远远不及中原地区。入主中原后，落后的蒙古文化与高度发达的汉文化之间的冲突在所难免。

元代统治者实行民族歧视与民族压迫政策。学界一般认为，元朝将天下人群分为四个阶层，分别是蒙古人、色目人、汉人和南人。色目人指的是中亚人、吐蕃人等人群，汉人是原金国区域内的汉族人，南人指的是原南宋区域内的汉族人。也有研究者认为，色目人的概念只存在于汉语之中，是汉族人对元朝种族政策的认知。当时不同人种在为官、刑罚、禁令、赋役等方面都有相应的规定，存在着一定的差距。以入仕为例，一般的高级官吏多由蒙古人和色目人充当，汉人进入仕途只能担任副职，南人到北方做官则会遭到歧视。更为荒唐的是，元顺帝时代，权倾朝野的丞相伯颜竟然建议杀光张、王、李、赵、刘五姓汉人，幸好未获通过。

作为汉族知识分子进入权力中枢必经之路的科举制度，遭到元朝统治者的冷遇。科举制度在元代废举无常，废置的时间要多于施行的时间，而且有很多时候议而不举。根据《元史·太宗本纪》记载，元太宗九年（1237 年）开科举。而根据陶宗仪《辍耕录·科举》中的记载，太宗即位之后十年（即戊戌年）才开科取士。《元史·杨奂传》也说是戊戌年。据此，有可能议行科举在太宗九年，而真正施行在太宗十年。这次开科举之后，遭到了很多人的非议，于是又终止了。到了仁宗延祐二年（1315 年），又重新开设科举。在科举制度废止期间，曾经有人多次提出举行科举考试，这些提议或者得到了皇帝的首肯，或者得到了主管部门的批复，但是实际上都没有施行。后来提议的人越来越多，仁宗朝才开始实行科举。从延祐二年（1315 年）开始实行科举之法后，每三年一开科，少有间断。在施行了 21 年之后，科举制度又被中止。顺帝至元元年（1335 年），诏罢科举。这次中止了 6 年，到了至元六年（1340 年），在翰林学士承旨巙巙建言下，第三次实行科举。在废立无常的科举制度中，四类人等所考科目场次也有所不同。据皇庆二年（1313 年）颁行的科场条例，考试对象分为两类，第一类是蒙古人和色目人，第二类是汉人和南人。蒙古人和色目人只试两场，一场为经问，一场为策论。汉人和南人试三场，第一场为明经，第二场为古赋诏诰，第三场为策论。一般来说，第一类的录取率要高于第二类。可见，元代科举制度的施行与否，全在蒙古贵族情绪的控制之下，始终没有作为制度固定下来。在开科取士的时候根据考试对象不同而采取不同规则，虽然顾及了合理性，但客观上也丧失了公平性。科举制度的废立与变异，其实质就是蒙汉文化之间的冲突和博弈。

科举制度的废立无常，使很多饱读诗书的汉族知识分子陷入迷茫的境地。上进无门，有些知识分子走入民间，把自身的学养和民间艺术结合起来，形成了一代之文学——元曲。

二、学校教育与务实思想

汉代以后，政府兴办的学校，一般以教授儒家经典为主要目标。蒙古人最初兴办的学校，其目标和指导思想并没有沿袭前代传统。

1233 年，元太宗窝阔台下诏建立燕京国学，让蒙汉子弟在一起学习。燕京国学最初的目的是培养翻译人才，以增进蒙汉双方对对方语言文字的了解。在实际教学的过程中，学校还教给学生一些实用的工艺技术，如药材用途、地理知识、酿酒技术、水银制造、饮食烹饪等方面的知识技巧。这种教育指导思想是蒙古贵族崇尚实用的思想在教育领域的体现。当时在学校任教的多为儒士，也有一些懂儒家学说的全真道士，儒家学说甚至道家学说在学校都得以传播。所以，当时的国学教育呈现出一种儒、道、实用技艺并举的局面，国学并不是严格意义上的中央官学。

在燕京国学创办后不久，中原的学校教育也开始复苏，各地附设于孔庙的庙学陆续恢复起来，私学也渐次恢复。1271年，元朝最高学府——国子学在师资设置、招生对象、校舍地点等方面都有了明确的规定，中央最高官学初具规制。这时由著名的理学家和教育家许衡担任国子学的长官，儒家的思想成为中央官学的主要教学内容。1287年，元朝正式颁行国学条例，国子学形成定制。国子学的主要教学内容为《孝经》、《小学》、《论语》、《孟子》、《大学》、《中庸》等儒家经典和理学著作。这一时期，地方官办儒学也建立起来，这些学校都以儒家经典为教学的主要内容。到元朝中后期，理学已在官学教育中取得了统治性的地位。

地方学校除官办儒学外，还有书院、蒙古字学、医学、阴阳学和社学。其中蒙古字学、医学和阴阳学不同于儒学教育，属于专科教育。元代专科教育机构设置广泛，为前朝所罕见。蒙古字学是教习八思巴文字的语言专科学校，从中央国子学到地方州都设有此类学校。这些学校的学生学成后一般担任政府机关中的翻译职位，然后再晋升为官员，未来出路优于儒学学生。医学和阴阳学一般设立于地方，其中医学设立较早，也更为广泛。医学会设置到县一级，比蒙古字学范围更广泛。医学制度仿照儒学制度，每路设置教授一名，每州设置学正一名，每县设置学谕一名，由中央和地方的医学提举司管辖。元代医学都建有三皇庙，三皇指中国上古的帝王，他们被当作行业神加以祭祀。医学也有一套严密的人才选拔制度，三年一试。由各路举行府试，中选者可以担任医学教官，在大都举行省试，中选者可以担当太医。元仁宗的时候对医学的考试制度进行改革，中央考试称为会试，中选者分为三甲，第一甲担任太医，第二甲担任副提举，第三甲担任教授。阴阳学主要教授天文学知识和阴阳五行学说，还有与之相关的占卜、堪舆、择日之术。阴阳学主要设立在路、府、州三级，教官有教授、学正、学录。阴阳学的选拔考试称为“三元”考试，考试通过后由集贤院任用。一般来说，集贤院统管地方的阴阳学事务，但也有过在行省设立阴阳提领、提举的做法。

元代统治者务实的思想不仅体现在教育上，还体现在对科学技术发展的扶持上。元代天文学方面的技术造诣是世界水平的。天文学家郭守敬设计制造了简仪、仰仪和圭表等天文仪器，比丹麦人第谷同样的仪器要早300年。同时，他主张以实际观测为依据，在全国各地建立了规模庞大的天文监测网。王恂与郭守敬等合作，于1280年编制完成著名的《授时历》。《授时历》是我国古代最好的一部历法，以365.2425天为一年，与地球绕太阳一周的实际时间只有26秒的差距，其准确程度几乎等同于现行公历，但比公历的使用要早300年左右。

元朝还是中国数学的最后一个黄金时期。中国人使用阿拉伯数字是从元朝开始的。王恂与郭守敬等制定《授时历》时，不但列出了三次内插公式（“招差法”），还使用“垛垒、招差、勾股、弧矢之法”进行缜密计算。朱世杰的《四元玉鉴》将

“天元术”推广为“四元术”（四元高次联立方程），并提出“消元”的解法，比欧洲早 400 多年。

由于政府的提倡和文化交流的增加，医学方面“中药”的内涵扩大，吸收了来自印度、波斯、阿拉伯的一些药物。

元朝政府重视农业科学的发展，司农司编辑的《农桑辑要》、鲁明善的《农桑衣食撮要》、王祯的《农书》是这一时期农业科学著作中的杰出代表。此外，元朝政府也高度重视造船、陶瓷制造等行业。

三、儒释道三教合一

蒙古统治者在南下的过程中，认识到知识分子对于拓疆治国的重要性，吸收了一些汉族文化人士加入他们的政权，其中最多的是儒士。同时，佛道二教也受到蒙古贵族推崇。

对儒家文化的重视首先表现在对孔子的态度上。孔子第 51 世孙孔元措原受封于金，后来蒙古军队南下，被从汴京追索回来，命还曲阜奉祀，并给予林庙之地。后来被元太宗封为衍圣公。太宗十年（1238 年），孔元措在和林朝见太宗，请求收录燕京（今北京）、南京（今河南开封）等亡金太常故臣及礼册、乐器，共得到 92 人，并在东平制造乐器、冠冕法服等，对有元一代的礼乐制度有创制之功。元太宗对汉族文化的吸纳是比较开明的，他命令蒙古子弟学习汉人文字。这些举措客观上为汉族儒家文化的传播起到了良好的作用。

在吸收汉族文化礼乐制度的同时，大批毁于战火中的学校在一些被元任用的汉族文人的努力下也开始修葺，这些学校成为传播儒家文化的重要场所。元代开国的几位皇帝对儒士作用的认识都比较充分。成吉思汗起用了深受儒家文化熏陶的契丹贵族后裔耶律楚材，耶律楚材努力保全和举荐了一大批汉族儒士。孔元措袭封衍圣公就是在他的努力下完成的。元世祖忽必烈发现并任用了一个纯粹的儒士郝经，还对儒家的三纲五常学说非常感兴趣，下《三纲五常诏》说：“人道之端，孰大于此。失此，则无以立于世矣。”①

蒙古统治者对儒家文化的礼遇，并不是出于对儒家文化的热爱和信仰，而是看到儒家文化对于他们的统一大业有着种种好处。他们对道教也采取了同样的态度。元太祖曾下诏召道士丘处机远涉千里到达西域军中，对他慰问有加。玺书中写道：“朕践祚以来，勤心庶政，而三九之位，未见其人。访问丘师先生，体真履规，博物洽闻，探赜穷理，道冲德著，怀古君子之肃风，抱真上人之雅操。……自干戈而后，伏知先生犹隐山东旧境，朕心仰怀无已。岂不闻渭水同车、茅庐三顾之事，奈何山川悬阔，有失躬迎之礼。”② 大意是赞扬丘处机的道德学问，表达自己的仰慕之情。在

① 李修生主编：《全元文》（第三册），江苏古籍出版社，1998 年版，第 444 页。
② 李修生主编：《全元文》（第一册），江苏古籍出版社，1998 年版，第 5 页。

另一篇诏书里，他还表达了向往道家学说的愿望。丘处机到达西域之后，元太祖又下了几次诏书，如《免丘处机等出家人差发税赋圣旨》、《优待丘处机诏》、《慰问丘处机诏》等。太祖之后，世祖对道教也相当重视，对丘处机、郝大通等道教中人进行封赠，并下诏对道教典籍进行规范，将其中“说谎捏合，毁谤释教，偷窃佛语”的道家典籍禁毁。由于元代皇帝具有连续性的优惠政策，全真教在以后的若干年内，名声大振。各地的道观也纷纷被新建或重建起来。

蒙古贵族对佛教也感兴趣。他们最看重的是藏传佛教。1253 年，元世祖忽必烈曾在藏传佛教喇萨迦派第五代祖师八思巴面前接受密宗灌顶仪式。元世祖即位后，尊八思巴为国师，使之统领天下佛教徒。1264 年，元世祖在中央政权内设置总制院，掌管全国佛教和藏族地区事务，命八思巴以国师的身份兼管总制院事。1270 年，八思巴第二次向忽必烈授予密宗灌顶。忽必烈晋升八思巴为帝师，并赐玉印。封号全称为“普天之下大地之上西天子化身佛陀创制文字护持国政精通五明班智达八思巴帝师”，又称帝师大宝法王，简称帝师。八思巴圆寂后，忽必烈又赐封号“皇天之下一人之上开教宣文辅治大圣至德普觉真智佑国如意大宝法王西天佛子大元帝师”。1320 年，元仁宗下诏，在全国各路建造八思巴帝师殿，以志纪念。

元朝统治者同时给佛道二教以礼遇，导致了佛道二教之间的多次争论。为了解决此事，蒙哥大汗命忽必烈主持佛道辩论会并判定两派优劣，1258 年在上都宫殿隆重举行，两派各派 17 人参加，佛教方以时年 23 岁的八思巴为首。这场辩论以道教一方认输而告终，17 名道士削发为僧，少量的道观也随之改造成佛教寺院。佛道二教之间的辩论，从表面上看是分歧，从实质上看是渗透与融合。

元代统治者对儒释道三教兼容并蓄，是想从社会心理和文化心理上获得汉族和其他民族的认同，进而为统一大业铺平道路。而作为儒释道三教思想承载者的儒士、道士、僧人，也是分别从自己的立场和愿望出发为元代统治者服务的。著名儒士耶律楚材为元人所用，他在《寄赵元帅书》中说：“仆备员翰墨，军国之事非所预议。然行道泽民，亦仆之素志也。”[①] 他想借助儒家的思想和理念来替百姓做一些事情。在蒙古军南下的过程中，一些蒙古人如近侍别迭之流，主张将汉人杀光，将中原的田地一律改作牧场，以便蒙古游牧。耶律楚材以保民抽税说服窝阔台，使得汴梁免于屠城的厄运，上百万老百姓的性命得以保全。道家的代表人物丘处机千里远赴元太祖的征召时，也怀着陈“道德”、息“干戈”的想法。据耶律楚材《玄风庆会录》记载，丘处机给元太祖讲道时说：“陛下，修行的方法没有其他的，应当从外部加强阴德修炼，在内部加固精神修炼。体恤和保护天下民众，使天下的人都向往安定。”

元朝初年，一些文化人士力图将儒释道三教糅合在一起，以说明它们在本质上的共同性。耶律楚材说，儒家的学说是用来治天下的，道家的学说是用来修身养性的，

① 李修生主编：《全元文》（第一册），江苏古籍出版社，1998 年版，214 页。

佛家学说是用来磨炼心性的。丘处机也认为，儒释道三教殊途同归，没有什么本质上的区别。这种儒释道三家求同存异、合流并行的状况，影响了金元之交的一两代人。

第四节　元朝书画艺术的新特点

元朝是中国历史上第一个由蒙古族建立的全国性的统一的少数民族政权。元朝自窝阔台尤其是忽必烈为帝后，较为广泛地采用汉法汉制治理中原王朝故地，任用汉人，发展农桑，兴办屯田。在文化上提倡尊孔读经，接受中原文化，推行汉化政策。元朝书画艺术在文化大融合背景下得到一定的发展。元文宗图帖睦尔于天历初年建奎章阁，专掌秘玩古物。元文宗常临幸奎章阁欣赏书法名画。元朝的文化融合政策及帝王的好尚，使书画艺术一度出现兴盛局面。但由于元朝享年较短，统治阶级内部争夺最高统治权的斗争激烈频繁，以及文化融合政策磨合的影响，使之在文化事业上未能取得更加突出的成绩。但是也产生了若干影响深远的艺术大家，出现了一些值得注意的文化特点。

一、元代书法

"书法在诸艺术门类中，最具中国独特性。……只有在中国文化中，书法才象征了人之美和宇宙之美。"① 书法是中国文化中最能表现人的性情、情怀、境界的艺术门类之一，也是中国文化最为直观的表现载体之一。因此，书法一直是文人墨客十分喜爱和关注的一种艺术形式。纵观元代书法，成就最大者还在真行草书方面。

元代书法主要代表书家有赵孟頫、耶律楚材、康里巎巎、鲜于枢等。其中最具盛名且影响深远者当属赵孟頫。

赵孟頫（1254—1322年），字子昂，号雪松道人，湖州（今浙江吴兴）人，是宋太祖赵匡胤的十一世孙。年轻时当过真州司户参军。南宋亡后闲居在家。当时元统治者不断派员南下网罗江南文人名士，委以官职。赵孟頫于33岁应召赴大都，初任兵部郎中，集贤直学士、同知济南路总管府事、江浙儒学提举等职。元仁宗时升任集贤侍讲学士，官至翰林学士承旨。晚年告老还吴兴，元英宗至治二年（1322年）去世，享年69岁。封魏国公，谥文敏。著有《松雪斋集》。现有上海书画出版社出版的《赵孟頫文集》可参考。②

赵孟頫"是个博学多才的人物。他精通音乐，善于鉴定古器物，书法篆、隶、行、草，绘画山水、人物、竹石、鸟兽，均享有盛名，在我国艺术发展史上占有重要地位"③。对于他的书法，《元史》本传说："孟頫著有《尚书注》；有《琴原》、《乐

① 张岱年、方立克主编：《中国文化概论》，北京师范大学出版社，2004年版，第184页。
② [元] 赵孟頫：《赵孟頫文集》，任道斌点校，上海书画出版社，2010年版。
③ 同上书，第1页。

原》，得律吕不传之妙。诗文清邃奇逸，读之使人有飘飘出尘之想。篆、籀、分、隶、真、行、草书，无不冠绝古今，遂以书名天下。天竺有僧，数万里求其书归国，国中宝之。其画山水、木石、花竹、人马，尤精致。”①《四库全书总目提要·松雪斋集题要》也说赵孟頫“论其才艺，则风流文采，冠绝当时，不但翰墨为元代第一，即其文章，亦揖让于虞、杨、范、揭之间，不甚出其后也”②。赵孟頫确实是一个在各方面均取得极高成就的人物。

赵孟頫书法的代表作品有:《仇锷墓碑铭》、《汲黯传》、《福神观记》、《胆巴碑》、《兰亭帖十三跋》、《雪晴云散帖》、《洛神赋》、《妙严寺记》等。

赵孟頫夫人管道升也是一位很有建树的书法家、画家和诗人。管道升天资卓绝，诗书画兼善，均有作品存世。她手书的《千字文》被元仁宗下令收藏于宫中，可见其影响。女性书家在整个封建社会中是很少见的，如管道升般取得极高成就者更属凤毛麟角，更应该珍视。

略晚于赵孟頫的书法家鲜于枢（1259—1301年），字伯机，号困学山民、寄直老人，渔阳（今天津蓟县）人，官太常寺典簿，是赵孟頫十分尊重的友人，在世时两人常相互切磋，去世后赵孟頫有诗悼念。赵孟頫对他的书法十分推崇，认为自己的草书不及鲜于枢。二人书法当时并称“二妙”。鲜于枢的功力很扎实，悬腕作字，笔力遒健，富于创新精神，为时人所称道。

在元代书法家中，耶律楚材和康里巎巎属于少数民族书家。

耶律楚材（1190—1244年），字晋卿，契丹族，辽东丹王突欲八世孙，也是元朝重臣，是主张推行汉制的极其重要的人物。《元史》本传记载他3岁而孤，母亲杨氏抚养教育他，“及长，博极群书，旁通天文、地理、律历、数术及释老、医卜之术，下笔为文，若宿构者”③。卒后追封广宁王，谥号文正。他的书法继承了唐宋颜真卿、黄庭坚书风，笔力遒劲，风格豪放，代表作品有楷书《自书诗翰》等。

康里巎巎（1295—1345年）是蒙古族人，历任翰林学士承旨、知制诰兼修国史、知经筵事、提调宣文阁、崇文监等职。《元史》本传称他“善真、行、草书，识者谓得晋人笔意，单牍片纸，人争宝之，不翅金玉”④。他的书法作品师法虞世南，行草书学怀素而又上追钟繇、王羲之，同时兼有米芾的奔放不拘，别具风格。其代表作品有《草书尺牍》等。

二、元代绘画

元代是一个文人画占据画坛主流的时代，也是一个对后世绘画产生深远影响的

① ［明］宋濂等:《元史》，中华书局，1976年版，第4022页。
② ［元］赵孟頫:《赵孟頫文集》，任道斌点校，上海书画出版社，2010年版，第284页。
③ ［明］宋濂等:《元史》，中华书局，1976年版，第3455页。
④ 同上书，第3416页。

时代。

关于绘画流派和文人画，傅抱石在他的《中国绘画变迁史纲》中研究中国画的流变轨迹，引用明代画坛巨匠董其昌的话："禅家有南北二宗，唐时始分；画家亦有南北二宗，亦唐时始分。但其人非南北也。北宗则李思训父子著色山水，流传而为宋之赵幹、赵伯驹、伯骕，以至马远、夏珪辈；南宗则王摩诘始用渲淡一变钩斫之法，其传而为张璪、荆、关、董、巨、郭忠恕、米家父子以至元之四大家。"① 董其昌还指出，"文人之画自王右丞（维）始。其后董源、巨然、李成、范宽为嫡子，李龙眠、王缙卿、米南宫及虎儿皆从董、巨得来，直至元四大家黄子久（公望）、王叔明、倪元镇、吴（镇）仲圭皆其正传"②。傅抱石先生概括说："所谓文人画，所谓南宗，自是在野的。所谓北宗，自是在朝的。"他归纳说，"在朝的绘画，即北宗"，其特点是"注重颜色骨法、完全客观的、制作繁难、缺少个性的显示、贵族的"；而"在野的绘画，即南宗，即文人画"，其特点是"注重水墨渲染、主观重于客观、挥洒容易、有自我表现、平民的"③。他指出，"南宗的全盛，也是在野的胜利。这一时代，包括宋元两朝……到了元朝，帝王经营很久的院体，也寿终正寝了……于是南宗的写意山水，几成画界的中心"。他认为在宋元时代，文人画即南宗画"人材辈出，蔚为大观，造成空前的'黄金时代'"④。确实，"中国绘画发展到元代，受特定社会现实和艺术本身要求的影响，出现了明显的变化。其集中体现在创作主体精神的被强化，艺术的教化功能和统一规范被削弱，创作变成了画家们抒情言志、怡情娱乐的手段，画画形式上也强调和追求力去雕琢、唯适自然"⑤。其原因在于，元代汉族文人在政治上不可能飞黄腾达，即使是受到元朝统治者高度礼遇、尊崇的赵孟頫，也因为以宋代皇族身份入元为官，仍然在元朝统治集团内部受到相当的防范，内心深处也是比较愧悔的。一般的文人士大夫也耻于沦为异族的奴隶，多借笔墨以自命清高。元代未设画院，服务于宫廷的少数画家不可能有太大作为。正是在这种背景下，"文人画则发扬了苏轼、米芾、文同的理论风姿卓发。从事绘画者，非以遣兴抒怀，即以写愁记恨，充分表现个性，这就使元代绘画呈现出了与以往写真传神相异趣的简率超逸"，其特征是自"赵孟頫肇其端，中期以后，无论人物还是山水、花鸟，皆可面壁虚构，以笔传情，并形成一套高深的理念和高超的技法，从此推进了中国文人画的创作观念和审美系统"⑥，体现了区别于前代的鲜明时代特征，并对后世产生了深远影响。

在元朝统治的90余年内，画坛名家辈出，流派纷呈，各类题材皆有名家名作产

① ［明］董其昌：《画禅室随笔》// 傅抱石：《中国绘画变迁史纲》，上海古籍出版社，1998年版，第42页。
② ［明］董其昌：《画旨》// 傅抱石：《中国绘画变迁史纲》，上海古籍出版社，1998年版，第42页。
③ 傅抱石：《中国绘画变迁史纲》，上海古籍出版社，1998年版，第43页。
④ 同上书，第52页。
⑤ 张维青、高毅清：《中国文化史》（第三册），山东人民出版社、人民出版社，2002年版，第434页。
⑥ 同上。

生。元代绘画以文人山水画最为突出，其创作思想、艺术追求、风格面貌，体现了元代画坛的主要艺术潮流，对后世的影响最为深远。元初山水画家以钱选、赵孟頫、高克恭为代表，他们对传统山水画的创作进行了认真探索，开创山水画创作的新路。钱选的青绿山水，师法唐代李思训、李昭道父子和南宋赵伯驹，并融进文人画的笔意和气韵，表现出一种新鲜拙朴的意趣。赵孟頫早年学晋唐，多青绿设色。中年后继承和发展了五代的董源和北宋李成、郭熙的某些风格特点，以水墨为主，将文人画的水墨与院体画家的青绿画法有机结合，创新山水画的表现技法。作为一代书法大家，赵孟頫强调书画同源，并将书法用笔引入绘画创作中，形成多种面貌和创新的特点。高克恭画学宋五代米芾、董源、李成，对他们的技法多有借鉴，形成了自己浑穆秀润的独特风格。元初还有一批遗民画家如王冕、郑思肖等，他们隐居不仕，拒绝与元朝合作，郑思肖尤具有强烈的遗民反元思想。他们时常以书画寄情寓意，以示高洁，其创作均有较高成就。

元代中后期，黄公望、王蒙、吴镇、倪瓒等驰骋画坛，被后世称为元四大家。他们主要继承五代以来文人山水画传统，又直接或间接地受到赵孟頫的影响，形成了各自的艺术特色。黄公望继承发展赵孟頫的水墨画法，并上追董源、巨然，多用“披麻皴”，晚年画风大变，自成一家。其作品或烟云流润，笔墨秀逸，气势雄浑；或水墨山水，萧散苍秀，笔墨洒脱，境界高旷，韵致高雅，出于赵孟頫之右。王蒙是赵孟頫的外孙，既受赵孟頫影响，也得黄公望之秘要。王蒙的山水画以水墨为主，间用设色，善用枯笔。其作品笔法苍浑，画面有蓊郁秀逸之致。吴镇的山水树石以董源、巨然为依归，间及荆浩、关仝，多用湿笔，笔法雄劲，墨气浑润。题材以《渔父图》为多，江南湖山景色是其描画最多的对象，也是画家幽居避世、寄兴山水的隐士生活的写照。其作品多以秀劲潇洒的草书诗词题款，诗书画相互交融、相得益彰。倪瓒山水画初师董源，又参以荆浩、关仝笔法，形成了自己独特的风格特色。太湖一带湖山景色是倪瓒常画的题材。他的画作多用水墨枯笔干擦，设色不多。早、中年于浑厚之中展现萧散秀逸的风格，晚年于苍凉劲健中透露出蕴藉高旷的格调，给人一种萧瑟荒寒之感。元四大家以他们各自的创新风格和简练超脱的艺术手法，把中国山水画发展到了一个新阶段，代表了这一时期山水画发展的主流。

元代还有一些画家在我国绘画史上有较高地位。其中受赵孟頫影响较深的有：盛懋、商琦、曹知白、朱德润、唐棣等人。受黄公望和王蒙影响较大者，有陆广、马琬、陈汝言、方从义、赵原等人。学习继承南宋院体山水风格，保留马远、夏圭遗风的，有孙君泽、丁野夫等人。此外，还有王振鹏、李容瑾、朱玉等人以工笔和精确的折算比例画山水楼阁，是元代著名的界画名家。

元代文人画家们技艺较为全面，在绘画领域的各个方面均有建树。如在山水、人物、花鸟、竹石等方面，均有大家名作存世。而寺观壁画等则是民间画师们施展才华的领地。可惜这些作品我们今天只能从当时人的一些记载中去感受了。

元代文人绘画创作既丰，对绘画艺术也有较为深入的探讨。傅抱石先生指出，画坛南宗的全盛期在宋元两代，“不但人材众多，而画法画学也因元有精备的贡献”①。元代各种类型的绘画论著数量众多。创作理论探讨方面，画法类有黄公望《写山水诀》、吴镇《竹谱》、饶自然《山水家法》、王绎《写像秘诀》等。钱选、赵孟頫、揭傒斯、柯九思、吴镇、倪瓒、杨维桢等人的诗文或绘画题跋中，也有不少绘画创作方面的重要论述，虽往往是一时兴会，但因出于行家笔下，仍具有重要的研究参考价值。著录兼品评类有周密《云烟过眼录》、汤允谟《云烟过眼续录》、夏文彦《图绘宝鉴》、庄肃《画继补遗》、陶宗仪《南村辍耕录》等，均保存了大量元代绘画史料。

【知识卡片】

《马可·波罗游记》

《马可·波罗游记》是威尼斯商人和冒险家马可·波罗口述撰写的关于亚洲的游记。它记录了中亚、西亚、东南亚等地区许多国家的情况，而其重点部分则是关于中国的叙述。他在《游记》中以大量的篇章记述了中国无尽的财富、繁华的城市、便利的交通设施以及华丽的宫殿建筑。该书是世界历史上第一部将中国介绍给欧洲的著作。

脱脱修三史

脱脱为元末政治家，在执政期间主持修纂辽、金、宋三史。关于辽、金、宋三朝谁为“正统”问题，长期以来争论不休，影响修史工作的开展。此时脱脱主张三史分别撰写，各为正统，一律平等对待，争论遂告平息。三史同修，将少数民族政权与汉族政权平等看待，实为中国历史上的首创。

【阅读搜索】

《马可·波罗游记》第二卷　关汉卿《窦娥冤》第三折　刘永济《元人散曲选》

【思考题】

1. 元代相对于宋代而言，在文化上是倒退还是进步？
2. 元代科举制度的兴废与元代文化有何内在的联系？

① 傅抱石:《中国绘画变迁史纲》，上海古籍出版社，1998年版，第52页。

第十九章　明

【学习目标】

1. 了解洪武废相与明朝中央集权专制体制的形成。
2. 了解明朝哲学思想的演变及特点和王阳明“心学”对思想文化的影响。
3. 了解思想控制背景下科举制度发展的新特点。
4. 了解郑和下西洋的意义和西学东渐对于中华传统文化的冲击。

元朝末年，社会矛盾加深，天下大乱，群雄逐鹿。起于草泽的安徽农民朱元璋从一名游僧摇身变为起义军领袖。他先后打败张士诚、陈友谅等割据武装以及元朝的军队，统一了全国。1368 年，朱元璋在南京称帝，开创了大明朝。从洪武皇帝朱元璋开国，到崇祯皇帝朱由检于 1644 年在北京自缢亡国，明朝历经 16 位皇帝、17 朝，国祚 277 年。按照传统史家的说法，明朝是中国继周朝、汉朝和唐朝之后的盛世，史称“治隆唐宋”、“远迈汉唐”，是中国历史上最后一个由汉人建立的封建王朝。明朝是中国封建社会的鼎盛期，但也孕育着诸多对于后世影响深远的因素，酝酿着近代文明的萌芽。

第一节　明朝政治制度和思想文化

明朝近三百年历史，正是中国封建社会步入衰落的暮年时期。朱元璋“朝为田舍郎，暮登天子堂”的传奇经历，对中国历史影响深远。“除却汉高祖，中国史上由平民直起为天子的，只有朱元璋。”[①] 这位具有雄才大略而果毅残暴的“农民皇帝”深知元代由于思想统治的松懈所导致的亡国后果，登基后便以强硬的手段建立了空前的中央集权独裁统治。朱元璋一手创建了明朝的各种政治、法律制度，为明朝的政治机构奠定了基础。从农民到皇帝的身份转变带来的巨大心理落差，则使朱元璋极端仇视知识分子，对文人士大夫采取了残暴、恐怖的高压政策。太祖朱元璋、成祖朱棣相继屠戮功臣与知识分子，使明初封建专制中央集权的统治走向了极端，成为

① 钱穆:《国史大纲》(下册)，商务印书馆，2010 年版，第 663 页。

明代政治制度的一大特点。通过设立锦衣卫、东厂、西厂、内厂等特务机构，残酷镇压文武功臣，加强对知识分子思想禁锢。厂卫特务对朝臣与知识分子的迫害贯穿了整个明朝历史。朱元璋设立锦衣卫，几兴大狱，先后制造了左丞相胡惟庸与大将蓝玉“谋反”案。经过近 14 年“胡蓝之狱”的两次大清洗，开国功臣被杀得寥寥无几。同时，朱元璋废除了有 1000 多年历史的丞相制度和有 700 多年历史的中书、门下、尚书三省制度，直接统辖吏、户、礼、兵、刑、工六部，将军政大权揽于一身，控制了一切生杀大权。“洪武废相”后，明朝遂形成绝对君主独裁的局面，自秦汉以来的封建专制主义中央集权发展到一个登峰造极的阶段。

与政治上的独裁专制相适应，朱元璋大刀阔斧地推行一系列强硬的文化统一政策，将理学奉为整个社会的指导思想，程朱理学成为官方统治思想，“存天理，灭人欲”所体现的超现实的道德追求和泯灭人性欲望的观念也成为统治文化领域和社会生活的正统文化观念。

通过“靖难之役”夺取皇位的明成祖朱棣，是一位手段强硬、统治残暴，却有政治理想与治国才能的皇帝。他上台后大肆屠戮建文旧臣，方孝孺被“诛十族”，景清被执行“瓜蔓抄”，数万人惨死于朱棣的屠刀之下。通过血腥镇压，朱棣稳定了政权，更通过设立东厂、削藩等一系列措施，使明朝成为高度中央集权的封建专制国家。明成祖“在位 22 年，以他的雄才大略使明王朝进入了鼎盛时期”[①]。他设立内阁，经营边疆，下安南，征漠北，派遣郑和七下西洋，使四方宾服；同时，延揽文士，盛世修典，编纂《永乐大典》，兴建并迁都北京，疏浚大运河。经永乐大帝的励精图治，至明宣宗的近百年间，明朝国力日益强盛。

为削弱诸王权力，朱棣设立内阁，使之无实权而办实事，进一步巩固了独裁集权的统治。内政统一于中央后，明朝的外交也进入盛期，永乐帝遣使四出，规模最大、影响最深远的对外交往是郑和下西洋。这是中国与亚非国家友好关系史上的佳话。自永乐三年（1405 年）至宣德八年（1433 年），郑和在 28 年间先后七下西洋，出使南洋和印度洋一带的国家和地区。郑和下西洋是世界航海史上空前的壮举，比西方地理大发现时期的哥伦布、麦哲伦、达·伽马等人的航海早半个世纪。郑和下西洋，传播了中华文化，也将西方与南亚的文化带回中国。

明朝也十分重视基础设施的建设。中国自古重视驿站建设。从秦朝大规模兴建驰道和驿站开始，历朝历代都非常重视这项工作。朱元璋称帝后 22 天，即下令整顿和恢复全国的驿站，大力发展边疆邮驿和交通事业。朱元璋在东北、北部和西北边疆地区都开辟驿道，设置驿站。明初在东起鸭绿江、西至嘉峪关的 8000 多里边境线上设立 9 个军事重镇，称为“九边”。在这些地区均设立驿所，加强联系。这些举措加强了中央和边疆地区的联系。明成祖登基后，在黑龙江和乌苏里江流域也设立 45

① 晁中辰：《明成祖传》，人民出版社，2004 年版，第 440 页。

处驿站，还加强了西藏驿站的建设，保障中央政令的畅通。朝廷还在东南沿海一带设立对外交往的驿站，并为驿站建立整套管理制度，严惩违规使用驿站设施营私的行为。此后又经万历年间张居正的改革，驿站制度得到了实行。同时，民间借助官方建设的驿路便捷的交通条件，自发组织了“民信局”，开展民间通信等。

明成祖朱棣因迁都北京，还对北京城进行了大规模营建。整个北京城的建筑布局，是以一条贯穿南北的中轴线为基准左右对称展开，堪称中国古代建筑工艺的精品。随后，明成祖于永乐十九年（1421年）将中央政府正式迁往北京。自此以后，北京便一直是中国的首都，全国政治、经济、文化的中心。明成祖迁都北京，有力控制了北方蒙古势力的发展，巩固了明朝的边防。明成祖的文治武功皆超出其他明朝帝王，是明朝最有作为的一位皇帝。气势浩大的朱棣统治期间，史称“永乐盛世”。

仁宗、宣宗延续了“永乐盛世”的太平，史称“仁宣之治”。明英宗时“三杨”杨士奇、杨荣、杨溥主持政局，“海内清平，万邦朝圣”。1449年发生“土木堡之变”，英宗之弟果断任用于谦击败瓦剌，取得北京保卫战胜利。后又经历景泰、天顺两朝的经营恢复，国力有所回升，到孝宗时期再次大治。此时政治清明，民生安康，对外复立哈密等卫，重新确立对西域的羁绊和控制，史称“弘治中兴”。正德时期，宦官专权，成为威胁王朝统治的一大毒瘤，吏治日益腐败，明朝开始出现中衰。刘瑾的“八虎”掌握着东厂、西厂、内厂、锦衣卫等特务机构，四处派出鹰犬，大规模捕杀朝廷重臣，明朝进入历史上又一个黑暗的时期。嘉靖初期重推新政，国力一度有所恢复，但嘉靖末年，严嵩专权，加紧迫害朝中贤良大臣，君臣矛盾加剧，倭寇鞑靼齐侵，国力再次出现中衰。名将戚继光抗倭，威震东南沿海。隆庆、万历年间，社会经济在经历了一个较长时期的休养生息后再现繁荣，手工业与商业发展迅速。尤其是万历年间，内阁首辅张居正改革，整顿吏治，整饬边防，推行“一条鞭法”，经济繁荣，社会稳定，国力增强，是为“万历中兴”。但万历十五年（1587年）却是一个分水岭。此时，张居正已死，内阁首辅由申时行担任，国家已经是千疮百孔，明朝由盛转衰已成定局。天启时，阉党魏忠贤执政，利用厂卫特务机构，不断陷害、诬杀正直大臣，多用酷刑，使明代的特务活动猖獗不止，达至顶峰。一大批东林党进步人士，如邹元标、杨涟、左光斗、周顺昌等遭受酷刑后被残忍杀害。明朝政治进入中国历史最黑暗的时期，国势日颓。

对于明代政治的败坏，历史学家吕思勉认为原因有二，“一是用刑的残酷，二是宦官的专权”[①]。“明代自中叶以后，出了三个昏君。其一是武宗的荒淫；其二是世宗的昏聩；其三是神宗的怠荒。明事遂陷于不可收拾之局。”[②] 其中，正德（武宗）宠刘

① 吕思勉：《中国通史》，中国画报出版社，2012年版，第455页。

② 同上书，第456页。

谨，嘉靖（世宗）宠严嵩，而嘉靖与万历（神宗）均20年不理朝政，不见大臣，荒芜国政。黄仁宇在《万历十五年》中认为，万历十五年（即1587年），这看似平平淡淡的一年，恰恰是明朝由盛转衰的分水岭。自此，经过历年的外忧内患，明朝终于无法恢复元气了。

张居正死后，万历皇帝有20年不理朝政，致使中枢瘫痪、党争不已、国库拮据、边务松弛，尤其促成了辽东努尔哈赤后金势力的趁机崛起。阎崇年认为："在明亡清兴的历史上，明朝为辽东边事错杀了两个人：一个是努尔哈赤的父亲塔克世，另一个是蓟辽督师袁崇焕。从而引发出一连串的历史事变：前者，努尔哈赤含恨起兵，成为明亡清兴的历史关节点；后者，朱由检自毁长城，加速了明朝的灭亡。"[①] 在内外交困之际，统治者仍然不思进取，耽于游乐，使国势江河日下。

万历末年发生的"梃击"、"红丸"与"移宫"三案，透露了明朝君臣关系的紧张与朝廷政治的腐败。朱常洛在"梃击案"后登上帝位，仅29天就因"红丸案"而暴毙，其子朱由校经过"移宫案"风波，为群臣拥立继位。此时，以努尔哈赤为首的后金势力在东北崛起，而李自成、张献忠的农民起义也兴起于陕西，均对明朝构成了威胁。正是国难当头、内忧外患的时期，明熹宗却不务正业，整天只知制作木器，将国家大事抛诸脑后，成了名副其实的"木匠皇帝"。同时，他重用宦官魏忠贤，使阉党专权达至顶峰，东林党等朝廷重臣被大批妄杀，从而加速了明朝衰亡的历史进程。史学家柳诒徵认为："朱明之亡，亡于李闯及满清，此尽人皆知也。然李闯及满清所以能亡明者，实由于明室朝野上下之腐败。"[②]

崇祯即位后，大力铲除阉党，六下罪己诏，奋发图强。但经过阉党污秽执政，他"虽有志于振作，而已无能为力了"[③]。1644年，李自成领导起义军攻破北京，崇祯在景山自缢身亡，明朝灭亡。

在中国思想史上，明代是十分重要的一段。尤其明中叶时宋明理学发生了重大转折，总的趋势是从程朱理学走向陆王心学，在哲学上则是从理本论走向心本论，经历了由理学、心学到实学的发展历程，形成了三个具有鲜明特点的阶段。

明初，朱元璋与朱棣采取了白色恐怖的高压政策，程朱理学成为官方统治思想，中国历史文化进入一个沉暮时期。在学术上，宋濂、方孝孺、曹端、薛瑄等成为坚守儒家理学思想的代表人物。这些理学家"崇朱"，但又各有侧重，在明初遂形成多个学术流派，主要有薛瑄的河东学派、吴与弼的崇仁学派和陈献章的白沙学派。而自吴与弼、陈献章始，则开始了对理学的质疑，最有名的是陈献章的"白沙之学"。陈献章承袭"以心为舍"的传统，高度重视"心"的作用，肯定人的主观能动性，提倡思想解放，实开明代心学之先河，在宋明理学的发展史上具有重要地位。陈献

① 阎崇年：《明亡清兴六十年》，中华书局，2006年版，第1页。
② 柳诒徵：《中国文化史》（下册），东方出版社，2008年版，第644页。
③ 吕思勉：《中国通史》，中国画报出版社，2012年版，第457页。

章的学术思想成为从宋代程朱理学向明代王阳明心学转变的过渡环节。

至明代中叶的弘治、正德年间，被后世誉为“三不朽”圣人的一代大儒王阳明，成为自陈献章以后心学的集大成者。自王阳明始，明代哲学进入上承理学、但又对理学有着重要革新与突破的心学新阶段。王阳明的学术以“致良知”、“知行合一”为特色，提出“心外无理”，试图通过儒家内部的学术思想重建，即构建心学的学术体系，来挽救陷于危机的世道人心。王阳明远承孟子，近接陆九渊，又深受前辈学者陈献章、湛若水“白沙之学”的影响，在经过贵州龙场悟道之后，终于建立了以“良知”为本体、以“致良知”为方法、以“知行合一”为特色的心学理论体系。黄梨洲说:“有明之学，至白沙始入精微，至阳明而后大。两先生之学，最为相近。”①

明朝中后期是程朱理学走向没落和心学逐渐兴起的时期。此时理学衰落却仍占据正统地位，阳明心学只是为了应对儒学内部的矛盾、挽救明王朝的危机而出现的，仍有不少庙堂士大夫空谈性理、言行不符、缺乏振作精神。在这种情况下，以恢复儒家经世致用思想传统的实学思潮出现，在明清之际的思想界产生了重大影响。这就是以罗钦顺和王廷相为代表的思想家对心学空疏清谈的质疑与批判，他们提倡“知行兼举”的认识论，强调“行”的重要性。晚明以降，以东林书院为核心的东林学派崛起，将晚明实学思潮推向高潮。东林学人聚集四方学者，讽议朝政，反对空谈心性，倡导经世致用，是与嘉靖、万历以来江南经济的繁荣与市民意识的觉醒相关联的，反映了江南工商业阶层的要求。东林学派从济世报国、治国平天下的良好愿望出发，强调实事、实功、躬行，在以“内圣”为人格楷模的同时，更注重对社会有用的“外王”作为，直接干预朝政，与晚明阉党做坚决斗争，对明末清初顾亭林、黄梨洲、王船山等人倡导“经世致用”、“音必证实、言必切理”、“天下兴亡，匹夫有责”的重实践、重实证的学风以很大的影响。随着实学思潮的勃兴，又随着西方传教士涌入中国，西学东渐，中西方文化逐渐融合，出现了科学技术的曙光，崇实致用的精神的倡导，唤起了科学家们对自然科学的探索与实践，使晚明的科学技术得到迅猛的发展，涌现出李时珍的《本草纲目》、徐光启的《农政全书》、宋应星的《天工开物》、徐弘祖的《徐霞客游记》等一批科学著作，在医药学、地理学、农学等领域取得杰出成就。

第二节　封建集权制度背景下科举制度鼎盛时期的新特点

创始于隋朝、完善于唐朝的科举制度，历来是统治者选拔统治人才、扩大执政基础、钳制知识精英思想的有效工具。科举制度发展到明朝，适应明朝封建集权制度的要求，发生了重大变化，形成了新的鲜明特点。刘海峰、李兵先生的《中国科

① 黄宗羲:《明儒学案》(上册)，中华书局，1985年版，第79页。

举史》指出:“明代在借鉴前朝科举的基础上，订立了号称‘永制’的科举考试程序，将八股文作为一种固定的考试文体，并在南北分卷制度基础上，形成分区域配额取士的格局。明代还将学校纳入科举体系，使‘科举必由学校’(《明史》卷69,《选举志》)，学校成为储才以应科目之地，使人才培养和选拔完全联系起来。”“明代的改革进一步完善了科举制度，使其高度定型化、程序化，使其完全成取士之正途，科举制在明代达到鼎盛阶段。”[①] 这是符合历史事实的。

明代初年，人才选拔制度几经反复。朱明政权建立之后，面对战争留下的一系列问题和社会治理的紧迫需求，通过荐举获得人才自然而然成为开国皇帝朱元璋的必然选择。在争夺天下的长期战争中，朱元璋认识到“举贤任才，立国之本”[②]，把人才当作建立和稳定统治的要务。建国之前称吴王时，即将荐贤提到重要日程。建国初的洪武元年(1368年)，朱元璋下令，“征天下贤才至京，授以守令”[③]。为了尽快得到足够多的治理人才，朱元璋不仅要求地方选荐人才，还经常派中央官员分赴各地访求人才。这种方法确实可以解人才匮乏的一时之急，但仍然不是解决问题的根本办法。

事实上，朱元璋对开科取士一事是有明确认识、长期思考和准备的。吴元年(1367年)三月，他就下令设文武科取士，并要求取士要讲求实效，不追求虚浮的文辞。但他又认为，开科取士须有一个准备阶段，因而于洪武二年(1369年)要求所有郡县一级的行政建置都要建立学校，用来培养人才。经过三年的准备，朱元璋于洪武三年(1370年)五月下诏实行科举制度。诏书中说：自洪武三年八月始，“特设科举，以取怀才报德之士，务在经明行修，博古通今，文质得中，名实相符。其中选者，朕将亲策于廷，观其学识，品其高下，而任之以官，果有才学出众者，待以显擢”，并强调“使中外文武，皆由科举而选，非科举，勿得与官”[④]。随诏书还颁行了科举考试的条格，规定了考试内容、日期以及录取的数额分配等等事宜。值得注意的是，朱元璋在诏书中明确规定，允许高丽、安南、占城诸国士子参与本国考试，然后贡赴明朝京城参加会试。这既是对唐代“宾贡”制度的继承，也是对于元朝歧视性的科举取士政策的反拨。而且在实践中，洪武四年(1371年)的廷试中确有高丽人金涛中三甲之选，授予安丘县丞之职。尽管金涛因语言不通被准予回国，但是也说明明代的科举制度对于藩属国臣民是比较开放的。洪武三年开始乡试，洪武四年殿试取士120名，标志着明代科举制度的正式开始。

一种制度的确立，总是要经过较长时间的磨合，其间也会出现一些反复。明代

---

① 刘海峰、李兵:《中国科举史》，东方出版中心，2004年版，272页。

② [清]夏燮:《明通鉴》(卷一)，中华书局，1959年版，第169页。

③ [清]张廷玉等:《明史》，中华书局，2000年版，第1143页。

④ [明]王世贞:《弇山堂别集》(卷81《科试考》1)，参见《明史纪事本末·补编·科举开设》//《历代纪事本末》(第二册)，中华书局，1997年版，第2521页。

科举制度的确立也是如此。自洪武三年开始实施科举制度以后，三年来的取士状况并不符合朱元璋的期待。他发现，通过这一制度选拔的人才年轻又饱读诗书，但是处理实际事务的能力不足。朱元璋大失所望。于是他在洪武六年（1373 年）二月下诏停止实行科举，恢复了荐举制。既然科举不能选拔治理人才，而治理各处仍然需要不断得到官吏的补充，因此还是得采用人才荐举制度。朱元璋再次采取荐举制度，一共实行了 10 余年，其间有效解决了人才紧缺的问题。但是随之而来的问题是，荐举并无客观标准，一些被荐举者既无行政经验，又无真正的德才表现，以致有人因失职被处死，有人徇私舞弊、杀人枉法。这使朱元璋认识到，荐举制度也不是解决求才取士的有效办法。经过反复比较，朱元璋认识到科举考试制度还是比荐举制度更为有效一些。洪武十五年（1382 年），朱元璋决定恢复科举制度。这之后，科举制度即成为明代取士的常制，成为有明一代官吏阶层最为重要的来源。在明代 260 余年中，科举制度不断完善，不断强化，形成了十分鲜明的特点。

一、储才应试

前面说过，朱元璋在即位前后即考虑开办科举考试，同时要求开办官学，鼓励民间人才努力学习，准备参加科举考试，要求官员子弟精通文义者入官学学习，以待科举。

洪武二年（1369 年），朱元璋正式下达诏令，要求各地方开办官学。这一诏令下达之后，各地相继开办府、州、县学。明代还规定了地方官学的生员数量和学官职数。每府设一名教授，每州设一名学正，每县设一名教谕，同时各级设有若干名训导。府学学生人数为 40 人，州学 30 人，县学 20 人。府的教授、州的学正、县的教谕属于政府主管官学的官员，训导则是实施具体教学事务的教师。这样就形成了从中央到地方的为科举“储才”的完整官学教育体系。

至于官学教学的内容，朱元璋洪武年间诏令天下学校生徒背诵《大诰》。《大诰》又称《御制大诰》，共 4 编，是朱元璋亲自写定的刑典，集中反映了朱元璋“治乱世用重典”的思想。当时要求家藏一册，还作为天下生徒必须背诵的功课。另发布大臣刘三吾删定的《孟子节文》，至永乐年间制定《四书大全》、《五经大全》、《性理大全》，即成为各级学校的主要教材。并规定删去了《孟子》85 条，“科举不以取士，学校不以命题”[①]。从乡试的考试内容也可看出当时官学的教学内容。最早的乡试规定第一场考经义二题，《四书》义一题；第二场为论（偏重理论分析，如史论）一题；第三场策（偏重应对实务）一题。到了洪武十七年（1384 年）改为：乡试八月初九日为第一场，考四书义三题，每题 200 字以上；经义四题，每题 300 字以上；未能者允许各减一题。考试的依据指定为程朱理学。社会和学校知识边界经皇权划定后，

① 葛兆光：《中国思想史》（下），复旦大学出版社，2009 年版，第 291 页。

使天下学童一进入学校就被纳入了儒家伦理学说的框架，也成为读书人未来安身立命之本。

进入各级官学学习，均需要进行考试。这种考试统称为“童试”，又称“童生试”，即为拟入各级官学学习的“童生”举办的入学资格考试，实际上也是科举的预备性考试。就是说，只有通过官方学校培育的人，才有资格参加未来的科举考试。未参加县级“童试”或参试未取得入学资格者称童生或者儒童。童生的来源，大多为民间自办的基础性教育机构，比如社学、私塾等。[①] 这表明，明代的基础性教育，主要还是由民间自发兴办的。

“童试”其实是官学教育阶段一系列考试的统称，包括县试、府试、岁试、科试四个阶段的考试，也就是通过层层考试选拔人才的选拔性考试。由县知事主持的称为县试；县试中选，则可参加知府主持的考试，称为府试；府试中选者参加岁试，岁试由省级管理学政事务的提学官主持，考中者称为“生员”，俗称为“秀才”、“相公”。岁试对于诸生成绩分六等评定，一二等给予奖励，三等如常，四等就要挞责，五等降等，六等必须黜革，即取消官学就读资格。

取得生员身份，其社会地位随之发生变化，享有一定的政治经济特权，如见了县官可以不下跪，普通人见秀才必须称“老爷”，官府不能对其随意用刑，按规定可以免除一定赋税等等，其社会地位比之一般人要高出许多，标志着进入了士绅阶层。

参加岁试获得生员身份后，还要通过科试。科试是获得参加乡试资格的考试，仍然由省级提学官主持。每逢三年“大比”之前，提学官组织生员参加科试，科试合格，就有资格参加乡试，由此便迈上了科举考试的漫漫长途。

在官学内部也有一系列考试，有月考、季考等。季考成绩按高下优劣排名张榜公布，以为激励。除此之外，季考优异者还可以得到学正的物质奖励。

明代对于官学诸生学习期间的待遇是比较优厚的。这里不再细说。

由此可见，明代官学十分重视教育质量，对于入学生员的管理是非常严格的。官学有一整套完善严格的激励奖惩制度，有效地保障了人才养育的质量，也激励了士子的学习热情。

二、三级考试

所谓三级考试，指的是正式进入科举程序之后的三级考试，即乡试、会试、殿试。

乡试又称为乡闱、大比。因为考试时间正值秋天，又称秋闱、秋试、秋贡、秋赋、秋榜、桂榜等，是经过科试获得资格的生员参加的省级科举考试。洪武十七

① 陈青之:《中国教育史》，东方出版社，2008 年版，第 310 页。

年（1384年），朱元璋颁布“科举成式”，规定乡试的考试时间是固定的，每届子、午、卯、酉年的八月即乡试时间；乡试分三场进行，每隔三天一场考试；考试内容是儒家四书五经，依据是四书五经及官方指定的程朱注疏，后是钦定的《四书五经大全》。

乡试合格录取者称为“举人”，俗称“孝廉”。乡试第一名称为“解元”，第二名之后，又有“经魁”、“亚魁”、“文魁”等不同的尊称。① 举人的录取名额，国初及其以后各代有所变更，一般的情况是初始时较少，但随着需要时有增减。据学者研究，明代的举人录取名额约占参加乡试生员总数的4%。②

得中举人，就获得了正式的科名和出仕任官的资格。即使会试不中，也可由吏部铨选而担任低级官员职务。考中举人还可以使自己在地方的社会地位获得较大提升，可谓声势显赫、威风八面。秀才见知县称“拜见”，而举人可以与知县老爷平起平坐，称为“会见”。举人即使犯罪，也得先申报学官革去功名后才能按平民治罪。经济上的变化也是很大的。总之，考中举人是士人人生道路上的一大转折，由此即有望踏上荣华富贵之途。

会试是由朝廷礼部主持的全国性考试。考试地点在京城礼部贡院，因此又称为礼闱。会试的时间是在乡试的第二年，即丑、辰、未、戌年的春天，一般为二月中旬，因此又被称为春闱、春试，所发布的录取榜也被称为杏榜、春榜等。会试内容同于乡试。会试的参加者不限于当期举人，历届会试的落第者均可参加。个别年间有不允许往届落第举人参试的规定。会试中试者为“贡士”，成为未来的进士，获得参加殿试的资格。会试落第者多担任学官，还可入国子监学习，也可返籍进学。

殿试是由皇帝亲自主持的考试，所谓“天子亲策于廷”，因此又称廷试。参加殿试者即是会试的合格者。廷试与会试时间相隔不久，一般于三月十五日举行。殿试内容为作时务策一篇，考试时间为一整天，文章形式不用八股文。殿试的读卷官和其他考务官员都由中央政府级别较高的官员担任，是很严肃的。但是殿试不黜落会试中选者，实际上是皇帝直接通过答卷考察应试者处理政务的能力，发现人才，评定等甲次第，为任用获取直接依据。殿试考毕，分三甲发榜。一甲三名，为状元、榜眼、探花，赐进士及第，称为三鼎甲；二甲若干名，赐进士出身，其第一名称为传胪；三甲若干名，赐同进士出身。一二三甲都称进士。因是“天子亲策”，所以称为“天子门生”。殿试取为进士者也称甲科、甲榜，中举并考中进士者称为两榜出身，十分荣耀，也为今后的仕途发展铺平了道路。一甲三人立即授官，其后的仕途前程辉煌，不少能官至宰辅；二三甲进士则参加翰林院的庶吉士考试，中选者入翰

① ［明］朱舜水：《朱舜水集（卷十）·答元原光国问十一条》，中华书局，1981年版。
② 刘海峰、李兵：《中国科举史》，东方出版中心，2004年版，第287页。

林院学习，一般三年学成。之后亦予授官，且升迁较其他进士快，能以较短时间进入中央政权中担任重要职务，如礼部尚书、侍郎等职。尤其是南北礼部尚书、吏部右侍郎等职务，更是非翰林出身的不予任用。据明史记载统计，明代172名辅相中，出身于翰林者占了十分之九。翰林院被视为国家储备人才的地方，出身于翰林院的进士们受到重视是很自然的。即使是二甲、三甲进士未曾考入翰林院的人，一般也授予五至七品的官职。总之，通过科举进入进士行列，其前程就有了保障，由此形成了官员升迁“进士独重”的选官格局。

三、八股取士

八股即八股文，是明代至清代科举考试官方确定的举业文体，又称制艺、时文、时艺、八比文等。从结构形式来看，八股文是一种排偶性质的文章体裁。顾炎武在《日知录》中指出：“经义之文，流俗谓之八股，盖始于成化以后。股者，对偶之名也。”他举例解释说，“成化十三年会试，‘乐天者保天下’文，起讲先提三句，即讲‘乐天’，四股，中间过接四句，复讲‘保天下’，四股，复收四句，再作大结。……每四股之中，一反一正，一虚一实，一浅一深。其两扇立格，则每扇之中，各有四股，其次第之法，亦复如之。古今人相传，谓之八股”。顾炎武还介绍了八股文写作方法中的破题、承题、原起、大结等固定做法。[①] 明清科举考试的题目来自官方指定或者钦定的四书五经，所以也称为四书文、五经文。

八股文的渊源其来有自。按照顾炎武的讲法，八股文远承唐宋之赋体和策论。王夫之认为八股文起源于王安石。刘海峰、李兵《中国科举史》以王安石曾写过六篇经义文的示范之作，来进一步证明王安石与八股文的关系。[②] 当然，王安石所撰文章，还未如明代八股文要求严格，可以说是八股文的滥觞吧。

按照今人研究，八股文的写作必须遵循严格的规范要求，按破题、承题、起讲、入手、起股、中股、后股、束股等八个部分进行写作。要求极其严格，不能缺少。字数方面也有规定，四书文不少于二三百字，五经文不少于三五百字。

八股文的写作既需要熟悉四书五经，又须遵守严格的程序，但是一旦得中，前程和利益的诱惑又极其巨大，这就诱使天下士人皓首穷经、寻章摘句、老死场屋。由此，循规蹈矩，不敢越雷池一步，禁锢人的思想，泯灭创新、探索、奋发精神就是必然的了。

四、贡院考试

贡院是科举考试的固定场所，是科举制度的象征。普遍设立始于南宋，其后布局渐渐定型。元代开始分设“席房”考试，目的是防止举子相互串通。至明清时代，

---

① 顾炎武：《日知录》（卷十六），上海古籍出版社，2012年版，第652–653页。

② 刘海峰、李兵：《中国科举史》，东方出版中心，2004年版，第305页。

全国各省会普遍设立贡院，各州府县均设有试舍和考棚，其性质和作用与贡院是一致的。现在在南京夫子庙还可见到贡院的规制，在广东龙川县的佗城镇可见到遗存的考棚。

明代贡院的规制有统一规定，但在规模上则因为各地考生数量而存在差异。据刘海峰、李兵《中国科举史》说，贡院号舍少的有三四千间，多的达一万六七千余间。到清朝末年，顺天府贡院甚至发展到有号舍 20 644 间。[①]

贡院考试，对于考生的管理极其严格。为防止考生作弊，入闱（也就是进场点名）时要进行搜检。清代担任过学政、主持过乡试的李调元，记录了明末 20 年间 7 次参加科考的制义大家艾南英描述的“搜检”状况：“每诸生一名，搜检军二名。上穷发际，下肢膝踵，倮腹赤踝至漏数箭而后毕，虽壮者无不齿震悚栗。大都寒冱不知为体肤所在。……遇天暑酷烈，……诸生十佰为群，拥立尘坌中，法既不敢扇，又衣大布厚衣。比至就席，数百人夹坐，蒸熏腥杂，汗流浃背，勺浆不入口。”[②]此时的考生，犹如乞丐、囚徒，可谓苦不堪言。三场考试中还有诸多苛酷的监督，如果再遇上一些小官吏蓄意刁难，以致一些考生受不了巨大的心理压力而放弃举业，甚至死在贡院之中。但是总的说来，严格的监督管理措施较有效地防止了科举考试中的作弊行为，在相当程度上保证了科举考试的公正公平。

贡院考试，目的是保障科举考试的公正性、公平性。贡院里设有一座“至公堂”，以此彰显“至公”。以各种严格的制度和规范来防范考生的作弊行为是保障“至公”的一个方面；另一个方面则是需要保证各级科举官员阅卷和录取结果的“至公”。明清两代，对此也有一整套逐步完善的制度设计。

明代科举考试由主考官主持进行，还有同考官、监试官、提调官、供给官、弥封官、誊录官、对读官、搜检怀挟官、受卷官等。主考官和同考官为内帘官；其余为外帘官。职司分明，各有所司。后来由于主考官多是教官担任，品级较低，其录取权常被外帘官侵夺，明成化年间严令外帘官不得侵夺主考官权力，也就是不得干预主考官的评定和录取权。此后多次重申这一禁令，明确帘内和帘外的职责，禁止帘外干涉帘内录取事务。到正德三年（1508 年），内阁大学士充任会试主考官成为定制。乡试也由出身于科举的京官担任。嘉靖七年（1528 年）规定，各省的考试都派两名京官或进士主考。主考官品级的提升，有利于防止外帘对于录取的干预，也有利于提高科举考试的品质。

为防止同籍官员录取时徇私舞弊，又规定南方人不能担任南方省的主考官。对于同考官的人数和职责，也有明确规定。阅卷中还有一套保证公平阅卷的制度，比如三场考试分别由不同的阅卷官审阅、复阅制度，中试举人试卷解京查阅、复卷、

① 刘海峰、李兵：《中国科举史》，东方出版中心，2004 年版，第 323 页。

② ［清］李调元：《制义科琐记 · 艾千子自叙》//刘海峰、李兵：《中国科举史》，东方出版中心，2004 年版，第 325 页。

复试等等，形成了对阅卷官的有力监督，是防止阅卷舞弊的举措，也是保障公正的措施。

五、南北中分卷录取

明代科举，乡试按照定额录取，会试录取没有定额。南北中分卷录取制度的形成也经历了一个较长的过程。朱元璋洪武三十年（1397年）二月会试，主考官由翰林学士、湖南茶陵人刘三吾充任，知贡举由王府纪善白信蹈充任。该科录取宋琮等52人，全都是南方士子。殿试又以福建闽县人陈安为状元、江西吉安人尹昌隆为榜眼，第三名探花是会稽人。这引起了北方士子的不满，指责刘三吾是南方人，偏向南方人，因而录取不公。这引起朱元璋的重视，下令侍读张信等12人重新阅卷。复查结果，张信等人认为刘三吾阅卷公正，建议维持原榜不变。北方举人仍然不服，上疏告张信等人与刘三吾勾结串通，沆瀣一气，欺君罔上，压制北方士人。朱元璋下令刑部严审考官，结果是主考官刘三吾充军，初试考官和复查的张信等人被杀。朱元璋亲自阅卷，录取了任伯安等61人，廷试中又以韩克忠为状元，所取进士全为北方人士。这就是当时著名的“南北榜”事件，又称为“春秋榜”事件。[①]

应该说，这次事件确是一场严酷的科场大案。按照今天学者的分析，或者可以说是一场冤案。但是从政治角度分析，朱元璋采取这样的措施有一定的必然性，是为了着意笼络北方知识分子。他认为北方长期在元朝统治之下，担心北方士子尚存故国之思，因而借考官们的人头和刘三吾的贬谪流放笼络北方士子，意在稳定北方。虽从政治目的出发可以纠正会试结果，但因此大杀考官，则显示出朱元璋阴骘嗜杀的残酷一面。

从文化层面考虑，采取南北均衡措施也有其合理性。当时南方的文化水平确实高于北方，如果完全按照既有科举规定取士，显然不利于笼络北方士子，也不能激励北方文化的发展。但是朱元璋未及采取制度性措施就去世了。直到明仁宗洪熙元年（1425年），仁宗采纳江西士人出身的大臣杨士奇的建议，谋划实行南北中分卷。宣德二年（1427年），杨士奇再次提出分卷建议，分卷制度开始落地。北卷指的是北直隶、山东、河南、山西、陕西士子的试卷；中卷是指四川、广西、云南、贵州及庐、凤二府，徐滁和三州；其余则属南卷。按《明史》的记载，当时南北中的录取比例分别为55%、35%和10%。南北分卷制度此后有所反复，但是时间不长，变化不大。这种制度考虑了各地文化发展的不平衡性，照顾了各地文化发展程度的差异，调动了文化相对落后区域文化发展的积极性，也有平衡各派政治势力、稳定政治大局的考虑，为清代以后分省分名额录取开了先河。应该说，南北中分卷录取的制度是有着积极的正面效应的。

① ［清］张廷玉等:《明史》，中华书局，2000年版，第2620页。

明代也开设武举。但总的来说，武举在整个明代地位不高，与文举相比影响极其有限。

综上所述，明代自朱元璋开始设立科举，制定制度，其后代有完善，形成了一整套完善的人才选拔制度，最终成为明清两代统治者所恪守的“永制”。科举制度的设立，既有钳制士人思想的用心，也是选拔适应统治者国家治理人才需求的制度安排，同时也确实保障了官僚队伍的补充，选拔了一批又一批治理人才，扩大了统治基础，有利于王朝的统治。但是一种制度的长期实施必然带来一些弊端。严格的八股取士，其文章所依据的就是几部儒家经典和朱熹等人的注疏，加上永乐之后钦定的《五经大全》、《四书大全》、《性理大全》，因此越来越僵化死板，以致流弊丛生，扼杀思想火花，泯灭创新意识，使本为培养选拔人才的制度逐步走向固化思想、扼杀人才的反面，其有害性甚至被提到了危及江山社稷的高度。

第三节 明朝文学与书画艺术

一、明朝文学

文学思潮是社会思潮在创作中的反映。与哲学思潮的嬗变相适应，明朝的文学思潮与创作也经历了曲折发展阶段。明初是正宗道统文学一统天下、独霸文坛的局面，突出的代表是宋濂与“三杨”台阁体文风的形成，宗经、载道成为明前期主要的文学思潮。明朝中期，即成化到隆庆（1465—1572 年）的百年，是“明代文学从前期的衰落状态中恢复生机、逐渐走向高潮的时期”[①]，文学发展的特征是松动与裂变。以李东阳为首的“茶陵诗派”兴起，力图扭转台阁体的僵死颓风；此后便是“前七子”与“吴中四子”的崛起。弘治年间，以李梦阳、何景明、王九思、康海等为首的“前七子”，以年轻的新科进士与状元的身份，提出“文必秦汉，诗必盛唐”的口号，亮出“复古”旗号，对台阁体萎靡不振的颓败文风进行了无情的抨击。在苏州这一经济繁荣地区，以唐寅、祝允明、文徵明、徐祯卿等为代表的吴中派作家崛起，追求自适与狂欢，崇尚个人真性情的写作，开启了明后期师心尚俗的文学新潮。

嘉靖年后，唐顺之、王慎中、归有光、茅坤等人高擎“唐宋派”古文创作大旗，主张放弃“文必秦汉”，走向崇尚唐宋古文。十年后，以李攀龙、王世贞等人组成的“后七子”，掀起了明代文坛的第二次复古运动。其中尤以嘉靖年间文坛领袖王元美独领风骚，主盟文坛达 20 年之久。嘉靖后期，由于受阳明心学之影响，徐渭对“后七子”的复古主张进行了严厉的批评，由此揭开了晚明文学的序幕。

从万历到明末（1573—1644 年）是明代文学的后期，即晚明文学时期。明代后期，东南沿海一带商品经济繁荣，市民阶层崛起。在“王学左派”思想的影响下，

① 章培恒、骆玉明:《中国文学史》（下册），复旦大学出版社，1996 年版，第 203 页。

晚明出现了一股强劲的人文主义思潮，以徐渭、李贽、汤显祖、袁宏道等为代表的一批文学家，无论是“独抒性灵”的“公安派”，还是钟惺与谭元春代表的“竟陵派”，均高扬人性、人情、人欲之大旗，创作了一批呼唤人性、讴歌人情的文学作品。“主情”成为明代后期文学创作的一个总体特征。天启、崇祯年间，张溥、张采、陈子龙、夏完淳等为代表的复社、几社文人，将家国情怀与个人创作结合起来，其作品充满骨气与理想追求，成为晚明文学最后一缕耀眼的霞光。而张岱等人的晚明小品，作为一种形制短小的随笔、散文，也很注重“性灵”，偏于闲适逸趣，对后世中国近现代的散文，如周作人、林语堂、梁实秋的散文有很大影响。

在世俗化社会思潮的引领下，雅、俗两种文化交融并存，也成为明代文学的一大特征。[①] 以说唱文学、小说、戏曲等为代表的俗文学在宋元时期崛起后，到明代逐渐发展成为声势浩大的文学创作潮流，并成为标志性的“一代之文学”。尤其是明代中叶以后，随着商品经济的发展与市民阶层的壮大，以及世俗化社会思潮的涌现所导致的雅俗两种文化的融合，明朝文坛迎来了以小说与戏曲为代表的市民文学的繁荣，形成历史小说、神魔小说、世情小说、公案小说等长篇小说创作热潮，涌现出以《三国演义》、《水浒传》、《西游记》、《金瓶梅》等为代表的一批长篇小说，以“三言”、“二拍”为代表的“拟话本”短篇小说创作也取得丰收，形成正统的雅文学与非正统的俗文学多元并存、互补发展的文学格局。文人士大夫纷纷从事传奇与小说创作，中国文学的发展进入戏曲与小说共领风骚的新时代。万历后，李卓吾、袁宏道、汤显祖、冯梦龙等为俗文学大声疾呼，李贽更将《西厢记》、《水浒传》与杜诗、《史记》相提并论，大大改变了人们视小说、戏曲为“末技”、“小道”的传统歧视与偏见，提高了小说与戏曲的社会地位。

有明一代，中国戏曲文学的发展进入了以传奇为主的新时代。原属民间的宋元南戏发展到明代，大量文人雅士参与创作，其剧本被称为传奇。文人参与传奇创作以及大量适合市民口味的长篇章回体小说与拟话本小说走红市场，表明雅俗两种美学观念在明代文学中的融合。而传奇创作的繁荣，则标志着中国戏曲文学在继元代杂剧之后，迎来了第二个高峰。盛兴于明代前中期的昆山腔、余姚腔、海盐腔、弋阳腔等南方“四大声腔”，纷纷上演传奇剧本。尤其是嘉靖年后，经由音乐理论家魏良辅的改革，由昆山腔发展而成、最能代表文人趣味的昆曲艺术，在戏曲舞台上渐渐压倒其他三种声腔，在剧本创作、歌唱音乐与舞台表演等方面取得长足的发展，从士大夫的江南园林传播到全国各地，并于万历年间进入北京宫廷，在自明代嘉靖后期至清代乾隆中后期的200多年里，成为中国的国剧与国乐，被称为“百戏之师”、“百戏之祖”，对后世的中国戏曲、声乐、舞台表演艺术等产生了重要的影响。

---

① 郭英德:《中国古代文学通论》(明代卷)，辽宁人民出版社，2004年版，第2页。

明代的戏曲文学创作以传奇为主，也有杂剧。其中成就最高的当属汤显祖的“临川四梦”，又称“玉茗堂四梦”，包括《紫钗记》、《牡丹亭》、《南柯记》、《邯郸记》等四部作品。其中，《牡丹亭》最为著名。作品高举“人情”大旗，以“情”反抗程朱理学之“理”，上承《西厢》，下启《红楼》，成为人文主义文学的里程碑。在世界文学史上，《牡丹亭》堪与莎士比亚剧作相媲美，实为中西戏剧史上相互映照的双璧。

明代是书画艺术发展的重要时期。关于明代书画艺术的情况，张维青、高毅清有如此评说：“明代书画艺术的总格局，表现为积极变革但进步缓慢，流派纷争且理论活跃，宫廷疲软而民间强大，门类齐全但发展失衡，名家较少且杰作不多的状态。”①

二、明代书法

明代统治277年，历代皇帝都很喜欢书法。明成祖朱棣曾诏求四方善书之士，充实宫廷，缮写诏令文书等。明仁宗、宣宗也爱好书法，尤喜摹写《兰亭集序》。明神宗自幼工书，时常欣赏王献之的《鸭头丸帖》、虞世南临写的《乐毅传》和米芾书写的《文赋》。流风所及，重视书法、重视帖学成为明代风气。朝野士大夫皆喜欢姿态雅丽的楷书，赵孟頫的书风格调备受推崇，影响深远。但明代书坛创新不足，特色日趋弱化。

皇帝的喜爱既成时风，导致法帖翻刻十分活跃。最为著名的如翻刻《淳化阁帖》、《泉州帖》等。明当代人也传刻一批法帖，如董其昌刻的《戏鸿堂帖》、文徵明刻的《停云馆帖》、华夏《真赏斋帖》、陈眉公刻苏东坡书《晚香堂帖》等，其中《真赏斋帖》可谓明代法帖的代表。无锡收藏家、太学生华夏（字中甫）将其“真赏斋”中收藏的魏晋法帖，请著名书法家文徵明、文彭父子钩摹，由名刻手章简甫刻石，刻石后墨拓成帖。文徵明的《停云馆帖》选择晋至明历代名家墨宝刻印，是集历代书帖之大成的巨著。

帖学盛行之风影响整个明代书体，以行楷居多，其他书体几至绝迹。楷书风格以纤巧秀丽为美。永乐、正统年间，杨士奇、杨荣和杨溥先后入直翰林院和文渊阁，他们书写制诰碑版，形成所谓“台阁”书体。士子竞相摹习，迎合朝廷喜尚，但导致书风拘谨，缺乏艺术情趣，个人风格更无从谈起了。

纵观明代近300年间，书法方面继承多于创新。比较有影响的书家有由元入明的危素，以及生于明代的董其昌、文徵明、祝允明、唐寅、王宠、张瑞图、宋克等。

危素（1303—1372年），字太朴，号云林，金溪（今江西抚州）人，元末明初历史学家、文学家，官翰林学士、参知政事。危素博学，善古文词，是著名的历史

---

① 张维青、高毅清：《中国文化史》（第四册），山东人民出版社，2002年版，第256页。

学家。他精于书法，其书写的片纸只字，人们都爱珍藏，是元明之际颇具代表性的书法家。

文徵明（1470—1559 年），原名璧，字徵明。42 岁起以字行，更字征仲。因先世为衡山人，故号衡山居士，世称“文衡山”，曾官翰林院待诏，明苏州长洲（今江苏苏州）人。《明史·文苑传》中有传。文徵明诗文书画俱善。诗以白居易、苏轼为宗。《明史》说他“学文于吴宽，学书于李应祯，学画于沈周”[①]，而这些人既是名家，也是文徵明父亲文林的朋友。在书法上，他既受吴宽的影响写苏体，又受岳父李应祯的影响多取宋元笔法。小楷师法晋唐，力趋健劲。明人谢肇淛认为，小楷“至本朝文徵仲先生始极意结构，疏密匀称，位置适宜。如八面观音，色相俱足。于书苑中亦盖代之一人也”[②]。他的大字有黄庭坚笔意，与祝允明、王宠并重当时。

祝允明（1460—1526 年），字希哲，号枝山，明苏州长洲（今江苏苏州）人。他的楷书早年精谨，师法赵孟頫、褚遂良，并从欧阳询、虞世南而上溯“二王”（王羲之、王献之）。其草书功力深厚，晚年尤重变化，风骨烂漫。《太湖诗卷》、《箜篌引》和《赤壁赋》等是其得意之作，行笔流利洒脱，奔放豪纵。他以狂草书写的苏轼的前、后《赤壁赋》现藏于上海博物馆，是其晚年杰作。

文徵明、祝允明的好友唐寅亦善书，但为其画名所掩。比之于文、祝，唐的风格与骨力稍弱。

董其昌（1555—1636 年），字玄宰，号香光，松江华亭（今上海松江）人。他出生在“二沈”（沈度、沈粲）的家乡，自幼受到书法艺术的熏陶。他的书法转益多师，初学自颜真卿、虞世南，上及晋魏《黄庭经》、钟繇、王羲之，融汇诸家之长而自成一体。《明史·文苑传》称他“始以米芾为宗。后自成一家，名闻外国。……尺素短札，流布人间，争购宝之。……人拟之米芾、赵孟頫云”[③]。董其昌也作草书，为世人所称道。

三、明代绘画

明代画坛，可以画派繁多、画理发达、题材广泛、画风多变、市场勃兴来描述。

明朝既然以儒治国，皇帝喜欢书画自是必然，“明初在画院未正式成立之先，已在武英殿文渊阁设立待诏，又在仁智殿设置画工”，“朱氏建国的初年，即设了翰林图画院”，在宫廷中聚集了一批画家，在授职时则“分别授予锦衣指挥、锦衣镇抚、锦衣卫千户、锦衣卫百户”。[④] 傅抱石在书中列举的画工有蒋子成、郭纯、上官伯达、范暹、边文进、谢环、倪端、商喜、李在、周文进、顾应文、戴进、吴伟、林良、

---

① ［清］张廷玉等：《明史》，中华书局，2000 年版，第 4921 页。
② ［明］谢肇淛：《五杂组·卷七》，上海书店出版社，2009 年版，第 128 页。
③ ［清］张廷玉等：《明史》，中华书局，2000 年版，第 4944 页。
④ 傅抱石：《中国绘画变迁史纲》，上海古籍出版社，1998 年版，第 66–67 页。

林郊、吕纪、王谔、朱瑞、曾和等人。锦衣卫本是明朝的一个特务机构，对画家授予此职，实有不伦不类之感。明朝皇帝对画家控制十分严格，皇帝往往随意嘉奖或者处罚画家。明太祖朱元璋时，画家赵源因应对失旨“坐法”；周位曾受朱元璋赞誉，后因同行攻讦“被谗就死”；沈希远、陈撝等为皇帝画像使皇帝满意而得到奖赏；明孝宗曾授予画家吴伟“画状元”之称；等等。[①] 无论奖惩，取决于皇帝喜好。严苛的创作环境使画家们如履薄冰，其创作不仅要为皇家歌功颂德，还必须迎合皇帝的爱好。明初对南宋院画体李刘马夏“严整苍劲”的风格较为偏爱，“因而被元四家竭力反对的南宋山水画，又被反拨过来成为明代画院标准画法”[②]。同时，画院中又有戴进为代表、吴伟继起的浙派存在。但到了永乐年间，永乐皇帝贬斥元四大家“枯淡荒寒”的风格[③]，加上画院内部矛盾重重，不同风格的画家相互攻击陷害，社会也贬斥南宋院体风格，画院的影响急剧衰落，到嘉靖时就寂没无闻了。对此现象，傅抱石解释原因有三，“1. 画院众工自相排斥。2. 在野的人，多尚南派，诋院体若野狐禅。3. 四境多事，帝王的寿命发生动摇，何暇及此”[④]。傅抱石的说法可以参考。

明代绘画在艺术流派方面，涌现出众多以师承和风格相区别、以地区为纽带的绘画流派。前者主要有师承南宋院体风格的宫廷绘画，以戴进为旗帜的浙派以及号称“江夏派”实为继承发展戴进风格的吴伟，继承发展文人画传统的吴门派和松江派等两大流派，还有融合院体与文人画技法、居于南京地区的金陵画派。后者除苏松地区外，晚明时期还出现了不少地区性的山水画派，如浙江钱塘有蓝瑛所创的武林派，安徽芜湖有萧云从所创的姑熟派，浙江嘉兴项元汴、项圣谟所创的嘉兴派，江苏武进邹子麟、恽向所创的武进派等。这些派别虽名目繁多，关系复杂，但多受吴门派和董其昌影响，均属于文人画的系统。

明代绘画的发展大致可分为早中晚三个时期。早期绘画以宫廷画的院体颇具势力，但社会影响不大。曾在画院任职又被排挤出画院、被称为浙派的戴进、吴伟此期成就最高。浙派活动于宣德至正德年间，因创始人戴进为浙江人，故有浙派之称。继起者吴伟为湖北江夏（今武汉）人，画史亦称他为江夏派，实属浙派支流。戴、吴二人都曾进过宫廷，画风亦源自南宋院体，故浙派与宫廷院画有密切的关系。戴进、吴伟二人风格相近但又有所区别。戴进变南宋的浑厚沉郁为健拔劲锐之体，但仍不失谨严精微；吴伟以简括奔放、气势磅礴见胜。戴进、吴伟的追随者有张路、蒋嵩、汪肇、李著、张乾等人。其中李著学吴伟笔法，称江夏一派。

自正德（1506—1521 年）前后至万历（1573—1620 年）年间，为明代绘画的

---

① 傅抱石：《中国绘画变迁史纲》，上海古籍出版社，1998 年版，第 67 页。

② 张维青、高毅清：《中国文化史》（第 4 册），山东人民出版社，2002 年版，第 258 页。

③ ［明］郎瑛：《七修类稿》卷二十一“辨证类”《马夏画》：“太宗尝言：夏珪、马远之画，乃残山剩水，宋偏安之物。”《七修类稿》，文化艺术出版社，1998 年版，第 257 页。

④ 傅抱石：《中国绘画变迁史纲》，上海古籍出版社，1998 年版，第 69 页。

中期，代表性流派是在苏州地区崛起的，以沈周、文徵明为代表的吴门派，主要继承宋元文人画的传统，逐渐成为画坛主流。

苏州是明代的纺织工业和消费中心，江南富庶的大都市。经济的发达促进了文化的繁荣。苏州人文荟萃，名家辈出，文人名士经常雅集宴饮，诗文唱和，也以画自娱，相互推重。他们继承和发展了元人绘画传统，崇尚笔墨意趣和“士气”、“逸格”。这个流派以沈周、文徵明、唐寅、仇英最负盛名，史称“吴门四家”。吴门四家杰出的艺术成就影响巨大，从者甚众。苏州还有一些画家，虽未归于吴门画派，亦各有建树。著名的有王履、周臣、郭诩、史忠、杜堇等人。

吴门派发展到明末，因循守旧，其地位被另辟蹊径、重倡文人画的董其昌及其流派所取代。董其昌是明代最负盛名的画家、书法家、鉴赏家和书画理论家，对后世产生极其重要的影响。其绘画理论中最为重要、争议极大的是他的“画分南北宗”的观点和对于文人画发展脉络的梳理。董其昌所在的松江（华亭）地区还有一批被称为“松江派”的画家。他们是莫是龙、陈继儒、沈士充、赵左等。他们借董其昌的影响，逐步取代了吴门画派的地位。

后期绘画约自万历至崇祯（1628—1644年）年间，绘画领域出现新的转机。徐渭以花鸟画的大写意画法，成为水墨写意花鸟画变革的一代大家，画史称为青藤画派。徐渭画风影响深远，清代的朱耷、石涛、扬州八怪、海派以及现代的齐白石等均受其惠。以张宏为代表的苏州画家在文人山水画方面另辟蹊径，创作富有生活气息。他们继承吴门画派风格，又回归自然，师自然造化，在画作中体现超凡脱俗的精神境界，使山水画展现了灵动的力量。

晚明著名的人物画家有号称“南陈北崔”的陈洪绶和崔子忠，还有曾鲸、丁云鹏等。他们的人物画各具风采，影响深远。陈洪绶的画具有很强的装饰性。他还为不少书籍画插图，对中国版画的发展做出了贡献。

明代的画论著述比前代丰富，画史、画论、书画丛书辑录、题跋、笔记很多。书画史传类有韩昂《图绘宝鉴续编》、朱谋垔《画史会要》、姜绍书《无声诗史》等。书画创作与鉴赏专著有王世贞《艺苑卮言》、莫是龙《画说》、屠隆《画笺》、唐志契《绘事微言》、顾凝远《画引》等。属于品评类的，有李开先的《中麓画品》、王穉登的《吴郡丹青志》等。属于绘画丛辑的则有王世贞《画苑》、詹景凤《画苑补益》等。属于著录类的，有都穆《寓意编》、张丑《清河书画舫》、汪砢玉《珊瑚网》、郁逢庆《郁氏书画题跋记》等。此外，明人笔记中也有大量关于书画研究、赏鉴和著录的材料，如周晖《金陵琐事》、何良俊《四友斋丛说》、叶盛《水东日记》、谢肇淛《五杂俎》等等，值得重视。还有王履、沈周、文徵明、唐寅、李日华、陈洪绶等人的诗文、题跋、笔记中有关画论的部分，见解尤为精辟。

在绘画的画种、题材方面，明初传统的人物画、山水画、花鸟画盛行，而明中叶后，属于南宗的文人画及墨戏画的梅、兰、竹及杂画等也相当发达，民间创作的卷轴画，包括风俗画、历史故事、神像画、水陆画、年画、版画等，以及许多不知名的民间画工所绘制的肖像画，还有为书籍所作的插画，都流传下来。

书画市场的兴起是明代一个十分重要的文化现象。其原因大致有三：一是城市发展和繁荣推动了市民阶层的形成，产生了较大的书画消费群体；二是经济的发展促进了资本主义商业的出现，商人们既具有较为雄厚的财力，也有着附庸风雅以自高的心理需求；三是书画市场的书画资源具有较为广泛的来源，大批民间画家对于书画市场有所依赖。这些情况导致明代书画市场十分活跃，同时书画作伪现象也普遍出现，成为书画市场繁荣的伴生现象一直延续至今。

第四节　郑和下西洋与明朝的对外关系

郑和下西洋是明朝乃至整个古代中国对外交往史上的一件大事。郑和（1371—1435 年），回族，本姓马，名马和，字三保，云南昆阳（今云南昆明）人。本出生于元朝官宦之家，洪武十三年（1381 年）明军平定云南时被掳至南京，成为太监进入宫廷。后随朱棣起兵靖难，多建奇功，“赐姓郑”，时称三保太监。郑和家族原是信奉伊斯兰教的，但到了 1403 年，郑和在明成祖朱棣的心腹和最为重要的谋士道衍（即姚广孝）引荐下，受菩萨戒，成为一名佛家弟子。因姚广孝推荐，郑和成为庞大舰队下西洋的统帅，开始了他七下西洋的辉煌历程。

郑和下西洋，从永乐三年（1405 年）开始，一直到宣德八年（1433 年），历时 28 年。第一次是永乐三年至永乐五年（1405—1407 年）；第二次是永乐五年至永乐七年（1407—1409 年）；第三次是永乐七年至永乐九年（1409—1411 年）；第四次是永乐十一年至永乐十三年（1413—1415 年）；第五次是永乐十五年至永乐十七年（1417—1419）；第六次是永乐十九年至永乐二十年（1421—1422 年）；第七次是宣德五年冬至宣德八年（1431—1433 年）。航程所至，遍及东南亚诸多国家和重要岛屿，越过印度洋，到达波斯湾和阿拉伯半岛，最远处到达非洲东岸的红河口，在非洲的索马里、肯尼亚等国留下了足迹。航程总计超过 7 万海里，历经 30 余个国家和地区。郑和在经过之处刻石纪事，这些石碑至今在印度的古里和斯里兰卡等处仍可见到。

郑和下西洋的原因有多种说法，其中以寻找建文帝下落一说尤有影响。据说当时燕王朱棣发动“靖难之役”，攻陷南京后未找到建文帝下落，怀疑建文帝远逃海外，因而派郑和下西洋寻找建文帝以彻底根除隐患。这当然也有可能，但是今天的学者们倾向于认为，郑和下西洋主要是为了宣扬国威，执行的是和平友好外交政策。

明朝自立国之始，就确定了和平外交路线。朱元璋在洪武二年（1369 年）把与各国友好相处确立为国策，又列出中国周边 15 个国家定为“不征之国”。朱棣登基后，更年号为永乐，提出“四夷顺，则中国宁”、“内安诸夏，外抚四夷，一视同仁，咸期生遂”，要求“君主天下，施恩布德”。[①] 在这个和平友好国策的大背景下，郑和七下西洋的目的就更加清晰、更加彰显了。

从郑和下西洋的实际行为，也可以看出其使命的和平交流性质。郑和舰队在整个下西洋的航程之中，绝无征讨杀伐，有的只是自卫性质的武力使用。比如在旧港，华裔海盗陈祖义谋劫船队被擒，押归后伏诛；在锡兰山，国王亚烈苦奈尔发兵劫船，被郑和活捉并带回北京，朱棣将之释放回国。郑和船队所到之处，首先向其国王或者头人宣读皇帝诏书、说明意图，赏赐大量器物，随后开展贸易活动，并派遣小分队深入边远区域去交易。在印度古里，完全按照当地习惯进行交易，货物定价以击掌方式进行，议定之后再无反悔。

郑和七下西洋，传播中国文化，在当时所到之处的影响是巨大的。这些国家和地区均先后派遣使团到中国朝贡。据不完全统计，在永乐、宣德年间，共有 60 多国遣使前来朝贡和访问，其中包括 20 余位国王。第六次返归后，东南亚、南亚和东非沿线 16 国于永乐二十一年（1423 年）同时派遣朝贡使团，总人数达到 1200 余人。这在世界古代史上是十分罕见的。[②] 而且，来华朝贡、学习中国文化和制度礼仪的国王中，还有几位在中国去世，受到明朝政府的厚葬，如古麻剌朗国王斡剌义亦敦奔葬在福州，浡泥国王麻那惹加乃留葬于南京，苏录国王葬在山东德州。

郑和船队所开展的友好贸易活动主要是实物交换，因此他的船队总是满载来往。据张传玺主编的《简明中国古代史》介绍，郑和船队所载的主要是中国的手工业品和特产，如丝绸、瓷器、铁器、铜钱等等，而交换的主要是珍珠、珊瑚、宝石、香料以及麒麟、狮子、鸵鸟等等。[③] 祖发尔（今阿拉伯半岛南岸的阿曼）国王还派人向国民告示，以乳香、苏合油等物品来交换中国的丝绸和瓷器。

郑和下西洋船队规模极大，前所未有。根据记载，第一次下西洋时，船队由大型宝船 62 艘组成，官兵 27 800 余人；第三次下西洋时，船队由 48 艘宝船组成，官兵 27 000 余人；第四次和第七次下西洋时，船队均有船 61 艘，官兵 27 500 余人。此外还有战船和马船、粮船、坐船等后勤补给船只随行。这是近百年之后西方探险家哥伦布、麦哲伦、达·伽马所率领的小型船队绝对无法相比的。

郑和下西洋是 15 世纪世界历史上的一件重大事件，是一系列和平友好的外交活动，促进了不同地区人民之间的友好交往和文化的传播交流。郑和船队通过赏赐、贸易和赠与方式给予当地大量的钱币，实际上也是输出了明代的金融制度，这一制度促进了当地商业、手工业、农业的发展，其影响延续了几个世纪；大量瓷器、丝绸作为中华文化物质载体的赐予、交易、馈赠，对于中华文明的传播具有十分重要

---

① 丹增：“郑和与海上丝绸之路”，《光明日报》第 13 版，2016 年 6 月 3 日。

② 同上。

③ 张传玺：《简明中国古代史》，北京大学出版社，2013 年版，第 430 页。

的作用，其影响是深远的，不容低估的。[①]郑和还默许士卒与当地女子通婚、永久留居，为其后移居的中国人创造了条件，促进了中国对东南亚、南洋和非洲的移民。据研究，到16世纪，东南亚华侨人数达到了十万多。因此可以说，郑和下西洋是在广袤的太平洋、印度洋、阿拉伯海上架起的一座文化交流和传播的彩虹之桥。

郑和和平外交对于所到地区的贡献，受到当地国和人民的赞扬和怀念。徐作生在《郑和宝船扬帆世界》一书中说，“至今在南洋及阿拉伯沿岸许多国家，仍然可以寻觅到郑和当年的遗迹和遗物；如在今天的索马里，有‘中国村’或‘郑和屯’；又如在印度尼西亚的爪哇岛，有三宝垄、三保港、三保井、三保墩、三宝公庙；在印度尼西亚苏门答腊岛上也有三宝庙；在马来西亚的马六甲有三宝山、三宝城、三宝井；在泰国，有三宝港、三宝庙、三宝宫、三宝禅寺、三宝寺塔；在菲律宾，则有三宝颜市本头公陵墓、祠堂及庙宇，在被婆罗洲，有中国河、中国寡妇峰等”。[②]

郑和下西洋也开拓了中国人的视野。随同郑和的马欢所著《瀛涯胜览》、费信所著《星槎胜览》、巩珍所著《西洋番国志》，都记载了经历各国的地理方位、风土人情等情况，丰富了既有的地理知识，在那时的中国人面前打开了认识世界的窗口。郑和下西洋所绘制的《自宝船厂开船从龙江关出水直抵外国诸番图》(简称《郑和航海图》)，至今仍然具有重要价值。

在人类航海史和地理发现史上，郑和下西洋更具有非凡的意义。郑和下西洋是西方地理大发现之前发生的世界地理探索的超大规模的实践运动。郑和下西洋始于1405年，比哥伦布1492年发现美洲早87年，比达·伽马1498年到达印度早93年，比麦哲伦1521年到达菲律宾早116年。应该说，郑和下西洋是人类组织的超大规模探索世界地理的首创之举。2002年，英国学者加文·孟席斯在《1421年：中国发现美洲》一书中，认为美洲是1421年郑和船队发现的，比哥伦布于1492年发现美洲的传统说法早了70年。这一观点在学界引起了轰动。当然，孟席斯的看法尚需继续研究，但它给今后的郑和研究开拓了新的空间。

郑和下西洋既展示了国家的实力，宣扬了明朝和平外交的思想理念，也展示了明朝的科学组织能力和高超的航海科学技术。那时的中国是有能力走向世界的，可惜永乐皇帝朱棣去世后，继任者缺乏他那种远见卓识和巨大的魄力，再加上当时国力较为空虚，又有倭寇势力的侵扰，此前朝气蓬勃的大明王朝采取了闭关政策，使中华民族丧失了一次走向世界的重大机遇。

明代对外关系中还有几件大事，分别是倭寇之患、援朝抗日、西方殖民者的入侵。这里重点讲一下西方殖民者的入侵。

---

① 丹增：“郑和与海上丝绸之路”，《光明日报》第13版，2016年6月3日。

② 徐作生：《郑和宝船扬帆世界》，中华书局、上海古籍出版社，2010年版，第3页。

十五六世纪，西欧资本主义处于萌芽和较快的发展时期，葡萄牙、荷兰、西班牙等海上大国的商人依凭资本主义上升时期旺盛的冒险精神和发达的航海技术，不断觊觎传说中繁荣富饶的东方各国。他们相继经印度果阿、马六甲等地，在东方站住了脚跟，然后渐次以各种借口和方式，获得在中国沿海岛屿居住的权利，再以此为基地，不断向中国内地侵入，成为西方殖民者入侵中国之始。

最先来到中国的是葡萄牙殖民者。葡萄牙当时被称为佛郎机，是欧洲最早崛起的海上大国。据柳诒徵《中国文化史》转引《东邦近世史》载，满剌加（马六甲王朝）被葡萄牙殖民者占领5年后（即1516年），葡萄牙人拉斐尔·佩雷斯特雷洛（Rafael Perestrello）乘篷船至中国，这被视为葡萄牙来中国的第一人。第二年葡萄牙殖民者费尔诺比列斯率葡萄牙船只4艘、马来船4艘来到广东，占据了广东屯门岛（今广东深圳市南山区南头半岛附近），大修堡垒，杀人越货，无恶不作，于正德十六年（1521年）被明军逐出。但是葡萄牙殖民者不甘失败，于嘉靖三十二年（1553年）采取欺骗和贿赂的手段，得到了明海道副使汪柏的同意，进入澳门岛。此后葡萄牙人来中国者逐年增多，从最初的搭棚栖息到筑室居住，聚众至万余人。后来又建教堂、修炮台，以澳门为基地从事走私活动，获得巨大利益。

荷兰人在中国的殖民活动主要体现为对台湾的占据。17世纪初，随着葡萄牙、西班牙逐渐衰落，荷兰人开始崛起，掌握了海上霸权，开始沿着葡萄牙人开辟的东方路线向东方殖民。他们对中国垂涎已久，终于在万历二十九年（1601年）首次闯入广东沿海一带。天启二年（1622年）占据澎湖，天启四年（1624年）被明军逐出，败退台湾南部，明军未追击歼灭，致使荷兰人得以长期占据台湾南部。此后，西班牙人占据台湾北部。从此，荷兰殖民者和西班牙殖民者在台湾岛虎视眈眈。明崇祯十五年（1642年），西班牙人终被荷兰人击败，退出台湾，从此开始了荷兰人独据台湾的时期，迄至郑成功入台，荷兰人对台湾的殖民统治方才宣告结束。

第五节　传教士来华与西学东渐

马可·波罗来华，于1275年到达元朝大都（今北京），游历中国17年，自称成为元朝官员。马可·波罗回国后，出版了《马可·波罗游记》，记述了他在东方最富有的国家——中国的游历见闻。尽管人们对马可·波罗在华游历的经历有些疑问，但《马可·波罗游记》中对于神秘东方大国的富裕、繁华、文明礼仪以及风土人情的动人描述，激起了欧洲人对东方古国的热烈向往，对以后新航路的开辟产生了巨大的影响，也激发了西方传教士来中国传教的巨大热情。

西学东渐是发生于晚明时期的重大历史事件。晚明之季，中国的“东林清流”倡导实学思潮的同时，西方也进行并完成了文艺复兴、地理大发现和宗教改革，科技发展非常迅速。来源于西方的宗教观念、科学技术、知识体系对于中国人的传统世界观和知识体系、思想体系产生了前所未有的巨大冲击。西学东渐，与传教士东方传教这一宗教历史事实紧密联系。西方科学技术知识传入中国，也绕不开利玛窦神父这一历史人物。

利玛窦，本名 Matteo Ricci，意大利人，1552 年出生于意大利的玛切拉塔，利玛窦是按照中国人习惯取的中文名字。其父名若翰・科齐，是一位药剂师，还担任过教皇国的市长和省长，在当地是一位很有声望的人物。按照这位父亲的安排，利玛窦的人生道路将和他一样进入仕途，当省长市长。因此他将 16 岁的利玛窦送到罗马学习法律。但是从小就受母亲影响而信奉天主教的利玛窦则希望献身宗教，把传教作为自己的终身事业。他尤其崇敬方济各・沙勿略神父远东传教的壮举及其体现的献身精神。

方济各・沙勿略是西班牙人，耶稣会 6 位创会会士之一，被耶稣会称为"历史上最伟大的传教士"，是传教士的"主保"。他克服各种艰难险阻，用十年时间，步行传教，先后到达印度、斯里兰卡、马来西亚、新加坡和日本等国家传教。他最后的希望是来中国传教，并于明嘉靖三十一年（1552 年）登上中国广东沿海一个叫作上川岛的地方（今属广东江门），除了在岛上传教之外，未能进入中国内地一步，最后死在上川岛上。方济各・沙勿略拟在中国的传教活动是失败了，但是他不畏艰难困苦、献身宗教事业的精神却深深感染了青年利玛窦。利玛窦通过方济各・沙勿略发回欧洲教会的系列信件，感受到了在遥远东方传教的乐趣远远超过背诵枯燥无味的法律条文，他从小立下的献身宗教事业的心愿使他违背了父亲的心愿，毅然决然地加入了耶稣会，罗马耶稣会新会员讲习所代理主持范礼安神父接纳了他。从此，利玛窦就转入耶稣会创办的罗马学院学习神学和哲学。按照余三乐先生的介绍，"罗马学院的哲学课程其实包括了当时最为先进的科学，其中包括欧几里得几何学、应用数学、天文学原理、音乐理论、透视学和测量法等等。当时有的教材已经吸收了最新的科学成果，如地理学已经对西班牙、葡萄牙探险家新发现的大陆岛屿作了叙述，并在地图上予以标注"[①]。利玛窦在罗马学院潜心研读期间，深受老师克拉委奥教授的影响。这是一位很有影响的数学家和天文学家，与著名科学家开普勒和伽利略有着很深的友谊和交往，他本人著有《几何学纲要》、《天文学教程》等重要著作，还是格里高利历书的主要责任人。前沿的科学技术知识、著名的学府、名师的指导，尤其是自身刻苦的钻研精神，使利玛窦具备了丰富的知识学养，为他日后在中国传教和传播西方科学知识奠定了坚实基础。

1578 年 3 月 24 日，利玛窦和罗明坚等 14 名耶稣会士登上圣路易号航船，开始了东方传教之旅。1582 年 8 月到达澳门。在澳门学习中文一年，具备在中国内地传教最基本的语言能力后，一个偶然的机会，罗明坚、利玛窦等人到达了当时两广总

① 余三乐:《徐光启与利玛窦》，中华书局、上海古籍出版社，2010 年版，第 10–11 页。

督的驻地——肇庆。按照利玛窦的老师、当时耶稣会远东教务巡察使范礼安制定的传教策略，他们向地方官员表明，之所以来到中国，完全是因为“慕中华帝国之名”，没有其他目的。他们表示不会增加本地负担，只用本国人的捐款来维持生活。在以这套说辞掩盖传教的真实目的、赢得肇庆知府王泮信任之后，他们在肇庆城东面购得一块土地，建起了住房，命名为“仙花寺”，院门悬挂牌匾曰“西来净土”。这些题辞均出自肇庆知府王泮之手，多了一层保护色彩。利玛窦在肇庆仙花寺居住了六年，在此期间认真学习汉语和中国典籍，三年后即可直接以汉语与任何中国人交谈交流。这为他今后的传教活动打下了极为坚实的语言文化基础。为了学习的方便，也便于西方传教人士对于汉语的掌握，利玛窦和罗明坚还编纂了一部中葡文对照的词典，这部词典成为第一部中外语文词典。

语言障碍突破后，利玛窦等人广泛与中国官员和学者交流、沟通，赢得了进一步的信任。他请这些新朋友们参观他从欧洲带来的新奇物品，比如《圣经》、自鸣钟、棱镜等等，观者莫不赞叹称奇。尤其是一幅世界地图，给当时的中国官员和文人带来了极大的心灵震撼。这是因为在中国传统的知识谱系和观念世界里，天圆地方，中国处于那块方地的中央，是一个巨大无比的中央帝国，而周边只是一些未经开化的蛮夷之地，即所谓东夷、南蛮、西戎、北狄，所谓外国则是散落在大海之中的一些小岛而已。但是在利玛窦的地图上，中国仅仅是亚洲的一部分，世界的另一端有南北美洲，在西边还有着数十个国家所在的欧洲。这幅地图展现了一个中国人完全未知的世界，打开了中国人的视野，也颠覆了中国传统的国家地理认知，从而颠覆了中国人的世界观，动摇了中华中央帝国根深蒂固的观念世界。

应肇庆知府王泮的要求，利玛窦将之翻译为中文地图，并特意在翻译时把欧洲地图中的子午线东移，把中国版图置于地图位置的中央。这是为了尊重中国人的心理习惯和自尊心而采取的妥协措施，也对降低中华士人对新地图的抗拒心理、加强传播效果起到了有益的作用。

在肇庆住了六年的利玛窦因为新任两广总督刘继文的干预，被允许移住韶州，亦即现在广东的韶关。韶关被称为粤北门户，地处南北东西交通干道，便于向内地发展。自万历十七年（1589 年）至万历二十三年（1595 年），利玛窦是在韶关度过的。此后又到南昌、南京等地活动。在江西南昌，利玛窦脱下教士服装，换上了儒生装束，以一位“西儒”的身份沿途拜会官员。此时利玛窦在肇庆绘制的地图经王泮刊印后分送官员，也引起一些官员的浓厚兴趣，如广东南雄同知王应麟、南京礼部尚书王弘诲、应天巡抚赵可怀等，赵可怀还将地图刊刻在苏州城外姑苏驿的一处石碑上。在南京，利玛窦又应南京吏部主事吴中明之请，重新修订了世界地图，名为《山海舆地图》，由吴中明出吏部公帑刊刻，使之广泛流布，利玛窦的大名也随之不胫而走。

明朝自朱棣迁都，北京成为全国的政治、经济、文化中心，利玛窦要实现自己的梦想，仅在作为留都的南京活动是不够的。因此，利玛窦总是在寻找进京面见皇帝的机会。万历二十八年十二月二十一日（1601年1月24日），利玛窦一行到达北京，向万历皇帝献上大小自鸣钟两座、《万国图志》、西洋琴等30余件贡品，并十分恭敬地奏本叙述来华经历，表达对于大明王朝的敬意和对于中华文明的仰慕，也表达了自己想定居北京、传播西洋天文地理数学知识的愿望。

利玛窦奉献的西洋器物显然引起了万历皇帝莫大的兴趣。尽管礼部官员予以反对，利玛窦还是得到在京居住的许可，在一些官员朋友的帮助下，兴建了住所和北京第一座天主教堂。朝廷还发给利玛窦等人俸禄，标志着明朝廷正式接纳了西方传教士。

利玛窦在北京向中国人传播西方科学技术知识，离不开徐光启。徐光启（1562—1633年），明松江上海人，万历三十二年（1604年）进士，入翰林院任庶吉士。在北京，徐光启与利玛窦为翻译西方科技著作共同奉献了心力。

徐光启与利玛窦在北京合作一共三年多。这是中西文化交流的伟大开端。利玛窦到中国带来了许多西方著作，但几次尝试翻译都不成功。原因是中西文字属于不同的语言系统，翻译起来难度很大。如果翻译者不能理解所翻译的内容，要成功翻译出来，是不可能的。所幸的是，徐光启是一位勤奋好学、勇于攻坚的学界精英，他说："一物不知，儒者之耻。今此一家已失传，为其学者皆暗中摸索也。既遇此书，又遇子不骄不吝，欲相指授，岂可畏劳玩日，当吾世而失之？"他还认为，"吾避难，难自长大，吾迎难，难自消微，必成之"①。于是，利玛窦和徐光启开始了对《几何原本》的翻译。之所以选择翻译《几何原本》，是因为欧几里得的这本著作代表了欧洲数学当时的最高水平，同时几何学也是一切科学的根基。利玛窦感到中国学者对于几何学并非全无所知，但是对于几何学原理尚未深研。徐光启也认为，"几何原本者，度数之宗"，"由显入微，从疑得信，盖不用为用，众用所基"，"当以百家之用"②。

利玛窦和徐光启合作翻译《几何原本》始于1606年秋天，方法是利口述，徐笔录，成文后又反复修改，三易其稿，终以一年时间完成了《几何原本》前6卷的翻译，于1608年在北京刊印出版。这可以说是中西文化交流的第一个成功作品，是西方科学知识系统进入中国的开端，也是包含众多中西人士智慧的破天荒之作，值得在中西文化交流史上写下浓墨重彩的一页。

利玛窦徐光启翻译所据《几何原本》是利玛窦老师克拉维奥神父修订本，共15卷。后面的几卷因为各种原因，如徐光启因父亲去世而离京守制，一去三年，而他于1610年12月15日回京之时，利玛窦已于半年前去世。因此，翻译《几何原本》

① 朱维铮主编：《利玛窦中文著译集》，复旦大学出版社，2001年版，第302页。
② ［明］徐光启：《几何原本序》// 徐宗泽：《明清间耶稣会士译著提要》，中华书局，1949年版，第22页。

未成全璧。虽然有些遗憾，但是，这部著作的影响是极其巨大的。他们当时确定的中文表达的几何学术语，如点、线、面、平面、曲线、曲面、直角、钝角、锐角、垂线、对角线、平行线、三角形、四边形、多边形、圆、圆心、相似、外切、几何等等，到今天仍在沿用。[①] 经由该书引进的数学证明的思路、方法，在中国数学界产生了广泛的影响。

《几何原本》的成功翻译出版，对于中西人士都是极大鼓舞。徐光启与利玛窦在《几何原本》完成后，旋即开始合译《测量法义》一书。徐光启离京守制后，利玛窦与李之藻于1608年合译《浑盖通宪图说》和《圜容较义》两部天文学著作，以及数学著作《同文算指》。利玛窦自己的著作《天主教传入中国史》也在这一时期开始写作。徐光启还用《几何原本》的方法，重新研究解释中国传统数学。他陆续著有《测量异同》、《勾股义》等著作。他的学生孙元化受到《几何原本》的启迪，连续写作出版了《几何体论》、《几何用法》、《泰西算要》等三部著作。清代以后，这类著作更多了。

由利马窦口述、徐光启笔录的《畸人十篇》，记录了利玛窦对徐光启和吏部尚书李载、礼部尚书冯琦、吏科都给事曹于忭、工部郎中李之藻以及吴中明、郭敦化、龚三益等人提出问题的回答。利玛窦按照天主教教义解释和回答了中国士人提出的包括生死在内的一系列问题，其中大量引用中国传统儒释道思想加以辩难，宣传了天主教理念，在当时的官员队伍和思想精英中间产生了广泛的影响，有力地推动了传教活动的开展。1610年5月17日，利玛窦在北京南堂病逝，葬于北京城西阜成门外2里处的滕公栅栏。这是北京第一处洋人墓葬。

利玛窦去世后，他和他的中外朋友们一起开创的中西文化交流事业在徐光启的带领下继续发展。徐光启与利玛窦的耶稣会同仁朋友们通力合作，继续开展西方科学著作的翻译工作。比如，与熊三拔合作翻译《泰西水法》、《简平仪说》诸书。《泰西水法》是一部介绍找水、取水、蓄水、灌溉、排水和水利工具制作图谱的著作，属于农业类著作，被收入后来的《四库全书》。《四库全书总目提要》介绍说："西洋之学，以测量步算为第一，而奇器又次之。奇器之中水法又切民用，视他器之徒矜工巧为耳目之玩者又殊，故讲水利者所必资也。"[②] 这部书的翻译出版，对于水旱灾害频仍、以农立国的明王朝提升农业生产水平意义重大。与此同时，熊三拔还在南堂亲手制造了一批水利机械，吸引了京城官员们的关注，不少人还学习制作方法，这些先进机械由此得到推广。

《简平仪说》属于天文学著作。简平仪是一种"专以观测太阳运行为对象的简化形式的平面仪"，"简平仪与浑盖通宪皆以平测浑者，而浑盖地盘随地更换，简平仪

① 余三乐：《徐光启与利玛窦》，中华书局、上海古籍出版社，2010年版，第42页。
② 《四库全书总目提要》，中华书局，1965年版，第853页。

则只需以地平线测之，尤为便捷”。[①]《简平仪说》和《浑盖通宪图说》的翻译出版，使西方天文学知识在中国得以流传，并逐渐深入地影响到朝廷历法的编修，影响到人们关于天的传统认识。对于徐光启而言，翻译这些著作，也是他涉足天文学的开端，为他后来主持历法改革奠定了基础。

始于利玛窦利用西洋科学知识修订历法的意愿，经由徐光启等人持续不懈几十年的努力，终于在清初顺治年间公布实施的《时宪历》，是晚明清初中西文化交流最为灿烂的成果。虽然利玛窦、徐光启等人未及见到这一成果，但是他们的努力和巨大贡献是不应该被忘记的。摄政王多尔衮在历书封面上题写了“依西洋新法”五个字，表明了对于西方科学的容纳态度。有清一代，汤若望、南怀仁等一代又一代传教士执掌清朝钦天监近 200 年，就是证明。

其实，除了利玛窦、郭居敬、庞迪我等著名学者之外，还有不少传教士在中国活动。据柳诒徵转引并改订过的日本人稻叶君山所著《清朝全史》记载[②]，当时在华传教士已达 65 人，其中不少还是由明入清的跨代人物。由于采取范礼安“文化适应”传教策略和利玛窦“科学传教”方略，即以介绍翻译西方科学著作为先导，以崇仰中华文化传统为外衣，以结交各级官吏和知识精英为中介，传教活动得以顺利开展。至明朝末年，信教华人已达数千人，其中有宗室 114 人、内官 40 人、显宦 4 人、贡士 10 人、举子 11 人、秀才 300 余人。到清初康熙年间，奉教人数已达到 10 余万人。西方传教士为中国带来 7000 余部各领域科学著作，翻译成书的共 338 部。[③]

第六节 明代科学技术的发展

文化在交流、碰撞中传播和相互影响，科学技术在交流磨合中加速发展进步。谈明朝科学技术的成就，离不开以利玛窦为代表的欧洲传教士们的贡献。著名科技史专家李约瑟在他的名著《中国科学技术史》中指出：“西方传教士对于中国有六点贡献：第一，欧洲预报日、月食的方法远比中国传统经验的方法要好；第二，传教士们带来了用几何分析法来解释行星运动的明确说明；第三，在日晷计时和星盘的体视投影方面，应用了欧几里得几何学；第四，介绍了地圆学说；第五，使 16 世纪新代数学能为中国人所利用；第六，带来了仪器制造、刻度、测微螺旋以及诸如此类的欧洲新技术。”[④]

利玛窦等人带来的科学知识不仅仅是天文学方面的。余三乐在谈到这一问题时，

① 钱熙祚：《简平仪说・跋》//潘鼐：《中国古天文仪器史（彩图本）》，山西教育出版社，2004年版，第239页。
② 柳诒徵：《中华文化史》（下），东方出版社，2008 年版，第 663–669 页。
③ 同上书，第 638、663–669 页。
④ ［英］李约瑟：《中国科学技术史》（第四卷第 2 分册），科学技术出版社，1978 年版，第 641–642 页。

认为“西学东渐”是一场文化启蒙运动。他指出：“这一文化启蒙运动对中国科学史（包括天文学、数学、地理学、地质学、测绘学、水利学、力学、物理学、光学、机械学、化学、造纸印刷术、人体科学、西医药学、动植物学等等）、艺术史（包括油画和雕塑、音乐包括乐器、乐理、乐曲、玻璃珐琅制造工艺等等）和人文学史（包括伦理学、哲学、语言学、心理学、逻辑学、当然还有宗教等等），都起到了里程碑式的重要作用，在有些学科门类上甚至起到了从无到有的开创性作用。可以毫不夸张地说，利玛窦堪称在历史上对中华文明贡献最大的外国人。同时，利玛窦等来华传教士又是将中国的政治制度、经济状况、科学技术、文学艺术和人文科学乃至宗教信仰等全方位介绍到欧洲的先驱。”① 也正因为此，利玛窦成为北京中华世纪坛浮雕群像中的两名外国人之一。当然文化科学知识的传播不可能是单方面的行为，接受方的态度与行动也具有关键作用。徐光启就是这样的关键人物。正是徐光启等明朝精英人物积极主动地“睁眼看世界”，秉持“欲求超胜，必须会通；会通之前，必须翻译”的十六字箴言，使来源于欧洲的新知在古老中华大地上扎根、开花、结果，最终影响了中华历史发展的进程。

与西方科学引进相互辉映的是实学思潮在明朝社会的风行。东林学派所倡导的重实践、重考察、重研究的学术精神，逐渐形成为一种实学风潮，从晚明开始，随着社会经济的发展，也催生了一批著名的本土科学家和优秀的科技著作。最为著名的除了融汇中西的徐光启、李之藻之外，还有李时珍的《本草纲目》、宋应星的《天工开物》、徐霞客的《徐霞客游记》等。这些著名人物与他们的著作一道，从不同角度显示了明代科学技术理论的新高度。

李时珍（1518—1593 年），字东璧，号濒湖，明湖广蕲州（今湖北蕲州）人。一生致力于整理我国医药文献。所著《本草纲目》全书 190 多万字，载药物 1892 种，收集医方 11 096 条，涉及内科、外科、儿科、妇科、五官科等，绘制药物形态图 1127 幅，是一部具有世界性影响的博物学著作。其对植物的科学分类，要比瑞典的分类学家林奈早 200 年，是对 16 世纪前中医药学的系统总结。《本草纲目》于 17 世纪开始传播至国外，如 1606 年传入日本，1647 年由波兰人弥格译成拉丁文流传欧洲，后来又有日、朝、法、德、英、俄等文字的翻译版本出现，被誉为“东方药物巨典”。著名生物学家达尔文对此书赞誉有加，称其为“中国古代百科全书”。

宋应星（1587—？年）字长庚，明江西奉新人。万历四十三年（1615 年）举人。所著《天工开物》被外国学者称为“中国 17 世纪的工艺百科全书”。该书上卷记载了谷物豆麻的栽培和加工方法，蚕丝棉苎的纺织和染色技术，以及制盐、制糖工艺；中卷包括砖瓦、陶瓷的制作，车船的建造，金属的铸锻，煤炭、石灰、硫黄、白矾的开采和烧制，以及榨油、造纸方法等；下卷记述金属矿物的开采和冶炼，兵器的

① 余三乐：《徐光启与利玛窦》，中华书局、上海古籍出版社，2010 年版，第 88–89 页。

制造，颜料、酒曲的生产，以及珠玉的采集加工等，描绘了130多项生产技术和工具的名称、形状、工序。其中关于制墨、制铜、养蚕、用竹造纸、冶锌、农艺加工等方法的介绍，都对西方产生了影响。

徐弘祖（1586—1641年），字振之，号霞客，明江阴人。幼年博览图经地志，见明末党争剧烈，不肯入仕，刻意远游。自22岁始，历时30年考察，足迹遍及16个省、地区，撰成260万字的《徐霞客游记》，开辟了观察自然、描述自然的地理学新方向。《徐霞客游记》既是系统考察中国地貌地质的地理名著，又是描绘华夏风景资源的旅游巨篇。他对湘、桂、黔、滇各地的山川河流、名山大川进行考察，对各地不同的石灰岩地貌和一百多个石灰岩洞做了详细的记载和研究，开拓了地理学研究的视野，开了石灰岩地貌研究的先河。徐霞客还以优美的文笔撰写了天台山、雁荡山、黄山、庐山等17篇游记，还有《浙游日记》、《楚游日记》、《粤西游日记》、《黔游日记》、《滇游日记》等考察笔记类著作，在地理学和文学上卓有成就。

明代的印刷事业也有大规模发展，这是由于科举制度的促进和学校事业发展的推动。明代以八股文取士，应考八股文需要范本学习借鉴，这就为一些商人提供了靠印制时文范本发财致富的门径，同时也推动了印刷技术的发展。在工程技术上，明代的筑城、造船、航海术等也有很大的发展。明代建设南京、北京、中都以及武当山道教建筑，都体现了相当高的设计和建筑工程水平。明长城是当时最宏伟的建筑，根据国家文物局和国家测绘局于2009年4月18日公布的数据，从最东边的鸭绿江畔辽宁虎山到最西边的祁连山东麓甘肃嘉峪关，明长城跨越10个省（自治区、直辖市），总长度达8851.8公里，其中人工墙体的长度为6259.96公里。在全世界范围来看，明长城也是人类建筑史上的一大奇迹。由于引进了西方技术，明朝的军事科技水平也有很大提升。最为突出的是徐光启、李之藻从澳门引进西洋大炮（又称“红夷大炮”、“红衣大炮”）运送东北战场，在对后金（后来的清朝）作战中取得大胜，努尔哈赤也因中炮不治死亡。“红夷大炮”的神威为崇祯帝所认可，几年后下令汤若望铸造，汤若望还写作了名为《则克录》的军事著作。清人由此了解了“红衣大炮”的威力。在统一全国后，为平定三藩之乱，传教士南怀仁也按照康熙皇帝的要求制造大炮，并出版了《神威图说》一书。

明朝的造船术代表了当时世界的最高水平。郑和下西洋所用的宝船是当时世界上最大的船只。据《明史·郑和传》记载，郑和航海宝船，最大的长44.4丈、宽18丈，折合现今长度为151.18米、宽61.6米，是当时世界上最大的海船。船共四层，船上9桅可挂12张帆，锚重有几千斤，要动用200人才能启航，一艘船可容纳数千人。《明史·兵志》也记载说，郑和“宝船高大如楼，底尖上阔，可容千人”，可见当时造船技术之发达。

古代中国航海技术自唐宋以来领先于世界。郑和下西洋必须以先进的航海技术为支撑。根据历史材料研究，郑和在整个航程中，使用天文航海技术、地文航海技术，还制作了海图作为航线的依据，很少发生意外事故。

明代瓷器生产技术也达到了前所未有的水平。中国是陶瓷的故乡，史前人类已经开始生产陶器，到东汉时期达到成熟阶段。隋唐五代时期是中国瓷器生产的一个十分重要的时期。那时隋唐国力已经达到世界顶峰，南方的青瓷、北方的白瓷以及遍布国内各地的各色釉瓷、花瓷、青花瓷、三彩陶等，既成为本国人民喜爱的艺术品，也成为大宗出口商品，通过著名的海上“陶瓷之路”，远销东南亚、中东、非洲等数十个国家和地区。宋代是瓷器生产的繁荣时期，瓷窑遍布南北各地，形成定窑、磁州窑、耀州窑、钧窑、景德镇与青白瓷窑、越窑、龙泉窑、建窑等八大窑系，汝窑、哥窑、官窑、钧窑、定窑等五大名窑，以及吉州窑等著名窑厂。产品质量进一步提升，外销数额进一步加大。与此同时，处于北方的辽、金、西夏所辖地域，也生产大量瓷器。

元代的瓷器工艺技术在我国瓷器生产史上占有独特地位。这主要是由于政府重视瓷器生产，采取了鼓励瓷器生产、重视瓷器工匠的一系列措施，促进了瓷器生产专业化水平的提高。元朝统一后，高度重视瓷器外贸，于至元十四年（1277 年）在泉州设市舶司后，又先后在庆元（今宁波）、上海、澉浦（今浙江海盐县澉浦镇）等地设立市舶司，管理包括瓷器出口在内的外贸事务。外贸大宗出口促进了瓷器生产的繁荣。因为两宋之际大量北方制瓷艺人南下，集中于景德镇地区，为该地成为中国制瓷业中心奠定了人才基础。又因为发现了一种新的被称为麻仓土的制瓷原材料，为元青花瓷的制作打下了物质基础。因此，元朝于至元十五年（1278 年），在远离政权中心的浮梁县景德镇设立了“浮梁瓷局”，管理制瓷事务。这些都为景德镇后来成为瓷都奠定了极其有利的条件。

元代瓷器的出口规模远超前代。据研究，元瓷出口除了前代已有贸易往来的国家、地区之外，第一次走进欧洲。欧洲人了解瓷器，应该是从马可·波罗在游记中介绍瓷器烧制工艺开始的。现存于爱尔兰的一件长颈玉壶春瓶，生产于 1300 年的景德镇，一般认为是马可·波罗带回欧洲的。

明代手工作坊生产规模不断扩大，进入了工场生产阶段。按照石云涛的说法，“日用瓷器的生产遍及江西、浙江、广东、广西、福建、山西、河南、河北、甘肃等省，磁州窑、龙泉窑仍有烧造，山西的法华器、福建德化白瓷是明代的特殊成就。福建、广东的外销瓷生产有着相当大的规模。江西景德镇成为全国制瓷业的中心，代表着明代瓷业的最高水平”[①]。景德镇成为中国的制瓷业中心，除人才聚集、规模巨大、自然资源丰富等条件之外，与元朝在此设御窑厂也有直接关系。御窑厂是皇家官方窑厂，对于制瓷技术和产品质量的要求很高。朝廷以御窑厂的产品满足宫廷需

① 石云涛：《中国陶瓷源流及域外传播》，商务印书馆，2015 年版，第 122 页。

要、赏赐有关人员，或者作为礼物馈赠友好交往国家。这反过来又刺激景德镇制瓷工艺的不断创新提升。

明代景德镇的制瓷产品，最为重要的还是青花瓷，且一直延续到清代。明初景德镇烧造青花瓷主要使用国产钴料。到永乐、宣德年间，青花瓷用料主要是进口的苏麻离青或者青泥勃青。苏麻离青是郑和下西洋带回来的，含锰较低，含铁较高，烧制成的瓷器呈蓝宝石般色泽，但也有黑色结晶斑点，是其不足之处。以后至成化、弘治、正德、嘉靖、隆庆、万历诸时期，景德镇制瓷因苏麻离青断绝，遂使用江西饶州乐平县的陂塘青（又称平等青），还有瑞州石青、来自于外伊斯兰地区的回青等等，使瓷制品色彩丰富多样。

官窑的发展也带动了民窑的发展。明代景德镇民窑窑场遍布全境，有时还接受官窑委托，代官窑烧制瓷器以满足朝廷数量上的要求。这种做法被称为“官搭民烧”，但是对于产品的验收和选择极其严格，往往“百选一二”[①]。

明代瓷器的出口范围大大扩张，已经进入欧洲各国的皇室，其影响经过皇室逐步扩大到民间。瓷器大量进入欧洲，是随着西方殖民势力在东方的扩大而形成的。先是葡萄牙人将瓷器引入其国内，深受国王喜爱；然后就是按照自己的喜好大宗定制进口。有史料记载，明万历三十二年（1604 年），葡萄牙商船“克拉克”号受到荷兰人袭击，发现船上竟载有瓷器 60 吨。因不明产地，西方人称这种瓷器为“克拉克瓷”。1625 年在马来西亚东海岸沉没的一艘“万历号”商船，可能也属于葡萄牙商人，其中发现瓷器 21 000 余件。[②] 欧洲诸国商人的进口瓷器产品多是按照其生活习俗和爱好定制的，客观上使中西文化交流的因素得以增强。明代瓷器还出口到美洲的墨西哥、巴西等国家。这种情况一直延续到清朝。18 世纪之后，欧洲对于瓷器需求下降，美国成为中国瓷器出口的主要地区。[③]

中国历史进入清朝之后，欧洲人不仅继续进口瓷器，并于 17 世纪开始模仿中国瓷器生产红陶。18 世纪伦敦著名的“弓”瓷器生产厂从美国进口瓷土，生产雕塑和仿青花碗、瓶等。1730 年切尔西瓷器工厂建立，1740 年英国伦敦地区陆续建立许多家瓷器生产厂家。在英国西南部还建立伍斯特瓷厂，英国瓷工尝试以牛骨灰掺入瓷泥，改善瓷器的洁白度和透明度，创造了骨瓷工艺。1766 年，英国英格兰中部斯特拉福小镇建立瓷厂，雇工 300 余人，可见规模不小。该厂设备都来自中国广州。此外，丹麦、瑞典、俄罗斯、墨西哥等国都建立瓷器生产厂家，仿制中国瓷器。可以说，中国瓷器的生产、外销在这一时期走向了世界，承担了物质与文化交流的双重任务。中国的瓷器是中华民族贡献于世界的瑰宝之一。

① 石云涛：《中国陶瓷源流及境外传播》，商务印书馆，2015 年版，第 124 页。
② 同上书，第 153 页。
③ 同上书，第 187 页。

【知识卡片】

《永乐大典》

《永乐大典》是明成祖朱棣下旨编纂的我国历史上最早、最大的一部百科全书，是我国图书编辑出版史上的一件盛事。全书卷帙浩繁，共22 937卷，装成11 095册，总字数达3.7亿，是我国最大的一部类书。内容涉及哲学、文学、艺术、历史、地理、语言、宗教、科学技术等诸多领域。凡是能搜罗到的古代典籍，均可收入。主持编纂工作的是当时著名文人、翰林学士解缙。参加编纂的共有3000余名文士。《永乐大典》的编纂始于永乐元年（1403年）。经过三年的努力，于永乐五年（1407年）重辑成书。

明代的航海技术

郑和下西洋依靠先进的航海技术，主要表现在三个方面：第一，天文航海技术。中国人很早就能通过观测日月星辰测定方位和船舶航行的位置，人们称之为“牵星术”，用“牵星板”观测定位的方法，通过测定天的高度，来判断船舶位置、方向、确定航线，这项技术代表了那个时代天文导航的世界先进水平。郑和船队把航海天文定位与导航罗盘的应用结合起来，提高了测定船位和航向的精确度。第二，地文航海技术。郑和下西洋的地文航海技术，是以海洋科学知识和航海图为依据，运用航海罗盘、计程仪、测深仪等航海仪器，按照海图、针路簿记载来保证船舶的航行路线。航行时确定航行的线路，叫作针路。罗盘的误差不超过2.5度。第三，《郑和航海图》。《郑和航海图》得以传世，多亏明代晚期作者茅元仪收录在《武备志》中。原图为自右而左展开的手卷，收入《武备志》时改为书本式，自右而左，有图20页，共40幅，最后附“过洋牵星图”2页4幅。海图中记载了530多个地名，其中外域地名有300个，最远的东非海岸有16个，标记了城市、岛屿、航海标识、滩、礁、山脉和航路等，其中明确标明南沙群岛（万生石塘屿）、西沙群岛（石塘）、中沙群岛（石星石塘）。1947年，民国政府内政部以郑和等命名南海诸岛礁，纪念这位伟大的航海家。

《郑和航海图》是世界上现存最早的航海图集。与同时期西方最具代表性的《波特兰海图》相比，《郑和航海图》制图的范围广，内容丰富，虽然数学精度较低，但具有很强的实用性，作用远超《波特兰海图》。

戚继光抗倭

14世纪初叶，日本一些封建主组织武士、商人和浪人到中国沿海地区进行武装走私和抢劫烧杀的海盗活动。嘉靖至万历的40年间，是倭寇祸患最烈的时期，史学上称“嘉靖大倭寇”。嘉靖三十四年（1555 年），山东蓬莱人戚继光在浙江义乌招募农民、矿工，训练新军，杀贼保民。新军将士英勇善战，屡立战功，被称为“戚家军”，戚继光遂成抗倭名将。嘉靖四十年（1561 年），倭寇焚掠浙东，戚继光率军在龙山大败倭寇。嘉靖四十二年（1563 年）再援福建，升总兵官，分三路进攻平海卫，歼敌 2200 多人。次年春，再相继败倭于仙游城下，福建沿海倭寇被荡平。次年歼灭广东倭寇。到嘉靖四十五年（1566 年），倭寇全部被消灭，沿海倭患基本消除。

【阅读搜索】

明朝的援朝抗日　朱元璋大诰　八股文

【思考题】

1. 明朝统治者是采取哪些措施来达到中央集权专制目的的？与其他时代相比，明代知识分子的地位如何？

2. 阳明心学与程朱理学有什么联系与区别？其主要观点是什么？

3. 查找资料，探讨唐宋传奇与明代传奇作品的关系。

4. 郑和下西洋对于中华文化海外传播的意义。

5. 利玛窦等传教士来华对于中华科技文化发展的影响。

第二十章　清

【学习目标】

1. 了解清朝当时在世界上的地位。
2. 了解清朝的文化专制政策。
3. 了解清末变法图强的史实。

第一节　清朝历史文化概说

清朝是我国满族人建立的王朝，是继元朝之后又一个少数民族建立的政权。清朝建立之后，经康雍乾成为当时的强大国家，但此后历经鸦片战争、太平天国起义、第二次鸦片战争、洋务运动、甲午中日战争、义和团运动、戊戌喋血后日渐衰落，至辛亥革命最终灭亡。如果从清太祖努尔哈赤1616年称“汗”、建立后金政权算起，清朝共经历295年。如果从1644年顺治入关、定鼎北京算起，那么到1912年2月12日宣统帝宣布退位止，清王朝统治中国共268年。

清朝的康熙、雍正、乾隆时期是我国封建制度的黄金时期；清道光二十年（1840年）发生的中英鸦片战争，是中国成为半殖民地半封建社会的历史节点。

一、清朝建立与“康乾盛世”

满族的前身是女真族，他们自认为是金朝的后裔。明朝初年，女真族分为建州女真、海西女真和野人女真三部。明朝中叶后，各部女真不断扩张、发展，又分为建州、长白、东海、扈伦四部。其中，建州女真分为建州五部和长白三部，分布在抚顺以东至鸭绿江、长白山一带。首领努尔哈赤姓爱新觉罗（满语“金族”之意），是明朝初年建州左都督、女真酋长猛哥帖木儿的后裔。1583—1619年，努尔哈赤经过30余年的征战，完成了女真统一，并于明万历四十四年（1616年）在赫图阿拉（今辽宁新宾西老城）称“覆育列国英明汗”，建立后金政权，建元天命，国号大金。努尔哈赤随即发动对明朝的战争。通过萨尔浒之战（明万历四十七年，1619年）、辽沈之战（明天启元年，1621年），给明朝以沉重打击。宁远之战（明天启六年，1626年）中，努尔哈赤被明军督师袁崇焕的红衣大炮击伤，退回沈阳，至八月病死。第八子皇太极继承汗位，年号天聪。此时的后金政权已占据东北全部和内蒙大部，南面以锦州、宁远为界与明朝对峙，俨然为实力强大的塞外强国。崇祯九年（1636年），皇太极在沈阳称帝，改国号为大清，改族名为“满洲”。皇太极建立集权制度，推行汉化政策，完善军政功能兼具的八旗制度，采取一系列措施增强自身实力，征服内蒙古，然后向明朝发动攻击。他使用反间计诱使崇祯皇帝处死了袁崇焕，多次越过长城攻入北京城下和山东、济南、锦州等地，俘获宗王朱由枢、蓟辽总督洪承畴（后降清），掠夺大量人口和财富。1643年8月，皇太极死，遗命幼子福临嗣位，年号顺治，由其叔父多尔衮摄政。此时的明王朝外有清军压境，内有李自成、张献忠起义军的沉重打击，已经虚弱到不堪一击。崇祯十六年（1644年），李自成在西安建立大顺政权，随即挥师北上，攻入北京外城，崇祯皇帝在煤山吊死，明朝灭亡。镇守山海关的明军守将吴三桂与清军勾结，在山海关与李自成农民军展开血战。李自成战败，清军入京，从此开始对全中国的统治。

1. 清初怀柔政策和满汉一体

顺治入关，标志着经济文化发展相对落后、在汉文化体系中长期居于“蛮夷”地位的少数民族政权对经济文化发展相对先进的汉民族地区的统治。长期在儒家传统观念熏陶下的汉族民众尤其是知识分子采取不合作态度甚至激烈的反抗行动是必然的。满清定都北京、逐步消灭农民军和南明（1644年以后在南方成立的明残余政权）势力后，开始强势推行民族压迫政策。1645年颁发薙发令，强令汉人剃发易服，“留头不留发，留发不留头”，激起汉族人民的强烈反抗，引发社会动荡。通过“嘉定三屠”、“扬州十日”的疯狂屠杀，清朝镇压了江南人民的反抗。但是顺治也意识到，靠残酷镇压统治国家是做不到的。因此，顺治顺应人心，“对于有明官吏人民优加待遇”，“一、为明思宗暨后妃发丧成礼，自长陵以下十四陵，皆设官守之。一、明官吏降附者各予升级，仍令视事，朱姓诸王亦仍其爵。一、明之职官绅士曾殉国难者给予谥法及优恤诸典。一、被斥官吏非犯赃者，及士为清望所归并隐居山林而才德可称者，皆征辟录用。一、蹂躏之后，有鳏寡孤独及乞丐街市者，皆给粮养之。一、正额之外一切加派，如辽饷、练饷、剿饷诸名目尽行蠲免。一、明季厂卫至弊政一律除之。一、官制衣服暂用明制”。[①] 这些措施有策略考虑，同时也包含着一些为康、雍、乾时期仍然延续的长远的战略性安排。

康熙即位之时，汉族地区公开的武力反抗基本停止，一些知识分子接受清廷征召出仕为官，但仍有一些人坚持不合作态度，以各种理由和借口抗拒清朝的征召，如著名学者顾炎武、王夫之、黄宗羲、傅山等。康熙十八年（1679年）开设“博学

---

① 徐珂：《清稗类钞》，中华书局，1984年版，第238-239页。

鸿儒科”，各地州、府从明朝遗老和硕儒中推荐了182人参加考试，结果告老、称病、规避的有40多人。康熙开始考虑通过满汉一体的政策来收拢人心。满汉一体既是一种政治要求，也是一种文化政策。雍正在《大义觉迷录》中，批驳所谓“华夷之辨”，强调满汉各族均为中华大地上的本土苗裔。自顺治、康熙至雍正、乾隆，持续推行体现“满汉一体”思想的制度安排，在朝廷官制上确立满汉共治体制，鼓励皇族在内的满族大臣和八旗子弟在保留民族习俗的同时学习汉文化，尤其是学习程朱理学。这一政策推行的结果是宗室子弟、亲王大臣中出现了许多对汉学学有所成的满族学者，如著《啸亭杂录》的礼亲王昭梿、安节郡王玛尔浑、大学士松筠等。松筠在会见外国人时，教以“忠孝之道”，认为“大清国所以立万年基者，惟赖此二字”①。最为著名的是纳兰性德，康熙朝权臣明珠之子，在清代乃至整个中国词坛享有很高的声誉。

推行满汉一体的结果是强化了清朝对于中国的统治，另一方面也必然引起“满汉同化”——实际上是汉化的结果。刘体智《异辞录》“满汉同化”词条中言：“九州故壤，疑皆蛮族旧居，其强盛之故，始于异类之入主。舜东夷，文王西夷，钻研故籍，犹可得其侵陵兼并迹象。所谓揖让征诛者，特古史文饰之辞耳。胡羯、氐羌、鲜卑、沙陀、契丹、女真、蒙古，据有中土，南面御下。至今除蒙古遗族外，其余诸国，皆尽其所有而俱来，未几，即与之俱尽而不复见。茫茫禹域，真亡国灭种之利器矣”。他“推原其故，以小量加诸巨量。譬如一杯水对一车薪之火，不特水不胜火，而火犹将胜水，其势然也。清自满洲崛起，君临天下，悉主悉臣，鉴于前代之事，满人不求文学，惟重骑射，八旗兵分防各省，扼诸险要，画地而居，不与居民杂处，不与汉人联姻，备之未尝不周。然二百年间，满人悉归化于汉俗，数百万之众，佥为变相之汉人。并其文字语言，为立国之精神，虽俄于波兰，英于印度，法于安南，百计摧残而不能去者，满洲人乃自弃之。皇帝典学，尚知国语，余则至王公大臣以下，佥不知其为何物矣”②。由此可以看出，清王朝推行“满汉一体”政策收到了超乎预期的效果，也体现出中华文化巨大的包容性。

2. “康乾盛世”

“康乾盛世”又称“康乾之治”或“康雍乾之治”，指康熙、雍正、乾隆三代皇帝治理时期政治稳定、疆域奠定、经济发展、社会繁荣的景象。康熙在位61年，雍正在位13年，乾隆在位60年，合计134年。此前，汉朝有文景之治、唐朝有贞观之治和开元盛世、明朝有永宣之治等等。但永宣之治的繁荣程度和时间长度，都不及康乾盛世。因此，有史家将康乾盛世称为中国封建社会第三个黄金时期。

康熙帝全名爱新觉罗·玄烨，是顺治的第三子，继位时只有8岁。顺治遗命由勋

① ［清］昭梿：《啸亭杂录》，中华书局，1980年版，第109页。

② 刘体智：《异辞录》，中华书局，1988年版，第232页。

旧大臣索尼、苏克萨哈、遏必隆和鳌拜四大臣辅政。鳌拜独揽辅政大权，与皇权产生尖锐冲突。康熙六年（1667年），14岁的康熙亲政，迅速果断地铲除了鳌拜集团、夺回政权，立即宣布永停满洲贵族圈地，甄别官吏，奖励百官上书言事，由此开始了清代政治史上崭新的一页。康熙是一位雄才大略的皇帝。对内，强化皇权，完善统治制度，打击朋党，平定平西王吴三桂、平南王尚可喜、靖难王耿精忠三藩叛乱，强化政令统一的全国政权，维护了国家统一；平定噶尔丹叛乱，统一外蒙古；平定策妄阿拉布坦叛乱，加强对西藏的管理；迎接蒙古四部之一的土尔扈特归国；调整文化政策，调和满汉矛盾冲突，设立边疆制度，保持朝局和社会稳定。对外，动用武力收复台湾；发动雅克萨之战，驱逐沙俄侵略者，稳定国家疆域。

雍正即位后，在内政方面坚决打击朋党，建立军机处，严惩贪官污吏；设立秘密立储制度，防止康熙晚年诸皇子夺嫡局面再度出现；改革税赋制度，实施“摊丁入亩”；大力推进改土归流，把云南、贵州、广西等由土司管辖治理之地改为由中央直接管理，官员由朝廷直接派遣，加强了中央与地方的关系；平定罗卜藏丹津叛乱，稳定青海，维护国家统一。对外确定了与俄罗斯的疆界，巩固边疆。雍正朝时间虽短，却是康乾盛世承前启后不可或缺的时期。

乾隆朝是清朝的鼎盛时期。乾隆25岁登基，在位60年，退位后又当了三年太上皇，实际掌握最高权力长达63年，是中国历史上执政时间最长、年寿最高的皇帝。此时，中国传统社会中威胁皇权的朋党、强藩等均被铲除或削弱到最低程度，中央集权达到鼎盛。乾隆继承祖业，平定新疆北部阿睦尔萨纳叛乱和南部的回部大小和卓为首的叛乱，统一新疆，加强了对西北的统治；制止了受英国殖民者唆使的廓尔喀（今尼泊尔）的侵扰；通过制定《钦定藏内善后章程》和建立“金瓶掣签”制度，进一步加强了清政府对西藏的管理。在乾隆朝，最终建立起一个统一的空前稳固的国家，计有内地十八行省和东北的盛京、吉林、黑龙江，以及内蒙古、外蒙古、唐努乌梁海、青海、西藏、新疆等少数民族地区。疆域万里，西到巴尔喀斯湖地区、葱岭，北到唐努乌梁海地区，东北到外兴安岭、库页岛和鄂霍次克海，东南到海及台湾诸岛屿，南到南海及南沙群岛，总面积达1300余万平方公里。① 这一时期人口达到3亿多，约占当时世界人口的三分之一，是世界东方当时最强大的国家。

二、清朝中期的农民起义

乾隆中期，康乾盛世开始出现疲态。吏治腐败，贿赂公行，土地兼并严重，各种社会矛盾激化。但统治集团仍沉浸在歌舞升平的盛世幻象之中，奢靡无度。乾隆六下江南，多次为其母祝寿，大肆挥霍浪费。“至道、咸间，清代内治之腐败，达于极度。虽无外患，亦不足以自保”；“高宗习于汰侈，务为夸大，金川、缅甸、安南

① 张传玺:《简明中国古代史》，北京大学出版社，2013年版，第469页。

诸役，俱以苟且蒇事。而朝野莫敢直言，相尚以欺诈蒙蔽，积之既久，如痈决疣溃，所在皆患。而继起者，复皆庸碌无能之辈，浸淫酝酿，愈引愈巨，清之祚几斩焉。”①从乾隆十二年至乾隆五十四年（1747—1789年），乾隆发起“金川、缅甸、安南”诸役，这些军事行动大都耗时良久，除大小金川得以平定外，其他皆未竟全功。持续用兵，民生凋敝困乏，加之统治阶级的腐败和闭目塞听、不思改革，最终导致了白莲教等一系列起义，使清王朝元气大伤，无可避免地走向衰落。

乾隆末年，官僚、地主、富商大肆兼并土地，耕地不足、粮价猛涨，中原各地出现饥民，而统治阶级生活奢侈，贪官污吏横行，人们的不满情绪日增。白莲教以“教中所获资财，悉以均分”、“有患相救，有难相死，不持一钱可周行天下”等体现平均、互助思想的口号为号召，酝酿起义。嘉庆元年正月初七（1796年2月15日），宜都、枝江一带的白莲教众首先起义。三月初十，襄阳王聪儿、姚之富起义，在湖北、四川、河南、陕西等地游动作战。但由于各支义军互不统属，无法相互呼应，被清朝军队各个击破。嘉庆三年（1798年），襄阳义军在湖北郧西被包围，王聪儿、姚之富跳崖自杀。清军实施坚壁清野战术，筑起大量寨堡，将村落百姓强行移居其中，又推行团练进行防守，切断义军粮草与兵源的来源。嘉庆九年（1804年），白莲教义军被镇压。白莲教起义是清代中期规模最大的一次农民起义，历时9年，战争损耗人口1.1亿，清廷耗费军费2亿两（相当于4年财政收入），导致国库空虚，清朝命运出现重大转折。

嘉庆皇帝在位25年（1796—1820年），虽想有所作为，但官场积弊严重，社会各方面矛盾积累日深，朝廷颓势难以挽回。道光皇帝在位30年（1821—1850年），继位后下诏停建宫苑、倡导崇尚节俭，撰《声色货利论》、劝谕臣工不要贪财好货，严令禁止鸦片交易和吸食。但是不断发生的农民起义和鸦片战争的爆发，使清朝陷入内外交困的境地，中国开始沦为半殖民地半封建社会，中华民族开始了不堪回首的百年屈辱历史。鸦片战争后，清政府将大笔军费和巨额赔款全部转嫁给劳动人民。加之五口通商后，外国质高价廉的工业产品涌进中国，中国传统的家庭副业和手工业受到严重冲击，东南沿海地区的农民和手工业者纷纷破产，而地主加紧对农民的盘剥，土地兼并更为严重。清政府的捐税年年增加，百姓不堪重负。1840—1850年，广东、广西等地水灾、旱灾、蝗灾不断，广大农民陷入绝境，反抗斗争多达110次。两广地区由于受到鸦片战争的直接冲击，社会动荡更为激烈。咸丰皇帝即位时，19世纪中叶的大规模反清农民起义——太平天国爆发。

道光三十年十二月初十日（1851年1月11日），洪秀全、杨秀清、萧朝贵、冯云山、韦昌辉和石达开在广西金田村率众起义，后建国号为“太平天国”。咸丰三年（1853年），太平军占领南京，宣布改南京为天京，定都天京。1856年上半年，太平

① 柳诒徵:《中国文化史》，东方出版社，2008年版，第737页。

军在天京外围展开激烈的破围战，先后击破清军江北大营和江南大营，在军事上达到全盛。太平天国的势力先后发展到18个省，制定并颁布了《天朝田亩制度》，提出了“凡天下田，天下人同耕”的原则，试图建立一个“有田同耕，有饭同食，有衣同穿，有钱同使，无处不均匀，无人不饱暖”的理想社会。不久，太平军领导层发生内部权力斗争，爆发“天京事变”，东王杨秀清、北王韦昌辉被杀，翼王石达开出走，太平军实力大损。清军乘机攻占了长江中下游许多地方，重建江南、江北大营，围困天京。鸦片战争结束后，清政府和外国侵略者联手镇压太平天国。同治三年（1864年），洪秀全病逝，湘军攻破天京。太平军突围余部转战大江南北，一直坚持到1868年。中国历史上这场规模空前的太平天国农民战争，前后奋战14年，威震全中国，最终在清政府和外国侵略势力的联合镇压下失败了。

三、禁烟运动与鸦片战争

1. 虎门销烟

历史进入19世纪，西方诸国已完成工业革命，资本主义处于上升时期，各国经济、军事实力大增。作为当时西方最强大国家的英国，急需寻找庞大的商品倾销地。当时中国的出口产品以茶叶、丝绸、瓷器等为主，在西方市场极受欢迎，价格昂贵。而英国的羊毛、呢绒等工业制品却在中国不被接受，且清政府拒绝开放贸易，使中英贸易为英国带来巨大的贸易逆差（入超）。直到19世纪二三十年代，中国对英贸易一直保持二三百万两白银的顺差。在外交交涉未达到目的的情况下，英国资产阶级开始向中国大量走私鸦片，谋求暴利，英国政府也被鸦片贸易带来的巨额税收所吸引，公然支持鸦片走私贸易。

英国向中国输入鸦片大致开始于乾隆二十二年（1757年）。当时英国占领印度的鸦片产地孟加拉、取得鸦片贸易独占权后，开始由东印度公司向中国源源不断地输入鸦片。据统计，嘉庆五年（1800年）为4500余箱（每箱约100—120斤），道光元年（1821年）为5900余箱，道光十年（1830年）为19 900余箱，道光十五年（1835年）为30 200余箱，道光十八年（1838年）为40 200余箱，数量飞速跃升。中国的白银随之大量外流。据统计，道光三年至道光十一年（1823—1831年），每年流出白银约一千七八百万两；道光十一年至道光十四年（1831—1834年），每年流出白银2000余万两；道光十四年至道光十八年（1834—1838年），外流白银每年在3000万两以上。白银外流导致银价不断上涨，大大加重了农民负担。农民卖粮食只能换得制钱，1两白银可换得1000文铜制钱；银价提高后，1800文铜制钱才能换1两白银。白银外流也使得清廷国库空虚，入不敷出，加重了财政危机。[1]鸦片贸易给英国资产阶级、英国政府、东印度公司带来惊人的暴利，打破了中国对外贸易

① 张传玺:《简明中国古代史》，北京大学出版社，2013年版，第481页。

的长期优势。美国也在其中扮演了不光彩角色，从土耳其向中国贩卖鸦片，数量仅次于英国。嘉庆皇帝虽然意识到禁止鸦片进口是问题的关键，但未能采取严厉措施。道光皇帝发现宗室人员吸食鸦片，意识到鸦片已经成为足以撼动清朝统治的毒瘤，必须禁止。

林则徐在 1838 年 7—9 月，三次上奏道光皇帝。他尖锐地指出，如果不切实禁烟，长此以往，中原无可以御敌之兵，国家无可以充饷之银。道光皇帝从维护封建统治的利益出发，决定采纳林则徐严禁鸦片的主张。1838 年 12 月 29 日，道光授林则徐为钦差大臣，加兵部尚书衔，节制广东水师，前往广东禁烟，自此拉开了“虎门销烟”的序幕。林则徐到达广州后，立即要求所有烟商三日内交出全部鸦片，并保证“嗣后来船永不敢夹带鸦片，如有带来，一经查出，货尽没官，人即正法，情甘服非”。3 月 28 日，英国驻广州商务监督义律向林则徐呈送《义律遵谕呈单缴烟二万零二百八十三箱禀》。林则徐报告道光皇帝，要求验明实物数量，然后焚毁。道光对林则徐表示了很大的信任，他让林则徐和邓廷桢、怡良等人将收缴的鸦片就地销毁。从 4 月 22 日至 5 月 15 日的 23 天时间内，共在虎门销毁 2 376 254 斤鸦片，史称虎门销烟。虎门销烟在一定程度上遏制了鸦片在中国的泛滥，增强了中国广大民众对鸦片危害性的认识，使很多人看清了英国向中国贩卖鸦片的本质，唤醒了人们的爱国意识。

2. 第一次鸦片战争

道光二十年（1840 年），英国国会以 271 票对 262 票通过决议，派军远征中国，要求清政府赔偿烟款和军费，并占领一处岛屿。英军以懿律为总司令、义律为副司令，率军舰 16 艘、士兵 4000 人、大炮 540 门，于当年六月封锁珠江口，攻入浙江定海大肆抢掠，七月又北上天津海口，向清朝政府要求割地赔款。道光皇帝力求避战，将林则徐、邓廷桢革职，派钦差大臣琦善到广州与义律谈判。谈判期间，义律对虎门沙角炮台、大角炮台发起进攻，清军守将战死。次年又对广州发起进攻，奕山在城外升白旗求和，双方签订《广州和约》。义律勒索广州商家 600 万两赎城费，率部撤离广州。奕山虚报战功，将惨败说成大胜。

1841 年，英国因未能达到侵略目标，撤换义律，改派陆军少将璞鼎查任远征海军司令，率 37 艘舰船北上，相继攻占厦门、定海、镇海等地，清军屡败屡战。英国不断增兵，并沿长江攻入中国内陆，先入嘉兴县城、上海县城，然后攻打镇江。镇江守军 1600 余人坚决抵抗，写下了满族抗英极其悲壮的一页。恩格斯在《英人对华的新远征》一文中，高度赞扬了镇江守军英勇抵抗侵略的英雄气概，说：“驻防旗兵殊死奋战，直到最后一人……如果这些侵略军到处都遭到同样的抵抗，他们绝对到不了南京。”镇江失守后，英军进逼南京下关江面，坚船利炮，扬言要进攻南京。道光帝只得派耆英与英国代表璞鼎查议和谈判，最终签订《南京条约》，内容包括：割让香港岛；向英国赔偿鸦片烟价、英国军费及行商的商欠共 2100 万两白银；开放广州、福州、厦门、宁波、上海五处为通商港口，允许英人居住并设派领事；协定关税；准许英商在华自由贸易；等等。璞鼎查又提出“粘附条约”若干条，向清廷索取更多权益。如英国可以参与清朝进口税率的制定，由英国对来华商人居住地行使管理、来华商人在华事务由英国管理（即“领事裁判权”）等等。耆英承诺：“英商贩鸦片进口者，由英官方照本国之例办理，中国亦不过问。”[①]《南京条约》的签订，标志着第一次鸦片战争的结束。

鸦片战争为西方列强侵略中国开了一个恶劣的先例。《南京条约》是中国近代史上签订的第一个不平等条约，是中国的主权和领土完整遭到破坏、从封建社会沦为半殖民地半封建社会的开始。《南京条约》的签订成为西方列强向中国索取利益的依据。签约后几年，美国、法国、比利时、瑞典和挪威联盟相继以该条约为口实，向清朝要求利益均沾，攫取更多的特权。

3. 第二次鸦片战争

《南京条约》签订 12 年后，英、法、美已不满足于在中国获取的权益，于咸丰四年（1854 年）提出修约要求，被清廷拒绝。咸丰六年（1856 年），法国天主教神甫马赖私入广西西林地区传教，被当地政府处死，即“马神甫事件”；同年，悬挂英国国旗的“亚罗号”商船被广东水师查封，并扯下国旗撕毁，即“亚罗号事件”。英法两国以此为由，联合派兵攻占广州，并在美、俄支持下袭击大沽口，攻打天津。咸丰皇帝派钦差大臣桂良、花沙纳和谈，与俄、美、英、法四国分别签订《天津条约》，主要内容包括：增开牛庄、登州（今烟台）、台湾（台南）、潮州、琼州、汉口、九江、南京、镇江等为通商口岸；耶稣教教士自由传教；外国人在内地游历、通商；外国兵船可在通商口岸停泊；赔偿英国 400 万两白银，法国 200 万两白银；等等。后又与英国签订《中英通商章程售后条约》，作为《天津条约》的补充，其中附有《海关税则》，确定了 300 余种进口商品税率，并明文规定“洋药（鸦片）准许进口贸易”。这不仅使鸦片贸易在中国合法化，而且使中国丧失了海关自主权，半殖民地化程度进一步加深。

侵略者的贪欲是无法满足的。1859 年，英法联军进京换约，依仗武力强闯大沽口，遭守军僧格林沁部击退，伤亡 480 余人。英法不甘心失败，公开向中国宣战。英国派出军舰 79 艘，法国派出军舰 40 艘，组成庞大海陆联军兵力，于咸丰十年（1860 年）开进中国沿海，攻陷大沽口炮台后，至天津进军北京。僧格林沁退守通州。怡亲王载垣按照朝廷旨意，在通州与英国代表巴夏礼谈判。双方发生激烈争议，清廷扣留巴夏礼一行 39 人为人质。英法联军继续进攻，兵临城下，咸丰帝携皇子载淳与御前大臣载垣、肃顺等逃往热河，留下皇弟奕䜣为钦差大臣与英法议和。英法联军在德胜门打败守军，进入北京，以圆明园曾囚禁英法被俘人员为借口，闯进圆明园。

---

① 蔡美彪：《中华史纲》，社会科学文献出版社，2012 年版，第 339-345 页。

圆明园历经康雍乾三代皇帝建成，有“万园之园”之誉，是当时世界上规模最大的皇家园林，有楼台亭阁140余处，其设计之巧、建造之精，堪称世界之最。园中收藏丰富，无与伦比。英法侵略军入园后，开始了一场疯狂的劫掠，丝绸、珠宝、珍品、铜器、雕塑等被大肆抢掠，宫殿、宝塔被毁坏后付之一炬。亭台楼阁多被焚毁，文物财宝损失殆尽。侵略者恶劣卑鄙的强盗行径，当时就受到世界各国正义人士的谴责。今天圆明园废墟犹存，为英法侵略者留下了千古罪证，也成为中华民族的惨痛记忆。

留守北京的全权议和大臣、恭亲王奕䜣不得不与英、法、俄重开谈判，分别签订了中英、中法、中俄《北京条约》等一系列割地赔款、丧权辱国的条约。《北京条约》是《天津条约》的继续和扩大，它不仅承认《天津条约》完全有效，而且攫取了一些新的侵略权益，主要包括：增开天津为商埠；准许英国招募华工出国工作；割让广东九龙半岛给英国；将《天津条约》中规定的对英法赔款增加为800万两；等等。《中俄北京条约》还包括承认1858年中俄《瑷珲条约》的有效性，将乌苏里江以东至海之地（包括库页岛以及海参崴在内）约40万平方公里的中国领土划归俄国。英法侵略者发动的这场侵略战争借口为修约，又涉及鸦片贸易，故又称“第二次鸦片战争”。从此，中国赔偿巨额赔款，丧失大片领土和更多主权，进一步跌入半殖民地的深渊。

四、辛酉政变和同治中兴

咸丰十一年（1861年），咸丰帝驾崩，遗命6岁的幼子载淳继位，年号“祺祥”，指定载垣、肃顺等八大臣辅政，并授“御赏”印予皇后钮钴禄氏、“同道堂”印予皇子载淳（由懿贵妃掌管），诏令顾命大臣拟旨后须盖两枚印章，就此引发八大臣与两宫太后的矛盾。载淳即位后，改年号为“同治”，尊先帝皇后钮钴禄氏为母后皇太后（徽号慈安），生母懿贵妃叶赫那拉氏为圣母皇太后（徽号慈禧）。两宫太后（主要是慈禧）拟“垂帘听政”，遭八大臣反对，遂联合恭亲王奕䜣等人，发动宫廷政变。辛酉年（1861年）九月二十九日，两宫太后携小皇帝返京颁布诏命，解除载垣、肃顺等八大臣职任，随即处死载垣、肃顺，开始垂帘听政。慈禧掌握清政府最高权力达47年。因政变发生于辛酉年而称“辛酉政变”，因改变原“祺祥”年号而称“祺祥政变”，又因发生于北京称为“北京政变”。

同治皇帝在位期间（1862—1874年），适逢清政府与英法矛盾缓和（1860年），太平天国被镇压（1864年），出现了一个政治上相对平静的调整、恢复时期。清政府采取了一些措施，修补内部的政治秩序，调整内乱后的经济，大兴科举、笼络人才，并谋求与西方合作、开办洋务。奕䜣被慈禧授予议政王，总揽清朝内政外交。奕䜣在英法联军攻入北京城时，留守北京负责和联军议和。在和洋人打交道的过程中，作为清朝亲王的奕䜣深感屈辱，也深知中国在实力上与西方的巨大差距，这成为奕诉极力推动洋务运动的重要动因。曾国藩、左宗棠、李鸿章和胡林翼等中兴大臣也在平叛治乱的同时，认识到开办洋务“自强”“求富”、推进中国近代化建设的意义。“曾氏同治元年五月七日日记，详论洋务，谓：‘欲求自强之道，总以修政事、求贤才为急务，以学作炸炮、学造轮舟等具为下手工夫’云云。”[①] 但从鸦片战争开始，中国外患纷呈、内政腐败，“清代狭义的部族政治，虽经所谓‘咸同中兴’，苟延残喘，而终于不能维持”[②]。

五、戊戌变法和辛亥革命

光绪二十年（1894年），日本军舰袭击中国船舰，甲午战争爆发。这场日本蓄谋已久、清朝仓皇应战的战争，以中国战败、北洋水师全军覆没而告终。1895年，中日双方在日本马关签订《马关条约》，中国割地（割让辽东及台湾）、赔款（赔偿日本军费2亿两白银），半殖民地化程度进一步加深。消息传到北京，引发群情激愤。康有为写成1.8万字的万言书，提出拒和、迁都、练兵、变法等主张，并详论富国、养民、教民等变法图强的具体措施，指出变法是立国自强的根本大计。万言书征集到1300余名举人的签名，虽未上达光绪，但在社会上产生巨大影响。此即所谓“公车上书”。以康有为、梁启超为代表的维新派以变法自强为宗旨，著书立说，创办报刊，组织各种学会，在全国掀起了一场维新运动。1897年冬，德国强占胶州湾。严重的民族危机激发维新运动形势迅速高涨。光绪帝召见康有为，表示不做“亡国之君”，开始全面筹划变法。1898年6月11日，光绪颁发《明定国是诏》，变法正式开始。变法期间，光绪先后颁发上百道诏令，陈旧布新。主要内容有：改革政府机构，任用维新人士；鼓励私人兴办工矿企业；开办新式学堂；翻译西方书籍，传播新思想；创办报刊，开放言论；训练新式军队；科举考试废除八股文；等等。暴风骤雨般的变法措施危及守旧派的利益，遭到强烈抵制和反对，各省基本未能推行新政，而皇亲贵戚、中枢要员或公开反对新政，或暗中加以阻挠。慈禧对光绪帝不经奏请雷厉风行的做法极为不满，恐权力旁落，遂在《明定国是诏》颁布后第4天，迫使光绪帝连下谕旨：罢黜翁同龢；新授二品以上大员须到太后前谢恩；任命荣禄署直隶（今河北）总督，兼领董福祥（甘军）、聂士成（武毅军）和袁世凯（新建军）三军。变法形势急转日下。慈禧控制了人事任免和京津地区的军政大权，帝后之争趋于白热化。9月21日，慈禧囚禁光绪帝于中南海瀛台，宣布临朝训政，大肆捕杀维新人士。康有为、梁启超逃往海外。28日，谭嗣同、林旭、刘光第、杨深秀、康广仁、杨锐等维新志士（戊戌六君子）惨遭杀害。除京师大学堂外，新政全部被废除，历时103天的戊戌新政失败。钱穆先生认为，“变法自强，本属相因之两事（非彻底变法不能自强），而当时人则往往并为一谈。……真读书明理，懂得变法自强之

① 钱穆：《国史大纲》（下册），商务印书馆，2010年版，第888页。

② 同上书，第889页。

需要与意义者亦少”；“在这一种政治的积习与氛围中，根本说不到变法自强”。[①] 维新变法虽然失败，但维新派传播社会改良思想，批评封建军权和封建纲常伦理，形成了广泛的文化革新运动。他们中的一些人与时俱进，开始宣传革命思想，从改良主义走向革命。

1900年，八国联军以清政府剿办义和团不力为借口，集结军队攻打北京。逃往西安的慈禧任命李鸿章为全权大臣，与侵华列强协商议和事宜。1901年，清政府与德、英、法、美、日、俄等11国签订《辛丑条约》，主要内容包括：赔款4.5亿两白银；划东交民巷为使馆界，不允许中国人居住；严禁人民参加反帝斗争；惩办“首祸诸臣”：清政府对德、日道歉等。《辛丑条约》是中国近代史上失权最严重的不平等条约，标志着中国已完全沦为半殖民地半封建社会。

《辛丑条约》签订后，西方列强要求清政府迅速改变当前的状态。清政府财政上严重亏空，已无法应付当时的政治局势，自感统治地位已开始动摇。光绪二十七年（1901年），慈禧以光绪名义宣布实行“新政”，一是颁布了一系列类似于戊戌变法的改革措施；二是迫于民主运动的迅速发展以及日趋高涨的立宪呼声，派五大臣出洋考察宪政，以作“预备立宪”参考。此时中国的民主革命思想已风起云涌，而“新政”不可能解决自身引发的诸多矛盾和问题，社会各阶层都不满意。仁人志士对政府的腐败无能越来越无法容忍，对清朝统治彻底失去信心，维新改良思想逐渐被反清革命思想所取代。革命知识分子开始秘密组织革命团体，开展各种形式的反清革命活动。

1894年（光绪二十年）11月，孙中山在美国檀香山创立第一个资产阶级革命团体“兴中会”，明确提出“驱除鞑虏，恢复中华，创立合众政府”的革命目标。1903年，邹容《革命军》和章太炎《驳康有为论革命书》发表，旗帜鲜明地提出要用革命的方式推翻清政府，建立资产阶级民主国家。这为两千多年的封建专制制度敲响了丧钟，为资产阶级民主革命吹响了号角，成为名副其实的反帝反封建战斗檄文。1905年，由孙中山领导的影响最大的反清革命组织——同盟会成立，并在几年时间里迅速发展到全国和海外，成员增至数万人，革命力量迅速壮大，开始发动反清武装起义。其中大规模的起义有：在湘、鄂、赣交界处发动的萍浏醴起义（同盟会第一次武装起义）；广东潮州府饶平县黄冈城起义；广东惠州七女湖起义；广西镇南关（今友谊关）起义；黄兴领导的广东钦州（今属广西）起义；孙中山领导的云南河口起义；孙中山与黄兴领导的黄花岗起义（又称广州起义）。在同盟会的领导下，资产阶级革命党人发动了一次又一次以推翻腐朽的清朝封建统治、建立资产阶级共和国为目的的武装起义。这些起义在不同程度上打击了清朝统治，为后来武昌起义一举成功准备了条件。资产阶级革命党人用生命和鲜血献身革命的伟大精神震动了全国，

① 钱穆:《国史大纲》(下册)，商务印书馆，2010年版，第894页。

从而促进全国革命高潮更快到来。

1909年，年仅3岁的溥仪登上皇位，国号宣统。1911年清政府出卖铁路修筑权，激起中国人民的反抗，四川等地爆发保路运动。在清政府全力应付四川保路运动的时候，1911年10月10日，武汉地区的新军、革命团体文学社和共进会发动武昌起义，各省纷纷响应。1912年2月12日，隆裕太后携6岁的宣统皇帝溥仪在养心殿举行了清朝最后一次朝仪后，颁发退位诏书。清帝退位。辛亥革命推翻了清王朝统治，结束了清王朝统治，也宣告了在中国延续两千多年的君主专制制度的覆灭。

第二节 洋务运动

一、睁眼看世界

鸦片战争前，清政府以天朝自居，认为与外国的关系仅是“理藩而已”，无所谓外交，理藩院和礼部负责处理涉外事务。《天津条约》和《北京条约》相继签订后，各国在华设立使馆、派驻使节，要求清政府建立对外专门机构。咸丰十一年（1861年），清政府成立总理各国通商事务衙门（简称总理衙门），办理外交事务，派出驻外使节，并兼管通商、海防、关税、路矿、邮电、军工、同文馆、派遣留学生等事务。总理衙门最初主要主持外交与通商事务，后来扩大到办工厂、修铁路、开矿山、办学校、派留学生等，举凡与外国有关的财政、军事、教育、矿务、交通等无不管辖，成为清政府的重要决策机构。总理衙门在外交事务的处理上有较多的发挥，包括处理《北京条约》签订后的善后事宜，1866年接见西方的斌椿等使团，1868年《天津条约》修约相关问题，以及海关事务的处理等。1901年实施新政时，总理衙门改称外交部。总理衙门存续期间，实际上成为早期自强运动的领导者，它听取外国使臣以及负责海关的赫德等西方人士的建议，推动了包括新式教育、交通、工业、经济（尤其海关）、军事等的近代化建设，因此也被称作“洋务内阁”。

同治七年（1868年），中国使团首次出访，前往美国谈判增订条约事宜。使团主要由“办理中外交涉事务”的大臣组成。据宜厚《初使泰西记》记载，“大清同治六年（1867年）丁卯十二月初二日，总理各国事务衙门以军功花翎记名海关道总办章京志刚敦实恳挚，器识宏通保奏，奉旨派充使臣，与本衙门章京候选知府孙家谷并赏二品顶戴，偕同美国钦使蒲安臣、英国协理柏卓安、法国协理德善等，恭赍国书，前往西洋有约各国，办理中外交涉事件。”① 这个华洋合璧的使团被称为“蒲安臣使团”，于同治七年（1868年）从上海登舟出洋，在外两年8个月，先到达美国，然后到达英、法、瑞典、丹麦、荷兰、普鲁士，再前往俄国觐见沙皇。1870年2月，蒲安臣在彼得堡病死，志刚带领使团继续访问比利时、意大利和西班牙等国，于1870

① 柳诒徵：《中国文化史》（下册），东方出版社，2008年版，第753页。

年10月回到上海。这次出使在中国近代外交史上具有重要意义。这是中国历史上第一次派出外交使团，打破了中外长期隔绝的状态，沟通了中西各国政府和民间的交往。使团在外交事务方面也取得了一定的成果，先后得到美、英、法等国政府承诺不以武力相威胁，使清政府获得了相对平等的国际地位。但在互派驻外使节的问题上却遭遇较大的难题。派遣驻外使臣是国家间交往的正常而重要的一项工作，但对于清王朝而言，却意味着统治者世界观的重大转变。中国一直以天朝自居，认为自己是中央帝国，域外各国不过是散落周边的蕞尔小邦。鸦片战争虽然使国人认识到西方诸国的强大，但仍然认为对蛮夷之邦没有必要派驻使臣，因此很难找到愿意担当使臣一职的专门人士。经过一番寻找，总理衙门终于确定了第一批人选。

郭嵩焘（1818—1891年），字筠仙，湖南湘阴人。郭嵩寿是湘军创建者之一，曾佐曾国藩幕，担任过翰林院编修、两淮盐运使、苏松粮储道、广东巡抚、福建按察使等职。他任职福建时，清政府筹议兴办洋务，郭嵩焘慨然命笔，作《条陈海防事宜》上奏。他认为将西方的强盛归结于船坚炮利是错误的，如果只单纯学习西方兵学“末技”，中国“求自强恐实足以自敝”。只有学习西方的政治和经济，“先通商贾之气，以立循用西方之基”，发展中国工商业才是出路。郭嵩焘因此名噪朝野。1875年，云南发生“马嘉理案”，英国强迫清政府签下《烟台条约》，并要求派遣公使前往英国道歉。郭嵩焘因此成为中国历史上第一位驻外使节。光绪二年（1876年），郭嵩焘启程赴英，在伦敦设立使馆，光绪四年（1878年）兼任驻法公使。他将赴任沿途见闻记入《使西纪程》，主张研究、学习西方的政治制度。到达英国后，他非常留意英国的政治体制、教育和科学发展状况，访问学校、博物馆、图书馆、报社等，结识了众多专家学者，并以六十高龄潜心学习外语，还将考察心得不断寄回国内，提出很多中肯的建议。光绪三年（1877年），他向朝廷建议在华侨集中地设领事馆，以保护海外侨民利益。该建议被朝廷采纳，翌年即在新加坡、旧金山、横滨等地设立了领事馆。郭嵩焘还建议总理衙门编纂《通商则例》，发给各省并各国驻华公使，使在处理外交事务时有所参本。总理衙门接受了这一建议。《通商则例》虽未编成，但大量西方法律文本被翻译引进。作为近代洋务思想家及中国职业外交家先驱，郭嵩焘力主开眼看世界，开维新派先声，是时代的前驱者。

薛福成（1838—1894年），字叔耘，江苏无锡人，出生于书香世家。同治十三年（1874年），薛福成上《应诏陈言疏》，提出“治平六策”——即养贤才、肃吏治、恤民隐、筹海运、练军实、裕财用等六条以整顿内政，以及“海防官议密议十条”——即择交宜审、储才宜豫、制器宜精、造船宜讲、茶政宜理、开矿宜筹、水师宜练、铁甲船宜购等十项洋务以发展自强，一时轰动朝野。一夜成名的薛福成被洋务大臣李鸿章招至麾下，开始活跃于晚清政治舞台。1879年，他撰写了著名的《筹洋刍议》，阐述了自己认为应采用的“应变之道”。薛熟习洋务，经常就外交问题上书言事。光绪十五年（1889年），在洋务派大员丁宝桢、郭嵩焘的举荐下，薛福成出任英、法、意、比四国公使，先后到法、英、比、意、德、瑞士等国参观访问，广泛接触西方各界人士，考察欧洲社会的得失。他认为欧美国家先进、中国落后的根本原因，在于制度不同。这比他早期在《筹洋刍议》中抒发的识见有了很大的提高，他已名副其实地成为早期改良思想家。薛福成是一位成功的外交家，在出使期间争取到中国在英国各地设立领事的权利；还通过与英国的谈判，确定了中国与缅甸的边疆划界，代表中国与英国签订了《续议滇缅界务、商务条款》。薛福成以国际公法为依据，既坚持原则又灵活处理，使当时西方列强中最强的国家承认了中国的合法要求，是中国办理外交以来的空前成功。

黄遵宪（1848—1905 年），字公度，广东嘉应（今广东梅州）人。光绪三年（1877 年）出任驻日参赞官，随中国第一任驻日公使何如璋出行日本。驻日期间，黄遵宪深入了解日本国情，搜集了 200 多种资料，几经修订，于 1887 年（光绪十三年）撰成《日本国志》，光绪二十一年（1895 年）刊行。《日本国志》共 40 卷，约 50 余万字，编目为国统志、邻交志、天文志、地理志、职官志、食货志、兵志、刑法志、学术志、礼俗志、物产志、工艺志等 12 部分，详细介绍了日本的历史和现状，重点分析了日本自明治维新以来采取的改革措施及成效。黄遵宪希望中国借鉴日本的经验，通过维新变法繁荣富强起来。这部书成为当时中国人了解和研究日本的必读书，对甲午战后兴起的维新热潮有着直接、深刻的影响。黄遵宪思想开放，对于西方君主立宪制度十分肯定。1896 年（光绪二十二年）9 月，急于变法维新的光绪皇帝在北京召见黄遵宪。光绪问："泰西之政何以胜中国？" 黄遵宪回答："泰西之强，悉须由变法。臣在伦敦，闻父老言，百年以前，尚不如中华。" 这也许是促使光绪决心变法维新的原因之一吧。

上述三位外交使节都是学贯中西的人物。他们走在时代前列，是睁开眼睛直接观察世界的先行者。他们视野开阔、思想深刻、著述丰富，尤以各自对于西方国家政治、经济、社会、民情风俗的记录影响深远，既给当时的中国知识界以强烈的思想震撼，也为洋务运动以及变法维新提供了思想武器。

二、洋务运动

英国在鸦片战争中用大炮轰开了中国闭关锁国的大门，中国进入到最为屈辱的一段历史。国家民族遭遇的耻辱、战争赔款给社会和百姓带来的沉重负担，使得知识精英们深深地反思，是什么原因使中国陷入了万劫不复的境地，该如何使国家民族重新奋起。一连串的内忧外患也动摇了清政府的统治根基，对思想界的强力控制难以为继，为知识精英们提供了重新审视传统思想文化的机会。他们跳出故纸堆，睁开眼睛审视这个新的世界，希望冲破思想禁锢，研究实际问题，提倡经世致用，匡时救国。魏源《海国图志》主张"师夷长技以制夷"，冯桂芬《校邠庐抗议》主张"以中国之伦常名教为原本，辅以诸国富强之术"。知识界为洋务运动的开启做好了思想准备，力图推动古老中国艰难转型，这就有了旨在“富国强兵”、被人们称为洋务运动的中国近代化的努力。第二次鸦片战争以后，清政府用领土、主权以及一系列经贸特权暂时满足了外国侵略者的要求，国内的农民起义也进入低潮，出现了暂时稳定的同治中兴。但统治集团中比较清醒的奕䜣、曾国藩、李鸿章、左宗棠等人，并没有因为这种“和局”而减少危机感，而是清醒地感受到一种现实的威胁。李鸿章认为中国面临着“数千年未有之变局”。他们继承魏源等经事派提出的“师夷长技”思想，努力将这种思想付诸实践。

咸丰十年（1861年），奕䜣会同桂良、文祥上奏《通筹夷务全局酌拟章程六条》，提出抛弃陈腐的“祖宗之法”，转而引进西洋先进技术，“中学为体，西学为用”，开展一场以富国强兵为目标的洋务运动。由于洋务派代表人物均为握有实权的军政重臣，且以慈禧为首的守旧派也感到要维护自身统治不得不借助西洋的洋枪大炮，因而默许了这一提议，一场影响近代中国命运的洋务运动在举国上下“办洋务”的热潮中开始了。

洋务运动一开始的目标是巩固国防，创办“自强新政”以“求强”。即在军事上，以对外国侵略者妥协退让的策略换取其军事上的支持，购买洋枪洋炮和创办新式军事工业，加强镇压太平军和捻军的军事力量。同治元年（1862年），清廷下令都司以下军官开始学习西洋武操，各省防军开始更换新式武器。同年，曾国藩在安庆设军械所，李鸿章在上海设制炮所，中国近代军事工业开始起步。1864年李鸿章在苏州设立西洋炮局，1865年江南制造总局成立，1866年左宗棠在福建设立船政学堂，1867年三口通商大臣崇厚在天津开办天津机器制造局，1887年丁宝桢在成都设立四川机器局……。短短几年时间，中国近代军事工业体系已基本建立起来，火枪、大炮、弹药、蒸汽战舰皆能在国内制造。中国发展近代军事工业的决心之大、行动之快，令西方为之震惊。同时，洋务派大力建设海军，增强海防。除设厂制造兵船外，还以重金购买外国军舰。清政府先后向英、德等国订购舰只，建立了南洋水师、福建水师和北洋水师。到甲午开战之前，湘军、淮军等普遍装备了后膛枪炮，比之西洋各国毫不逊色。光绪十一年（1885年），福建水师及南洋水师在中法战争中受挫，海军衙门会办、握有实权的李鸿章趁机大力建设北洋海军，陆续向外国订购定远、镇远、济远等铁甲舰和其他比较先进的舰只，投入北洋海军舰队。1888年，北洋舰队成军，清朝的海防力量大幅提升，中国军队从使用冷兵器的中世纪军队转变为使用先进热兵器的近代军队。与海军建设相适应，沿海各重要海口设置了炮台等防御工事。这些军事设施起到了一定的抵御外侮的作用。清廷还编练区别于湘、淮军的新军，使中国的军队建设也获得了前所未有的发展。

洋务运动需要巨额的资金投入，为此李鸿章认为泰西各国是以工商致富，由富而强，“求富”是“求强”的先决条件。于是洋务派开始将范围扩大，兴办民用工业，以“兴商务，竣饷源，图自强”。1872年，李鸿章在上海开办轮船招商局，开始踏上“求富”之路。在此后的十余年间，煤矿、铁厂、缫丝厂、电厂、自来水厂、织布厂、电报局、铁路相继建设，这些民用工业的创办为国家回收了大量的白银，也为中国近代民族工业的发展打下了基础。

洋务派均是中央和地方掌握实际权力的重臣。在与西方打交道及推进洋务运动的过程中，他们痛感人才之宝贵，也深感中国旧式教育培养不出切合现实需求的人才。洋务运动兴起之时，由于人才缺乏，无论总理衙门、南北水师还是各类工厂，均需聘请外国人（即洋员）担任重要职务。如总理衙门下属的中国海关，先委任英人李泰国担任总税务司，1863 年后又由英人赫德继任 40 多年。如此重要的职务由外国人担任，实在是专业人才极度匮乏所致。他们深切认识到，要真正办好洋务，中国必须有通晓洋务的人才。1864 年，李鸿章奏请朝廷改革科举制度，开办外文、军事、西医、电报等学校培养技术人才，遂有了福建船政学堂、江南水师学堂、矿路学堂等各类培养专门人才的学校。而作为国家层面的教育制度和学校制度，则是“光绪二十一年（1895 年）首倡于李端棻的《请推广学校折》，复议于光绪二十四年（1898 年）康有为的《统筹全局疏》，产生于光绪十八年（1902 年）张伯熙的《钦定学堂章程》，完成于光绪二十九年（1903 年）张之洞等人的《奏定学堂章程》，只有《奏定学堂章程》以后，本期的新教育可谓有了完全的系统”。《学堂章程》是关于新教育的系统性制度安排，即由初等教育、中等教育再到高等教育；办学管理体制上，“小学直辖于州县劝学所，中学与高等直辖于直省提学使司，大学直辖于京师学部”[①]。由此，新式学校教育在各省各地勃然兴起。据陈青之《中国教育史》统计，到民国元年时，全国已有学校 87 272 所，教师 129 297 人，学生 2 933 387 人，毕业生达 173 207 人。这一教育体制与世界教育大致衔接，其影响十分深远。

培养人才的另一方面是派遣留学生出洋学习。

此外，在当时要了解西方事务，必赖“通事”（即翻译）。为培养翻译人员，清政府于 1862 年（同治元年）在总理各国事务衙门之下设立同文馆，挑选八旗子弟学习外语。同文馆是中国第一所外语学校，翻译著作由印书馆出版。冯桂芬在《上海设立同文馆议》中建议：“莫如推广同文馆之法，令上海、广州仿照办理，各为一馆。募近郡年十五岁以下之颖悟诚实文童，聘西人如法教习，仍兼聘品学兼优之举贡生监，兼课经史文艺，不碍其上进之路。三年为期，学习有成，调京考试，量予录用。”[②]李鸿章采纳其建议，于上海敬业书院建立广方言馆，教授西语西学，并以译书作为考核标准，凡能独立翻译一书即视为毕业。

近代对于西方著作的翻译引进始于明代晚期，清初渐入低潮，鸦片战争后再度受到重视。咸丰年间，李善兰与英国人艾约瑟、伟烈亚力等合作四载，翻译了欧几

① 陈青之：《中国教育史》，东方出版社，2008 年版，第 471 页。
② 柳诒徵：《中国文化史》（下册），东方出版社，2008 年版，第 772 页。

里得《几何原本》后9卷。同治六年（1866年），曾国藩所创立的江南制造局也设立翻译馆，采用西方人口述、中方人笔录的翻译方式，翻译内容则包括格致、化学、制造以及象纬、舆图、器艺、兵法、医术等等，几年之间成书数百种，可谓大观。[①]成就最为突出的是严复。以“信、达、雅”为翻译理念，严复翻译了赫胥黎《天演论》、亚当·斯密《原富》、约翰·穆勒《名学》、斯宾塞《群学肆言》、孟德斯鸠《法意》等西方思想名著。《天演论》中“物竞天择”的观念，极其深刻地影响了当时中国社会，成为变法维新、自强求存的强大思想武器。晚清从事翻译工作而成绩斐然者，还有桐城派古文家林纾。林纾的翻译以小说为多，采用“舌人口述”、笔录删削的方式，共译出小说近200种，风靡一时。时有“并世译才数严林”之誉。

洋务运动自第二次鸦片战争后开始，历经30余年，给中国社会和中国人带来巨大的变化，使中国一度有机会跻身于世界强国之林。然而1895年甲午战争中国战败，面对朝野内外的巨大压力，朝廷以洋务运动为替罪羊，洋务运动由此失败，中国的近代化运动遭到巨大挫折。究其本质，洋务运动既不可能摆脱外国资本主义的压迫和控制，又不可能摆脱封建势力的阻挠和侵蚀，故而难以避免失败的命运。但它开启了中国近代化的道路，留给后人深刻的教训和启迪。

第三节　清代思想文化述略

清代的思想文化发展，可以分为前中后三个时期。第一个时期是清朝初期，即顺治入关至乾隆前期；第二个时期是乾隆中期到道光二十年鸦片战争爆发前（1840年）；第三个时期是鸦片战争后至清朝灭亡。三个时期的思想文化各有其鲜明的特点。

一、清政政权巩固时期

改朝换代之后，统治者在思想文化方面最为紧迫的任务，是获得建立新政权的合法性。康熙皇帝采取尊崇理学、崇拜孔子、祭祀明皇陵等方式，来证明其文化合法性。首先，崇儒学为正学、以儒治国，以显示道统的继承性。以儒治国必然尊奉孔子。康熙八年（1669年），16岁的康熙刚刚亲政，便采纳汉官建议，于太学执臣礼祭拜孔子。“康熙二十三年（1684年），圣祖（指康熙）过曲阜，将诣阙里……由甬道旁行至大成殿，行三跪九叩首礼。”[②]康熙对孔门弟子也加以尊崇，将程朱理学代表人物配享于孔庙，将他们的后裔封为五经博士。康熙认为孔子的学问是“至圣之道，谕日月并行，与天地同运。万世帝王，咸听师法。下逮公卿士庶，罔不率由”。他对大臣们说：“至圣之德，与天地日月同其高明广大，无可指称。朕向来研

① 柳诒徵：《中国文化史》（下册），东方出版社，2008年版，第773页。

② ［清］章梫：《康熙政要》，中州古籍出版社，2012年版，第299页。

求经义，体思至道，欲加赞颂，莫能名言。特书‘万世师表’四字，悬额殿中。非云阐扬圣道，亦以垂示将来。”[①] 同时，康熙认为，儒学发展到宋代，程朱理学是其精髓所在，故崇儒学即是崇理学。他为《朱子全书》作序，说“唐虞夏商周，圣贤迭作，未尝不以文字为重。文字之重，莫过于五经四书”；“二程之充养有道，经天纬地之德，聚百顺以事君亲，前儒已诵之矣。至于朱夫子，集大成而继千百年绝传之学，开蒙愚而立亿万世一定之规”；“（四书）皆内圣外王之心传，于世道人心之所关匪细”，“（五经）全是天地之正气，宇宙之大道”[②]。据昭梿《啸亭杂录》记载，“仁宗（指康熙）夙好程朱，深谈性理，所著《几暇余编》，其穷理尽性处，虽夙儒耆学莫能窥测。所任李文贞光地、汤文正斌等皆理学耆儒。尝出《理学真伪论》以试词林，又刊定《性理大全》、《朱子全书》等书，特命朱子配祠十哲之列，故当时宋学昌明，世多醇儒耆学，风俗淳厚，非后所能及也”[③]。康熙对周公后裔七十三代孙世袭奉祀生员东野沛然授以世袭五经博士，并制作祭文致祭。[④]

其次，善待历朝帝陵，表明清朝皇统与历代皇帝都是“受命于天”、君权神授，清皇室具有皇统继承、延续的合法性。这方面的具体表现是祭拜明孝陵。“仁皇帝六巡江、浙，每至江宁，必亲幸明孝陵，拜谒如仪。尝曰：‘明太祖一代人杰，不可亵慢。’其他如辽、金诸陵，亦皆如谒明陵制，其雅慕先代如此。”[⑤] 康熙曾六次巡视江南，每次都要祭拜孝陵。清人王士祯较详细地记录了康熙的一次祭拜活动：“康熙甲子冬，大驾幸金陵，亲谒明太祖孝陵。上由甬道旁行，谕扈从诸臣皆于门外下马。上行三跪九叩头礼，诣宝城前行三献礼。出，复由甬道旁行，赏赉守灵内监及陵户人等有差。谕禁樵采，令督抚地方官严加巡查。父老从者数万人，皆感泣。总督两江兵部侍郎王新命刻石纪事。己巳春，南巡，再谒孝陵。古今未有之盛举也。”[⑥] 康熙要求地方对于历代皇陵管理、致祭，对盗墓者加等治罪。甚至连称呼也不能不恭，禁称“废明”、“废陵”、“废王”等等。[⑦]

雍正则通过驳斥“华夷之辨”，来证明清王朝统治的文化合法性。雍正在《大义觉迷录》中说：“自古帝王之有天下，莫不由怀保万民，恩如四海。膺上天之眷命，协亿兆之欢心，用能统一寰区，垂庥奕世。盖生民之道，惟有德者可为天下君。此天下一家，万物一体。自古迄今，万世不易之常经，非寻常之类聚群分。……书曰：‘皇天无亲，惟德是辅。’盖德足以君天下，则天锡佑之以为天下君。未闻不以德为感孚，而第择其为何地之人而辅之之理。又曰：‘抚我则后，虐我则仇。’此民心向背

① ［清］章梫：《康熙政要》，中州古籍出版社，2012年版，第299页。
② 同上书，第305-306页。
③ ［清］昭梿：《啸亭杂录》，中华书局，1980年版，第6页。
④ 同上书，第76页。
⑤ 同上书，第8页。
⑥ ［清］王士祯：《池北偶谈》（上册），中华书局，1982年版，第74页。
⑦ 同上书，第21页。

之至情。未闻亿兆之归心，有不论德而但择地之理。又曰：‘顺天则昌，逆天则亡。’惟有德者能顺天，天之所与，又岂因何地之人而有所区别乎？”“不知本朝之为满洲，犹中国之有籍贯。舜为东夷之人，文王为西夷之人，曾何损于圣德乎？”他认为就版图而言，“自我朝入主中土，君临天下，并蒙古极边诸部落，俱归版图，是中国之疆土开拓广远，乃中国臣民之大幸，何得尚有华夷中外之分论哉？”①雍正以儒家正统为依据的合法性论述，对于一般的知识分子和老百姓，还是有较大的说服力的。

但统治者尊崇汉学、儒学的目的，是为了稳固其统治，这导致其政策往往具有两面性。如大兴科举制度，以笼络人才，集聚人心，为知识分子提供上升空间。但是其一，八股取士只能从四书五经中出题，依据官定的程朱理学著作加以论述，必然限制士人的思想，使他们皓首穷经于四书五经、程朱理学中索隐考据，而不关心社会生活和外间世界所发生的事情。当时人福格即已指出，“专重进士，专以王氏之八比文取人才者，实自胜国成化之世为始。数百年来，士夫非科目不能进身，非八股文不能科目。苟有班马之才，孙吴之略，不由八股之学，则群相诋讪，斥为粗官，转成终身之辱。是以士自束发讫于成名，只须习熟讲章，摹拟墨套，此外不须一涉”。他引宋代大儒王应麟的话说：“‘习举业者，苟沽名誉，得则一切委弃，漫不加省，非国家所望于儒生者。’在宋末举业已如此，况后之以八比为举业者也！黄南雷曰‘流俗之伦，虽穿穴经传，形灰心死至于君尽者矣。苟不策名，皆谓之无成。岂知场屋之外，乃大有事。’卓哉斯言，可以深慨也。”其二，清统治者对于敌对言论毫不手软。康熙年间发生了庄廷珑《明史》案、邹漪刊刻《鹿樵纪闻》案、朱方旦私刻《中说补》、《中质秘书》案、何之杰诗案、陈鹏年《重游虎丘》诗案，还有著名的戴名世《南山集》案，处罚极其严苛、残酷。文字狱的背后是对思想的钳制。

再如开史馆修明史。“康熙十七年，内阁奉上谕，求海内博学宏词之儒，以备顾问著作。时阁部以下，内外荐举者一百八十六人。十八年三月朔，御试体人阁下（《瑞玑玉衡赋》、《省耕二十韵诗》），中选者彭孙遹等五十人。有旨俱以翰林用，开局编修《明史》。”②康熙还御选《古文渊鉴》64卷，命大学士徐乾学编注③；组织力量编纂《古今图书集成》，是为当时全世界上最庞大的类书；令熊赐履、李光地等编纂《朱子全书》，重新刊定明朝永乐皇帝时编定的《性理大全》等等。此外，康熙还要求搜集天下书籍入于内府，以广见闻，达到致治崇文的目的。搜书的标准是“实有关系修齐治平助成德化者，乃为有用。其他异端邪说，概不收录”④。乾隆三十八年（1773年），由大学士纪昀（字晓岚）担任总纂官，开始编纂《四库全书》，历

① 《康雍乾间文字之狱》（清代野史3），巴蜀书社，1987年版，第62-63页。
② 同上书，第35页。
③ ［清］法式善：《陶庐杂录》，中华书局，1959年版，第7页。
④ ［清］章梫：《康熙政要》，中州古籍出版社，2012年版，第296、300-301页。

时9年成书。《四库全书》收录了先秦至乾隆前期的大部分重要古籍，共3500多种，分经、史、子、集四部，几乎涵盖了古代中国所有学术领域。该书是世界上规模最大的丛书，可谓集大成的超级文化大典。编纂《四库全书》固然于保存文化典籍居功厥伟，但也给统治者提供了删毁古籍、钳制思想的机会。在编纂《四库全书》的过程中，对凡是影响到满族统治的文字，必须全部予以删去，甚至只要有“胡”、“夷”、“明”字样，也必须予以删削，不为乾隆皇帝认可的也一律毁之。乾隆曾多次下令，禁止将反映汉族民间文化和风情的典籍收入《四库全书》，并将对清朝统治不利的民间野史、笔记、文集，以及“有伤社会风化”的淫逸小说（《红楼梦》亦在此列）、各种戏曲、人物传奇、明代宫廷秘史、方术等各种门类，统统被定为禁书。故而修书也是规模浩大的毁书行为，禁、毁图书达3100余种，使无数珍本、孤本被毁弃，对中国历史文化造成无法弥补的损失。

修书是中国历史上独一无二的传统，也是所谓盛世的标志。对于统治者来说，修书既是推行文化政策的工具、收拢人心的机会、泯灭反抗心理的手段，也是掌握文化话语权的必然途径，因此自康熙以降，几位皇帝都对此充满兴趣。康熙下诏编纂诸经解及《古今图书集成》，雍正组织人力编纂《二十一史》、下令校勘十三经，乾隆下令编纂《四库全书》。据昭梿《啸亭杂录》不完全统计，自顺治帝至道光九年（1829年），清历代皇帝下令编纂的经史子集四部书籍共164部[①]，可见其成就和规模。

但传统的思想文化理念，使前明遗留的知识精英们很自然地与清王朝保持对立。他们对被清王朝奉为儒学精髓的程朱理学，也持怀疑和批判的态度。程朱理学以及始于宋代、盛于明代的八股取士，其弊病已经被敏锐的知识分子所认识。江山易代带来的社会政治动荡和文化心理震撼，使一些封建士大夫的思想受到空前剧烈的震动，迫使他们将王朝更迭、异族统治等大命题纳入视线范围内。他们开始反省前代学术，普遍把明亡归因于宋明理学的空疏无用和理学家的清谈误国，使宋明理学的文化霸权地位及其合理性被质疑甚至被严厉批评。在这种思潮下，一批杰出的思想家应运而生，他们抒发深刻而新颖的政治哲学观点，努力为汉民族政治统治、文化精神的复兴以及有效解决现实问题寻找出路。顾炎武、黄宗羲、王夫之即是其中代表人物，号称“明末清初三大儒”。

黄宗羲（1610—1695年），字太冲，浙江余姚人。所著《明儒学案》62卷是学术史专著的创举。《明儒学案》以王阳明心学发端发展为主线，总结了明代近三百年的思想发展，是一部系统总结和记述明代传统学术思想及其流派发展演变的学术思想史著作。在《明夷待访录》中，黄宗羲研究了中国君民关系的演变状况，认为古之君主“不以一己之利为利，而天下受其利；不以一己之害为害，而使天下释其害”；后来的君主渐次堕落，“以为天下利害之权，皆出于我，我以天下之利尽归于

① ［清］昭梿:《啸亭杂录》，中华书局，1980年版，第400-403页。

己，天下之害尽归于人。……视天下为莫大之产业，传诸子孙，受享无穷”；而“今之君主，荼毒天下之肝脑，离散天下之子女，以博我一人之产业；……敲剥天下之骨髓，离散天下之子女，以供我一人之淫乐”。由此得出结论，“天下之大害者，君而已矣”①。这在当时已经超越了以一族一姓论天下得失的观点，从根本上否定了君主制度。

顾炎武（1613—1682年），字宁人，人称亭林先生，南直隶昆山人（今江苏昆山）。著名经学家、史地学家、音韵学家，被称为清朝“开国儒师”、“清学开山始祖”。他一生行万里路，读万卷书，治学以“明道救世”为宗旨，反对明末士大夫“空疏不学，游谈无根”的恶劣学风，广泛地搜集史事，对地理形势、风俗、物产进行实地考察，以研究古今流变、寻找“拨乱世以兴太平之事”的方法。其崇实致用的学风和锲而不舍的实践，宣告了晚明空疏学风的终结，开启了有清一代的朴实学风。但这一治学方法被后来的乾嘉学派继承、发展为“寻章摘句”的烦琐考据学问，却是他未能预料到的。顾炎武著有《日知录》、《肇域志》、《音学五书》、《亭林诗文集》等。

王夫之（1619—1692年），字而农，号姜斋，人称“船山先生”，湖广衡阳（今湖南衡阳）人。身处阶级矛盾、民族矛盾极为尖锐的时代，促使王夫之对历史上的治乱兴衰作了多方面的思考和分析。他的政治思想和社会思想具有革新色彩，结合当时的社会政治现实，企图从历史规律中总结经验教训，寻找复兴民族的道路和政治动力。他自觉地继承和发扬古代朴素唯物主义的优良传统，对统治中国思想界500余年、已成为社会发展桎梏的唯心主义理学，以“六经责我开生面，七尺从天乞活埋”的创新和求实精神，进行了深入系统的批判，建立了“别开生面”的朴素唯物辩证法体系。王夫之的朴素唯物主义观和进步的历史观是中国古代唯物主义思想发展史上的巨大丰碑。谭嗣同认为，“五百年来真正通天人之故者，船山一人而已”。

在他们的带动和影响下，清初的学术研究在与宋明理学的对立中发展起来，形成了以求实切理为帜志、崇尚朴实无华治学风格的朴学。

二、乾嘉学派时期

乾隆、嘉庆年间是清代文化思想发展的第二个时期，出现了一系列以维护统治为目的、打击思想反抗的文字狱事件，学术界对于现实的思考及相关书籍出版成为禁忌，朴学集中表现出以汉儒经说为宗、注重资料收集和证据罗列、在故纸堆里引经据典等特征，被称作“考据学”。因其成熟、鼎盛于乾隆、嘉庆年间，又被称为“乾嘉学派”。到乾隆纂修《四库全书》时，几乎失去思想活力的考据之学成为康乾盛世的学术主流，风靡一时。这一时期的朴学背离创始人的初衷。学者们以汉儒经

① ［清］黄宗羲：《明夷待访录·原君》//阮炜：《中国与西方：宗教、文化、文明比较》，社会科学文献出版社，2002年版，第206页。

说为宗，从文字训诂入手，主要从事审订文献、辨别真伪、校勘谬误、注疏和诠释文字、典章制度及地理沿革考证等等，少有理论的阐发，也不注重文采。与此相关的文字、音韵、训诂、辑佚、目录、版本等学科迅速发展，取得了可观的成就。但正如戴逸指出的那样，"清代汉学家整体的价值取向脱离现实，脱离政治，偏颇烦琐，不食人间烟火，这不能不说是它的很大局限性"①。

嘉庆、道光朝之际，思想文化界更加沉闷。但也有先觉者发出有力的呐喊，提出了经世的观点和主张。如龚自珍发出"不拘一格降人才"的呐喊。魏源在林则徐翻译的《四洲志》的基础上，编写《海国图志》50卷，道光二十七年（1847年）增补刊刻为60卷。又辑录徐继畬《瀛寰志略》及其他资料补成100卷，于咸丰二年（1852年）刊行于世。

李鸿章是统治集团中思想敏锐的人物。他长期担任军事领导和地方封疆大吏，后来又担任总理衙门大臣。长期的实际工作经历、与西方各国打交道的经验、与各方面维新人士的交往，使他眼界开阔。他很早就指出："外国猖獗至此，不亟亟焉求富强，中国将何以自立耶？千古变局，庸妄人不知，而秉钧执政亦不知，岂甘视其沉胥耶？鄙人一发狂言，为世诟病，所不敢避。"②同治十一年（1872年）、十三年（1874年），李鸿章两次上奏说："欧洲诸国百十年来，由印度而南洋，由南洋而东北，闯入中国边界腹地，凡前史所未载，亘古所未通，无不款关而求互市，我皇上如天之度，概与立约通商，以牢笼之，合地球东南西朔九万里之遥，胥聚于中国，此三千余年一大变局也"；"历代备边，多在西北，其强弱之势，客主之形，皆适相埒，且犹有中外界限。今则东南海疆万余里，各国通商传教来往自如，麇集京师及各省腹地，阳托和好之名，阴怀吞噬之计，一国生事，诸国构煽，实为数千年未有之变局"。③李鸿章对世界形势的总体判断是基本准确的。此外，出使欧洲的郭嵩焘、薛福成等人，直接接触欧洲各国的制度和社会生活，积极推动洋务运动，其思想也居于时代前列。可惜的是，统治集团中有如此忧患意识的清醒者实在太少了。李鸿章也只是主张研究儒家经典要通经致用、留心务实，注重在器物层面上考虑"自强求存"，并未从国家制度层面考虑如何真正适应这一"千年未有之大变局"。在道光二十年（1840年）鸦片战争之后相当长一段时间内，这种经世致用的思潮成为洋务派的思想武器。朴学的学风转向今文经学，乾嘉考据学走向衰落。学风的转变对晚清社会变革尤其是洋务运动的推行起到了一定的作用。

总结这一时期的思想文化，乾嘉学派重汉学、识文字、通训诂、精校勘、善考证，逐渐远离了现实生活，呈现出一种畸形发展的局面：思想沉闷贫乏，但是皓首

① 戴逸：《18世纪的中国与世界》，辽海出版社，1999年版，第86页。

② [清]李鸿章：《李文忠公全书》（卷6）//苑书义：《李鸿章传》（增订本），人民出版社，2004年版，第198页。

③ 同上书，第199页。

穷经、咬文嚼字的学术高度发展，成绩超越前人。但同时，这一时期也萌发了经世致用的思想文化潮流，为洋务运动奠定了思想基础。

三、晚清时期

第三个时期是清朝晚期，也就是甲午中日战争至清末时期，或称中西文化相互交融、剧烈冲突时期。其中最值得关注的思想文化事件，当属严复翻译《天演论》的出版和传播。

严复（1854—1921年），原名宗光，字又陵，后改名复，字几道，福建侯官（现福建闽侯）人。严复出生于一个贫苦的家庭，毕业于沈葆桢所办福建船政学堂，1877年到英国留学。严复接触进化论就是在这一个时期。那时达尔文创立的进化论正在英国引起科学界和宗教界之间的激烈争论，为严复接触进化论提供了便利的条件。严复视进化论为思想武器，希望以“物竞天择，适者生存”、“优胜劣汰”的严酷性来唤起民众“自强保种”的危机意识。光绪五年（1879年），严复回国，担任福州船政学堂教习，后因沈葆桢病故，海军全部划归李鸿章统领，严复被调入北洋水师任总教习（教务长）、会办（副校长）、总办（校长）。李鸿章认为他思想激进，“不预机要，奉职而已”[①]。1894年中日甲午海战，严复被割地赔款、亡国灭种的危局所深深刺激，积极投身于维新变法运动。他在天津主办《直报》、《国闻报》，连续发表《论世变之亟》、《原富》、《辟韩》、《救亡决论》等时论文章，宣传变法维新思想和进化论观点，抨击封建专制制度，系统阐述自己的资产阶级改良主张。他认为，面对危机，国家唯一的出路在于坚持开放、变法求存，同时改变洋务运动脱离民众的现实，使西方学术思想成为全民接受的思想、行动的依凭。变法自强求存的根本方法是“一曰鼓民力，二曰开民智，三曰新民德”。三者之中，严复更重视后二者。他把翻译工作与“开民智”、“新民德”紧紧联系在一起，与国家民族的命运联系在一起。在致张元济的信中，他说：“复自客秋以来，仰观天时，俯察人事，但觉一无可为。然终谓民智不开，则守旧维新两无一可。即使朝廷今日不行一事，抑所为皆非，但令在野之人与夫后生英俊洞识中西事情者日多一日，则炎黄种类未必遂至沦胥；即不幸暂时被羁縻，亦将有复苏之一日也。所以屏弃万缘，惟以译书自课。”[②]《马关条约》签订后，基于迫在眉睫的严峻政治现实，严复开始翻译赫胥黎的《天演论》。“和议始成……自是专致于翻译著述，先从事于赫胥黎之《天演论》，未数月而脱稿。”[③]《天演论》是严复根据赫胥黎《进化论与伦理学及其他论文》（1894年出版）中的两篇文章《导论》和《进化论与伦理学》编译的，其主要思想是认为生物界是一个漫长缓慢的进化过程，优良物种在这一过程中被保留下来，即所谓“物竞

① 严复：《严复集》（第五册），中华书局，1986年版，第1548页。
② 同上书，第525页。
③ 同上书，第1548页。

天择”、“优胜劣汰”、适者生存。“物竞者，物争自存也。以一物以与物物争，或存或亡，而其效则归于天择。天择者，物争焉而独存。则其存也，必有其所以存，必其所得于天之分。自致一己之能，与其所遭值之时与地，及凡周身以外之物力，有其相谋相剂者焉。夫而后独免于亡，而足以自立也。而自其效观之，若是物特为天之所厚而择焉，以存也者，夫是之谓天择。”后来，严复将“物竞”改译为“生存竞争”，将“天择”改译为“自然选择”。[①] 这种译法被沿用至今。《天演论》阐述了天（自然）人关系，认为“人之所以为人者，以其能群也”[②]，提出“恃人力”、“与天争胜”，彻底动摇了封建专制制度的思想基础。《天演论》出版后激起极大反响，“成为促进中国近代社会变革的强有力的杠杆，它不仅改变了人们的思想方法，而且改变了人们的生活方式，严重地打击了形而上学思想和宗教观念，许多旧思想、旧观念、旧传统、旧习惯不断被破除”[③]。维新派的康有为、梁启超和革命派的孙中山、陈天华以及鲁迅等人，都深受影响，从中寻找理论依据。严复还先后翻译了亚当·斯密《原富》、约翰·穆勒《名学》和《群己权界论》、斯宾塞《群学肄言》、甄克斯《社会通诠》、孟德斯鸠《法意》、耶方斯《名学浅说》等，与《天演论》合称“严译八大名著”。蔡元培说：“五十年来介绍西洋哲学的，要推侯官严复为第一人。”[④] 严复还为每部著作加上按语，阐述自己的理解和发挥改造。严复系统地引进和阐发了西方近代以来的完整理论系统，以其超越前人和同时代人的深刻思想，成为中国晚清时期最著名的思想家和哲学家。

晚清在对待西方文化的态度上也有了很大的变化。事实上康熙已经能够突破中西文化的疆界，学习西方文化知识，在一定程度上开阔了眼界和思路。但康熙始终认为，学问中最有用的是记载帝王道法、关切治理的儒家经典。一方面，他乐于接受西方文化的实用学问与器物。他接受按照西方科学制定的历书，让汤若望等传教士担任朝廷职务，让西方音乐进入宫廷，圆明园的畅春园也是按西洋风格建造的，等等。但另一方面，他作为中国传统社会的主宰者，始终囿于传统的中国礼法，将西方书籍藏于深宫，仅供自己浏览涉猎，最终丧失了敞开大门的最好时机。康熙之后至乾隆，虽然仍有西方传教士（如西洋画家郎世宁）供职于内廷，但总的说来是闭关锁国，对外政策趋于保守。到鸦片战争以后，尤其是晚清时代，伴随着西方列强的入侵，大量西方工业产品涌入城市和发达地区人们的生活领域，清王朝已经无力阻止西方文化的输入，传教士在中国的活动基本上畅通无阻，中西文化的交流趋于深入全面。

文化交流总是双向的。鸦片战争后，中国国门大开，货物大量出口到欧洲美国，

① 严复：《严复集》（第五册），中华书局，1986年版，第1329页。
② 同上书，第1343页。
③ 郝翔、钟兴锦：《进化论与中国近代社会观念的转变》，武汉水利电力大学出版社，2000年版，第43页。
④ 同上书，第29页。

历史悠久辉煌灿烂的中国文化也吸引了西方的目光。中国传统的明君、仁君和大一统思想，曾经成为欧洲启蒙思想家反对王权扩张的思想武器；也成为莱布尼兹古典思辨哲学，伏尔泰自然神教，魁奈、杜尔哥重农学派的思想资源，促进了近代欧洲文明的发展。

德国哲学家莱布尼兹非常崇拜中国儒家哲学的自然神论，认为“这种哲学学说或自然神论是从约三千年以来建立的。并且极具权威，远在希腊人的哲学很久很久以前”①。他根据传教士提供的材料撰写了《中国近况》，并在再版时将传教士白晋《康熙传》从拉丁文译为德语刊于书中。他在《中国近况》的序言中说：“我们从前谁也不相信，在这个世界上还有比我们伦理更完善、立身处世之道更进步的民族存在，现在从东方的中国，竟使我们觉醒了。”②法国思想家伏尔泰、孟德斯鸠、霍尔巴赫、波维尔都对中国文化有深入研究。伏尔泰赞扬中国是“举世最优美、最古老、最广大、人口最多和治理最好的国家”。当时，中国的工艺美术、绘画、文学作品也在欧洲大受欢迎。元曲《赵氏孤儿》1758 年在巴黎上演；小说《好逑传》1761 年在英国出版。歌德一直钟情于中国文学，他将英国汤姆士在《花笺集》附录根据中文翻译的中国抒情诗重译了 5 首，并写成《中德季日即景》，表达对老子、孔子的向慕。

第四节　清代的文学艺术

有清一代，文学艺术也随着时代而变化发展，充分体现了那一时代的特点。康乾时期，相对稳定的大一统国家给人员流动提供了机遇，崇儒右文的文化政策、科举制度带来了教育的大发展，社会生产的恢复和生产能力的提升使社会渐次走向繁荣，商业发展促进资本主义商品经济的产生，城市发展导致市民社会形成，相对丰富的物质生活相应带来了对于文化产品需求的扩大，这一切都为文化的繁荣创造了条件。但是清初针对各种反对势力的高压政策，如发生于康乾盛世时期的大量文字狱，在当时文人心里投下浓厚的阴影，直接影响到他们的创作。而鸦片战争之后，一方面是丧权辱国、割地赔款，国家瓜分豆剖，人民苦难深重，社会矛盾加剧、动荡不安，救亡图存成为知识分子内心的呐喊；另一方面是海禁大开，西方工业品、生活方式和思想观念涌入中国，开始影响国人的生活，给国人的思想观念带来新的因素。社会政治生活的变化发展深刻地影响着清代的文学艺术创作，形成新的特点、风格，呈现出作者众多、流派纷呈的整体面貌。民间文化也前所未有地活跃起来。以下分别概述。

① 沈福伟：《中西文化交流史》，上海人民出版社，1985 年版，第 448–449 页。
② 同上书，第 449 页。

一、清代诗词

1. 诗歌

“一部中国古典诗歌发展史，《诗经》是其辉煌灿烂的开端，而清诗则是其光彩照人的最后一页，清诗完成了它殿后的光辉使命。”[①]在清代268年时间内，诗人众多，诗派纷呈。清代诗人们在时代浪潮的激荡之下，书写风格不同的诗词作品，为中华文化宝库贡献了极为宝贵的财富。同时，清代诗歌继续延续从元代开始的“缓慢地朝着五四运动接轨的方向前进”，“在这前进的过程中，无论在思想或艺术上都具有不少新的特色和成绩”[②]。与清代历史相一致，清代诗歌也呈现较为明显的阶段性。

顺治入关后和康熙亲政前，由明入清的知识分子面对天崩地解、改朝换代的形势，有的不愿接受异族统治而拒绝出仕，借诗歌抒发故国之思、亡国之痛，对战火频仍、生民涂炭的痛惜和愤慨；有的则被迫仕清，与个人传统价值观念相冲突，内心饱受煎熬，于是抒发惶愧、焦虑、痛苦等复杂矛盾的心理。这两种状况，前者以顾炎武、吴嘉纪、屈大均、阎尔梅、杜浚、钱澄之、归庄、王夫之、陈龚尹等为代表；后者以“江左三大家”钱谦益、吴伟业、龚鼎孳等为代表，钱吴二家尤为典型。钱谦益《后秋兴》104首，哀思明室，托兴更深。吴伟业《琵琶行》、《圆圆曲》等写晚明时事及兴亡、身世之感，有很强的感染力。浙派诗人朱彝尊以学者兼诗人身份创作诗歌，开启学人之诗与诗人之诗相融合的风气之先，影响颇大。

至康熙中后期，清朝统治已经巩固，民族矛盾已经缓和。此时的诗人们没有身仕二朝的经历和道德负罪感，其诗歌创作以抒情吊古、模山范水、淡化现实为特点，风格上崇尚清淡平和。这一时期的诗人有“国朝六家”之说，指的是以王士祯为代表的一批作者，如施闰章、宋琬、朱彝尊、查慎行、王士祯、赵执信等人。王士祯执掌文坛数十年，其诗歌创作因适应当时政治的需要而受到康熙皇帝的表彰，以他为代表的“神韵派”成为此期影响最大的诗歌流派。他去世后，厉鹗继承发扬了这一风格，仍有一定的影响力。此期诗人还有梁佩兰、吴兆骞、彭遹孙、宋荦等人，他们的诗风有异于王士祯，但也有较大影响。

乾隆继位之时，康乾盛世即将达到鼎盛期，这个时期诗坛的代表人物是沈德潜。沈德潜久试不第，到乾隆四年（1739年）67岁时才考中进士。他的诗歌很受乾隆肯定。乾隆曾赐诗说：“我爱德潜德，淳风挹古初。从来称晚达，差未负耽书。”沈德潜诗作分前期和后期，前期抒怀才不遇之叹，间有民间疾苦的反映；后期受非常之遇，诗风转为中正平和。沈德潜高寿，著述极丰，在文坛诗坛影响深远。王士祯、沈德潜的诗歌作品及创作主张适应了康乾盛世对于文学诗歌的需要，以其体现的“盛世之音”而受到官方肯定与提倡奖掖，影响了百年诗歌创作风气，在中国诗歌史上也是少见的。

① 萧哲庵、张秉戍：《清诗鉴赏辞典》，重庆出版社，1992年版，第5页。
② 章培恒等：《元明清诗鉴赏辞典》，上海辞书出版社，1994年版，第13页。

乾隆中期有所谓“性灵派”诗歌的出现，主要指袁枚、郑燮、蒋士铨、张问陶、赵翼、孙原湘、汪中、黄景仁等人的创作，代表人物为袁枚。袁枚提倡诗写“性灵”，自由抒写，不依陈套，率意而为。但他们也关注现实，如郑燮（号板桥）《潍县署中画竹呈年伯包大中丞括》：“衙斋卧听萧萧竹，疑是民间疾苦声。些小吾曹州县吏，一枝一叶总关情。”袁枚《马嵬》：“莫唱当年《长恨歌》，人间亦自有银河。石壕村里夫妻别，泪比长生殿上多。”“性灵派”诗人的作品各有侧重，如蒋士铨强调诗文体现“忠孝节烈之心，温柔敦厚之旨”的诗教传统；赵翼的诗多抒发历史之感，体现史识史见，具有历史的厚重感；黄景仁的诗则抒发怀才不遇的身世之感和抑郁牢骚之气，常写“百无一用是书生”、“著书充栋腹常饥”之类的诗句；张问陶也有自己的风格，并不完全是对袁枚亦步亦趋。此时期诗人还有舒位、王昙、黎简、吴锡麒、严遂成、王又曾、钱载、钱大昕、洪亮吉、宋湘、阮元、彭兆荪、潘德舆、汪端等，他们的创作各有成就，值得重视。

嘉庆、道光年间，出现了以龚自珍、魏源等为代表的“经世派”诗歌。龚自珍《己亥杂诗》：“九州生气恃风雷，万马齐喑究可哀。我劝天公重抖擞，不拘一格降人才。”文学史家说他“对于世风、士风尤多抨击，其思想深度，亦前世少有”。魏源不以诗歌名世，但也存诗不少，体现了经世诗的共同特点。林则徐、姚燮以及后来的洋务家如曾国藩、郑珍、金和等，标榜“宋诗运动”，要求诗作体现“中学为体，西学为用”的洋务思想，其中寄寓了对国家富强的希望，也可算作经世之诗。

同光体是同治、光绪年间主张学习宋诗的诗人们创作的诗歌，以陈三立、郑孝胥、沈曾植等为代表。同光诗是晚清影响最大的诗派，陈三立被认为是“中国古典诗歌传统中最后一位重要的诗人”①。

光绪时期，黄遵宪的新体诗开一代诗风。黄遵宪多次驻外，眼界开阔，见识广博，政治上主张维新，曾参加维新派的强学会，在湖南协助巡抚陈宝箴推行新政。诗歌创作上主张“不名一格，不专一体”，将新事物写入旧体诗，即所谓旧瓶装新酒；并创新形式以表达自己的思想感情。他称自己的诗为“新体诗”，以示与传统旧体诗的区别。后来梁启超提倡“诗界革命”，标举黄遵宪为新体诗的旗手。康有为、梁启超、谭嗣同、夏曾佑等人以慷慨激昂的笔调抒发矢志不移推进变法维新的爱国情怀，其诗作慷慨激昂、震人心魄，充满对国家前途的忧虑和对于维新事业的执着。维新运动失败后，不少革命派诗人也创作了诸多令人热血沸腾的诗作，如秋瑾、柳亚子、宋教仁、苏曼殊等，于豪放超迈之外表达多种复杂情感，具有强烈的艺术震撼力。

2. 词作

大略说来，“词至清代而复兴，一时人才辈出，各种风格流派争镳并驰，词人专集，多如繁星。据叶恭绰《全清词钞》的统计，初选得四千余家，成编仍有叁仟壹

① 章培恒、骆玉明：《中国古代文学史》（下册），复旦大学出版社，1996年版，第590页。

佰九十六家之多。比宋代多出两倍。论词之作也层出不穷，水平远远超过了明代。”[①]

清初最早的词家是由明入清的一批人，如钱谦益、吴伟业、宋琬、曹溶等。他们承继明末词风，无特别建树。比较有特色的是满族词人纳兰性德，足称大家。陈维崧《词评》言纳兰性德“饮水词哀感顽艳，得南唐二主之遗”。顾贞观为纳兰性德《通志堂集》作序，说“容若（纳兰性德字）天资超逸，翛然尘外，所为乐府小令，婉丽凄清，使读者哀乐不知所主”。王国维在《人间词话》中说：“纳兰容若以自然之眼观物，以自然之舌言情，此由初入中原，未染汉人风气，故能真切如此，北宋以来，一人而已。”

浙西词派是清前期最大的词派，创始者为朱彝尊，与龚翔麟、李良年、李符、沈皞日、沈岸登等合称“浙西六家”。浙西派词宗南宋，标榜醇雅、清空，以婉约为正宗，选《词综》30卷为标举，对于转变明人“淫哇”词风具有正面作用。后期浙西词派有厉鹗继起，影响康乾词坛数十年。与之并立的还有陈维崧主持的阳羡词派。陈维崧词风格近于辛弃疾，其《湖海楼词》以雄健风格给人以振拔之感，也有很大影响。

嘉庆之后，张惠言、周济等常州词人继起，称常州派。常州派不满于浙西派词萎靡堆砌之风，亦不满于阳羡派粗犷直露之病，强调寄托，推崇“意内言外”之旨，既反对无病呻吟，又反对单纯咏物、无所寄托的做派。张惠言选有《词选》，周济选有《宋四家词》。常州派选词尊崇北宋，体现了对于词体的尊崇，也体现了现实的创作主张，开拓了词的题材领域，有“词的中兴和光大的功臣”之誉。[②]

词到晚清，残酷的现实使词风发生巨大变化。外患频仍，丧师失地，激发出爱国人士满腔忠正之气，使他们的词作充满荡气回肠般的感召力，体现出外御强敌、内修政治的强烈要求。王鹏运、文廷式、郑文焯、况周颐、朱祖谋等人组织宣南词社，形成了一个以忧国伤时为主题、以体会感伤为艺术特色的词人流派。而晚清革命党人的词则慷慨悲壮，体现出一种一往无前的大无畏精神，在晚清词坛上大放异彩。

清代文坛还出现了两个值得高度关注的文化现象。其一是少数民族诗人的崛起。据西北民族大学多洛肯教授调查统计，“清代各少数民族文士、诗文别集作者共有12个族别，……有作者626人，作品800余部，计约2000万字以上诗文别集存世（不含散文作品）。其中满族179人，存468部诗文别集、散佚158部”[③]。可见在清廷推

---

① 夏承焘、张璋：《金元明清词选》，人民文学出版社，1983年版，第9页。

② 同上书，第12页。

③ 清代除满族外，还有蒙古族、回族、壮族、白族、彝族、纳西族、土家族、苗族、布依族、壮族、畲族等少数民族诗人的大量文集存世。据多洛肯调查，蒙古族40人，现存91部诗文别集、散佚42部；回族34人，现存77部诗文别集、散佚20部；壮族27人，现存37部诗文别集、散佚37部；白族20人，现存53部诗文别集、散佚11部；彝族8人，现存8部诗文别集、散佚11部；纳西族16人，现存19部诗文别集、散佚12部；土家族8人，现存14部诗文别集、散佚61部；苗族5人，现存6部诗文别集；侗族2人，现存2部诗文别集、散佚3部；布依族3人，现存22部诗文别集；畲族1人，现存3部诗文别集。多洛肯：《元明清少数民族汉语文创作诗文叙录》（清代卷），中国社会科学出版社，2014年版。

行崇儒右文的政策背景下，各民族文化深度融合，少数民族作家对于中华文明做出了积极贡献。他们的汉语诗文中蕴涵着十分丰富的历史文化信息，是我国古代文学宝库中十分重要、不可或缺的组成部分。其二是女性文学蔚为大观，在清代形成了一个前所未有的高潮。"在中国历史上，比起宏博繁富的文人作品，女性的文学园地可以说是十分寂寞。……沉寂的闺阁诗坛至清朝时，有了极大的转变，作家大量增多，作品也极为丰富。徐世昌编清诗汇二百卷，其中有十卷是闺阁的作品，计有485人。而施淑仪编清代闺阁诗人征略一书，共十卷，收1274人。至于胡文楷所编历代妇女著作考，所采清代妇女作家共3500余人"。而此前历代女性作家共500余人，可见清代女性作家创作之盛。[①]

二、清代散文风貌

清代文章的风格也随时代而发展变化。最早出现的是所谓遗民文章。黄宗羲、顾炎武、王夫之等前明遗民既是学者，又是反清复明的鼓吹者。在反清复明无望、清政府两面文化政策之下，他们潜心学术，研究古今政治得失，探原学术，辨证典章，作品多为政论和学术文章。真正能够代表清代前期文章特点的是"清初三家"，即侯方域、魏禧和汪琬，他们的创作成就虽然不高，但其风格"接迹唐宋载道之文的传统"，适应了统治者崇儒右文的政治需要，其文风则代表了从明末向清代转变的方向。

清代初中期文章以桐城派最具代表性。所谓桐城派，指以方苞、刘大櫆、姚鼐为领袖的清代主流古文流派。三人都是安徽桐城人氏，因此以"桐城派"命名。桐城派早期"由方苞提出以程朱理学为内核，以《左传》、《史记》等先秦两汉散文及唐宋八大家古文为正统，以服务于当代政治为目的，在文章体格和做法上又有细致讲求的系统化古文理论"[②]。这一主张迎合了统治者提倡程朱理学的需要，因而受到官方的肯定。方苞之后，刘大櫆继承其衣钵并有新的发展，而到姚鼐，则进一步发展和完善了这一理论。姚鼐认为，义理、考证、文章是学问的三个方面，必须兼备；"所以为文者八，曰神、理、气、味、格、律、声、色"，前四者是"文之精"，后四者为"文之粗"，要求"御其精者而遗其粗者"[③]。他还将文风分为阳刚与阴柔两类，认为阳刚与阴柔因配合的差异而发生各种变化，产生不同效果。姚鼐曾主讲书院40年，门下弟子甚多。在他的努力下，桐城派势力大张，以后又有其门下管同、梅曾亮、方东树、姚莹等继承统绪、发扬光大，在整个清代影响极大。这既和统治者的推崇提倡有关，也与其作文有一定"熟套"（即规范）[④]、易于掌握有关。

晚于桐城派而起的阳湖文派，以张惠言、恽敬为领袖。他们在写作上不拘于唐

---

① 钟慧玲：《清代女诗人研究》，台湾里仁书局，2000年版。

② 章培恒、骆玉明：《中国古代文学史》（下册），复旦大学出版社，1996年版，第437页。

③ 同上书，第514页。

④ 同上书，第517页。

宋八大家之成法，工于骈体并时而融入文章。阳湖文派不少人同时也是常州派词人，与桐城派有明显不同。

清后期的散文“主要为两大流派，一是由曾国藩所领导的承桐城派余绪的‘湘乡派’，一是由梁启超所提倡的‘新文体’”[①]。曾国藩并不讳言与桐城派的关系，承认“国藩之粗解文章，由姚先生启之也”[②]。他继承桐城派思想的目的是为稳定、重构清王朝的统治秩序服务，因而不得不对姚鼐的一些观点进行修正。比如在“义理、考证、文章”三要素中加上“经济”（《求阙斋日记类钞》），即是重视文章在社会政治生活中的实用价值，要求文章经邦济世，以弥补桐城派之空疏。他把姚鼐关于文章艺术的“阳刚、阴柔”之说扩充为雄、直、怪、丽之阳刚美与茹、远、洁、适之阴柔美。曾国藩还主张文骈并用，认为“古文之道与骈体相通”（《求阙斋日记类钞》），并在自己的写作中加以贯彻。讲究文章的艺术美也是曾国藩散文理论的创新之处。梁启超的新文体是一种具有开创性的文章体式。梁启超是维新派干将，变法前后，他作为当时最具影响力的《时务报》主笔，发表了大量鼓吹变法维新的政论文章，流亡日本后又在《清议报》、《新民丛报》等撰写政论，宣传变法，介绍西方制度与学术文化。其文章大气磅礴，观点表达淋漓尽致，具有极强的鼓动性，既与当时的维新运动形势要求相适应，又接近于白话语体适宜于报章刊载，开一个时代的文章新风尚，其影响是深远的。

三、清代小说

清代的短篇小说以蒲松龄的《聊斋志异》和纪昀的《阅微草堂笔记》为代表。《聊斋志异》师法唐宋传奇，《阅微草堂笔记》模仿六朝志怪，各具风采。《聊斋志异》描写故事情节曲折多变，引人入胜；《阅微草堂笔记》则追求魏晋风格，文字简短高古。从内容上讲，两作品均有大量揭露社会黑暗的篇章。在描写人情方面，《聊斋志异》写的花妖狐怪多具人情、和易可亲，忘为异类；《阅微草堂笔记》则不太注重故事性而多道德说教。纪昀自己说，“小说稗官，知无关于著述；街谈巷议，或有益于劝惩”[③]。这两部作品皆有不少模仿之作，也有一定的影响。

长篇小说方面，《儒林外史》对封建考试制度摧残人才进行了全面的揭露和辛辣的讽刺，它采用夸张的手法，体现了“讽刺的生命是真实”的深刻现实性，是中国古代成就最高的长篇讽刺小说。《红楼梦》反映了官僚地主生活的腐朽，表现了具有民主思想、叛逆精神的青年与传统意识形态的冲突，揭示了封建统治阶级和封建社会走向没落的趋势。《红楼梦》塑造了一大群个性鲜明的典型人物形象，以思想性和

---

① 章培恒、骆玉明：《中国古代文学史》（下册），复旦大学出版社，1996 年版，第 592 页。

② 曾国藩：《圣哲画像记》//章培恒、骆玉明：《中国古代文学史》（下册），复旦大学出版社，1996年版，第593 页。

③ ［清］纪昀：《纪晓岚文集》（第二册），河北教育出版社，1991 年版，第 1 页。

艺术性上的伟大成就而成为中国古典小说的巅峰之作。

这一时期还出现了侠义小说、历史演义、倡优小说、才子佳人小说等，如《隋唐演义》、《说唐演义全传》、《女仙外史》、《说岳全传》、《斩鬼传》、《海上花列传》、《镜花缘》、《玉娇梨》、《平山冷燕》、《好逑传》、《三侠五义》等等。晚清还出现一批谴责小说，揭露社会的黑暗丑陋、官场的腐朽险恶以及官员的贪腐横暴，如李宝嘉的《官场现形记》、吴趼人的《二十年目睹之怪现状》、刘鹗的《老残游记》等。以上各类作品题材广泛，思想倾向也不一致，但因适应市民社会需要而拥有广泛的读者群。

晚清时期，随着洋务运动的开展，近代报章杂志和出版机构大量出现，成为小说等文学作品刊载、传播的平台。曹聚仁曾说，近代以来“中国的文坛和报刊是表姊妹，血缘是很密切的”，“一部近代文化史，从侧面看去，正是一部印刷机器发达史”。① 最早的中文报刊是《察世俗每月统计传》，于1818年在马六甲创办发行；1833年8月1日《东西洋每月统计传》在广州创办发行，是在中国本土创办的第一份中文报刊；1861年，字林洋行在上海创办《上海新报》；1872年，英国商人美查（Ernest Major）在上海创办《申报》，是近代寿命最长影响最大的中文商业报纸；1873年，艾小梅在汉口创办《昭文新报》，是中国人创办的第一份中文报纸；1874年，著名文人王韬在香港创办《循环日报》，为文人办报之始。据统计，鸦片战争至甲午海战前，海内外中文报刊仅110余家，而1897—1898两年，新办报刊达104家。从1896年到民国成立时，全国报刊已达1600余家，发展迅速。此外一些出版机构——如1897年成立于上海的商务印书馆，不仅大量翻译出版西方政治经济文学名著，如严复《天演论》、林纾《迦茵小传》、《块肉余生记》等；也发行文学类报章，如《绣像小说》、《小说月报》等，发表大量小说作品。② 现代出版机构的出现，为思想和文学的传播提供了前所未有的极佳平台，推动了文化艺术的大普及、大发展。③

四、清代戏剧

清代的戏剧成果主要集中在前期，中晚期成绩平平，乏善可陈。④ 唐富龄认为，当时“以李玉为代表的作家异军突起，他们面向现实，联系舞台，从天启崇祯之际到康熙二十年左右的半个世纪里，以大量作品为剧坛增添了新鲜活力。随之又出现了“南洪北孔”这样杰出的作家和《长生殿》、《桃花扇》双子星座式的剧作，与苏州派作家的创作前后呼应，不仅共同延缓了昆山腔传奇的衰退趋势，而且以其丰硕成果，逆振剧苑，形成了以《牡丹亭》为代表的传奇高峰之后的最后一个高峰”⑤。李

① 曹聚仁：《文坛五十年》，东方出版中心，1997年版，第8、83页。

② 包礼祥：《近代文学与传播》，江西人民出版社，2001年版，第1-2页。

③ 经阿英调查，晚清小说至少有1000种以上，可见报刊和新兴出版机构在促进文学创作方面的巨大作用。包礼祥：《近代文学与传播》，江西人民出版社，2001年版，第33页。

④ 章培恒、骆玉明：《中国古代文学史》（下册），复旦大学出版社，1996年版，第457页。

⑤ 唐富龄：《明清文学史·清代卷》，武汉大学出版社，1991年版，第188-189页。

玉是苏州派的代表人物，也是一位由明入清的剧作家，主要作品有《清忠谱》、《万民安》、《千钟禄》等，特点是剧情紧凑，冲突激烈，具有相当强烈的舞台效果。此外还有朱佐朝、张大复、丘园等。丘园《虎囊弹》根据《水浒传》改编，其中《山门》一出中鲁智深的唱词“赤条条来去无牵挂，哪里讨烟蓑雨笠卷单行，敢辞却芒鞋破钵随缘化”，历来脍炙人口。

李渔是清前期最重要的剧作者和戏剧理论家，创作的戏剧作品有“笠翁传奇十种”，分别是《奈何天》、《比目鱼》、《蜃中楼》、《怜香伴》、《风筝误》、《慎鸾交》、《凤求凰》、《巧团圆》、《玉搔头》、《意中缘》。李渔设有家庭戏班，在他率领下走南闯北到处演出，积累了丰富的演出经验，使得他的戏剧理论更具有舞台实践性。《闲情偶记》是系统阐述戏剧结构、布局、写作及演出的理论专著，为后来的戏剧创作提供了指引。这一时期的剧作家还有吴伟业、尤侗、嵇永仁等，他们的作品借历史素材抒发个人愁闷情怀，属于所谓“案头戏剧”，表演因素不足。

代表清初戏剧最高成就的是“南洪北孔”，洪昇的《长生殿》、孔尚任的《桃花扇》是中国戏剧史上的两座高峰。两部作品均在康熙年间创作和演出。前者以安史之乱为背景，以唐明皇、杨贵妃爱情为主线，抒写了一曲帝妃爱情的悲歌；后者直接以南明小朝廷覆灭为背景，把侯方域、李香君美好爱情的幻灭与政治动乱联系起来。两部作品都寄予了不同程度的兴亡之感和复杂的感伤情绪。这两部作品的出现，与康熙较为宽松的文化政策相关。两位作者均为当时名士，知识渊博，又具有戏剧创作经验，作品文辞和曲调十分精美，迎合了士大夫的情怀和爱好，因而广受欢迎。

清代剧坛还有所谓“花部”戏剧的繁荣。此时地方戏已经进入京城。乾隆五十五年（1790年）秋，为庆祝乾隆皇帝八旬寿辰，扬州盐商江鹤亭（安徽人）在安庆组织了一个名为“三庆班”的徽戏戏班，由艺人高朗亭率领进京参加祝寿演出。此后又有四喜班、和春班、春台班等徽班进入北京，并逐渐走红于京华剧坛。四大徽班进京后，并不只演唱徽调，除吹腔、拨子、二黄、昆曲外，还吸收了北京地区流行的秦腔、京腔等各类戏剧艺术精华，京腔、秦腔、昆腔演员不断融入徽班，继而又有湖北汉调进京，徽、汉合流，最终形成了“联络五方之音为一致”，以皮黄为主、兼唱其他曲目的综合剧种——京剧。徽班进京因此被视为京剧诞生的前奏，在京剧发展史上具有重要的地位。

此外，一些地方戏剧也开始形成，如川剧在乾隆年间成型，豫剧在清末形成。一些古老剧种如秦腔也焕发出新的活力。

随着城市的发展，市民阶层迅速扩大，要求艺术市场提供更多的产品以满足需求。评书、杂技、相声、口技等多种艺术形式开始产生和发展起来，并且出现了专门的演出场所，如北京天桥等。天津、上海、武汉等地也出现了民间演出场所。民间艺人技艺精湛、水平高超，不仅在街头卖艺，有时也进入有钱人家演出。刘鹗《老残游记》记叙了白小玉的演出，林嗣环《口技》一文描写的口技表演引人入胜。

民国评书艺人连阔如著有《江湖丛谈》一书，比较详细地记述了各门民间艺术的源流，可以参考。[①]

五、书画艺术大观

清朝是中国古代绘画史上的一个高峰时期。清朝前期的绘画，特别是山水画和花鸟画，成就不凡。

清初有4位著名的和尚画家，他们是原济（石涛）、朱耷（八大山人）、髡残（石溪）、渐江（弘仁）。前两人是明宗室后裔，后两人是明代遗民，均怀有强烈的民族意识。他们借画抒写身世之感和抑郁之气，寄托对故国山川的缅怀之情。艺术上主张“借古开今”，“搜尽奇峰打草稿”（石涛和尚），反对陈陈相因，重视生活感受，强调独抒性灵。他们冲破当时画坛摹古的樊篱，标新立异，创造出奇肆豪放、磊落昂扬、不守绳墨、独具风采的画风，给当时及后世画坛以深远的影响。其中石涛、朱耷成就最为卓著。石涛是清初最富有创造性的画家，其画论专著《苦瓜和尚画话录》对明清画坛的复古主义、形式主义进行批评，主张笔墨当随时代。弘仁以画黄山为著，也是安徽新安画派的重要人物。

清初还有王时敏、王鉴、王翚、王原祁并称“四王”，外加恽寿平、吴历合称“清六家”，开创了山水画的“娄东派”，其创作也为时人称道。

著名的扬州八怪是人们对扬州画坛8位画家的合称。他们大都为扬州籍，非扬州籍者也长期在扬州生活。名之为怪，在当时并无赞赏之意，大致是说他们不从流俗，画风不合时流。按照凌霞《扬州八怪歌》所指，这8人是郑燮、金农、高凤翰、李鱓、李方膺、黄慎、边寿民、杨法等。李玉棻将其调整为郑燮、金农、李鱓、汪士慎、黄慎、高翔、李方膺、罗聘等。丁家桐则认为“八怪”未必是确指，建议将研究范围放宽至15人，即综合两个名单，再加上华嵒、陈撰、李葂、闵贞。[②]从历史的角度看，既然当时人已定八怪名单，自然应当遵从。扬州八怪的画作题材范围较为广泛，竹菊梅兰、人仙佛鬼、山水树石、风景花果、德禽慧猫都是他们常画的题材。扬州八怪均有较高的文化素养，诗书画印均善。他们有傲气傲骨，不趋世风，不迎合官场，艺术上有创新之处，与循规蹈矩的宫廷画家形成较大区别；他们标定价格，卖画为生，也不为传统士人所喜。扬州是当时经济发达的大都市，扬州八怪是适应城市商品经济发展之需要而产生的文化现象，体现了清代书画艺术发展的一种新趋势。

清代宫廷设有画院。据故宫博物院聂崇正研究，清代各期宫廷画家约45名，此外还有近10名意大利、法国、捷克等国画家供职于清廷画院，其中以意大利籍郎世宁最著盛名。郎世宁画了大量的肖像画、纪实画、花鸟走兽画，并且给中国画家传

① 可参考连阔如《江湖丛谈》，当代中国出版社，2005年版。

② 丁家桐:《扬州八怪》，苏州大学出版社，2001年版，第4页。

授欧洲的绘画技法，是清宫廷绘画“中西合璧”画风的重要代表。他的油画《香妃》名气很大。意大利传教士画家马国贤回国后，对于中西文化的交流也发挥过很好的作用。

书法与绘画紧密联系。清代也是书道中兴的时代。清代书法概而言之，是一部帖学与碑学的竞争史。清初由于顺治皇帝喜临《黄庭经》，康熙推崇董其昌，因此天下风尚尽宗董书；此期山林书家傅山、王铎的行草另成一格。乾隆皇帝喜爱赵孟頫楷书，《三希堂法帖》、《石渠宝笈》相继刻成，帖学在乾隆时期风行一时。清代中期，乾嘉学派影响广远，金石学随着大量古书、贞石和碑版的出土而兴起，帖学走向衰落。邓石如开创碑学，刘墉集其大成，阮元、包世臣对于书法有系统论述。咸丰直至清末，碑学大行其道，名家辈出，主要有金农的漆书、尹秉寿的隶书、孙星衍的篆书、蒋仁的行书等。乾隆酷爱书法，刻意搜求历代书迹名品刊刻存世，对于书法珍品的传世有极大贡献。

六、清代音乐

早在先秦时期，音乐即为统治者所重视。《乐经》一书虽早已亡佚，但是后世儒家一直十分重视乐的教化作用，历代宫廷皆设有音乐机构。但对于民间，音乐却属于“阳春白雪”，长期得不到普及。这种状况在清末维新时期得到改观，音乐教育实现了彻底平民化。清代末年，在变法维新运动的推动下，借鉴德国、日本等国教育体制尤其是音乐教育体制，清朝政府于光绪二十九年（1903 年），批准实施癸卯学制（即《奏定学堂章程》），颁布了《学务纲要》等一系列有关学制体系、课程设置的文件，首次将音乐（当时称乐歌）作为选修课纳入教学计划，音乐教育随之普及于各级学校。

【知识卡片】

《康熙字典》

《康熙字典》是康熙时期清朝统治者汇集多名学者编纂的一部大型汉字辞书。该书的编纂工作历时 6 年，在康熙年间完成，因此名为《康熙字典》。字典采用部首分类法，按笔画排列单字，字典全书分为 12 集，以十二地支标识，每集又分为上、中、下三卷，并按韵母、声调以及音节分类排列韵母表及其对应汉字，共收录汉字 47 035 个，为汉字研究的主要参考文献之一。《康熙字典》是中国古代第一部收字最多的大型汉语字典，实属中国辞书史上的一座丰碑。《康熙字典》是中国第一部以字典命名的汉字辞书，对中国辞书编纂史具有重大意义。

魏源《海国图志》

中国近代史上有一位著名的思想家，针对外国的侵略，提出“师夷之长技以制夷”。他就是爱国主义者——魏源。1841年，魏源在镇江与被革职的林则徐相遇，两人彻夜长谈。魏源受林则徐嘱托，立志编写一部激励世人、反对外来侵略的著作。他以林则徐主持编译的《四洲志》为基础，广泛搜集资料，编写成《海国图志》50卷。此后一再增补，于道光二十七年（1847年）增补刊刻为60卷。随后又辑录徐继畬在道光二十八年（1848年）所著《瀛寰志略》及其他资料，补成100卷，于咸丰二年（1852年）刊行于世。《海国图志》是一部介绍西方国家的科学技术和世界地理历史知识的综合性图书。全书详细叙述了世界各地和各国历史政治、风土人情，提出学习西方的科学技术，“师夷之长技以制夷”。《海国图志》打破了传统的夷夏之辨的文化价值观，摒弃了“九州八荒”、“天圆地方”、“天朝中心”的史地观念，树立了“五大洲、四大洋”的新的世界观，开辟了近代中国向西方学习的时代新风气，是一部具有划时代意义的巨著。

【阅读搜索】

日本明治维新　林则徐　薛福成　五大臣出洋

【思考题】

1. 康乾盛世何以由盛转衰？
2. 谈谈甲午海战失败的历史教训。
3. 如何评价辛亥革命的意义？
4. 明清学术有哪两大显著的特征？
5. 思考近代留学生对于中国开放发展的意义。

主要参考文献

［1］〔清〕王夫之:《宋论》，舒士彦点校，中华书局，1964年。

［2］〔清〕王士祯:《四库家藏·池北偶谈》，山东画报出版社，2004年。

［3］〔元〕脱脱:《宋史》，中华书局，1977年。

［4］〔北魏〕杨衒之:《〈洛阳伽蓝记〉译注》，周振甫译注，江苏教育出版社，2006年。

［5］〔汉〕班固:《汉书》，中华书局，1962年。

［6］〔汉〕陆贾:《新语校注》，王利器校注，中华书局，1986年。

［7］〔汉〕司马迁:《史记》，中华书局，1959年。

［8］〔汉〕王符:《潜夫论笺校正》，彭铎校，中华书局，2014年。

［9］［荷兰］许理和:《佛教征服中国》，李四龙译，江苏人民出版社，1998年。

［10］〔后晋〕刘昫等:《旧唐书》，中华书局，1975年。

［11］〔南朝宋〕范晔:《后汉书》，中华书局，1965年。

［12］〔清〕董诰:《全唐文》，中华书局，2009年。

［13］［日］宫崎市定:《九品官人法研究》，韩昇、刘建英译，中华书局，2008年。

［14］〔宋〕苏轼:《苏轼集》，陶文鹏、郑园编选，凤凰出版社，2006年。

［15］〔唐〕韩愈:《韩愈全集》，上海古籍出版社，1997年。

［16］〔西晋〕陈寿:《三国志》，中华书局，1959年。

［17］〔战国〕韩非:《韩非子新校注》，陈奇猷校注，上海古籍出版社，2000年。

［18］［英］阿诺德·汤因比:《历史研究》，郭小凌等译，上海人民出版社，2010年。

［19］曹旭:《古诗十九首与乐府诗选评》，上海古籍出版社，2012年。

［20］白寿彝:《中国通史》，上海人民出版社，2004年。

［21］包礼祥:《近代文学与传播》，江西人民出版社，2001年。

［22］曹宝麟:《中国书法史·宋辽金卷》，江苏教育出版社，1999年。

［23］曹聚仁:《文坛五十年》，东方出版中心，1997年。

［24］陈登原:《中国文化史》，商务印书馆，2014 年。

［25］陈高华、张帆、刘晓:《元代文化史》，广东教育出版社，2009 年。

［26］〔汉〕刘安:《淮南子》，陈广忠注，中华书局，2012 年。

［27］陈柯言:《〈典论·论文〉——魏晋南北朝时期文学自觉的标志》，《文学研究》，2011 年第 5 期。

［28］陈琳国:《西晋内迁杂胡与杂胡化趋势》，《学术月刊》，2007 年第 10 期。

［29］陈寅恪:《金明馆丛稿初编》，上海古籍出版社，1980 年。

［30］陈寅恪:《隋唐制度渊源略论稿》，生活·读书·新知三联书店，2001 年。

［31］陈寅恪:《魏晋南北朝史讲演录》，贵州人民出版社，2007 年。

［32］崔瑞德:《剑桥中国隋唐史》，中国社会科学出版社，1990 年。

［33］戴逸:《18 世纪的中国与世界》，辽海出版社，1999 年。

［34］戴逸:《中国通史》，海燕出版社，2003 年。

［35］邓绍基:《元代文学史》，人民文学出版社，2006 年。

［36］邓之诚:《中华二千年史》(卷二)，中华书局，1983 年。

［37］丁家桐:《扬州八怪》，苏州大学出版社，2001 年。

［38］〔明〕董其昌:《艺林名著丛刊·画禅室随笔》，中国书店，1983 年。

［39］《黄帝内经》，段青峰译注，崇文书局，2008 年。

［40］范文澜:《中国通史简编》，人民出版社，1963 年。

［41］《山海经》，方韬注，中华书局，2011 年。

［42］费振刚:《全汉赋》，北京大学出版社，1993 年。

［43］傅抱石:《中国绘画变迁史纲》，上海古籍出版社，1998 年。

［44］傅勤家:《中国道教史》，东方出版社，2008 年。

［45］葛兆光:《中国思想史》，复旦大学出版社，2015 年。

［46］葛兆光:《中国古代文化讲义》，复旦大学出版社，2012 年。

［47］谷霁光:《府兵制度考释》，上海人民出版社，1963 年。

［48］郭预衡:《中国古代文学史》，上海古籍出版社，1998 年。

［49］韩国磐:《隋唐五代史纲》，人民出版社，1977 年。

［50］韩国磐:《魏晋南北朝史纲》，人民出版社，1983 年。

［51］韩儒林:《元朝史》，人民出版社，2008 年。

［52］郝树侯、杨国勇:《元好问传》，山西人民出版社，1990 年。

［53］郝翔、钟兴锦:《进化论与中国近代社会观念的变革》，武汉水利电力大学出版社，2000 年。

［54］洪丕谟:《中国书法史话》，上海教育出版社，1990 年。

［55］侯外庐:《中国思想通史》，人民出版社，1956 年。

［56］胡道静:《中国古代的类书》，中华书局，2005 年。

[57] 黄晖:《新编诸子集成·论衡校释》，中华书局，1990年。
[58] 翦伯赞:《中国史纲要》，人民出版社，1965年。
[59] 翦伯赞:《中外历史年表》，生活·读书·新知三联书店，1958年。
[60] 李昕:《宋代名窑》，吉林文史出版社，2010年。
[61] 王忠强:《海上丝绸之路》，吉林文史出版社，2011年。
[62]《坛经》，尚荣译注，中华书局，2010年。
[63] 李桂芝:《辽金简史》，福建人民出版社，1996年。
[64] 李国钧:《中国书院史》，湖南教育出版社，1994年。
[65] 李修生:《全元文》，江苏古籍出版社，1999年。
[66] 梁思成:《中国雕塑史》，生活·读书·新知三联书店，2011年。
[67] 刘安泰:《宋代科举与文官制度》，《东方论坛》，1998年第2期。
[68] 刘宝才:《中国历史·先秦卷》，高等教育出版社，2001年。
[69] 刘海峰、李兵:《中国科举史》，东方出版中心，2004年。
[70] 刘明浩:《元好问传》，东方出版社，1999年。
[71]《春秋公羊传译注》，刘尚慈译注，中华书局，2010年。
[72] 柳诒徵:《中国文化史》，东方出版社，2008年。
[73] 鲁迅:《鲁迅自编文集：而已集》，译林出版社，2013年。
[74] 罗宗强:《魏晋南北朝文学思想史》，中华书局，1996年。
[75] 吕澂:《中国佛学源流略讲》，中华书局，1979年。
[76] 吕思勉:《吕思勉讲隋唐帝国》，长征出版社，2008年。
[77] 吕思勉:《中国通史》，上海古籍出版社，2009年。
[78] 吕思勉:《两晋南北朝史》，上海古籍出版社，1983年。
[79] 吕思勉:《秦汉史》，商务印书馆，2010年。
[80] 麦积山石窟艺术研究所:《麦积山石窟研究》，文物出版社，2010年。
[81] 孟凡人:《丝绸之路史话》，社会科学文献出版社，2011年。
[82] 牟宗三:《历史哲学》，广西师范大学出版社，2007年。
[83] 木斋:《论中国文学的三次自觉——以建安曹魏文学自觉为中心》，《学术研究》，2010年第7期。
[84] 潘天寿:《中国绘画史》，团结出版社，2006年。
[85] 彭丰文:《论十六国时期胡人政权速亡原因及其历史启示》，《史学集刊》，2012年第3期。
[86] 钱穆:《国史大纲》，商务印书馆，1994年。
[87] 钱穆:《国学概论》，商务印书馆，1997年。
[88] 钱穆:《中国文化史导论》，九州出版社，2011年。
[89] 钱穆:《黄帝》，生活·读书·新知三联书店，2004年。

[90] 钱穆:《中国思想史》，九州出版社，2011年。

[91] 钱穆:《中国学术史思想论丛·卷一》，安徽教育出版社，2004年。

[92] 钱穆:《两汉经学今古文平议》，商务印书馆，2001年。

[93]〔汉〕刘向:《战国策》，屈进、胡建华译注，广州出版社，2004年。

[94] 瞿同祖:《中国封建社会》，上海人民出版社，2003年。

[95]〔元〕赵孟頫:《赵孟頫文集》，任道斌辑集点校，书画出版社，2010年。

[96] 任继愈:《中国印刷史话》，山东教育出版社，1991年。

[97] 任继愈:《任继愈自选集》，首都师范大学出版社，2009年。

[98] 阮炜:《中国与西方——宗教、文化、文明比较》，社会科学文献出版社，2002年。

[99] 沙孟海:《沙孟海论书丛稿》，上海书画出版社，1987年。

[100] 沈福伟:《中西文化交流史》，上海人民出版社，1985年。

[101] 沈松勤、胡可先、陶然:《唐诗研究》，浙江大学出版社，2006年。

[102] 石云涛:《中国陶瓷源流及域外传播》，商务印书馆，2015年。

[103] 四川大学古籍整理研究所、四川大学宋代文化研究中心:《宋代文化研究(第20辑)》，四川大学出版社，2013年。

[104] 宋定国:《国学纵横》，首都师范大学出版社，2013年。

[105] 孙皓晖:《中国文明正源新论》，上海人民出版社，2012年。

[106] 谭其骧:《中国历史地图集》(东晋十六国·南北朝时期)，中国地图出版社，1982年。

[107] 汤用彤:《隋唐佛教史稿》，江苏教育出版社，2007年。

[108] 唐长孺:《山居存稿》，中华书局，1989年。

[109] 唐长孺:《魏晋南北朝史论丛》，生活·读书·新知三联书店，1955年。

[110] 唐长孺:《魏晋南北朝隋唐史三论》，武汉大学出版社，1992年。

[111] 滕西奇:《中国书法史简编》，山东教育出版社，1990年。

[112] 田余庆:《东晋门阀政治》，北京大学出版社，1989年。

[113] 王国维:《人间词话新注》，滕咸惠校注，齐鲁书社，1986年。

[114]《孔子家语》，王国轩、王秀梅译注，中华书局，2011年。

[115] 王晖:《商周文化比较研究》，人民出版社，2000年。

[116] 王连升:《简明中国通史》，中央广播电视大学出版社，1999年。

[117] 傅乐成:《中国通史·宋辽金元史》，九州出版社，2010年。

[118] 王盛恩:《宋代官方史学研究》，人民出版社，2008年。

[119] 王晓毅:《论东晋清谈的积极意义》，《史学月刊》，2001年第4期。

[120] 王玉哲:《中华远古史》，上海人民出版社，2004年。

[121] 王仲荦:《魏晋南北朝史》，上海人民出版社，1986年。

［122］吴小如:《中国文化史纲要》，北京大学出版社，2002 年。
［123］夏承焘、张璋:《金元明清词选》，人民文学出版社，1983 年。
［124］张秉戍、萧哲庵:《清诗鉴赏辞典》，重庆出版社，1992 年。
［125］徐作生:《郑和宝船扬帆世界》，中华书局、上海古籍出版社，2010 年。
［126］许倬云:《历史大脉络》，广西师范大学出版社，2009 年。
［127］许宗元:《中国词史》，黄山书社，1990 年。
［128］严复:《严复集（第五册）》，中华书局，1986 年。
［129］〔清〕严可均:《全汉文》，中华书局，1999 年。
［130］杨伯峻:《春秋左传注》，中华书局，2009 年。
［131］杨新、杨丽丽:《中国绘画史话》，湖南美术出版社，1998 年。
［132］叶嘉莹:《唐宋词十七讲》，北京大学出版社，2007 年。
［133］阴法鲁、许树安:《中国古代文化史》，北京大学出版社，1991 年。
［134］吕思勉:《先秦史》，上海古籍出版社，2005 年。
［135］何俊哲等:《金朝史》，中国社会科学出版社，1992 年。
［136］余三乐:《徐光启与利玛窦》，中华书局、上海古籍出版社，2010 年。
［137］袁刚:《隋炀帝传》，人民出版社，2004 年。
［138］袁行霈:《陶渊明研究》，北京大学出版社，2009 年。
［139］苑书义:《李鸿章传（增订本）》，人民出版社，2004 年。
［140］张传玺:《简明中国古代史》，北京大学出版社，2013 年。
［141］张金龙:《“八王之乱”与禁卫军权》,《史学月刊》，2003 年第 4 期。
［142］张岂之:《中国历史十五讲》，北京大学出版社，2003 年。
［143］张维青、高毅清:《中国文化史》，山东人民出版社，2002 年。
［144］章培恒，骆玉明:《中国文学史》，复旦大学出版社，1996 年。
［145］钱仲联等:《元明清诗鉴赏辞典》，复旦大学出版社，1994 年。
［146］赵昆雨:《云冈石窟佛教故事雕刻艺术》，江苏美术出版社，2010 年。
［147］赵声良:《敦煌石窟艺术简史》，中国青年出版社，2015 年。
［148］赵晓耕:《中国法制史》，中国人民大学出版社，2010 年。
［149］中国美术全集编辑委员会:《中国美术全集绘画编 2：隋唐五代绘画》，人民美术出版社，1984 年。
［150］周一良:《魏晋南北朝史论集》，北京大学出版社，2010 年。
［151］朱大渭:《六朝史论续编》，学苑出版社，2008 年。
［152］朱则杰:《清诗选评》，三秦出版社，2004 年。

后　记

《中国历史文化》即将出版，回顾本书自策划到出版的十余年来的曲折过程，感慨良多，也深感有些情况需要说明。

本书的编写构想和框架由商务印书馆苑容宏和张效民两位先生酝酿提出。苑容宏先生曾策划、出版过数种中国历史文化教材。但他对这些教材的体例也不甚满意。有意再出版一本符合其出版理念的中国历史文化教材，其目的是为高职院校学子及同龄青年人提供一种既有新意、又较为适用的中国历史文化读物。这个想法与张效民不谋而合。当时职业院校确实也急需这样一本书，以强化高职院校学生对于中华历史文化的认识，增强文化自信。选题商定之后，即由张效民会同高予远和武怀军两位教授及深圳职业技术学院人文学院部分教师讨论、确定了编写体例。

从 2014 年开始，由深圳职业技术学院、浙江经济职业技术学院等院校的部分教师分工承担各章节的撰写任务，由高予远先生对全书进行协调统筹。2016 年 3 月，高予远教授由于个人原因，不再担任全书的统筹工作，改由武怀军教授担任全书的统筹工作。

武怀军先生接手统稿工作时，各章内容已经大体齐备，但各章篇幅、侧重点差别较大，全书行文的一致性方面有待改进，且部分稿件在学术规范方面尚存在一些不足。为了最大限度地提高效率，缩短本书编撰时间，张效民、苑容宏先生与武怀军商议后，确定由张效民、武怀军执笔对全书体例和部分章节进行修改调整，以符合出版要求。具体分工是：秦以前部分（含秦朝）、明清两部分由张效民先生负责；其余部分由武怀军先生负责。在改写过程中，新增了部分章节，改动了部分章节。全书成稿后，由张效民、武怀军分别审阅全稿。对于书稿中的一些问题，两位先生交换意见，取得共识后定稿。在本书统稿时，武怀军还做了以下工作：各章节下属的“学习目标”、“知识卡片”、“阅读搜索”、“思考题”、“参考文献”等栏目，由武怀军先生进行了程度不一的增删修改。对正文中的相关注释和引文，也由武怀军先生作了增订和统一。这些工作量是很大的，是武先生对本书的特别贡献，不容忘怀。本书出版之际，应该对高予远、武怀军、卢巧琴几位博士和各位作者表达真诚的感谢之意。

本着文责自负原则，现将本书写作的具体写作完成和修改情况列示如下；

张效民：导言；第十八章第四节；第十九章第二、四、五、六节；第二十章第三、四节。部分改写第十九章第三节、第二十章第二节。

高予远：第一章、第二章、第三章、第四章。

武怀军：第五章、第六章、第七章；第十章第三节；第十一章第四节；第十三章第二、三、四节；第十四章、第十五章第二、三节；第十六章第三、五节；第十七章第二节；第十八章第一、二、三节；部分改写第八章第一节、第九章第二、三节、第十章第四节、第十一章第五节。

卢巧琴：第八章第二节；第九章第一节；参与完成第八章第一节；第九章第二、三节。

王云裳：第十章第一、二节；第十一章第一、二、三节；参与完成第十章第四节；第十一章第五节。

马小敏：第十二章、第十三章第一节、第五节。

闵静：第十五章第一、四节；第十六章第一、二、四节；第十七章第一节。

安裴智：第十九章第一节；参与完成第十九章第三节。

王春：第二十章第一节；参与完成第二十章第二节。

本书编写时间较长，但最后修改时间又较紧迫，统稿时，主编、副主编对部分稿件做了必要调整修改，尤其是未能采用龙华科技大学教师的稿件；另有一些老师的稿件也未能全部采用，又由于各种原因错失最佳出版机遇，以致较长时间拖延了出版周期，在此一并致歉。

编写一部适合教学需要的《中国历史文化》，对于我们来说，还是一种尝试。中华历史文化博大精深，源远流长，权衡之间，取舍实难。由于编写者学养与视野所限，尽管已做最大努力，然偏颇与谬误亦难避免。出版之时，真诚请求各位方家不吝指教，以便再版时进行修订，剔除谬误，以臻完善。

最后，本书得以出版，应该真诚感谢商务印书馆各位领导的支持，特别感谢苑容宏先生的大力推动。若无苑先生提出编写倡议，积极谋划，确定和认可编写大纲，这本书是不可能面世的。

编写组

2022 年 11 月于深圳

图书在版编目(CIP)数据

中国历史文化 / 张效民主编. — 北京 : 商务印书馆, 2024
ISBN 978-7-100-17580-7

Ⅰ. ①中… Ⅱ. ①张… Ⅲ. ①文化史—中国—高等职业教育—教材 Ⅳ. ①K203

中国版本图书馆CIP数据核字(2019)第115405号

中国历史文化
张效民 主编

商 务 印 书 馆 出 版
(北京王府井大街36号 邮政编码100710)
商 务 印 书 馆 发 行
艺堂印刷(天津)有限公司印刷
ISBN 978-7-100-17580-7

2024年9月第1版 开本787×1092 1/16
2024年9月第1次印刷 印张21

定价：65.00元